新型制造业管理论丛

新型国际分工与长三角制造业

周彩红 著

科学出版社

北京

内 容 简 介

本书从国际分工的新型化发展趋势入手,阐述了新型国际分工格局对长三角制造业的影响,测度了影响因素与长三角制造业发展的关系,并在国际分工的框架下剖析了长三角制造业的经济效益和竞争力,然后构建出一个产业的价值链攀升模型,在此基础上提出了新型分工格局下长三角制造业的发展战略。

本书主要采用理论分析和实证分析相结合、定性分析与定量分析相结合的方法。通过定性分析,用理论确定研究对象的基本关系和作用方式;通过定量分析,用实证研究分析具体影响要素及影响力大小,并根据研究的需要以及可获得的数据针对不同问题选择不同的研究方法,如面板数据的计量模型、主成分分析方法、脉冲响应函数、方差分解等,确保计量检验的结果更为可靠,而且使各要素对长三角制造业发展的影响得以量化体现。

本书适合高等院校、科研机构、国内外大中型企业、政府机构人员以及有兴趣全面了解和深入研究长三角制造业发展状况的人士阅读。

图书在版编目(CIP)数据

新型国际分工与长三角制造业/周彩红著. —北京:科学出版社,2009
（新型制造业管理论丛）
ISBN 978-7-03-024651-6

Ⅰ.新… Ⅱ.周… Ⅲ.长江三角洲-制造工业-经济发展-研究 Ⅳ.F426.4

中国版本图书馆 CIP 数据核字(2009)第 083871 号

责任编辑:卢秀娟 / 责任校对:陈玉凤
责任印制:钱玉芬 / 封面设计:陈 静

科学出版社 出版
北京东黄城根北街 16 号
邮政编码:100717
http://www.sciencep.com

骏杰印刷厂 印刷
科学出版社发行 各地新华书店经销

*

2009 年 7 月第 一 版　　开本:B5（720×1000）
2009 年 7 月第一次印刷　　印张:16
印数:1—1 500　　字数:307 000

定价:45.00 元

（如有印装质量问题,我社负责调换〈环伟〉）

《新型制造业管理论丛》
编 委 会

主　　任：李廉水
副 主 任：丁建明　耿乃凡　徐　斌　沙　敏　薛留忠
　　　　　王怀明　郁文恺
委　　员：唐德才　周彩红　梁　凯　周化举　崔元贵
　　　　　张　贤　崔维军　张　昕　陈　抗　曹　鹏
　　　　　朱其武　刘　俊　刘　旭　吕　红　李　勃
　　　　　臧志彭

序

"中国制造"举世瞩目。中国改革开放以来取得的巨大成就是中国制造业快速发展带来的成就,中国经济面临的日益严峻的资源和环境问题是制造业长期快速发展累积起来的问题。改革开放之初,中国制造业占世界制造业的份额不足1%,而今在全球制造业中的份额已经提高到10%以上,中国成为世界第三制造业大国。强大的国内需求和国际产业的转移是中国制造业快速增长的主要动力,劳动力价格低廉和技能人才丰富的比较优势加速了世界制造业向中国的聚集。然而,中国制造业发展的先天不足(科技创新能力不足、装备制造业发展滞后)和后天失调(资源消耗大、环境污染重)问题日益凸显出来,中国制造业的增长正面临日益严重的资源能源和环境约束。中国制造业发展已经走到关键路口,需要在国家层面的高度上重新进行战略定位,显然,发挥科技创新的支撑和引领作用,转变经济增长方式,突破资源约束瓶颈,减轻环境压力,走新型制造业发展道路的时代已经来临。

"新型制造业管理论丛"的出版,是我们研究团队深入探讨"新型制造业"[①]发展道路的最新成果。"新型制造业"理念提出和完善,源自一系列课题的研究和讨论。2003年,教育部首次推出40个"哲学社会科学研究重大课题攻关项目",面向全国公开招标,经过激烈的竞争,我们的研究团队赢得"东部特大都市圈与世界制造业中心研究"(03JZD0014)项目,获批50万元的科研经费,后来又相继获得了国家自然科学基金"基于资源约束与自主创新的中国制造业发展路径研究"和"基于碳减排约束下的中国制造业发展研究"项目以及一批部省级科研项目。经过北京会议、南京会议、无锡会议等反复的讨论,形成了几个重要决策:一是把系统研究中国制造业的发展作为我们研究团队的主要研究方向,每年推出研究报告;二是根据新型工业化和科学发展观的要求,明确提出"新型制造业"概念,并持续进行研究完善;三是引导和指导博士研究生们将博士学位论文的选题集中于中国制造业发展研究的一些关键问题上。经过六年多的努力,博士研究生们从各个方面研究中国制造业的发展,完成了十余篇博士学位论文,产生了三个方面的成果:①围绕"新型制造业"理念,研究团队(包括博士研究生)发表了制造业相关学术论文70余篇,形成了基于"新型制造业"的中国制造业发展研究的特色和优势。②出版了《中国制造业发展研究报告》(2004、2005、2006、2007、2008)共五辑的年度发展研究报告,产

---

① 李廉水,杜占元.2004.中国制造业发展研究报告2004.北京:科学出版社

生了较大的社会影响。《管理世界》发表了著名经济学家金碚教授的长篇书评"中国制造业崛起需要更多的创新性研究支撑";清华大学、复旦大学、吉林大学等著名高校的博硕学位毕业论文和《管理世界》、《科研管理》、《经济管理》、《统计与决策》等著名期刊132篇学术论文标为参考文献;《科技日报》发表"新型制造业透析中国制造业发展"的书评,科技网、中华制造业网、中国技术与投资网等22个网站迅速转载;新华网、CCTV、大公网、台湾南科、东亚经贸新闻、世界华人网、中企联合网等210多个网站介绍或转载了"最受尊敬的中国制造业企业"及关于中国制造业就业人数预测的相关研究内容。③一批博士学位论文相继完成,从区域、产业、企业、能源资源、可持续发展和自主创新等方面深化了"新型制造业"的研究,即将形成十余本"新型制造业管理论丛"的研究成果。

《新型制造业管理论丛》,围绕"新型制造业"理念从不同的视野对各个主题进行深化研究,并且每个主题又自成体系,独立成书。这些著作建立在各位作者博士论文的基础上,具有内容新颖、数据翔实、分析方法科学合理、理论体系较为完整的特色。论丛首辑推出三本书:《新型国际分工与长三角制造业》、《基于资源约束的中国制造业可持续发展研究》和《江苏制造业竞争力研究》。

《新型国际分工与长三角制造业》一书,从国际分工的新型化发展趋势入手,阐述了新型国际分工格局对长三角制造业的影响,测度了影响因素与长三角制造业发展的关系,并在国际分工的框架下剖析了长三角制造业经济效益和竞争力,然后构建出一个产业的价值链攀升模型,进而提出了新型分工格局下长三角制造业的发展战略。该书通过定性分析,确定了研究对象的基本关系和作用方式,在定量分析方面,借鉴了国际上比较通用且比较先进的研究手段,如面板数据的计量模型、主成分分析方法、脉冲响应函数、方差分解等,确保计量检验的结果更为可靠,具体分析了影响要素及影响力大小,使各要素对长三角制造业发展的影响得以量化体现。

《基于资源约束的中国制造业可持续发展研究》一书,综合分析了资源约束的理论背景,并结合产业因素对可持续发展理论进行了深入阐述,初步探索形成了可持续发展与制造业相结合的理论框架。该书结合资源自身禀赋及其特征,对我国制造业面临资源约束的内涵做了拓展,构建了资源约束型制造业可持续发展能力的评价指标体系,对制造业行业进行了初步的可持续发展能力分类;该书还以开放经济条件为背景,阐述了中国制造业在国际市场上遇到的制约因素,将制造业可持续发展问题与国际因素结合起来,完善了整体理论框架;该书计算了中国制造业细分行业的循环制造业指数CMI,并且采用面板数据的方法分析了制造业发展的影响因素。该书还对当今世界制造业发达国家可持续发展现状进行了分析总结,从中得出这些国家在制造业可持续发展实践中的经验,以及促进中国制造业可持续发展的思路。

《江苏制造业竞争力研究》一书,基于新型制造业的研究视角,从江苏制造业经济创造能力、科技创新能力以及环境保护能力三大方面选取具体指标,并利用该指标体系从三维时序视角对江苏制造业竞争力进行较为系统的研究,进而开展了全国 31 个省市制造业竞争力的比较、江苏省辖市制造业竞争力的比较、江苏制造业具体行业竞争力的比较,全方位对江苏制造业竞争力进行了定性研究和定量分析。该书基于江苏制造业具体行业的比较分析以及基于江苏省内省辖市制造业的比较分析,突出了外资流入和要素约束对江苏制造业结构升级以及竞争力的影响,提出了提升江苏制造业竞争力的政策建议,对促进江苏新型制造业的发展具有重要参考价值。

《新型制造业管理论丛》,既是了解中国制造业发展研究动态的学术论丛,又是追踪中国制造业热点问题研究的参考资料。各本著作既独立成篇,又相互补充,共同支持"新型制造业"的理念和多视角探讨发展路径,不但理念先进、方法科学,而且数据翔实、结论可靠且可操作性强。我们相信,《新型制造业管理论丛》的出版,无论是在推进制造业发展的理论研究层面,还是提升中国制造业发展质量层面,都会产生积极而深远的影响。

《新型制造业管理论丛》的出版,科学出版社倾注了大量心血,付出了辛勤的劳动,令人敬佩。在论丛首辑即将付梓之际,谨向所有关心和支持我们研究团队的领导、专家和朋友们表示衷心的感谢!

李廉水

2008 年 12 月

目 录

序

第1章 绪论 ……………………………………………………………… 1
1.1 研究背景及选题依据 ……………………………………………… 1
1.2 研究对象与研究目的 ……………………………………………… 3
1.2.1 研究对象 ………………………………………………………… 3
1.2.2 研究目的 ………………………………………………………… 3
1.2.3 研究意义 ………………………………………………………… 4
1.3 相关研究文献资料综述 …………………………………………… 5
1.3.1 长三角研究现状综述 …………………………………………… 5
1.3.2 制造业研究文献综述 …………………………………………… 9
1.3.3 长三角制造业研究评述 ………………………………………… 17
1.4 研究内容及研究方法 ……………………………………………… 17
1.5 研究框架及创新点 ………………………………………………… 18
1.5.1 研究方法 ………………………………………………………… 18
1.5.2 数据来源 ………………………………………………………… 19
1.5.3 可能的创新 ……………………………………………………… 19

第2章 新型国际分工格局的影响分析 ……………………………… 21
2.1 新型国际分工理论演化 …………………………………………… 21
2.1.1 传统的国际分工理论 …………………………………………… 21
2.1.2 现代的国际分工理论 …………………………………………… 25
2.1.3 当代的国际分工理论 …………………………………………… 28
2.2 新型国际分工现状分析 …………………………………………… 31
2.2.1 新型国际分工的内涵 …………………………………………… 31
2.2.2 新型国际分工的特点 …………………………………………… 32
2.2.3 新型国际分工的类型 …………………………………………… 34
2.2.4 新型国际分工的影响 …………………………………………… 36
2.3 新型国际分工对长三角制造业的影响分析 ……………………… 38
2.3.1 直接投资的影响 ………………………………………………… 38
2.3.2 国际贸易的影响 ………………………………………………… 39
2.3.3 技术创新的影响 ………………………………………………… 39

2.4 基于国际分工的长三角制造业定位分析 40
2.4.1 长三角制造业嵌入国际分工的历程回顾 40
2.4.2 长三角制造业参与新型国际分工的形式 42
2.4.3 长三角制造业在新型国际分工中的地位 44
2.4.4 基于国际分工的长三角制造业定位分析 46
2.5 本章小结 48

第3章 基于FDI的长三角制造业发展实证分析 50
3.1 外商直接投资促进东道国产业发展的理论分析 51
3.2 长三角制造业吸引外商直接投资的统计描述 58
3.3 FDI与长三角制造业发展关系的实证检验 61
3.3.1 简单相关分析 61
3.3.2 协整及因果关系分析 62
3.3.3 脉冲响应函数分析 68
3.4 本章小结 78

第4章 基于国际贸易的长三角制造业发展实证分析 81
4.1 国际贸易与经济增长关系的文献回顾 81
4.2 长三角国际贸易与制造业发展关系的统计描述 88
4.3 国际贸易与长三角制造业发展关系的实证检验 93
4.3.1 简单相关分析 93
4.3.2 协整及因果关系分析 94
4.3.3 脉冲响应函数分析 100
4.4 本章小结 108

第5章 基于技术创新的长三角制造业发展实证分析 110
5.1 技术创新促进产业发展的理论分析 110
5.2 长三角制造业技术创新的统计描述 114
5.3 技术创新与长三角制造业发展关系的实证检验 120
5.3.1 简单相关分析 122
5.3.2 协整及因果关系分析 123
5.3.3 脉冲响应函数分析 126
5.4 本章小结 131

第6章 基于国际分工的长三角制造业效益分析 134
6.1 发展趋势分析 134
6.2 结构转型的实证分析 136
6.2.1 产值结构分析 137
6.2.2 劳动力投入结构分析 146

| 6.2.3 产品出口结构分析 ································· 150
     6.3 经济效益的实证分析 ······································· 154
          6.3.1 指标选取 ··· 154
          6.3.2 数据收集与处理 ······································ 155
          6.3.3 结果分析 ··· 162
     6.4 本章小结 ··· 164
第7章 基于国际分工的长三角制造业竞争力分析 ···················· 166
     7.1 基于SS分析法的苏浙沪制造业竞争力比较 ·············· 167
          7.1.1 数学模型的建立 ······································ 167
          7.1.2 数据收集与处理 ······································ 169
          7.1.3 结果分析 ··· 179
     7.2 长三角制造业国内竞争力分析 ···························· 180
     7.3 长三角制造业国际竞争力分析 ···························· 186
          7.3.1 指标的选取 ·· 186
          7.3.2 数据收集与处理 ······································ 188
          7.3.3 结果分析 ··· 196
     7.4 本章小结 ··· 197
第8章 基于国际分工的长三角制造业价值链攀升研究 ············· 198
     8.1 产业价值链攀升模型 ······································· 198
          8.1.1 基于FDI的价值链攀升 ······························ 200
          8.1.2 基于国际贸易的价值链攀升 ······················· 201
          8.1.3 基于技术创新的价值链攀升 ······················· 201
          8.1.4 基于区域分工的价值链攀升 ······················· 202
     8.2 基于Panel Data的实证检验 ····························· 203
          8.2.1 变量和数据说明 ······································ 203
          8.2.2 计量方法说明 ··· 206
          8.2.3 计量结果 ··· 208
     8.3 基于有偏估计的实证检验 ································· 212
          8.3.1 岭回归检验 ·· 213
          8.3.2 主成分回归检验 ······································ 214
          8.3.2 岭回归与主成分回归结果的比较 ················· 215
     8.4 本章小结 ··· 215
第9章 基于新型国际分工的长三角制造业发展思考 ················ 217
     9.1 长三角制造业发展的形势分析 ···························· 217
     9.2 长三角制造业发展的钻石模型分析 ······················ 219

9.3 长三角制造业发展战略举措建议 …………………………… 221
   9.3.1 练好内功,增强 FDI 正向溢出 ………………………… 221
   9.3.2 扩大开放,积极开展对外贸易 ………………………… 224
   9.3.3 加大投入,提高技术创新能力 ………………………… 226
   9.3.4 优势互补,推动产业区域合作 ………………………… 228

参考文献 ……………………………………………………………… 232
后记 …………………………………………………………………… 244

第1章 绪 论

1.1 研究背景及选题依据

随着经济全球化进程的加快和科学技术的发展,当前国际分工的形式日趋多样化,除了不同产业之间、相同产业不同产品之间的国际分工外,另一种新的分工形式——相同产品不同生产工序之间的分工(产品内分工)开始出现并占据重要地位。与前两种分工的边界是产业不同,后一种国际分工的边界是以价值链为基础的[1],它是世界价值创造体系在全球垂直分离和再构的产物,是生产制造过程不断细化的结果,它把全球各地的生产活动变成某种产品生产增值链中的一个环节[2],从而增强了各地之间的经济联系,并导致全球产业分布在地理上趋于分散化和碎片化[3]。

不断深化的新型国际分工使得国际制造业转移更加细化:从最初的产业转移,到同一产业内部不同产业部门的转移,再到同一产业部门内部不同产品生产的转移,然后再到同一产品不同生产阶段和工序的转移。发达国家向发展中国家转移的产业不再局限于传统的劳动密集型产业,而是劳动密集型、资本密集型和技术密集型产业兼收并蓄,因为即便是劳动密集型产业也存在知识技术密集型环节,而技术密集型产业也有它的劳动密集型环节[4],国际制造业转移实际上已经成为具有不同附加值的价值环节在空间上的一次优化调整和再配置:一方面是发达国家逐渐着力于资本、技术密集型的研发和品牌营销,控制核心技术和经营技巧,而把加工制造环节转移出去,生产结构呈现出典型的"哑铃"型;另一方面是某些具有良好产业基础和比较优势的低成本发展中国家和地区,凭借区域地理位置、要素禀赋结构等方面的竞争优势,吸引全球价值链中核心企业与本地方产业集群进行相互嵌入和耦合[5,6],承接产业环节转移,致力于劳动密集型的加工制造环节。最终,发达国家逐渐发展成为产品的研发设计和营销中心,而发展中国家则成为生产加工中心。在新型国际分工格局下,一个国家或区域产业的竞争优势不再体现在最终产品和某个特定产业上,而是体现在该国或该区域在全球产业价值链中所占据的环节上。处于高端或战略性环节的区域将获得较高的产业附加值和回报率,而处于价值链末端或普通环节的区域所获得的附加价值和回报率相对较低。很显然,这种分工方式对于发达国家更为有利,但它也为发展中国家介入新兴产业、全方位参与国际分工和国际竞争提供了新的机会和条件。不过,发展中国家或地区能否成为国际制造业转移的承接地,不仅取决于发达国家跨国公司的全球战略,而且取决于发展中国家或地区的资源禀赋、贸易和投资政策、产业配套能力[7]等等。改革开放以来的中国,凭借着超大规模国家的市场优势、低成本生产要素(劳动力、土地、智力资源等)、相当雄厚的产业基础和生产能力等综合成本优势,成为承接国际制造业转移的主要国家之一,逐渐形成了加工、组装环节的比较优势和竞争优势,进入了国际产业分工的大循环之中。

在中国参与全球制造业生产体系布局调整的过程中,以上海为龙头的长江三角洲地区凭借得天独厚的区位条件、发达的交通网络、良好的社会发展环境、不断领先的制度创新以及多元文化交汇融合的人文资源等区域优势,成为国际产业资本在更大的规模、更高的技术层次上向中国推进时的首选地区,而制造业则是国际产业转移的重要领域。以跨国公司为主体的国际产业资本在长三角大量聚集,一方面使长三角制造业随着跨国公司的产业链条参与到国际分工体系中,并在劳动密集型产业和高技术产业中的劳动密集型环节形成自己的独特优势;另一方面,相对于发达国家在国际分工体系中的地位来说,这种依靠劳动力成本在产业链条或产品工序低端层次形成的比较优势是低附加值的。由于缺乏核心制造技术和设计技术,长三角的许多制造业企业不得不在国际分工体系中充当"长工",在价值链的低端技术部门充当"全世界的转包合同商"[8]。虽然说从加工制造环节融入跨国公司产业链条、切入全球化的生产体系并实现与国外产业对接,是长三角制造业实现产业转型与升级的重要途径,但是,如果长三角把自己的优势锁定和固化在加工制造环节,定位在生产制造中心,满足于这样一个生产者的角色,那么不但不能推动作为本区域支柱产业的制造业的升级发展,而且随着其他拥有更低生产要素成本区域的崛起,长三角在加工制造环节的优势也难以长期保持,从贸易竞争力指数看,当前长三角制造业国际竞争力已经随着劳动密集型产业出口比重的下降而下降了。

打造世界制造业基地是长三角的一个重要战略目标。在21世纪初,江苏、浙江、上海分别提出沿江开发战略、杭州湾产业带建设和郊区工业发展战略,希望借此加快构筑各自的国际制造业生产基地的进程。所以,鉴于制造业对长三角的重要意义和它目前所处的国际分工地位、产业结构、经济效益及竞争力现状,推动长三角制造业进一步发展迫在眉睫。长三角制造业必须尽快适应国际分工格局的变化,充分利用新型国际分工格局带来的契机,提高核心零部件的本土化生产水平和企业自生能力及产业配套性,并适时由全球价值链中游的生产环节向上游的研发设计环节、下游的品牌销售环节扩展,推动制造业技术进步,并对两省一市的制造业进行协调整合及区际分工,力求形成一种齿轮互动的关联局面,通过制造业的竞争、合作与空间转移,促进专业化市场和地方产业集群更深地嵌入全球价值链,逐步提升在国际分工中的地位与加工增值能力,争取在国际产业价值链条的高端或重要环节占据一席之地,从而带动整个长三角制造业结构的优化和国际竞争力的提升。而且从长三角制造业的发展现状看,优势互补、分工协作使上海与其周边地区形成合力、共同发展,完全有可能承接发达国家转移出来的技术密集型产业,并可利用技术学习的跳跃式特征,缩短与发达国家在高新技术领域研究水平的差异,以提高其在新一轮国际经济合作中的地位及竞争力。

1.2 研究对象与研究目的

1.2.1 研究对象

本书主要研究新型国际分工格局下长三角制造业的发展路径问题,为了解决该问题,我们分别考察了长三角制造业的国际分工地位、经济效益的转型和竞争力状况,分析了影响长三角发展的若干因素,在此基础上提出了本书的政策建议。在这里,我们首先对长三角进行界定和说明。

长江三角洲(简称长三角)通常有两个概念,即自然地理概念和经济地理概念。

自然地理概念上的长三角范围仅仅是局限于江苏镇江以东、通扬运河以南、浙江省杭州湾以北,为长江中下游平原的一部分,面积约5万平方公里,由长江及钱塘江冲击而成,其间江河纵横,向有"水乡泽国"之称[9]。

经济地理角度上的长三角又有狭义与广义之分。狭义的长三角是一个城市群或都市圈的概念,特指上海、南京、苏州、无锡、常州、镇江、南通、扬州、泰州、杭州、宁波、湖州、嘉兴、绍兴、舟山和台州等16个城市组成的区域,这16个城市土地面积约占全国的1%,人口占全国的5.8%。广义的长三角指江苏、浙江、上海两省一市的全部范围,共28个市、21.3万平方公里、约1.38亿人。2003年该区域给全国创造了24.0%的GDP,贡献了24.3%的财政收入,完成了33.8%的进出口额[10]。由于狭义长三角的范围一直处于变化之中,省级行政区划具有相对稳定性,都市圈经济基本上占当地行政区划经济的极大比重,而且地方政府对区域经济发展有重要影响,同时也考虑到采集数据的便利性,本书中的长三角如果没有特别注明,一般指江苏、浙江、上海两省一市的全部范围。

1.2.2 研究目的

本书的主要目的是想利用国际分工格局新型化发展的契机,通过吸引FDI、开展对外贸易、提高技术创新能力和推动区域合作等途径来促进长三角制造业进一步发展,这里的发展包括国际分工地位的提升、经济效益的改善、国际竞争力的增强和产业结构的优化。为此,本书尝试研究以下问题:

(1) 深入分析新型国际分工的特点及对世界经济的影响。

(2) 探析长三角制造业在国际分工体系中的地位，剖析新型国际分工格局对嵌入全球价值链的长三角制造业的影响。

(3) 分析长三角制造业的产业结构、经济效益、竞争力现状。

(4) 分析新型国际分工格局下影响长三角制造业发展的因素。

(5) 提出推动长三角制造业发展的建议。

1.2.3 研究意义

随着信息技术的发展和全球一体化进程的加快，越来越多的国家和地区参与到以跨国公司为主导的全球价值链分工体系中。作为正在崛起的世界第六大城市群，长三角从改革开放特别是20世纪90年代以来，主要通过垂直分工的方式从附加值较低的产业、产品或工序逐渐融入国际分工体系中，并在纺织、服装等劳动密集型产业和部分资金技术密集型环节上形成了较强的国际竞争力。但是，由于长三角在全球价值链的"微笑曲线"中从事的只是一般零部件加工及整件组装等生产装配环节的任务，所获得的利润非常有限。当前，长三角制造业已经进入了重化工业化阶段，产业结构已经从低加工度产业转向了高加工度产业、从劳动密集型产业占优势转向了资金技术密集产业占优势，但资金技术密集型产业的经济效益和国际竞争力仍然低于劳动密集型产业，没有发生相应转型。如果说，改革开放之初，长三角通过大量承接发达国家转移过来的加工组装环节嵌入国际分工体系是根据当时的资源禀赋条件做出的最佳选择，那么，随着本区域经济实力、产业配套能力、自主创新能力等专业和高级生产要素的日益充裕，随着国际产业资本转移速度的加快和层次的提高，随着新型工业化道路对制造业发展走新型道路的要求和区域竞争的日益加剧，谋求长三角制造业国际分工地位的提升、经济效益的改善、国际竞争力的增强和产业结构的优化将成为必然选择。因此，在国际分工日益深化的背景下研究长三角制造业的发展问题不仅必要，而且非常有意义。它不仅有助于认识长三角在国际分工体系中的地位，了解长三角制造业的产业结构、经济效益、竞争力现状，而且还有助于推动长三角制造业又好又快地发展。

此外，探索长三角制造业在新型国际分工格局下的发展路径还可以为珠三角、环渤海等其他经济区（或都市圈）制造业的发展提供经验。长三角、珠三角和环渤海地区是我国经济发展最快的三个经济区。与长三角一样，珠三角、环渤海地区虽然参与了国际经济分工体系，但在目前也仅处于国际产业价值链的低端或普通环节，于是，它们的制造业在国际分工格局变动的影响下，也面临着要么继续在国际分工中充当"长工"，要么通过发展来提升各自的地位与竞争力的选择。同时，深化区域合作、加快区域经济一体化进程同样也是这两个经济区当前和今后一段时间的奋斗目标。这样，由于发展阶段、在国际分工体系中的地位、面临的任务及追求的目标等都较为相似,所以长三角制造业在新型国际分工格局下采取的发展策略必定对珠三角、环渤海等经济区也有借鉴意义。

1.3 相关研究文献资料综述

1.3.1 长三角研究现状综述

改革开放以来国内对长三角的研究进程可以分为三个阶段[11]:

第一阶段从1980年至1989年。随着"一个中心、两个基本点"的党的基本路线的确立和我国特别是沿海地区改革开放新格局的展开,以上海、江苏、浙江三省市的专家学者为主体,会同北京及全国各地的一部分领导和学者,共同开展了以"长江三角洲一体化发展战略"为核心内容的学术研究和决策咨询活动,积累了一批研究成果,形成了新中国成立以来长江三角洲研究的第一次热潮。这次研究热潮得到了党中央、国务院的高度重视,并于1983年正式成立了"国务院上海经济区规划办公室"。

第二阶段从1992年至1999年。1992年党的十四大提出"以浦东开发开放为龙头,进一步开放长江沿岸城市,尽快把上海建成国际经济、金融、贸易中心之一,带动长江三角洲和整个长江流域地区经济的新飞跃"的战略决策以后,长江三角洲区域发展战略问题再一次成为政府、产业、学术界等社会各界关注的热点。

第三阶段是进入21世纪以来,随着江苏的沿江开发战略、上海郊区工业发展战略以及环杭州湾产业带战略的制定及实施,新一轮研究热潮正在江浙沪三省市及全国各地蓬勃兴起,目前仍然方兴未艾。在本次研究热潮中,对长三角的研究主要集中在推动区域经济一体化发展、区域产业同构与分工、区域竞争力提升、长三角城市群或都市圈的形成与发展、区域发展的比较研究等方面,并形成了有独到见解的理论观点和政策建议。

第一,区域经济一体化发展。在经济全球化和区域经济一体化的发展趋势中,人们对推动长三角一体化的必要性几乎没有异议,但具体如何推动则是见仁见智:石忆邵从市场发育模式、产品结构、制度变迁轨迹、经济发展阶段、城市化动力机制和模式等方面揭示了沪、苏、浙三省市经济发展的趋异性特征,指出当前区域经济一体化的主要问题是中心城市的辐射能力弱、省市之间关联度低、区域运行成本较高等,解决的对策主要有建立多层次的区域发展协调机制、整合区域基础设施、制定区域经济一体化发展公约等[12];陈建军、姚先国认为,与"极化—扩散"型关系相比,把上海与浙江之间关系界定为一种资源优势互补、产业分工协作的领域渗透型区域经济关系更易于要素的双向流动和长三角的一体化进程[13,14]。崔大树提出长三角高新技术产业一体化发展的主要途径是优化空间结构和产业结构、加快二级城市的发展速度、促进创新体系形成和加强制度建设[15];盛世豪认为,一体化的主体是政府,一体化的根本目的是共同利益最大化,一体化必须作出制度安排[16]。目前长三角一体化进程的障碍主要来自两个方面,一是从现实来看,对局部地区内部发展的要求高于对共同利益的追求;二是追求本地区调整增长的一个主要行为是努力动员各种稀缺要素与资源,依靠要素推动当地的经济增长。徐长乐等认为,长三角的一体化联动发展,既是适应国内外环境变化的客观需要和增强区域综合竞争力的客观要求,也是建设区域合理产业布局与城镇体系的内在要求。而以跨国公司为主导的经济全球化所带来的历史机遇,国家经济体制改革的不断深化对区域经济新格局的塑造,大规模的区域基础设施建设的重要推动,以及长三角悠久的历史文化基础和密切的社会经济联系,都为长三角一体化发展提供了巨大的现实可能性[17,18]。陈耀提出了区域一体化发展的策略是制定一体化发展规划、构筑一体化共同市场、订立有约束力的统一公约和法规、组建半官方的协调仲裁委员会[19]。沈玉芳认为推进长三角区域一体化发展的核心和唯一途径,是全面推动和积极开展市场化条件下政府间合作联动,为此需要完善和创立三大机制:①交流机制;②协调机制;③同域职能管理机制[20]。陆立军从建立上海大都市圈的必要性出发,提出建立竞争基础上的合作机制是长三角走向现代化的现实选择,并分析了长三角一体化对浙江经济社会发展的影响[21]。陈建军通过对长三角区域经济一体化不同阶段企业内地域分工在其范围内不同表现形式的回顾,提出目前长三角范围内企业内地域分工已进入一个新的阶段,并对新阶段下企业内地域分工的特点进行了分析[22]。景体华[23]、王一鸣[24]等也提出推进区域经济一体化的实现途径。

第二,区域产业同构与分工。围绕长三角是否存在产业同构有两种不同的观点:①长三角存在较为明显的产业同构。这是当前学术界的主流观点。如陈建军(1992,2000,2004)、洪银兴(2003)分析了长三角产业同构的原因,并指出产业同构的实质是长三角内部存在着紧密的产业之间水平分工。陈建军认为应该强化长三角整体发展的思路,在长三角各次区域间采取更为协调的产业发展战略,实行"趋同"的产业定位,做到"基础产业协调发展、新兴产业共同发展、支柱产业互补发展",加快整个长三角地区的产业结构高度化的步伐,将长三角地区建设成为国际先进制造业的中心和基地[25]。洪银兴指出长三角结构调整的方向是在该区域形成区域性主导产业、支柱产业,以及合理分工和梯度互补的产业体系,产业布局应按"一个发展极(上海)、两个支撑点(南京、杭州)、五条发展轴(沪宁、沪杭、杭甬、宁通、宁杭)"的格局展开[19]。②认为长三角不存在所谓的产业同构问题。如范剑勇认为,长三角一体化水平增强使该区域制造业的空间转移和地区结构差异性随之增强,其结果不仅提高了各地的专业化水平,而且促进了两省一市在制造业领域的分工与协作[26]。此外,靖学青[27]、赵丽[28]、刘志彪[29]等也对长三角制造业结构趋同问题进行了探讨。

第三,长三角城市群或都市圈的形成与发展。自从1957年法国地理学家J.戈特曼在著名论文《大都市圈:东北海岸的城市化》中首次提出了大都市圈(metropolis)的概念后[30,31],都市圈经济便成为人们研究的热点之一[32,33],纽约、东京、伦敦等世界著名都市圈更是研究的焦点。我国对都市圈的研究也随着世界第六大都市圈——长三角的崛起而进入了高潮。谷人旭等通过分析形成长江三角洲都市经济圈的理论基础和主要发展思路,从区域经济协调发展的角度,提出上海作为该地区的首位城市,应当在产业结构升级、区域要素市场培育、综合交通运输网构建及区域经济一体化服务建设等四方面发挥核心城市的功能[34]。施祖麟以大都市理论和区位理论为基础,从区域分工与协作的角度,探讨了在经济全球化和市场一体化背景下,上海大都市周边的大城市苏州和南通未来发展的城市定位以及实现定位的途径,为长江三角洲都市连绵区诸城市之间的协调发展提供了借鉴[35]。徐康宁等认为长三角城市群的形成与发展是长三角地区经济社会特征的一个重要方面,构成长三角城市群形成的因素有其经济和历史方面的背景,是区域经济社会内生交互发展的产物,城市群的本质内涵是城市化、都市化和一体化,城市群的演变是推动长三角地区经济发展的一个重要动力,也是促进区域经济一体化的内在因素。长三角城市群内部既有竞争的关系,也有合作的机制,合作的难点在于产业分工和真正的市场一体化[36]。黄勇指出长江三角洲区域已经进入大都市区形成和发展阶段,分析了动力机制和存在问题,提出了推进大都市区有序发展的若干建议[37]。此外,宁越敏根据国内学者提出的都市连绵区的概念,对长江三角洲都市连绵区进行了研究,并分析了形成机制和调控措施[38]。朱文明等以景观空间分析和区域经济理论为基础,综合RS和GIS等手段,分析了长三角城镇空间形态和区域经济特征,并从中探讨了城镇格局与经济的相关性[39]。徐长乐等提出了"十五"期间推进长三角都市圈形成与发展的对策思路[18]。

第四,长三角与其他区域的比较研究。改革开放以来,随着东部沿海的珠三角、长三角、京津塘(或被称为环渤海)经济区或都市圈相继崛起,将长三角与其他区域进行比较研究的文献渐渐增多。张为付利用实际统计资料对长三角、珠三角、京津地区的自然情况、经济实力和综合竞争力进行比较后得出,从绝对数量上来看,长三角的核心和基础竞争力均大大高于珠三角和京津地区,辅助竞争力和其他两个区域相当,但从各项指标的人均拥有量来看,长三角并没有优势。基础竞争力和辅助竞争力滞后于核心竞争力、对核心竞争力支撑不足是长三角面临的主要问题[40]。闫浩通过对长三角与珠三角经济开放度的比较与评价,指出长三角外向型经济的发展水平较低[41]。陈耀认为,从经济发展水平看,长三角经济圈是经济产出效率或集约化程度最高的区域,而珠三角和环渤海经济圈则依次递减;从经济增长源泉看,长三角经济圈是投资拉动型,珠三角经济圈是出口拉动型,环渤海经济圈是内需拉动型;从发展动力机制看,长三角经济圈是民资主导型,珠三角经济圈是外资推动型,环渤海经济圈是国资主导型;从产业结构特色看,长三角经济圈属于高科技-知识密集型,珠三角经济圈属于轻纺-劳动密集型,环渤海经济圈属于重化工-资本密集型,长三角产业结构层次明显较高[42]。王何对京津塘、珠三角、长三角三大都市圈按照区位概况、经济水平、信息化水平等指标进行比较研究后发现,长三角的优势在于:经济总量大、工业基础雄厚、城市化水平较高、城镇体系层次明显和区域形象力较强[43]。魏书华对三大经济带的现状和经济发展预期进行了比较分析,认为随着新一轮区域经济一体化的启动,长三角内部的经济分工协作将更加紧密,产业结构将更趋合理,从而对其经济社会发展产生强大的推动作用,但长三角在发展过程中也会面临行政壁垒等问题的羁绊[44]。此外,曾涤[45]、伊琼[46]、杨京英[47]、陈维[48]等也将长三角与其他区域进行了对比研究。

第五,长三角发展与外商投资。对外开放政策实施后,外商投资便成为推动我国经济发展的重要力量,外资的多寡在某种程度上甚至成为各地经济发展速度快慢的决定因素。长三角作为吸引外资最多的区域之一,其经济活动的许多方面都受到外资的影响,因此,如何吸纳更多的外资、如何提高利用外资的质量和效益等是研究该区域时的重要议题。方勇、张二震认为,长三角要想在加入 WTO 后保住对外资的持续吸引力,必须在推动产业高度化和调整国际分工地位两方面进行努力[49]。朱英明主张提高外商投资企业部门集群水平、强化外商投资企业与本地企业间的功能联系是提升长三角地区竞争优势的重要举措[50,51]。洪银兴认为,外资进入在弥补长三角资本不足、推动经济快速持续快速发展、带动产业结构升级、加快产业积聚、增加就业、促进技术进步、加快贸易增长和工业化进程等方面发挥了不可替代的作用。同时他们还提出,长三角未来外资政策的战略定位应侧重于推动产业结构高度化和力争保持动态优势[19]。张海燕、沈玉芳证明了在经济全球化条件下,外商直接投资和对外贸易在促进长三角产业结构一体化和高级化方面具有重要重要作用[52]。刘志彪认为,外商直接投资对长三角制造业的技术进步和结构升级作出了重要贡献[29]。

第六,提升区域竞争力。其实,无论是推动区域经济一体化发展,还是分析区域产业结构或者进行区域间的比较研究,虽然着眼点不同、侧重点也有所区别,但目的都是为了提升长三角的区域竞争力,而且直接从如何提升区域竞争力着手的学者也较多。李庭辉认为产业整合是提高长三角区域国际竞争力的关键,整合产业要从统一观念、政府引导、加强产学研合作、建立公共信息平台等四个方面着手[53]。吴进红认为提升长江三角外贸竞争力的现实途径主要有提高外资进入的资金和技术壁垒、加强区内合作、提升开发区的竞争优势等[40]。魏后凯采用专业化系数、市场占有率、产品出口率、资金利润率等指标考察了长三角制造业的竞争优势,并指出,进一步提升长江三角洲制造业的国际竞争力,一要加快高新技术产业带和先进制造业基地建设;二要抓好品牌建设,掌握和发展核心技术;三要把上海建成中国的国际管理控制中心;四要依靠产业集群化加快外资企业"落地生根";五要加强城市间合作,促进地区制造业一体化[54]。洪银兴等运用偏离-份额分析法对2000年长三角内部上海、江苏、浙江工业进行比较分析后得出结论,上海工业的发展状况总体较好,江苏较差,浙江一般,并分析导致三地产业竞争力出现差异的原因[19]。但两年以后,朱海就用同样的方法比较了长三角浙江、上海、江苏三地主要制造行业的竞争力后却发现,从总体上看,浙江制造业的竞争力最强,江苏次之,上海最弱[55]。这意味着,进入21世纪后,随着长三角制造业在对外开放、区域分工合作等因素的影响下结构调整步伐的加快、增长势头的迅速提升,对长三角制造业的竞争力状况进行与时俱进的研究具有重要的现实意义。

1.3.2 制造业研究文献综述

自18世纪第一次产业革命以来,制造业就成为一国经济增长的重要推动力,英、德、美、日等工业化国家莫不是建立在发达的制造业基础上的。改革开放以来,我国经济的飞速发展相当程度上也是依赖于制造业的牵引。由于制造业在国民经济中的重要作用,国内外学者从不同角度对制造业进行了大量的持续的研究。在国外,W. Mark Brown利用1973~1996年制造业的面板数据测度了加拿大区域经济发展状况[56];Chia-Hung Sun和Kaliappa P. Kalirajan以1970~1997年的韩国制造业为例测量高科技和低科技产业的增长源[57];Lonnie James Hudspeth通过对141家美国大中小制造企业的调查,对美国制造业的企业组织学习文化、战略回应和专用化聚集能力进行了研究[58];Nagesh Kumar、Aradhna Aggarwal以印度为例,研究了全球化背景下发展中国家的研发战略[59];Christian Hofmann,Stuart Orr基于德国经验分析了制造业企业采用AMT的投资绩效效益[60];Murat Karaoz,Mesut Albeni以土耳其制造业的技术发展过程为例,指出发展中国家建立技术能力不仅需要设备、专利和规划,还需要一个漫长的学习和累积的过程[61];Zoran Perunovic,Thomas Christiansen运用第五代创新模型分析了丹麦制造业创新绩效[62];Tseng[63]、Álvarez[64]、Bruce Vernyi[65]等学者也都对制造业进行了研究。下面我们主要把国内的文献按照国家层面(宏观)、区域层面(中观)和产业及企业层面(微观)的角度作一梳理。

1. 在国家层面

以全国制造业为研究对象的现有文献主要讨论了四个方面的问题:制造业的作用、现状与差距、结构调整与产业升级的必要性、进一步发展的战略措施。

(1) 中国制造业的重要作用。制造业是国民经济的发动机,这一点无论是在美国、日本或者中国,还是在过去、现在和未来都是不容置疑的。1999年12月

12日美国全国制造业协会发表的报告显示,制造业是推动20世纪90年代美国经济增长的第一大推动力,美国实际国内生产总值增长的29%来自制造业,在80年代21.5%的基础上大大提升。由于美国制造业从20世纪七八十年代渐次衰落到90年代重振雄风的直接后果是美国经济实力大大增强、综合国力进一步提升、超级大国的霸主地位得到巩固[66],进入21世纪,各国对制造业在国民经济中的地位和作用有了更深刻的认识,有人坦言:"无论今后科学技术怎样进步,发展先进的制造业将是人类社会永恒的主题,制造业也将永远是人类社会的'首席产业'"[67]。在国内,许多学者也纷纷著书立说阐明制造业对我国经济社会发展的重要意义(李寿生[67],2001;朱高峰[68],2001;宋健[69],2002;刘如海[70],2003;李廉水[71],2004;等等),他们的主要观点有:第一,制造业是我国国民经济的重要支柱,是牵引我国经济增长的主要力量。第二,制造业是吸纳我国就业人员的主要渠道。世界经济发展的趋势表明,第三产业将会吸纳越来越多的劳动力,但就我国目前来说,制造业仍然是除农业以外吸纳就业人数最多的领域。第三,制造业是我国财政收入的主要来源。第四,制造业是我国出口创汇的主要产业,是增强我国国际竞争力的关键因素。第五,制造业是我国国防安全的重要保障。第六,制造业特别是装备制造业是工业化的中心和技术进步的主要舞台。第七,制造业支撑和引领农业、第三产业发展。第八,制造业是推动我国区域经济共同和协调发展的重要因素。第九,制造业是深化改革的重要推动力。第十,制造业是增加职工收入、改善居民生活条件、增进社会福利的决定性力量。

(2)中国制造业的发展现状。从地区结构看,我国制造业主要集聚在东部沿海的长三角、珠三角、环渤海等区域,而在广大中西部地区制造业发展相对缓慢(范剑勇、朱国林[72],2002;李廉水[73,74],2004、2005、2006;等)。通过反映产业地区集中情况的基尼系数可以清楚地显示出制造业分布的地区差距与不平衡;从行业结构看,由于20世纪90年代我国制造业增长的主导部门是资本品及耐用消费品工业,劳动生产率的增长是90年代我国制造业保持快速增长的主要动力,所以,基本上可以判断我国制造业已经完成了重工业化的转型,进入高加工度化时期,资金、技术密集型制造业已经成为中国制造的主力[75]。但另一个事实是,资金、技术密集型制造业的经济效益并没有领先于劳动密集型制造业,产业经济效益的提升滞后于产业结构的转型。制造业的技术创新能力薄弱,有序的规模经济、分工协作效应尚未形成,微观企业经营管理水平较为低下[76]。从国际竞争力状况看,我国制造业企业的国际竞争力处于中等偏下水平,并呈现出三大特征:在国内市场与国外市场上的竞争力差别较大;劳动生产率较低;效率指数的变化与市场份额指数的变化趋势相背离[77]。而且,资产运营能力是导致国有制造企业与外资制造企业出现竞争力差异的主要原因,增强国有企业竞争力的关键就是要提高企业的资产运营能力[78]。

(3) 中国制造业的比较优势。由于劳动力资源丰富、价格低廉[79,80]，因此，新型国际分工格局下中国制造业的比较优势集中体现在劳动密集型产业及全球价值链中的加工制造环节[81,1,29]，发展的方向是在保持现有优势的基础上，谋求向附加值较高的环节攀升。同时，潜力巨大的国内市场也是中国发展制造业的有利条件。中国的家电、电子通信设备产量迅速增长并进入世界前列的重要原因，就在于国内市场需求量大，广阔的国内市场推动了规模经济的形成，并且促进了国内竞争和技术进步[82]。此外，坚实、雄厚的工业基础也是中国制造业的比较优势。中国在不少重要工业产品上已经成为世界上数一数二的生产大国，而且电风扇、拖拉机、纺织产品等在同行业市场中甚至处于垄断地位[71]。

(4) 中国制造业的劣势与差距。改革开放以来，中国制造业虽然发展很快，无论制造业总量还是技术水平都得到显著提高，但与美国、日本、德国等制造业发达国家相比，中国制造业仍然存在较大差距[67,83,84]。第一，制造业产出的人均水平远远落后于发达国家。虽然中国经济总量位居世界第六位，制造业生产总量全球第三，信息产业进入世界前三位，移动电话、DVD、彩电、程控交换机等产品以及不少电子元器件的生产量也位居世界第一，但就制造业产品的人均占有水平来看，中国制造业与美、日、德等国的制造业相比仍然有较大差距。日本人均700公斤钢产量作为重工业化完成的标志，美国2亿人口钢材消费超过2亿吨持续了27年，但2004年中国人均钢产量只有228公斤。1995年美国人均制造业总产值为4 760美元，日本为9 800美元，而中国2004年只有1 631美元。第二，中国制造业的技术开发水平比较低。在对中国514家机械制造企业2009种主导产品调查中，产品平均生命周期为10.5年，平均开发周期为18个月，而美国一些机械企业1990年就已经做到"三个三"，即产品的生命周期为3年，试制周期为3个月，设计周期为3个星期。在电子产业的核心产品芯片、超大型计算机、尖端通信设备和软件技术方面，中国不但落后于美、日、欧，而且落后于印度。作为世界空调生产大国，中国几乎每家空调厂商推出的变频空调的技术都离不开国外的先进技术。第三，中国制造业中的零部件制造发展严重滞后。中国电子工业的规模已排在世界前列，但中国电子工业的核心部件芯片的发展水平比国际落后约15年左右。中国是世界上最大的家电生产国，但微波炉的核心部件"磁控管"、电水壶的核心部件"温控器"、空调业高性能柜机的"涡旋压缩机"等都要依赖进口。第四，中国技术装备制造业发展较为滞后，高精尖及大型的技术装备尤其是大型成套技术装备仍主要依赖于进口。第五，中国制造业缺少类似"通用汽车"、"IBM公司"这样的"航母"型企业。第六，中国制造业企业的科研开发投入低，英、美科研经费的84%和97%集中于万人以上的大公司，其经费占销售额的4%～10%，而中国机械企业科研开发经费仅占销售额的1%。全行业的开发经费还不如西门子一家的科研经费多。第七，中国中小制造业企业的配套能力较弱。第八，中国在航空工业等高新技术制造业领域与美国仍有较大差距。第九,中国制造业的经济效益水平较低。第十,中国制造业企业的管理水平、管理理念有待进一步提高。此外,卢文鹏、黄艳艳还认为,与技术性后发劣势一样,制度性后发劣势也是中国打造具有国际竞争优势的世界制造业中心的主要障碍[80],因此,技术和制度两个层面的飞跃是中国创建真正意义的世界制造业中心、提高"中国制造"含金量的必要之举。

(5)中国制造业的结构调整与产业升级。吕铁指出,由于我国制造业的生产结构与需求结构存在着严重不相适应的矛盾,未来制造业结构调整的中心任务,是要培育出一个与需求结构高级化趋势相对应的有产品设计能力、能够生产关键零部件和成套设备的产业群[75]。刘志彪从解决中国制造业产能过剩的角度出发,提出中国制造业的结构调整及产业升级的五个战略要点:一是建立健全强有力的反用户行政垄断的政策和法律,维护制造业产品市场的公平和有序竞争;二是硬化投资主体的预算约束,建立相应的投资风险和责任机制;三是建立有效的行业"退出机制",推动制造业的结构调整和产业升级;四是大幅度地利用外国直接投资和技术引进,加快制造业结构调整和产业升级步伐;五是适应需求多样化要求,采用经营专业化与产品生产多样化的生产方式[85]。殷醒民通过分析中国制造业技术结构升级的轨迹表明,以电子电气设备制造业的高速增长为代表的结构变动加快了中国经济的增长速度和提高了经济增长的质量,未来15年的制造业技术结构升级的主要方向是促进航空航天、电子和计算机集成制造工业的发展,最终使制造业竞争力集中在主要新兴技术产业上[86]。郭克莎认为,从产业的增长潜力、就业功能、带动效应、生产率上升率、技术密集度、可持续发展性以及国际比较等方面来进行分析,制造业中兼顾产业升级基本目标和就业增长重要目标的新兴主导产业是:电子及通信设备、电气机械及器材、交通运输设备、纺织和服装、普通机械和专用设备制造业。应当通过新的产业政策,促进新兴主导产业的形成和发展,提高其国际竞争力,并加强其对整个制造业发展的带动效应[87]。王燕梅认为推动技术升级是消除制造业对外开放对国家经济安全威胁的关键,为此,国家政策必须在完善开放政策、推进国内企业升级方面有所作为[88]。

(6)中国制造业发展战略。随着全球经济一体化和现代信息技术革命的发展,制造业的全球化趋势不断加强,其主要表现就是:产品制造的跨国化迅猛发展,价值链中与制造紧密相连的各个环节朝着全球化方向迈进;制造业企业的跨国并购、重组和整合;制造资源在世界范围内的调剂、共享和优化配置;跨国界信息基础设施的建设和维护正日益受到各国政府和企业界的重视,全球制造体系正在迅速形成等。许多学者结合这一全球制造业发展的重要趋势,提出了我国制造业的发展战略。如潘建亭分析了进入跨国公司全球制造网中的集成企业和配套企业的市场定位:对集成企业而言,要在跨国公司全球制造网中获得和保持持续的竞争优势和市场的支配地位,就必须努力培育和发展企业的核心技能。这种核心技能是其他竞争对手或合作伙伴不可模仿或难以替代的;对配套企业而言,要在跨国公司全球制造网中占有一席之地,就必须慎重处理好与集成企业的关系,尤其要认真分析和仔细研究规模与特色、市场与顾客、品牌与发展、主角与配角等因素的影响,以及它们之间的相互关系[89]。王清容从跨国公司发展动向出发,提出中国的发展战略是抓住发达国家制造业外移的机遇,使制造业整体进入世界先进水平或领先行列,而有选择地突破高新技术产业。对此,中国必须重视与发展中国家特别是新兴工业化国家的竞争,同时改变传统的"民族产业"思想,树立"大制造"观点[90]。李寿生从全球经济一体化的高度,提出了21世纪振兴中国制造业的四大发展战略,即对于中国具有"比较优势"的制造产业,要大胆实施"走出去"的发展战略,使之尽快成长为具有国际竞争优势的全球性产业;对于具有巨大国内市场和竞争优势的产业,要更加积极地实施"以我为主"的发展战略,不断扩大国内市场的占有率;对于具有高成长性和较大市场空间而又缺乏技术优势的产业,要更大胆地实施"请进来"的发展战略,把引进国外先进技术和自主创新结合起来,实现中国制造业的跨越式成长;集中优势力量,按照"有限目标"的原则,抢占一批具有自主知识产权的高新技术制高点,加快培育一批21世纪新兴制造产业和新的经济增长点[67]。李京文、黄鲁成提出用制造业创新战略来迎接经济全球化和加入WTO的挑战与压力[91]。李海舰分析了跨国公司在华投资的若干特征和对中国制造业的影响,提出中国应当积极应对跨国公司进入,中国制造业的发展需要借助跨国公司,全面融入经济全球化之中[92]。金碚认为,作为世界分工体系中重要组成部分的中国制造业,必须牢牢把握世界产业的发展趋势,积极探索新型化道路[93]。郑江淮认为,国际制造业资本转移通常会带来较本土更高的产业技术水平,如果本土企业能够与国际制造业资本形成产业配套,将有助于本土企业技术水平的提高,有利于形成自主产业创新能力。从长期看,政府应当以在产业配套中积极培养本土企业自主的产业创新能力为政策目标,否则,本土企业在一轮轮的国际制造业资本转移中将陷入产业配套的"陷阱"中[94,95]。倪义芳(2001)认为,在制造业全球化趋势条件下,我国制造业参与全球竞争的对策主要有:树立将我国发展成为世界制造业中心的观念;通过深化外贸体制改革推动更多的企业直接参与国际竞争;利用跨国并购对国有企业进行改造;运用高新技术改造传统产业;加强技术引进与创新;实施名牌战略等等[96]。此外,还有不少学者针对我国制造业的发展现状提出推动制造业快速、持续、稳步发展的对策建议。例如,杜晓军认为先进制造业技术、现代制造业模式是促进我国制造业发展的方向[97]。初玉岗主张各地不仅要以制造业作为自己的战略重点,而且在产业选择、发展道路和目标定位等方面突出区域特色[98]。金碚认为,在资源和能力有限的条件下,对传统技术和高技术进行选择,是关系发展中国家产业发展前途的重大战略问题。西方产业向中国的转移和西方产业技术向中国的扩散,是现阶段中国产业发展和产业技术进步的主要内容。在中国经济已经经历了20多年的持续快速增长的今天,各类产业(无论是成熟产业还是新兴产业)都面临着技术进步的艰巨任务。在现行世界经济体系中,高技术的高附加值利益将得到更大的强化;传统技术和传统产业的规模竞争和利润摊薄,使得其附加价值趋向降低,而高技术产业的高增长和高附加值(垄断利润)倾向则将长期保持。在中国现阶段的工业化进程中,一方面,需要发展高技术产业以拓展产业空间,而在这一过程中,高技术产业链的分解以及各产业间的融合,使得中国在整体工业技术水平不高的条件下也能在高技术产业领域中获得很大的发展空间;另一方面,要实现高技术同传统产业的结合,将高科技注入传统产业,以提高传统产业的竞争力,使得高技术的运用成为推动传统产业发展的重要力量。因此,买技术、换技术、学技术和开发自主知识产权的技术,在中国工业化过程中以及高技术产业的发展过程中都具有重要的意义。在现阶段,中国高技术产业的发展既要力争有所突破,也要做到量力而行。尤其是要通过科技资源配置体制的改革,形成高技术产业发展有效的市场竞争秩序,以促进高技术产业的长期持续发展[99]。李士梅从影响中国制造业发展的内外两方面因素入手,分析了当前影响中国制造业发展的瓶颈因素。不仅指出中国制造业在技术创新能力、劳动生产率和市场集中度等方面所处的明显劣势,还特别强调了我国物流业发展滞后以及金融体制、外汇管理体制改革滞后,严重制约中国制造业进一步发展等问题,主张消除外部因素制约是中国制造业壮大的更重要任务[100]。李玉刚认为,基于现实国情和企业的技术实力,通过采取非核心技术创新战略走向成功是当前我国大多数企业的最好选择[101]。史丹(2001)认为制造业与能源工业具有正相关关系,加强能源基础设施建设有利于促进制造业进一步发展[102]。黄群慧(2003)认为建立现代化的制造企业管理模式是提高中国制造企业国际竞争力的重要途径[103]。

2. 在区域层面

在以区域制造业为研究对象的现有文献中,可分为五类:①研究区域制造业总体特征,如魏后凯认为中国区域制造业的发展主要受当地市场规模、基础设施尤其是经济基础设施水平和效率工资等的影响[104]。②按照东部、中部、西部区域划分方法对其中一个(或几个)区域的制造业进行研究,如王能民认为,实施绿色制造模式是西部大开发中制造业发展的首选模式[105]。赵小惠认为,西部制造业虽然有很多弱点,但制造业基础还是良好的,具备航空航天、军工、机械制造等传统制造优势,借西部大开发的契机,发挥传统制造优势,优化配置制造资源,是可以提升制造业的竞争力,进而促进西部经济发展的[106]。高拴平在对西部制造业的结构变动进行了实证分析后得出结论,西部地区近10多年来制造业结构的变动程度大,并与其产出增长较为协调;西部地区制造业结构升级有所推进,制造业技术水平缓慢提高;但西部地区制造业总体上技术水平不高,产品竞争力不强,若干支柱产业的地位大幅度下降;西部地区与东部、中部地区制造业结构的相似性降低,各制造业行业专业化水平有所提高;西部地区制造业出口结构有所改善,省市之间差异明显[107]。姚慧琴提出,改革开放以来,东部制造业发展迅速并形成了一定的市场垄断实力,而西部地区的传统制造业却面临着资本、技术、市场、产业环境四个方面的发展困境,同时,西部地区发展制造业又具有新兴工业园区的资源整合优势,发挥西部地区新兴工业园区的资源整合优势是西部地区制造业走出困境的有效途径[108]。贾若祥利用区位商综合评价法对东部沿海各省市的制造业竞争力进行了评价[109]。胡树华、周凡提出了加快中部五省制造业发展的意义及战略[110]。③按照长三角、珠三角、环渤海、东北等经济区的方法对我国制造业进行分析,如张米尔针对东北装备制造业的现状,提出了推动结构升级的对策建议[111]。毛艳华研究了珠江三角洲 IT 制造业的集聚机制和竞争优势[112]。赵海成对珠三角、长三角、环渤海、东北的制造业基地建设进行了分析评价后提出,我国东部沿海地区制造业基地的建立和发展,成为我国对接日本、韩国以及美国制造业转移的重要基地,同时也是我国内地对按我国台湾、香港地区制造业转移的重要基地,并推动东部地区经济乃至全国经济长足发展。因此,还要大力发展东部沿海地区的制造业,使之尽快成为重要的世界制造业基地[113]。④按照行政区划对我国制造业进行分析的文献也较多。如于蕾通过分析美国"新经济"中制造业的地位和作用,提出了上海制造业的发展策略[114]。蔡建娜[115]、胡春燕[116]对上海制造业进行了分析。刘伟对北京发展现代制造业进行了经济分析[117]。王立军通过 625 份企业调查问卷和相关资料研究浙江省制造业科技创新体系建设的现状和存在的问题,并提出加快浙江省先进制造业科技创新体系建设的指导思想、构建原则、关键措施及其对策建议[118]。李群[119]、顾为东[120]、胡国良[121]、王当龄[122]、周勤[123]对江苏制造业进行了分析研究。

3. 在产业层面

在以制造业具体产业为研究对象的文献中,涉及的产业非常多。例如:汪涛认为我国 PC 制造业的竞争优势仍集中在下游的装配和销售环节,仅有少数 PC 制造商涉足中游环节,至今没有制造业能够进入上游[124]。穆荣平评价分析中国医药制造业国际竞争力,指出中国医药制造业近年来通过引进、消化国外先进技术,国际竞争力不断增强,但在 R&D 投入强度、技术创新能力、生产集中度和市场营销管理等方面还存在较大差距。全球医药品市场快速增长和国际贸易环境改善,为中国医药制造业提供了良好的发展机遇[125]。潘悦认为,由跨国公司直接投资带动的加工贸易的发展,是发展中国家融入产业内分工,沿着全球化产业链条不断地由劳动密集型环节向技术密集型环节提升,进而实现产业升级换代的有效而便捷的途径。我国的加工贸易目前已进入由劳动密集型向技术密集型产业升级换代的阶段,其在国际分工中的地位已得到显著提升[126]。王新玲认为,随着中国作为世界家电制造基地的形成,中国家电企业在技术、人才、成本及市场等方面将面临前所未有的巨大压力。中国家电企业要发展和壮大自己,必须在世界家电产业分工体系中找准自己的位置,努力提高技术创新和研发能力,建立具有全球竞争力的成本优势,培育属于中国的世界家电品牌[127]。赵晓敏等就闭环供应链管理进行了详细介绍,并对我国电子制造业如何成功实施闭环供应链管理、应对欧盟的WEEE指令提出相应建议。陈宪从分工的角度,深入考察了服务业与制造业之间的融合态势[128]。郑吉昌也考察了制造业与服务业之间的相关关系[129]。朱瑞博以集成电路产业(IC 产业)为例研究了产业的价值转移和虚拟再整合,探讨了产业内部企业之间的关系,认为EMS(工程、制造、服务)和CMM(零组件模块化快速出货)模式是IC产业虚拟再整合的重要经营模式,以地方政府或模块架构设计者等主导者为中心实施价值模块协同网战略(VMCN)将会促进我国全球制造中心的形成[130]。文嫮以建筑陶瓷产业的实例分析为依托,探讨中国本土建筑陶瓷集群与国际建筑陶瓷集群间基于全球价值链的互动,对中国建筑陶瓷地方产业集群产生、发展、升级和区域经济带来的巨大影响,分析目前国内集群在全球价值链中面临的挑战,提出在全球产业视角下促进集群升级的可能途径[6]。李天飞从烟草供应链的特征和结构分析出发,构建了烟草供应链的竞争力结构,提出在现有体制模式下,以核心企业为中心对烟草供应链进行集成,实施供应链竞争战略可以在一定程度上弥补断裂的供应链[131]。史丹运用统计数据分析了经济发展水平、科技投入包括资金投入与人力资源投入,企业制度与企业规模等对高技术产业发展影响,发现我国高技术产业具有向东部经济发达地区进一步集聚,以及大型化的趋势。高技术产业的科技投入也具有边际效益递减的规律,大型企业在高技术产业发展中具有主导作用,在众多影响因素中,大多数调查对象认为制度因素是影响高技术产业发展最重要的因素[102]。张宏性对中国纺织服装业的国际竞争力进行了研究[132]。黎继子指出,中国纺织服装产业集群在供应链式整合和嵌入全球价值链过程中所面临的障碍,提出地方产业集群的升级思路和途径[5]。

由于装备制造业不仅是制造业的核心和基础,而且是国民经济和国防建设的"工作母机",是推动工业化和经济发展的主要支柱,是衡量一个国家国际竞争力的重要标志和关键因素,对装备制造业的研究也是制造业研究的重点和热点。张威认为产业集聚是提高装备制造业竞争力的重要途径,我国目前已经形成了长江三角洲地区(以"汽车零部件"、"电子专用设备"为特色)、东北地区(以"重大成套装备"为特色)、珠江三角洲地区(以"电脑资讯产业"为特色)、中部地区(以"综合性和专业化装备工业基地"为特色)、西南地区(以"优势资源和强大的国防工业科研生产能力为特色")五大装备制造业集聚地,每个集聚地应该根据自己的产业特色确定未来的发展方向。其中,长江三角洲地区应发展成为"全球装备工业加工制造中心"和"全国装备工业制造中心",有重点、有选择地吸收大型跨国公司、出口产业、高新技术产业和先进加工制造业的外资,在引进技术消化吸收的基础上形成自主创新能力,从加工组装和零部件制造的阶段逐级向核心部件及芯片制造阶段、研究与开发阶段升级,进一步提高作为全国"高精尖新"装备制造业基地的地位和作用[133]。史丹通过分析装备工业技术进步对我国经济增长、结构变动以及进出口贸易的影响,印证装备工业在经济增长中的重要作用,不断地提高技术装备的水平是我国经济实践中的重要任务,政府必须对装备工业的技术进步给予专门必要的政策支持[134]。李凯、李世杰以沈阳装备制造业为例,说明产业关联对装备制造业集群的发展和强化集群耦合度作用十分重要,因此引导跨产业企业之间的技术、产品配套,着力为区域优势产业与核心制造企业培育出完整的产业链,推动整个装备制造业的进一步集聚和集群区域核心竞争力的提高才是高屋建瓴之策[135,136]。

1.3.3 长三角制造业研究评述

从上面有关长三角及制造业的文献综述可以看出,虽然目前长三角、制造业都是研究的热点,但把二者结合起来即专门研究长三角制造业的文献却并不多;虽然研究上海、江苏或浙江制造业的文献较多,但把长三角两省一市的制造业作为一个整体进行系统地、深入地研究的文献相对缺乏,这与制造业在长三角区域经济中的重要作用很不相称,与长三角制造业在全国地位不相符。而且,改革开放以来,随着对国际产业资本转移的承接和跨国公司在本区域的聚集,长三角制造业便嵌入了跨国公司主导的国际分工体系中,国际分工格局的任何变化都会影响到长三角制造业的发展和经济的增长。因此,深入分析长三角制造业在国际分工体系中的地位和新型国际分工格局对长三角制造业的影响是非常必要的,但现有文献却鲜有提及,即便提到,也是一笔带过,几乎都没有展开论述,这既不利于长三角制造业在国际分工体系中的地位的提升,也不利于该区域先进制造业基地的建设。

1.4 研究内容及研究方法

本书从国际分工的新型化发展趋势入手,阐述了新型国际分工格局对长三角制造业的影响,测度了影响因素与长三角制造业发展的关系,并在国际分工的框架下剖析了长三角制造业经济效益和竞争力,然后构建出一个产业的价值链攀升模型,在此基础上提出了新型分工格局下长三角制造业的发展战略。本书共有八章,各章节的结构安排如下:

第1章是绪论。解释了写作本书的背景,阐明研究的对象、目的和意义,梳理了长三角及制造业的研究现状,并介绍论文的主要内容、研究方法以及创新之处。

第2章是新型国际分工对长三角制造业的影响。介绍了新型国际分工理论的形成、类别、特点和对世界经济的影响,探析了长三角制造业在新型国际分工体系中的地位,剖析了新型国际分工格局在 FDI、国际贸易、技术创新方面对长三角制造业的影响。

第 3、第 4、第 5 章运用多种计量方法对 FDI、国际贸易、技术创新与长三角制造业的关系进行了实证分析。

第 6 章分析了长三角制造业的经济效益。产值结构、劳动力投入结构及出口结构都显示出长三角制造业已经进入重化工业化阶段,产业结构已经从低加工度产业转向了高加工度产业、从劳动密集型产业占优势转向了资金技术密集产业占优势。但运用主成分方法对长三角制造业各行业 10 个体现经济效益的指标进行分析发现,长三角制造业的经济效益并没有发生相应转型,资金技术密集型产业的经济效益仍滞后于劳动密集型产业,改善资金技术密集型制造业经济效益、推动经济效益相应转型非常必要。

第 7 章分析了长三角制造业的竞争力。运用偏离——份额分析法对江苏、浙江、上海制造业竞争力进行了比较,然后用同样的方法对长三角、珠三角、京津地区的制造业竞争力进行了比较,最后又用贸易竞争力指数测度了长三角制造业的国际竞争力。

第 8 章构筑了长三角制造业在全球价值链上进行攀升的模型。首先分析了影响制造业发展的影响因素,然后构建了一个在这些制约下的产业价值链攀升模型,最后运用长三角制造业的相关数据对该模型进行了实证检验。

第 9 章是新型国际分工格局下长三角制造业发展的战略思考。在前几章实证分析影响长三角制造业发展因素的基础上,分析了新型国际分工格局下长三角制造业发展面临的形势,并从波特的钻石体系入手,梳理了长三角制造业进一步发展所具备的条件,最后提出了促进长三角制造业发展的若干举措。

1.5 研究框架及创新点

1.5.1 研究方法

本书主要采用理论分析和实证分析相结合、定性分析与定量分析相结合的方法。通过定性分析,用理论确定研究对象的基本关系和作用方式;通过定量分析,用实证研究分析具体影响要素及影响力大小,并根据研究的需要以及可获得的数据针对不同问题选择不同的研究方法。

本书既有理论铺垫,又有实证检验,而且各个部分的实证检验又有独立的理论基础。因此,本书各章节的内容既相互支持也可单独成文。

此外,在计量模型及方法的应用上,本书遵循适用性和多样化的原则,并尽可能借鉴国际上比较通用且比较先进的研究手段,如面板数据的计量模型、主成分分析法、脉冲响应函数、方差分解等,确保计量检验的结果更为可靠,而且使各要素对长三角制造业发展的影响得以量化体现。

1.5.2 数据来源

研究数据主要来源于公开出版或发表的、可信度较高的权威部门的统计资料:一是相关年度《中国统计年鉴》、《中国工业统计年鉴》、《中国经济贸易年鉴》、《中国科技统计年鉴》、《中国高技术产业统计年鉴》及相关省市的统计年鉴等等;二是科技部(厅)、海关、中华人民共和国及相关省市统计局、商务部等政府网站上公布的数据;三是中经网、国研网等专业网站提供的数据。此外,本书也部分参考了文献资料中的相关数据。

1.5.3 可能的创新

与笔者目前掌握的材料比较,本书的创新点主要体现在以下几个方面:

(1) 改革开放以来,随着对国际产业资本的承接,长三角制造业已经广泛深入地参与到国际分工体系中,由此国际分工特点的任何变化,都会给长三角制造业带来一定的冲击。进入新世纪,以全球价值链为基础的新型国际分工深刻地影响着世界经济的发展,长三角制造业也面临着巨大的挑战和机遇:是以此为契机练好内功,由获利较少的价值链低端逐渐向获利较多的高端攀升,还是继续把自己的优势锁定在加工装配环节和劳动密集型产业;如果想谋求进一步发展,长三角制造业又存在哪些问题,等等。现有文献在这些方面的研究还鲜有涉及,即使有提到的,也是一笔带过,即不深入也不系统,因此,本书的研究在某种程度上部分填补了这方面的空白。

(2) 许多文献都认为长三角已经进入了重化工业化阶段,但这样的结论如何得出的却并没有说明。本书不但结合统计数据对长三角制造业的结构转型进行了验证,而且还对结构转型后长三角制造业的经济效益进行了检验,并得出长三角制造业经济效益的转型滞后于产业结构的转型。这样的结论也是首次提出。

(3) 虽然目前对江苏、浙江、上海制造业竞争力或三大区域(长三角、珠三角、环渤海)竞争力进行比较研究的文献有一些,但结论却存在较大差异,笔者猜测可能是样本时段不同以及方法存在差异造成的。因此,本书采取SS分析法(shift share analysis)对苏、浙、沪制造业的竞争力以及长三角制造业的国内竞争力进行了比较分析。此外,用贸易竞争力指数对长三角制造业国际竞争力的测度深入到各细分行业和产品,并得出相关结论,在现有文献中还没有看到类似的研究。

(4) 为了多维度、多视角、系统化地测度和推动长三角制造业的发展,本书构筑一个包含制造业规模、经济效益、国际竞争力和产业结构的制造业发展指数,从而把抽象的发展问题定量化,把各驱动因素对长三角制造业发展的影响转化为各因素与长三角制造业发展指数之间的相关、因果等关系的实证检验。这也是本书的一个创新。

（5）在构筑产业价值链攀升模型时，在现有文献的基础上，把对外贸易、区域合作等影响产业发展的因素纳入到模型中，并运用 Padel 模型、岭估计、主成分估计等方法对长三角制造业进行实证检验，从而为第 8 章发展举措建议的提出作了很好的铺垫。

（6）国外针对 FDI 溢出效应的研究多数选择的是行业特别是制造业数据，而国内的研究则要广泛的多，既有行业的，也有区域的，既有 GDP 的，也有人力资本的，等等，但唯独缺少的就是针对制造业的。本书对 FDI 在长三角制造业发展过程中的作用的实证研究正好弥补了现有文献的缺憾。

（7）本书通过实际测算得出：长三角制造业仍处于投资导向阶段，尚未实现向创新导向阶段的过渡。而且与江苏、上海相比，浙江制造业发展主要依靠资本和劳动的投入，科技对制造业发展的支撑与引领作用有待进一步提高。

（8）随着区域一体化进程的加快，特别近年来都市圈或经济区概念的普及，加强区域联动、促进区域分工协作已经成为理论界的共识，但在长三角等区域的具体实践中，各地政府往往从本地利益最大化出发，把区域合作的范围仅仅局限在交通、环境保护等领域，而在竞争性的制造业领域，重复建设、限制企业外迁等现象仍然存在。现有文献只是对这种产业同构问题进行了定性的述评或分析，对为什么要倡导区域合作尚缺乏数据支撑。本书对区域分工在长三角制造业发展中的作用和贡献进行了实证分析，并阐述了长三角如何在制造业领域开展合作。

（9）用脉冲响应函数和方差分解的方法从动态的角度分析 FDI、对外贸易、技术创新与长三角制造业发展的关系，在笔者搜集的文献中尚未发现同类或相关研究。

第 2 章　新型国际分工格局的影响分析

国际分工是指世界上各国(地区)之间的劳动分工,是国际贸易和各国(地区)经济联系的基础,它是社会生产力发展到一定阶段的产物,是社会分工超越国界的结果,是生产社会化向国际化发展的趋势。随着国际分工理论的不断深化、经济全球化进程的推进和科学技术的发展,当前以跨国公司为重要载体的全球资源配置格局把越来越多的国家和地区纳入发达国家主导的、以产业价值链纵向分工为主要形式的新型国际分工体系,这种新型国际分工格局不仅具有不同于传统国际分工形式的新特点,而且给嵌入世界经济特别是嵌入到国际分工体系之中的国家带来新的机遇和挑战。

2.1　新型国际分工理论演化

国际分工的理论演化,随着现实世界的变化以及经济学家认识的深化,处于不断发展完善过程中。从亚当·斯密开创的比较优势理论到迈克尔·波特的竞争优势理论,再到格里芬等人倡导的全球价值链理论,国际分工理论经历了从传统到现代再到当代的演变。

2.1.1　传统的国际分工理论

从18世纪诞生以来一直处于不断发展完善过程中的比较优势理论是指导各国开展对外贸易和产业发展战略的传统主导理论。比较优势理论的创立与发展主要经历了四个阶段,即亚当·斯密的绝对比较优势理论、大卫·李嘉图的相对比较优势理论、赫克歇尔与俄林的要素禀赋理论以及第二次世界大战后克鲁格曼等人对比较优势理论的拓展。[137~141]

亚当·斯密认为,分工可以促进劳动生产率的提高,国际上不同区域之间的分工是各种形式分工中的最高阶段,这种国际分工通过自由贸易能增加社会财富,国际分工的依据在于各国生产成本上的绝对差异。他认为,每一个国家都有导致生产成本绝对低下的、绝对有利的、适于某些特定产品的生产条件,如果各国都按照具有绝对优势的生产条件进行专门化生产,那么每一个国家都将拥有实际成本即劳动耗费小于其他国家的商品。这种商品各自在价格上占有优势,在国际市场上具有较大的竞争能力,通过交换,将会使各国的资本、劳动力等生产要素得到最有效的配置和利用,从而会极大地提高各国的经济利益。斯密的绝对比较优势理论虽然精辟地揭示了国际地域分工、贸易产生的基础和好处,但却不能解释那些在所有部门的生产成本上都处于绝对劣势的国家或地区为什么也能从劳动地域分工与贸易中获益。

大卫·李嘉图继承了亚当·斯密关于分工可以提高劳动生产率的命题,同时提出劳动生产率的差异或比较成本的差异才是国际分工的真正依据。因为劳动生产率不同使各国在生产相同产品时存在不同的机会成本,即使一国并不拥有任何绝对优势,但只要该国"在本国生产一种产品的机会成本低于在其他国家生产该种产品的机会成本的话,则这个国家在生产该种产品上就拥有比较优势","如果每个国家都出口本国具有比较优势的产品,则两国间的贸易能使两国都受益"。也就是说,即使一国在每一种产品的生产上都比其他国家绝对地缺乏成本优势,它依然能够通过生产和出口那些"与外国相比生产率差距相对较小"的产品在国际分工中占有一席之地;而在每一种产品生产上都比其他国家绝对地具有成本优势的国家,也只有通过生产和出口"与外国相比生产率差距较大"的产品获取利益。即两地都只专门生产本地区具有相对成本优势的产品时,两地从贸易中才能获利最大;国际或区际贸易发生的根源是因为贸易有所得,正是这种贸易所得导致劳动地域分工。大卫·李嘉图相对成本理论的基本精神就是:每个国家或地区都要对自己的优势或劣势进行分析,做到两优取其重,两劣取其轻,以便在现有劳动、技术和经济条件下更有效、更节约地分配和利用资源,形成合理的、最有利于本地区生产要素配置的生产力布局,以便用最小的劳动消耗取得最大的经济效果。相对比较优势理论阐明了落后国家也能参与国际分工并从中获益,从而为世界范围内国际分工、国际贸易的深化奠定了理论基础。

绝对成本理论和相对成本理论都认为生产成本是国际分工的依据和基础,但却没有说明造成不同产品成本差异的原因。在这方面,赫克歇尔-俄林的要素禀赋理论(H-O定理)作出了合理的解释。这一理论把李嘉图的个量分析扩大到总量分析,由两种商品成本差别的比较扩展到两个国家生产要素、供给要素的比较,他把国际分工、国际贸易与生产三要素(土地、资本、劳动力)联系起来,提出了"生产要素禀赋差异"这个概念,并认为国际贸易产生的直接原因是各国生产同种商品的价格差异,而价格差异源于成本差异,成本差异又是要素价格不同造成的,而要素的价格又决定于要素的丰裕程度。因此,生产要素禀赋差异是国际分工的依据。各国应分工发展本国要素丰裕程度相对较高的商品的生产,因为要素供给充足就意味着价格较低,大量使用该要素进行生产的商品成本也相对较低,这样就可以在国际分工中拥有对该商品的优势。也就是说,一国应该出口密集使用其丰裕要素生产的商品,进口密集使用其稀缺要素生产的商品,这样的分工对各国都有利。按照该理论,由于发达国家资本相对充裕,而发展中国家劳动力资源丰富,因此发达国家进口劳动密集型和自然资源密集型产品,出口资本和技术密集型产品;发展中国家则进口资本和技术密集型产品,出口劳动密集型产品,这样各国都可以在国际分工、贸易中获得利益,从而提高国家福利。

除了赫克歇尔-俄林的 H-O 定理外,斯托尔珀-萨缪尔森定理、要素价格均等化定理和雷布津斯基定理等新古典贸易理论进一步拓展了要素禀赋理论。

斯托尔珀-萨缪尔森定理(S-S 定理)涉及的是商品价格的变动对要素价格的影响。它指出,某一商品相对价格的上升,将导致该商品密集使用的生产要素的价格或报酬提高,而另一种生产要素的实际价格或报酬则下降。由 S-S 定理可引申出这样的结论:国际或区际贸易会提高某地区丰富要素所有者的实际收入,降低稀缺要素所有者的实际收入。理由是,贸易后一个地区出口商品的相对价格上升,根据 S-S 定理,一个地区出口商品所密集使用的生产要素是其丰富要素,帮出口商品价格的上升将导致该地区丰富要素的实际报酬上升,另一种生产要素,即稀缺要素的实际报酬则下降。这一结果的重要含义是:国际贸易虽然改善了一个地区的整体福利水平,但并不表示对每一个人都是有利的,因为国际贸易会对一个地区要素收入分配格局产生重要影响。

要素价格均等化定理说明的是贸易和收入分配之间的关系。如果要素能够自由地跨国流动,并且抽象掉交易费用,那么完全竞争条件下要素流动会使各国同一种要素的价格(无论是相对价格还是绝对价格)趋于一致。该定理认为,即使生产要素只能在国内各部门之间自由流动而不能跨国流动,但只要允许自由贸易,则在一定的条件下各国之间相同要素的价格也会趋于一致。也就是说,商品流动替代了要素跨国流动对要素价格产生影响。其规范意义在于:它潜在地认为,在没有要素跨国流动的条件下,仅仅通过商品的自由贸易,也能够实现世界范围内有效率的生产和资源配置。

雷布津斯基定理认为,如果商品相对价格保持不变,则某一要素的增加会导致密集使用该要素部门的生产增加,而另一部门的生产则下降。例如在任意相同的商品相对价格下,资本增加后,资本密集型产品的供给相对于劳动密集型产品的供给要提高,在需求条件不变的情况下,这意味着资本增加后资本密集型产品的相对价格要下降。同理,如果劳动增加,资本不变,那么要素禀赋变化后,劳动密集型产品的相对价格则要下降。该定理可以用来说明要素积累的长期效应:如果时间足够长,要素积累或经济增长可能改变一个地区的比较优势,即以前具有比较优势的产品,现在由于要素的存量改变或经济增长可能变为比较劣势;反之,以前处于比较劣势的产品,现在也可能变得具有比较优势。它表明,要素禀赋的变化决定着国家或区域资源配置的变化和产业结构的调整。

以上三种理论成功解释了当时宗主国与殖民地之间以及后来发达国家与发展中国家之间的分工现象,但无法解释 20 世纪 70 年代以来发达国家贸易所出现的"列昂惕夫之谜",以及产业内分工的出现所带来的新的国际分工格局。在这种情况下,克鲁格曼等人从专业化、技术差异、制度经济学、博弈论以及演化经济学等不同的角度对比较优势理论进行了拓展。

赫尔普曼和克鲁格曼引入规模经济来分析比较优势。他们发展了一个垄断竞争模型,该模型基于自由进入和平均成本定价,将产品多样性的数目视为由规模报酬和市场规模之间的相互作用内生决定。在自给自足情况下,一个国家的产品多样性数目很小,而贸易丰富了消费者的选择。同时如果贸易增加了消费者的需求弹性,那么单个厂商的规模效率也能改进。这样,单个厂商通过规模经济作用确立了在国际市场中的优势[142]。

梯伯特进一步总结并集中论述了递增性内部规模收益(increasing internal returns to scale)作为比较优势的源泉。他认为具有递增性内部规模收益的模型在三方面优于传统的比较优势学说:第一,该模型建立了一个从专业化中获取收益的新基础,即使贸易伙伴们具有相同的技术和要素比例,这种专业化也存在。第二,该模型认为具有大的国内市场的厂商在世界市场中有竞争优势。第三,该模型有助于理解贸易、生产率和增长之间可能的联系[143]。

格罗斯曼和赫尔普曼从研究与开发(R&D)的角度推进了比较优势理论。他们发展了一个产品创新与国际贸易的多国动态一般均衡模型来研究通过R&D产生的比较优势和世界贸易的跨期演进,从而将原来盛行的对比较优势的静态分析扩展到动态分析[144]。

杨小凯和博兰在批评新古典主流理论的基础上,从专业化和分工的角度拓展了对内生比较优势的分析[145]。他们认为,内生比较优势会随着分工水平的提高而提高。由于分工提高了每个人的专业化水平,从而加速了个人人力资本的积累。这样,对于一个即使没有先天的或者说外生比较优势的个人,通过参与分工,提高自己的专业化水平,也能获得内生比较优势。他们关于内生比较优势的分析被置于一个将交易成本和分工演进相互作用的理论框架之中。按照这一框架,经济增长并不单是一个资源配置问题,而是经济组织演进的问题,市场发育、技术进步只是组织演进的后果。该框架分析了经济由自给自足向高水平分工演进的动态均衡过程,并阐释了斯密和扬格(Anyn Young)的思想:经济增长源于劳动分工的演进。在经济发展初期,由于专业化带来的收益流的贴现值低于由专业化引起交易成本增加所导致的现期效用的损失,因此专业化水平将很低;随着时间的推移,生产的熟能生巧效应将使专业化带来的收益逐渐增加,因此将会出现一个较高的专业化水平,内生比较优势随之不断增强。

此外,技术作为外生变量上的差异亦被用来说明发达工业国家之间和同类产品之间的贸易,马库森和斯文森在他们的研究中假设两国的资源配置比例和需求偏好都是相同的[146]。产品生产需用两种以上的要素投入,但不具有规模经济。但如果两国在生产技术上有某种细微的差别,劳动生产率就会略有不同。在两国的贸易中,各国都会出口其要素生产率相对高的产品。戴维斯(Davis)在他1994年的研究中也假设两个国家两种产业[147]。其中第一种产业只生产一种产品,而第二种产业生产两种不可完全替代的产品。假设其中一国在第二种产业的生产中与国外略有技术上的不同,在其中一种产品的生产技术上比别国略胜一筹。在自由贸易条件下,要素价格的相等会使该国生产和出口这种产品,而别国则会生产出口另一种产品。马库森、斯文森和戴维斯的研究说明,即使在规模报酬不变和完全竞争的市场上,技术上的差异亦可引起产业内(intra-industry)的分工与贸易。

格罗斯曼和麦吉还从人力资本配置的角度分析了国际的比较优势[148]。他们发展了一个具有相似要素禀赋的国家间贸易竞争模型,分析了人力资本的分配对比较优势和贸易的影响。他们发现,具有相对同质人力资本的国家,出口产品所使用的生产技术以人力资本之间的互补性为特征。在这种情况下,当所有的任务被相当好地完成时,要比一部分任务被极好地完成而另一部分任务完成得很差时的有效产出更大。高效率的生产组织要求具有相似才能的人力资本匹配,这在有同质人力资本的国家更容易实现。另一方面,对于具有异质人力资本的国家,其出口产品所使用的生产技术以人力资本之间的替代性为特征。在这种情况下,具有相对杰出人物的公司完成一些任务,而另一些任务由才能相对较低的人组成的公司来完成。那么,对于具有异质人力资本特征的国家,如果杰出人物有更大的比例,将会在对杰出人物敏感的产业中占有比较优势。

克莱里达和芬德莱分析了政府对比较优势和贸易的贡献。他们的观点同传统的经济理论以及以诺思为代表的新制度经济学的观点都不相同[149]。他们认为,政府介入教育和科研、交通和通信以及其他经常性社会部门将会显著提高私人公司的生产率,一些经济部门无疑会从中受益。这是因为众所周知的"搭便车"问题和公共产品具有的非竞争性和非排他性,使私人公司没有动力提供公共产品和服务,这样的公共产品必须由政府来供给。

还有的学者从演化的角度探讨了比较优势理论。费希尔和卡卡尔认为比较优势是开放经济长期演进过程的结果[150]。在李嘉图理论和阿尔钦框架的基础上,他们系统化了对国际贸易的理论认识,提出了自然选择会淘汰无效企业,并且能促进产生稳定的甚至是高效的世界贸易模式。他们没有假定存在瓦尔拉斯拍卖者,而是探讨了协调贸易与企业的匹配过程。他们分析的主要结论是,伴随比较优势的专业化(更大的国家可能不完全专业化)是世界经济演化的唯一稳态。

2.1.2 现代的国际分工理论

由于完全采取比较优势战略发展国际贸易容易使一国或地区(特别是发展中国家或地区)陷入比较优势陷阱,于是美国学者迈克尔·波特的竞争优势理论一提出,便被认为是指导一国产业参与国际竞争的现代分工理论。波特提出竞争优势是一国财富的源泉。一个国家兴旺发达的根本原因在于这个国家在国际市场上具有竞争优势,这种竞争优势源于这个国家的主导产业具有竞争优势;而主导产业的竞争优势又源于企业由于具有创新机制而提高了生产效率。说到底,一个国家的竞争优势就是若干行业的竞争优势,就是生产力发展水平上的竞争优势。波特认为,随着经济全球化的发展,劳动力、资源等要素禀赋的重要性将日趋下降,功效将日益降低,取而代之的是国家如何创造一个良好的支持环境和支持性的制度环境,以确保投入要素能高效地升级换代。在具体论述一个国家产业竞争优势的构成因素时,波特提出了决定国家产业竞争优势的钻石模型,认为有四种基本因素和两个辅助因素共同决定着一个国家的产业竞争力[151]。

1. 要素条件

包括人力资源、自然资源、知识资源、资本资源、基础设施。这些要素基本上有两种分类方式。第一种分类方式是将分为初级生产因素(basic factor)和高级生产因素(advanced factor)。前者系指一国先天拥有或不需太大代价便能得到的要素,包括天然资源、气候、地理位置、非技术工人与半技术工人、融资等。后者则指必须要通过长期投资和培育才能创造出来的要素,包括现代化通信的基础设施、高等教育人力和各大学研究所等。第二种分类方式是根据它们的专业程度分为一般性生产要素(generalized factor)和专业性生产要素(specialized factor)。前者包括公路系统、融资、受过大学教育且上进心强的员工;后者则限制在技术型人力资本、先进的基本设施、专业知识领域,及其他定义更明确且针对单一产业的因素。一个国家要想建立强大又持久的产业竞争优势,必须发展和创造专业性与高级生产要素。

2. 需求条件

波特认为,国内需求对一国竞争优势的形成具有相当重要的作用。它提供企业发展、持续投资与创新的动力,并在日趋复杂的产业环节中建立企业的竞争力。

3. 相关产业和支持产业的表现

波特认为,相关和支持产业的价值不仅在于它们能以最低价格为主导产业投入品,更重要的是,由于它们在地域范围上与主导产业的邻近,更有利于企业之间交流产品信息、交流创新思路,从而促进企业的技术升级,形成良性互动的"产业簇群",获取竞争优势。

4. 企业的战略、结构与竞争对手

波特指出,良好的企业管理体制不仅与企业的内部条件和所处产业的性质有关,而且取决于企业所面临的外部环境,强大的国内竞争对手是企业竞争优势产生并得以长久保持的最强有力的刺激。

除上述四个基本因素外,波特指出,"机会"和"政府"对国家整体竞争优势的形成,也具有辅助的作用。

5. 机会

指不受本国企业和政府控制的可能提供新的竞争空间的突发事件,而给产业带来新的机会。如基础科技的发明创新、全球或区域市场需求剧增等。机会造成的影响有好有坏,善于抓住有利机会对于促进企业快速发展和推动产业结构升级具有重要的作用。

6. 政府

政府通过采用不同的政策可以影响竞争优势的四个基本要素,从而改善或损害竞争优势。如政府的补贴、教育和资金市场等政策会影响生产要素;政府制定的本地产品规格标准可能改变客户的需求状态;政府拥有的政策工具如金融市场规范、税收等,又会影响企业的结构、战略和竞争者的形态。

以上六个因素构成一个完整的钻石体系(图 2-1),在该系统中,各个因素以整体而非分立的方式对国家竞争优势的形成发挥影响,某一因素的作用往往受制于其他因素,而且只有每个因素都积极参与,产业的发展才能有机地组成一个钻石模型,创造更好的企业发展环境,以促进整个产业的发展和升级。每个要素都应相互依赖,每一项的效果都建立在其他要素条件的配合上,同时又是相互制约的,任何一个因素的薄弱都会限制产业升级的潜力。

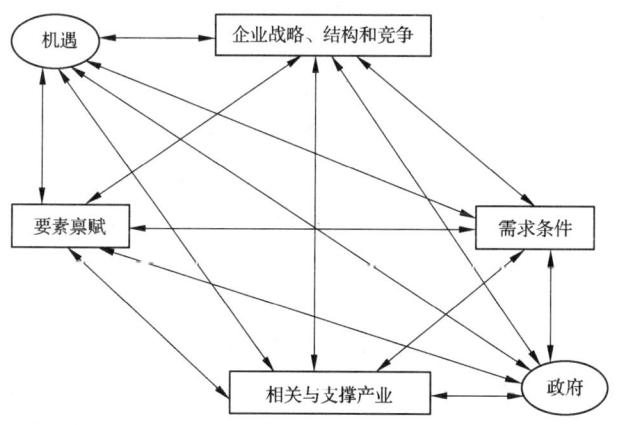

图 2-1 国家竞争优势的"钻石模型"

波特的竞争优势理论具有非常重要的理论和实践意义。他强调了竞争是动态和不断进化的,论述了发达国家的企业比发展中国家的企业更有优势的原因,指出通过营造环境来推动本国企业的发展,从而比国外竞争对手更有竞争力等问题。但该理论也受到了一些学者的批评,如邓宁指出,竞争优势理论过分强调国家和区域政府在产业国际竞争中的作用,并把如此复杂的经济活动简单地构成四个基本的要素,忽视了跨国贸易活动对该模型的影响[152]。

2.1.3 当代的国际分工理论

从斯密的绝对比较优势理论、李嘉图的相对比较优势理论、俄林的生产要素禀赋理论,到波特的竞争优势理论,国际分工经历了由产业间国际分工到产业内国际分工的转变。随着经济全球化的深入发展和跨国公司在全球投资的快速扩张,资金、技术、劳动、信息等各种生产要素开始跨越国界在全球范围内相对比较自由的流动并导致全球性产业的出现。科学技术的进步和社会生产力的发展使产品的生产过程也日益复杂,许多产品都越来越难以由一个国家单独开发、研制和生产,于是要求产品在零部件生产乃至工艺上进行国际分工合作。这样,分工的层次也日趋多样化,除了不同产业之间、相同产业的不同产品之间的国际分工外,另一个层面的分工——相同产品不同生产工序的分工在不同区位展开。与前两种分工的边界是产业不同,后一种国际分工的边界是以价值链为基础的。由此,一个新的当代国际分工理论——全球价值链理论也应运而生了。

所谓价值链,指的是一项产品或服务从提出概念与设计,经过不同阶段的生产加工,制成成品销售到消费者手中,直到消费者使用后的最终处置的整个过程(图2-2)。波特最早提出价值链这一概念,并对公司的价值创造过程中的基本活动(含内部物流、生产作业、外部物流、市场和销售以及服务等)和辅助活动(含采购、技术开发、人力资源管理和企业基础设施等)进行了区分[153]。实际上,波特的价值链针对的是垂直一体化的公司,将所有经营活动囊括于一身。随着国际外包业务的开展,波特在此基础上突破公司的界限,将视角扩展到不同公司之间的经济交往,提出了价值体系(value system)这一概念。同期,寇伽特提出:"价值链基本上就是技术与原料和劳动融合在一起形成各种投入环节的过程,然后通过组装把这些环节结合起来形成最终商品,最后通过市场交易、消费等最终完成价值循环过程。""在这一价值不断增值的链条上,单个企业或许仅仅参与了某一环节,或者企业将整个价值增值过程都纳入了企业等级制的体系中等。"[154]寇伽特认为,国际商业战略的设定形式实际上是国家的比较优势和企业的竞争能力之间相互作用的结果。当国家比较优势决定了整个价值链条各个环节在国家或地区之间如何空间配置的时候,企业的竞争能力就决定了企业应该在价值链条上的哪个环节和技术层面上倾其所有,以便确保竞争优势[155]。

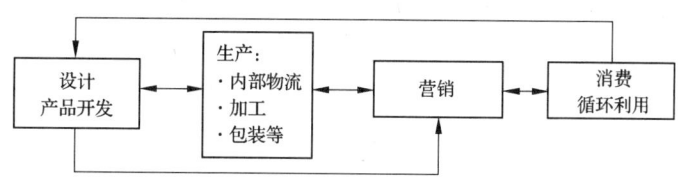

图 2-2 简单价值链流程图[156]

随着技术的不断进步和社会分工更加细化,价值链的增值环节变得越来越多,结构也越来越复杂,价值链的分解(片断化)也越来越普遍,从而使许许多多相对独立且具有一定比较优势的增值环节出现在市场上。斯蒂格勒认为除了那些天然连续性的工序无法空间分割外,任何存在报酬递增的工序都可能在全球范围内被重新分布,这就出现了国际分工依据价值链条的不同环节来进行的生产国际化现象,即产品的中间投入品的生产实际上是在许多国家分工生产完成。克鲁格曼曾经探讨过企业将内部各个价值环节在不同地理空间进行配置的能力问题[157]。由此,价值链中治理模式与产业空间转移之间的关系便成为全球价值链理论中一个重要研究领域。此后,阿尔恩特和凯尔科斯使用"片断化"来描述生产过程的分割现象[3]。他们认为这种生产过程在全球的分离是一种全新的现象。

面对世界价值创造体系在全球出现的垂直分离和再构现象,全球价值链学说应运而生。所谓全球价值链(the global value chains),是指为实现商品或服务价值而连接生产、销售、回收处理等过程的全球性跨企业网络组织,涉及从原料采集和运输、半成品和成品的生产和分销,直至最终消费和回收处理的整个过程[158]。全球价值链由众多的"价值环节"组成,但只有某些特定的价值环节才能创造更高的附加值,各环节的价值关系可以形象地描述为一条所谓的"微笑曲线"(图 2-3)[159]:曲线低端的加工组装环节附加值最低,沿着曲线向上移动,附加值提高,上游的研发、设计和下游的营销、品牌附加值最高。首先,现代制造业模块(modular)化生产方式的发展,对组装加工部门的技术水平要求不断降低,并产生了很容易实现的组装加工生产方式,导致进入这些部门的技术壁垒过低,使这些部门成了低附加值领域;其次,在重要零部件及材料生产部门,由于技术发展较快,且先进的、高科技含量的产品往往能成为事实上的技术标准,具有较高的垄断性,因此附加值较高;最后,在最终产品的销售部门,由于跨国公司出品的产品通常具有相当高的品牌价值,能给消费者带来较高的满足感,因此跨国公司通过在最终产品的差别化及售后服务质量的提高,也能获得高附加值。Kaplinsky 认为领导公司对价值链的控制通常依赖于其所掌握的无形的竞争力资源(研发、设计、品牌和营销等),这些环节进入壁垒高、利润丰厚。相反,发展中国家往往被锁定在进入壁垒低、利润低、竞争激烈的生产环节,造成发达国家与发展中国家间利润分配的不公平[160]。

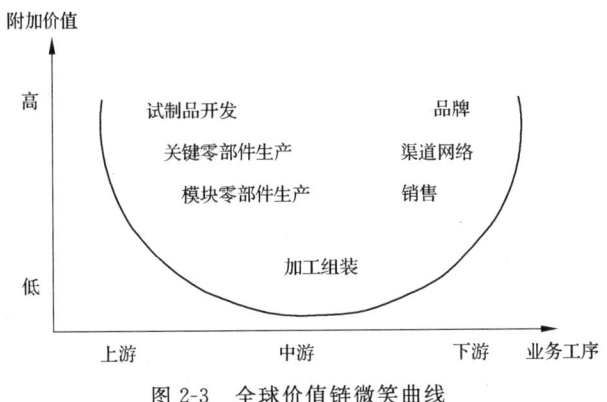

图 2-3　全球价值链微笑曲线

全球价值链理论在遵循原有的国际分工理论基础上，重新阐述了国际分工格局，即目前跨国公司主导的全球生产体系实际上是一种各国和地区在全球价值链各环节活动上的分工。它虽然对发达国家更为有利，但同时，也给发展中国家融入全球生产体系提供了机会：产业链条的片段化弥补了发展中国家企业在规模、实力等方面的不足，只要合理分析自身优势以及价值链的运作机制，便能找到最佳切入点，承担起全球价值链中的某一环节。并且更为重要的是为发展中国家实现产业升级指明了可行的路径和对策：从简单的加工组装或低技术含量的"三来一补"开始，通过与跨国公司的合作，不断获取新知识、新技术、新工艺，积累管理技术和营销经验，学习国际市场的运作规律，以此来提升自身的技术创新能力和市场经营能力，逐步从价值链的低端环节向高端环节跨越。

但是，加入全球价值链的企业，如果不加强自身的能力建设，不但不能向附加值高的上下游环节攀升，而且会被淘汰出链或被降级。特别是那些在价值链底层的技术水平较低的企业，竞争优势最容易失去（如果区位条件带来了最初便宜的半熟练劳动力，这些企业的部分优势也会随着工资的上升而失去）。因此无论价值链上的各参与者是国外企业还是国内公司，在整个链条上都始终存在产品和工艺技术升级的压力。

全球价值链所关注的产业升级主要落实到以下四个具体方面：制造过程升级，产品升级，功能升级和部门（链条）升级（表 2-1）。

（1）制造过程升级。处于全球价值链低端的企业或地方产业集群可以通过增进传输体系，引进工艺流程的新组织方式，提升价值链某个环节的生产效率实现升级与发展。

（2）产品升级。指通过比竞争对手速度更快、效率更高地引进、研发新产品或改进现有产品，以不断增加新产品、新品牌及其市场份额，进而增强开拓国际市场的能力。

表 2-1 全球价值链升级轨迹[166]

轨迹	升级类型			
	制造过程升级	产品升级	功能升级	部门升级
举例	原始设备制造（OEA）↓ 原始设备制造（OEM）	原始设计制造（ODM）	原始品牌制造（OBM）	更换部门，比如从黑白电视显示屏到电脑显示屏
增值程度	价值增值程度随过程增加 →			

（3）功能升级。企业在实现产品升级后，逐步重新组合价值链的优势环节或战略环节，调整嵌入价值链的位置与组织方式，专注于产业价值链某个或某几个优势环节，放弃或外包原有的低价值环节，弱化或转移非核心业务，通过拥有该产业价值链的"战略性环节"，最终获得该产业价值链的统治权。

（4）部门（链条）升级。部门升级是指在原有价值链的基础上延伸至价值量更高的相关产业价值链，在相关产业领域获得较高的收益率；或者移向新的、更有利可图的价值链；或者使一些企业得到数条全球性价值链，从而促使企业和地方产业集群提升到一个新层次，达到一个新水平，提高区域产业整体的竞争力。

相关研究表明：产业升级一般都依循从制造过程流程升级到产品升级再到功能升级最后到部门升级这种规律。但全球化的趋势使价值链条的升级轨迹变得并不是不可逆转。例如，当技术出现突破性创新的时候就是一个突破常规升级轨迹的一次好时机。但突破性的技术创新一般只有那些已经融入了该产业价值链条中的企业或地方产业集群才能够把握住。由此，要谋求产业升级或逆价值链条一般发展规律的前提，就要融入全球价值链中，而不要太介意是低端融入还是高端融入[161~165]。

2.2 新型国际分工现状分析

与传统的国际分工体系相比，全球价值链理论指导下的新型国际分工具有不同的内涵、特征和类型等。

2.2.1 新型国际分工的内涵

所谓新型国际分工，是指以跨国公司为主导的全球价值链分工为主要形式，同时包含产业间、产业内和产业品内分工的多元的、立体的分工格局，它是相对于传统的产业间垂直型国际分工而言的。新型国际分工的边界已经从产业层次细化为价值链层次,从而带动一国的竞争优势也随之不再体现在某个特定产业或某项特定产品上,而是体现为在产业链条中所占据的环节或工序上,因为从产业链细分的角度看,技术密集型产业有它的劳动密集型环节(如高科技产品的加工装配环节),劳动密集型产业有它的知识技术密集环节(如服装产业的服装设计环节)。在价值链分解的基础上,每一个企业只能根据自己的核心能力和优势资源,收缩自己的业务领域,从事价值链上的某一环节或某一工序。任何企业,也只有融入某一价值链并在价值链中准确定位才能获得更好的生存与发展。对发达国家而言,在生产全球化的背景下,伴随着跨国公司在全球范围内寻求资源的最佳配置,它们必然寻求在成本最低的国家或地区去组织生产,由于劳动成本方面较大的区位差异,不仅是传统的劳动密集型产业而且包括高新技术产业的劳动密集型环节在内的海外转移是势所必然,从而为发展中国家介入新兴产业、全方位参与国际分工和国际竞争提供了新的机会和条件。

2.2.2 新型国际分工的特点

相对于传统的以国家为主体的单一形式国际分工而言,当前这种新型国际分工具有如下特点:

1. 分工形式的多样性

传统的垂直型分工正向混合型分工转变,呈现出产业间分工、产业内分工与产品内分工并存的多层次的崭新格局。在这种多层次的产业分工格局中,分工不仅表现为传统意义上的劳动密集型产业和资本技术密集型产业之间的垂直分工,还表现为同一产业、同一产品价值链上不同环节之间的水平分工。

2. 分工主体的多元性

古典贸易、新古典贸易理论主要描述以国家为主体的分工。直到20世纪末,对国际分工格局的理论论述仍然是以发达国家间的水平分工和发达国家与发展中国家间进行垂直分工为基本特征,表现为:发达国家间大量进行的产业内贸易;发达国家与发展中国家间大量进行的产业间贸易;发达国家专业化于资本密集型、技术密集型产业,而发展中国家专业化于劳动密集型、资源密集型产业。而今天,当国际分工深化为增值过程在各国间的分工后,国家、区域、企业等在国际分工中的角色发生了重大变化,区域经济一体化使区域的主体地位日益增强,而作为经济全球化微观载体的跨国公司已经成为国际经济活动的核心,它们在全球范围内的要素整合成为推动国际分工发展的主导因素。遍布全球各地的跨国公司分支机构之间细密的专业化分工与高度一体化的联系,使得世界各国的生产过程经由跨国公司分支机构的活动建立起有机的内在联系,形成了"世界生产体系"的实体部分。这里,生产的含义已不仅限于制造过程,而是广义的增值过程。正是由于这种一体化的生产体系导致在特定部门或特定产业中,核心跨国公司或跨国垄断巨头对全球该产业或部门的控制加强,令国际分工超越了产业和国家的边界,而转向企业内部、产品内部。

3. 分工实现方式的多样性

国际分工的传统含义是指各国生产者通过世界市场建立起的劳动联系,世界市场是传统分工实现的必由之路,通过世界市场是国际交换实现国与国之间的生产联系或分工关系成为必然的途径。但是,作为与世界经济相对应的企业形式,跨国公司的大发展使得市场以外的制度安排得到了更为深刻的发展,国际交换的内涵大大丰富。传统上被定义为超越国民经济的交换原来只是发生在不同国家、不同企业、不同产品之间,但现在也可以发生在同一国家(跨国公司设在同一国家的不同分支机构之间)、同一企业(跨国公司内部)、同一产品(不同生产环节)内。于是,国际生产联系并不一定通过外部市场建立,国际分工的实现方式从单纯依赖外部市场上的国际贸易实现分工,转向外部市场与内部市场并存的多元格局。在内部市场上,国际分工既可能通过股权投资方式进行,也可能通过非股权式的分包方式进行。选择何种方式更多由产业特征或企业战略决定,而不是由传统上所谓的各国生产者的行为决定。

4. 分工边界的细分性

在新型国际分工格局下,传统的国际产业转移正相应地演进为产业链条、产品工序的分解与全球化配置。如在东亚地区,传统的分工格局是日本将国内进入衰退阶段的劳动密集型产业(20世纪六七十年代的纺织、服装,80年代的家用电器等)先后转移到亚洲"四小龙"和东盟,然后再转移到中国沿海地区,呈现出产业梯度转移的特征。日本、亚洲"四小龙"、东盟、中国的经济、产业各处不同的发展阶段,形成以日本为"领头雁"的雁行发展格局和产业分工格局。但随着国际分工格局的演进,国际分工的边界正从产业层次转换为价值链层次。

5. 分工地位提升的多角度性

在新型的国际分工体系中,一个国家或地区国际分工地位的提升,不仅表现为产业层次的高度化,由劳动密集型产业向资本技术密集型产业的递进,还表现为在产业链条或产品工序所处地位及增值能力的提升上。因为伴随着国际分工的深化,国际分工的产业边界在弱化,产业链条或产品工序的作用在提升。具体而言,在产业链条层次,由生产制造环节向研发设计和品牌营销环节的转移是增值能力和分工地位提升的显著标志;而生产环节又可细分为上游生产(关键零部件的生产,像电脑中的芯片、微波炉的磁控管等)和下游生产(终端的加工组装),越接近于上游的生产其技术含量越高,附加值越大;越接近于下游的生产其知识技能的要求越低,附加值也越小。所以在生产环节中,由下游生产向上游生产的递进也一样意味着分工地位和增值能力的提升。

2.2.3 新型国际分工的类型

根据参与分工的各产业之间的关系,新型国际分工可以分为[167,168]:

(1) 产业间国际分工。指不同产业部门之间生产的国际专业化。第二次世界大战以前,国际分工基本上是产业间国际分工,表现在亚、非、拉国家专门生产矿物原料、农业原料及某些食品,欧美国家专门进行工业制成品的生产。当前这种分工形式的主要特征是发展中国家从事资源类初级产品的生产,发达国家从事制成品的生产;或者是发展中国家从事劳动密集型产品的生产,如玩具、鞋帽等,属于制造业的低端产品;发达国家从事资本、技术密集型产品的生产,如机械、电子等,属于制造业的高端产品。在这种分工格局中,产业边界是清晰的,形成以垂直分工为特征的国际分工合作体系。

(2) 产业内国际分工。指相同生产部门内部各分部门之间的生产专业化。第三次科学技术革命对国际分工产生了深刻的影响,使国际分工的形式和趋向发生了很大的变化,突出地表现在使国际分工的形式从过去的部门间专业化向部门内专业化方向迅速发展起来。这主要是由于科技进步使各产业部门之间的级差化不断加强,不仅产品品种规格更加多样化,而且产品的生产过程也进一步复杂化。这就需要采用各种专门的设备和工艺,以达到商品的特定技术要求和质量要求,而一般来说所需要专用设备的数量不多,但要求精度较高。同时,为了达到产品的技术和质量要求还必须进行大规模的科学实验和研究,这就需要大量的科研费用。在这种情况下,只有进行大量生产在经济上才能有利。但这些往往又与同一国的有限市场和资金设备以及技术力量发生了矛盾,这就促进各国在部门内部生产专业化迅速得到发展。

(3) 产品内国际分工。指同一产品的不同工序或零部件之间的生产专业化。这种分工形式随着跨国公司对产品价值链在全球的分解而展开,通常按照不同技术含量进行。技能含量高的工序、附加值高的部件一般由发达国家来完成,发展中国家承担的大多是低附加值的初级零部件生产,或者是主要部件依靠进口、承担最后加工装配的工序。例如我国的上海、西安、成都和沈阳四大飞机制造公司就承担了波音737的水平尾翼、垂直尾翼和CFM航空发动机的制造。

一个国家既可以凭借劳动力、资本、自然资源等外在比较优势构筑自己在产业间国际分工格局中的地位,也可以凭借技术、规模经济等内生比较优势成就自己在产业内国际分工格局的位置,还可以借助在某价值链环节中的优势等成为产品内国际分工、或中间产品贸易中强有力的竞争者。

此外,根据参与分工的国家的自然资源和原材料供应、生产技术水平和工业发展情况的差异来分类,国际分工还可划分为以下几种:

(1)垂直型国际分工,这是指经济技术发展水平相差悬殊的国家(如发达国家与发展中国家)之间的国际分工。垂直分工是水平分工的对称。它分为两种。一种是指部分国家供给初级原料,而另一部分国家供给制成品的分工,如发展中国家生产初级产品,发达国家生产工业制成品,这是不同国家在不同产业间的垂直分工。同一种产品从原料到制成品,须经多次加工。经济越发达,分工越细密,产品越复杂,工业化程度越高,产品加工的次序就越多。加工又分为初步加工(粗加工)和深加工(精加工)。只经过初步加工的为初级产品,经过多次加工最后成为制成品。初级产品与制成品这两类产业的生产过程构成垂直联系,彼此互为市场。另一种是指同一产业内技术密集程度较高的产品与技术密集程度较低的产品之间的国际分工,或同一产品的生产过程中技术密集程度较高的工序与技术密集程度较低的工序之间的国际分工,这是相同产业内部因技术差距所引致的国际分工。从历史上看,19世纪形成的国际分工是一种垂直型的国际分工。当时英国等少数国家是工业国,绝大多数不发达的殖民地、半殖民地成为农业国,工业先进国家按自己的需要强迫落后的农业国进行分工,形成工业国支配农业国,农业国依附工业国的国际分工格局。迄今为止,工业发达国家从发展中国家进口原料而向其出口工业制成品的情况依然存在,垂直型的国际分工仍然是工业发达国家与发展中国家之间的一种重要的分工形式。

发展中国家与发达国家之间的垂直分工在不同的年代有不同的表现形式,在20世纪50年代表现为,发展中国家生产农产品、矿产品等初级产品,来与发达国家生产的制成品相交换,形成资源性产品与加工性产品交换的垂直分工开幕式;70年代的垂直分工表现为,发展中国家从事纺织等劳动密集型产业,发达国家从事机电类资金、技术密集型产业的分工形式;到80年代随着分工的细化,垂直分工深入到产品的内部,表现为在技术密集的产品生产流程中,发达国家从事技术、资金密集工序的生产,形成产业内非熟练劳动与技术交换的新形式。

(2)水平型国际分工,这是指经济发展水平相同或接近的国家(如发达国家以及一部分新兴工业化国家)之间在工业制成品生产上的国际分工。当代发达国家的相互贸易主要是建立在水平型国际分工的基础上的。水平分工可分为产业内与产业间水平分工。前者又称为"差异产品分工",是指同一产业内不同厂商生产的产品虽有相同或相近的技术程度,但其外观设计、内在质量、规格、品种、商标、牌号或价格有所差异,从而产生的国际分工和相互交换,它反映了寡占企业的竞争和消费者偏好的多样化。随着科学技术和经济的发展,工业部门内部专业化生产程度越来越高。部门内部的分工、产品零部件的分工、各种加工工艺间的分工越来越细。这种部门内水平分工不仅存在于国内,而且广泛地存在于国与国之间。后者则是指不同产业所生产的制成品之间的国际分工和贸易。由于发达资本主义国家的工业发展有先有后,侧重的工业部门有所不同,各国技术水平和发展状况存在差别,因此,各类工业部门生产方面的国际分工日趋重要。各国以其重点工业部门的产品去换取非重点工业部门的产品。工业制成生产之间的分工不断向纵深发展,由此形成水平型国际分工。

(3) 混合型国际分工,这是把"垂直型"和"水平型"结合起来的国际分工方式。德国是"混合型"的典型代表。它对第三世界是"垂直型"的,向发展中国家进口原料,出口工业品,而对发达国家则是"水平型"的。在进口中,主要是机器设备和零配件。其对外投资主要集中在西欧发达国家。

2.2.4 新型国际分工的影响

在全球经济一体化趋势下,国际分工的深化必然给参与分工的主体(国家或地区、企业)和客体(产业、产品)带来影响。

1. 国际分工深化促使不同层次产业相互转化和渗透[169]

这包括两方面的意义。其一是技术密集型产业向劳动密集型产业的转化。如在10年前、20年前还被认为是技术密集型的产业在技术进步和国际分工的影响下迅速地转化为劳动密集型产业,或劳动技术密集型产业,如电脑终端设备、家用电器等。这些产业在处于产业成长期时是技术密集型产业,但随着技术进步和产业分工的形成,一旦产品进入成熟期以后,技术的成熟化带来产品的标准化和大量采用自动流水组装生产线,使这些产业很快转化为劳动技术密集产业或劳动密集型产业。其二是一些传统的劳动密集型产业在应对需求结构变化和适应知识经济发展的过程中开始向劳动技术或劳动知识密集型产业甚至向知识密集型产业的转化。如传统的服装产业在适应市场对个性化、时装化等的需求结构以及信息化特征要求变化的同时,开始向知识和技术密集型产业方向发展,大批量流水线的生产被小批量、多品种的小规模生产所代替,品牌竞争成为服装产业的主要竞争手段,服装产业和产品设计产业、广告技术产业,以及种类文化产业的互相渗透日趋紧密,部分中高档次的服装产业已经开始从单纯的劳动密集型产业向劳动技术密集型和劳动知识密集型产业的方向转化。

2. 国际分工深化为发展中国家和地区嵌入跨国公司主导的国际生产体系提供了途径与机会

由于发达国家和发展中国家、发达国家和新兴工业化国家之间的产业分工已不局限于产业间的垂直分工,由此导致发达国家和新兴工业化国家,以及某些发展中国家产业的"同构"趋势,如电子设备产业目前已同时成为日本(发达国家)、韩国(新兴工业化国家)以及中国的广东、江苏(发展中国家区域)的主要产业,于是以产业内的水平分工链为纽带的国际生产体系就形成了。同时,虽然全球价值链把发展中国家与新兴工业化国家、发达国家的产业融合了起来,但是不同工业化国家或地区在全球价值链中的位置并不相同,获取的附加值也不一样,它们之间另外还存在着同一产品内不同工序之间的分工。以计算机产业为例,发达国家主要控制了智力和知识密集型的研究与开发工序,包括核心软件、芯片等,新兴工业化国家和地区生产一般硬件和设备,发展中国家和地区承担大量的劳动密集型工序的组装工作,这种以产品内的价值链分工为主的国际分工模式的形成与扩张,促使新兴工业化国家和地区以及紧密联系国际分工链的某些发展中国家和地区能够突破了传统的产业升级模式,紧随国际产业结构变化,在国际产业分工格局中定位本国本地区的产业发展方案。

3. 国际分工深化有可能进一步拉大发达国家与发展中国家的差距

国际分工是把"双刃剑",它在为发展中国家提供嵌入国际生产体系机会与途径的同时,也在拉大着发达国家与发展中国家的距离。科技的发展与分工的细致化,使发达国家能够区分生产工序的价值环节,不仅把原来的技术密集型产业、资本密集型产业中的劳动密集型环节中转移到发展中国家,而且同时把传统意义上的劳动密集型产业中的技术密集型环节又牢牢掌握在自己手中,从而使发达国家完全专注于价值链条中附加值较高的技术环节与营销环节。最终的格局是发达国家跨国公司只从事新知识、新技术的研究开发,全部生产环节都在发展中国家进行。由于从事知识、技术密集型产业的生产函数是收益递增的,这类产品具有强烈的排他性和垄断性,因此跨国公司获得足够的经济利益,并拥有这些新兴产业的绝对控制权。而发展中国家加入跨国公司垂直分离的生产链条,仅仅是通过劳动获得应有的报酬,却要面临上下游厂商的多重挤压,风险是很大的,不仅可能会沦为外围,而且可能导致产业的畸形发展。

4. 国际分工深化强化了发达国家和发展中国家经济增长方式的差异性

发达国家在新型国际分工中专注于价值增值较大的研发和品牌运营环节,而把对资源消耗和占有较大的生产加工放在发展中国家,使其自身的资源消耗结构得到进一步的优化,经济增长方式进一步集约化。而发展中国家为了提高经济增长速度,对发达国家转移过来的产业或生产环节一般是不加甄别地全部接收,高污染、高消耗、高投入、低附加值型产业便成为发展中国家许多产业的真实写照,导致发展中国家的资源消耗结构趋于恶化,环境污染加重,经济增长方式进一步粗放化。

2.3 新型国际分工对长三角制造业的影响分析

随着知识经济的不断发展,特别是信息技术的突飞猛进,高度发达的信息技术和网络系统正极大地改变各个产业发展的技术环境和经营条件,也改变着产业竞争的业态基础和商业模式。伴随着经济全球化,制造业的国际分工正由垂直分工发展到水平分工,甚至网络分工,产业链被细分到空前的程度。发达国家凭借其技术优势,不仅将其低技术的产业转移出去,即使在高技术产业领域,也是尽力抢占各产业的高技术和高附加值环节,将产业链条的低技术环节转移给处于较低发展水平的国家,从而完成价值链的分离和转移,使其生产布局日益细化。这种分工的细化,使制造业的竞争从产业间的分工为主转变为生产环节的分工为主。

作为正在崛起的世界第六大城市群,长三角从改革开放特别是 20 世纪 90 年代以来,逐渐成为国际制造业转移的重要聚集地,国内市场的国际化竞争程度越来越高;作为承接国际直接投资的重点区域,长三角制造业通过参与产业间、产业内及产品内的国际分工逐渐嵌入到跨国公司的全球生产体系;作为全球价值链外包体系中的承包者,长三角制造业企业通过 OEM 的方式形成与跨国公司之间的代工关系。因此,国际分工的新型化趋势必然给嵌入其中的长三角制造业带来机遇和挑战。

2.3.1 直接投资的影响

直接投资是跨国公司在全球配置资源的重要方式,国际分工的深化必然会在长三角制造业吸纳的直接投资上得到体现。

首先,流向长三角制造业的直接投资数量会继续快速增加。2000 年以来,长三角利用 FDI 无论是绝对数量还是增长率都不断提高,至今长三角吸纳的 FDI 已几乎占到全国的一半。而且,随着长三角制造业对国际产业资本配套能力的不断提高和前期进入的 FDI 的示范效应的日益显现,新型国际分工格局下致力于提高竞争优势的跨国公司在进行区位选择时,仍会将这里作为全球投资的重点区域。因此,在未来一段时期内,流向长三角的 FDI 将会持续增加。

其次,流向长三角制造业的直接投资涉及的产业会更多。在分工边界日益细化、分工形式日益多样化的新型国际分工格局中,转移到长三角的制造业不会再局限于传统劳动密集型产业,而是劳动密集型、资本密集型和技术密集型产业兼收并蓄,并且随着长三角制造业进入重化工业化阶段和技术创新能力的提高,资本密集型、技术密集型产业的比重将明显增加。特别是产业链招商模式在苏州等地的推行,更为技术密集型产业的流入扫清了障碍。

再次,流向长三角制造业的直接投资进一步密切了长三角与跨国公司主导的国际分工链的联系。无论是直接投资数量的增加,还是 FDI 覆盖产业范围的扩大,都无疑会使长三角制造业有更多的行业或企业嵌入到国际分工链条中,分享跨国公司在技术、管理等方面的溢出效应。

最后,流向长三角制造业的直接投资主要领域是产业链中加工装配环节。尽管转移到长三角的直接投资中技术密集型产业的比重越来越大,但它们在长三角从事的却主要是技术含量较低的、附加值较小的劳动密集型环节的任务,技术含量较高、利润丰厚的研发、售后等环节仍控制在欧美等发达国家或新兴工业化国家手中。

2.3.2 国际贸易的影响

作为参与国际分工的直接体现,长三角制造业的国际贸易必然也会受到国际分工变化的影响。

首先,长三角制造业的外贸依存度将维持较高的水平。长期以来,外商投资企业一直是长三角的出口大户,2004 年其出口交货值分别占江苏出口交货总值的 71.49% 和上海出口交货总值的 89.64%。因此,随着落户长三角的制造业跨国公司数量的增多,制造业产品的进出口总额在长三角地区生产总值中的比重将越来越大,即长三角的外贸依存度会越来越高。

其次,长三角制造业的出口结构将日益优化。随着长三角制造业承接的发达国家或新兴工业化国家和地区转移过来的产业范围的扩大,特别是技术密集型产业的增加,该区域生产出来的工业制成品的品种将日益丰富,具有较高科技含量的机械及运输设备、化学成品及有关产品的比重将会显著增加。

再次,化工及机械运输设备等装备制造产品的逆差仍将持续。新型国际分工使发达国家在全球价值链高端的地位更加稳固,随着长三角在重化工业阶段对技术含量较高的汽车、数码相机等耐用消费品需求的迅速增加,长三角制造业在生产加工过程中所需要的诸如芯片、发动机等高端产品仍将从国外进口。而且为了满足资金、技术密集型产业的生产需求,也需要进口相关的装备制造产品,从而导致长三角在该领域的逆差现象仍会继续甚至有可能扩大。

最后,长三角制造业开展国际贸易的方式将更加多样化。新型国际分工使长三角制造业不仅能够通过传统的产业间垂直分工参与到国际生产体系,而且还可以通过产业内、产品内分工的形式加强与国际市场的联系,特别是随着吸纳的 FDI 的增多,跨国公司内部的产品分工将成为长三角制造业与国际市场联系的重要形式。

2.3.3 技术创新的影响

新型国际分工也会给长三角制造业的技术创新能力带来相应的影响:
首先,长三角制造业获得技术溢出效应的机会和途径增加。这主要体现在三个方面:一是随着国际分工的深化,嵌入到跨国公司主导的全球价值链分工体系中的长三角制造业将从同一链条上的其他节点企业特别是核心企业中获得技术溢出;二是随着外商直接投资的增加,那些以国内市场或区域市场为主要目标的、暂时没有融入国际分工体系的长三角制造业企业也将通过三资企业的示范效应,或者通过与三资企业的竞争获得技术、管理等方面的溢出效应;三是长三角制造业在运用进口的高技术产品组织生产过程中也会获得相应的技术创新灵感和模仿创新效应。

其次,长三角制造业提高技术创新能力的压力和动力加大。新型国际分工一方面帮助发达国家筑起了高高的技术壁垒,全球价值链上的战略环节牢牢掌控在的核心企业手中,另一方面又使处于完全竞争市场结构下的加工制造业环节的竞争进一步白热化,为了能够击败其他区域进入跨国公司主导的全球生产体系,以争取到更多的技术、资金和信息等生产要素,长三角制造业不得不为提高产业配套能力、降低商务成本而进行技术创新。

最后,长三角制造业发展过程中对技术创新的依赖加深。在新型国际分工体系中,一国或地区在全球价值链中的位置直接取决于各自的技术创新水平和科技实力:技术创新水平越高,在产业链中的占据的价值环节越重要,位置越靠近战略高端,附加值也越高;反之,技术创新水平越低,在产业链中占据的价值环节越边缘,主要担当加工制造环节的任务,获取的附加值越低,即技术创新水平在决定参与者国际分工地位和经济效益方面的作用越来越大,因此,长三角制造业国际分工地位的提高和经济效益的改善必然依赖技术创新状况。

2.4 基于国际分工的长三角制造业定位分析

面对新型国际分工在直接投资、国际贸易、技术创新等方面给长三角制造业带来的影响,准确把握和合理界定在新型国际分工体系中的位置,是长三角制造业采取有力措施抓住机遇,应对挑战的关键。

2.4.1 长三角制造业嵌入国际分工的历程回顾

早在明清时期,长三角地区就有着较为发达的商品经济,当时的重要农产品(粮食和棉花)和手工业品(棉织品)的商品化程度非常高,并且远销其他地区甚至国际市场。1843年上海开埠后,随着国际资本主义的侵入,长三角的对外贸易额大幅上升,上海则成为东亚最大的工业和金融贸易中心。20世纪50年代至70年代,中国全面推行计划经济,长三角非公有制工业几乎完全消失,国有工业比重一度高达90%左右,这一时期,上海虽然仍是全国最大的经济中心,但其国际性金融贸易中心(交易中心)的地位完全消失,而退化为全国工业中心(生产中心)[19]。

改革开放后,长三角重新崛起,其制造业也随着该地区外向型经济的发展而逐

渐嵌入全球经济循环中,具体过程可以分为三个阶段:

1979~1990年为起步阶段。1979年全国人大颁布了《中华人民共和国中外合资经营企业法》,从而揭开了我国经济积极参与国际循环的序幕。在此期间,我国对外开放的重心在南方沿海地区,深圳、珠海、汕头和厦门四个经济特区成为我国对外开放的桥头堡。1984~1985年,国务院先后决定进一步开放连云港、南通、上海、温州等14个沿海港口城市,将长江三角洲、珠江三角洲和闽南三角洲开辟为沿海经济开放区,对上述地区在利用外资方面实行优惠政策,同时采取完善立法、扩大地方外商投资审批权限等一系列措施,有力地推动了长三角地区外向型经济的发展。1986年10月,国务院颁布《关于鼓励外商投资的规定》及若干实施办法。1987年12月,国家有关部门制定了《指导外商投资方向的有关规定》。上述措施对完善外商企业的经营条件、优化外商投资结构产生了积极影响,对促进长三角制造业与国际生产体系的融合过程有重要作用。但由于这一时期我国对外开放的前沿阵地在东南沿海地区,特别是珠江三角洲地区,所以长三角外向型经济发展相对滞后,长三角制造业融入国际生产体系的进程也较为缓慢。

1991~2000年为快速发展阶段。1990年中央决定开发和开放上海浦东新区,从而使长三角的外向型经济发展进入新阶段,上海成为跨国公司地区总部的聚集地,而苏州、无锡则分别成为台资、日资企业的聚集地。到2000年,长三角进出口商品总额达到725.7亿美元,比1992年增长307%。外商投资企业年末登记数为4.4万户,比1992年增长276.7%;外资企业投资额达到2 028.5亿美元,比1992年增长9倍多。当年外商直接投资额达112亿美元,比1991年增长25倍。虽然经济增长速度非常快,吸引的外资也较多,但这一时期长三角的外向型经济仍然落后于珠三角,国际贸易依存度和国际投资开放度相对较低(表2-2)。同时,随着跨国公司的大量进入和国际制造业向我国东南沿海的转移,长三角制造业中的大部分都被纳入跨国公司全球分工体系,但这种以加工贸易形式为主的垂直分工一般扩散的只是劳动密集型为主的加工组装工序,不包含起关键作用的创新性技术,跨国公司对作为核心技术的技术开发、产品设计及主要工艺装备、关键零部件的生产仍然加以垄断。

表2-2 2000年长三角的外贸依存度和国际投资开放度

项 目	江 苏	浙 江	上 海	长三角	珠三角	全 国
GDP/亿美元	1 036.76	729.17	549.76	2 315.69	1 167.16	8 629.61
外贸进出口额/亿美元	456.38	278.33	547.10	1 281.80	1 701.00	4 742.90
外贸依存度/%	44.02	38.17	99.52	55.6	145.6	44
实际利用外资/亿美元	64.3	16.1	31.6	112.0	128.3	407.2
国际投资开放度/%	6.20	2.21	5.75	4.84	10.99	4.72

资料来源:根据2001年江、浙、沪及全国统计年鉴相关数据整理计算。

2001年以来为全面融合阶段。进入新世纪后,随着实力的增强和区域内部的产业整合,长三角制造业不仅在劳动密集型产业,而且在资本密集型产业、技术密集型产业的加工制造环节形成了竞争优势,从而拉开了与跨国公司的全球生产体系全面融合的序幕。这一时期,中国仍然是吸纳外商直接投资最多的发展中国家,在2003年甚至超过美国成为全球吸纳外商直接投资最多的国家,而长三角在2001年也超过珠三角,成为国内吸纳外商直接投资最多的区域。2004年,长三角的国际投资开放度虽然仍低于珠三角,但分省市来看,江苏、上海的国际投资开放度都高于广东(表2-3)。不过,长三角的外贸进出口总额出口增长很快,但外贸依存度仍小于珠三角。此外,由于长三角在研究开发、技术创新、人员素质等方面比珠三角有优势,因此长三角嵌入全球价值链的层次和承接国际制造业的档次要高于珠三角。例如,外商直接投资进行区位选择时,可能把皮革制造业安排在珠三角,而把IT制造业安排在长三角,显然前者是劳动密集型产业中的劳动密集型环节,而后者是技术密集型产业中劳动密集型环节,前者在价值链上的位置要低于后者。

表2-3 2004年长三角外向度国内比较

项 目	江 苏	浙 江	上 海	长三角	珠三角	全 国
GDP/亿美元	1 874.20	1 358.38	900.14	4 132.71	1 937.83	16 537.29
外贸进出口额/亿美元	1 708.57	852.13	1 600.26	4 160.96	3 571.29	11 545.50
外贸依存度/%	91.16	62.73	177.78	100.68	184.29	69.81
实际利用外资/亿美元	121.4	66.8	65.4	253.6	128.99	606.3
国际投资开放度/%	6.48	4.92	7.27	6.14	6.66	3.67

资料来源:根据2005年江、浙、沪及全国统计年鉴整理计算。

2.4.2 长三角制造业参与新型国际分工的形式

长三角制造业主要以垂直分工的方式进入国际分工体系,并同时参与产业间、产业内和产品内的国际分工,具体表现为:第一,参与产业间的垂直分工。在国际市场上,长三角制造业的比较优势主要体现在劳动密集型产业上,而资本密集型产业和技术密集型产业的竞争力较低,因此,基于产业间的垂直分工形态是长三角制造业参与国际分工的方式之一。第二,参与产业内的垂直分工。指对同一产业内技术密集程度较高的产品与较低的产品进行国际分工,长三角根据自己的资源禀赋特点,从技术密集程度较低的产品领域拥有竞争优势。如在钢铁产业内,一方面,我国的钢铁产量连续几年保持世界第一,长三角钢材产量占全国总产量的20.8%,每年向包括发达国家在内的许多国家出口中等档次的钢材;另一方面,包括长三角在内的钢铁企业又要从发达国家进口高档次钢材;第三,参与产品内的垂直分工。指对同一产品的生产过程中技术密集程度较高的工序与较低的工序之间的国际分工。随着国际分工的深化,建立在全球价值链理论基础上的外包战略使跨国公司为了增强核心竞争力,将企业资源和目标集中于高附加值的产品研发设计、技术装备、关键零部件等核心业务或重要工序,而将劳动密集部分非核心业务或工序(涉及IT资源、业务流程、人力资源管理、供应链等)全部或部分转为外部供应[172]。根据外包体系中供应商的技术水平和产品附加值的不同,委托业务外包有四个层次:OEM、ODM、DMS、EMS等[173]。长三角制造业企业在制造业产品内纵向国际分工序列中,主要以OEM(Original Equipment Manufacture,通称代工或贴牌生产)的形式参与到国际分工体系中。

20世纪80年代以来,长三角制造业主要从产业链低端进入跨国公司的全球生产体系是技术、市场等多种因素综合作用的结果。

首先,受韩国、我国台湾等新兴工业化国家或地区参与国际分工方式的影响。韩国、我国台湾等新兴工业化国家或地区参与国际分工的方式是首先从加工组装环节起步,然后从产业链低端逐步向高端攀升;珠三角制造业企业从20世纪80年代开始通过OEM形式参与国际分工也取得了巨大的经济效益,它们的产业成长经历给长三角制造业提供了可资借鉴的经验,于是,在20世纪90年代跨国公司大量聚集该区域时,长三角制造业便从门槛最低的加工组装环节介入了国际分工体系中。

其次,长三角的生产技术能力现状。在产业链的"微笑曲线"中,不同的环节,有不同的技术要求,上游的研发、设计环节,下游的销售、品牌持有环节附加值高,对企业的能力要求也高,而中游的生产加工环节,附加值虽然较低,但对企业的技术要求也较低。长三角制造业企业的技术能力,与发达国家的先进企业之间存在着较大落差、不处于同一个竞争平台的现实,决定了该区域企业目前还无法在研究、开发以及设计等方面与先进企业进行正面较量,而只能在某些拥有比较优势的要素的成本(如劳动力成本和土地成本、环境规制等)方面参与国际竞争,即长三角当前的研发能力和品牌运作能力决定制造业企业只能选择处于国际产品价值链中的低端生产环节。

再次,嵌入国际分工的现实和潜在好处。长三角制造业企业在获得代工业务的过程中会获取来自发包方的"溢出效应",即不仅赚取了进一步扩大再生产的资金积累,更为重要的是,它还扩展了该区域获得外部资源和先进技术的渠道,从跨国公司那里吸纳到某些先进技术和管理经验(跨国公司的技术溢出可能是有意的,也可能是无意的),并把长三角企业从一个封闭的环境带入了高度竞争的开放性国际市场,唤起了其国际市场意识和品牌意识;锻炼了劳动者和企业高级管理者,增强了企业组织的学习能力。这就可能使长三角企业培育起进一步向产品分工的高端(如设计能力、研发创新能力和品牌运作能力等)自然延伸的动态学习能力。这就是说,企业之间的差距可以在国际开放中不断缩小,企业的研发能力、品牌运作能力和制度结构可以通过学习模仿,OEM等方式是长三角企业在全球化条件下最佳的低成本学习途径。

最后,跨国公司的"长三角"战略。跨国公司对长三角进行产业转移是为了追求制造效率、强化核心业务和降低生产成本,这意味着:一是跨国公司不会放松对核心业务的控制,更不愿意在研发设计、品牌运作等方面培养自己的竞争者;二是长三角较强的加工制造能力、较低的生产要素成本又对跨国公司的又具有天然的吸引力,因此,当从高附加值环节嵌入全球价值链既不符合长三角的自然禀赋条件,也不符合跨国公司的意愿时,从加工组装环节融入全球生产体系便成为当时长三角与跨国公司的双赢选择。

2.4.3 长三角制造业在新型国际分工中的地位

在整个全球价值链中,根据所处环节和获得附加值的大小,可以把企业主体可分为两类,一类是居于核心环节与主导地位的领导厂商(往往是跨国公司),主要从事网络价值链内的战略制定、组织领导、管理控制等重要工作,对链中的其他企业起着绝对的影响与控制作用,是价值链的发起者、组织者、驱动者和治理者,能够获取较多的利润份额;另一类是处于从属地位的当地供应商,主要从事链中非战略环节的活动,如加工、装配等,尤其是劳动密集型特征的组装环节,只能获得较小份额的价值增殖。从嵌入国际分工体系的方式可以看出,长三角制造业在全球价值链中处于从属地位,其比较优势主要体现在劳动密集型的加工组装环节上,获得的附加值较低。下面我们以这几年在长三角发展速度最快而且2004年已经成长为长三角第一大产业的电子及通信设备制造业为例,具体考察一下长三角制造业在国际分工体系中的地位。

电子及通信设备制造业包含通信设备制造,雷达及配套设备制造,广播电视设备制造,电子计算机制造,电子器件制造,电子元件制造,家用视听设备制造和其他电子设备制造八个子行业,从这一产业的价值链来看,其上游产业是芯片、零部件及整机生产,处在这一环节上的企业因为掌握核心关键技术而成为主导产业发展的领导企业,它们具有产业的垂直整合能力,拥有自主知识产权,掌握核心芯片技术和整机设计技术,拥有自己的销售及售后服务网络,这些企业具有典型的技术集约型企业特征,其产品附加价值高,占据整个行业利润的60%,产业附加值主要来自技术和行业标准。中游产业是通过为整机厂家提供电子制造服务,参与产品附加价值的分配,消化整机厂商的设计技术并根据特定市场的需要生产定制产品,根据处于上游的厂商对制造体系、生产流程、元器件供应商选择标准、IT管理平台、降低库存等多方面要求着手提供服务,属于生产制造环节,利润比上游产业低,一般占有行业利润的30%,产业附加值主要来自劳动。下游产业的厂商以服务和质量,成本优势来构建产业价值体系,在这个环节上的企业通常是通过细分市场,实行差别化产品战略而获得市场份额,其产品的附加价值通常不高,扩大生产规模并进行多元化生产成为其进一步发展的出路之一,其产业附加值也主要来自劳动。长三角电子信息产业在国际垂直分工中明显处于下游和产业链低端(图 2-4),核心和高端产品依赖进口,其优势主要集中在消费电子、计算机、通信以及电子元器件的加工组装及配套环节,加工方式主要是贴牌生产,通过直接引进国外先进技术、关键电子设备和现代化生产线进行生产,而且多为低端产品,技术含量不高。在关键元器件、基础软件、集成电路和高性能服务器、路由器方面主要依赖进口。例如,目前国内所需集成电路的 90% 依赖进口,基础软件基本上也是国外产品电子产业,赚取的利润更多地只是加工费,而加工费收入在整个产品生产链中所占比重呈现下降趋势。当前,全世界的电子行业大致分三个层次:第一层次是美国,它们生产的是高附加价值的芯片和软件,微软和英特尔公司垄断全世界大部分的软件和芯片市场,它们在整个全世界电子行业所获取的利润至少要占 60% 左右;第二层次是日本和韩国,主要生产电脑和一些电子器件中的关键性的元器件,它们的利润要占 30% 左右;而长三角的电子产业基本处于整个电子产业链分工中的第三层次,只是进行组装和贴牌,赚取不到 10% 的利润。如 2004 年长三角电子产业实现利润 810.57 亿元,销售利润率仅为 5.22%,而同期微软获利达 80 亿美元,凭借其在操作系统上的垄断地位,产品利润率达到 35%[170,171]。

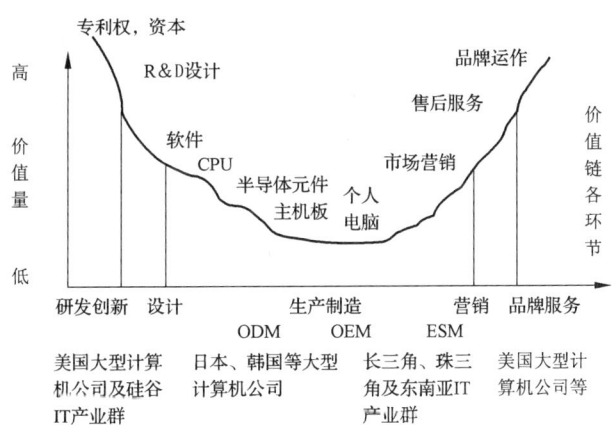

图 2-4　电子及通信设备制造业价值链

资料来源:任家华,王成璋:《基于全球价值链的高新技术产业集群转型升级》,《科学学与科学技术管理》,2005 年第 1 期,118~121 页。

其实,在分工边界日益细化、知识技术密集型环节与劳动密集型环节逐步分离的新型国际分工格局中,长三角不但在高新技术产业中从事的只是劳动密集型环节的任务,而且在具有传统比较优势的劳动密集型产业中占据的也仅仅是产业链低端的位置。如 2004 年,长三角服装及纤维制品制造业的总产值达 1 736.71 亿元,是 28 个制造业中的第八大产业,但在服装行业的全球价值链中,由于缺乏面料开发、品种款式设计的能力和国际市场营销的渠道,企业只能处在增值率较低、利润份额较少的接单、缝制和加工环节,而增值率较高、利润份额较多的设计、品牌、营销环节被大型的服装零售商、品牌营销商、品牌制造商等服装价值链的领导厂商所控制。假如包括长三角地区在内的中国内地生产的服装在国外市场上售价 100 美元,那么国内企业一般只得到 5~7 美元,其余都落入外国商标所有者、服装设计公司和经销商的腰包。

2.4.4 基于国际分工的长三角制造业定位分析

以 OEM 为特征的经济成长模式,虽然有助于长三角制造业进入国际市场和嵌入国际分工,但同时也带来一个不可避免的问题,就是作为接受代工的制造业企业仅具有对产业低技术部分的加工能力,自身缺乏产品设计和研发优势,缺乏技术创新能力,缺乏具有自主知识产权的知名品牌,信息来源和销售渠道严重依赖海外供应商和进口商,产品附加值低,处于产业价值链的最低端和全球外包体系的最低层次。尽管纵向比较看,长三角承接国际产业转移在某种程度上提升了制造业生产能力,带动了产业结构升级,加快了我国技术进步的步伐,一定程度上提高了长三角制造业的整体技术水平,并由此促进了该区域出口竞争力的提升和出口结构的升级优化。但长三角所承接的产业基本上劳动密集型产业或资金、技术密集产业的劳动密集加工环节,大量技术含量高的部分并没有随之转移过来;即使有一部分跨国公司在我国建立了研发机构,也主要是从事需要本地化的技术工作。

虽然说嵌入跨国公司的全球价值链是发展中国家或地区推动产业升级的重要捷径,长三角从附加值较低的产业、产品或工序融入国际分工具有一定的经济合理性和现实可行性,但是,产业发展轨迹或提升路径并不会自动沿着全球价值链一步步来完成,也不是一条直线,而是需要经济主体持续有效的努力才能完成。在全球生产体系中,一旦把自己的优势长期锁定在劳动密集型的产业或环节,不谋求产业升级,那么在日益细化的新型国际分工中,长三角将有被边缘化的危险。因此,面对新型国际分工带来的机遇和挑战,在正确把握和清晰认识长三角制造业在新型国际分工格局中的地位及其参与国际分工的方式基础上,推动长三角制造业产业升级,实现在全球生产体系中的价值链攀升迫在眉睫。

1. 追求产业升级是长三角承接技术含量高的产业、产品或生产环节的需要

国际产业转移根据受让国或地区生产技术条件的不同而遵循从劳动密集型产业的加工装配环节开始,然后再逐步向资本、技术密集型产业或环节转移的梯度顺序。具体来看,发达国家向发展中国家转移的首先是劳动密集型产业中的环节、产

品、零部件，其表现是发展中国家出口加工区的普遍建立和"三来一补"贸易的发展，发展中国家出口商品结构也由初级产品为主转为劳动密集型产品为主。在发展中国家的资本、技术等要素得到初步积累以后，发达国家开始向发展中国家转移资本密集型产业（如钢铁、机械、化工等）的环节、产品、零部件。随着发展中国家的资本、技术等要素得到更好的积累，发达国家在继续向发展中国家转移劳动和资本技术密集型产业的同时，也开始向发展中国家转移成熟的中间型、非核心复杂技术工序和零部件生产。当前，长三角制造业已经进入重化工业化阶段，承接的除了劳动密集型产业外，还有部分资本、技术密集型产业中的劳动密集型环节，但却没有能力承接技术含量更高的产业、产品或工序。进入 21 世纪，世界各国都卷入了新一轮的世界经济结构大调整，发达国家正从资本密集型产业向高科技、知识密集型产业转移，而新兴工业化国家和地区都在以技术提高原有的劳动密集型产品的竞争能力基础上，向更高级的产业结构迈进，因此，面临国际分工重新洗牌的绝好机遇，长三角要想向成为国际先进制造业基地的远景迈进，首先必须推动自身的产业能级。

2. 追求产业升级是长三角制造业可持续发展的需要

在重化工业化阶段，化工、钢铁等产业的发展可能会带来环境的污染和资源的消耗，而长三角制造业又承担了高密集的资源消耗和占用环节，生产、加工、装配环节的低附加值特征使其经济增长方式进一步粗放化。2004、2005 的《中国制造业发展研究报告》都显示，长三角制造业的环境资源保护能力较弱，除上海外，江苏、浙江的环境资源保护能力排名都相当靠后，江苏 2002 年环境资源保护能力在全国 31 个省市中排名第 26 位，2003 年排名第 30 位；浙江分别排名第 17 位和第 25 位。这意味着，长三角并没有摆脱先污染后治理的老路，而且已经存在着相当程度的环境透支。制造业在快速发展的同时，也付出了环境污染的代价。由于长三角矿产资源有限、环境承载力弱，为了促进经济增长方式的集约化和保证本区域的可持续发展，长三角一方面需要增加污染小、经济附加值较高的电子及通信设备制造业、专用设备制造业、交通运输设备制造业等装备制造业的比重；另一方面，从参与国际分工和产业互动的关系的角度看，长三角还应加快承接技术含量较高的产业或环节。

3. 追求产业升级是长三角制造业保持和增强竞争优势的需要

当前，长三角制造业的竞争优势主要体现在劳动密集型的产业或环节上，但劳动密集型产业进入壁垒低，随着越来越多的发展中国家或地区具有和长三角一样的低成本优势，也成为国际市场上传统制成品特别是劳动密集型最终消费品的供给者时，长三角制造业的优势很容易失去。而且这类产品的收入弹性呈递减趋势，随着消费结构的升级，人们对它们的需求在不断减少，因而低成本、低价格很难增强产业的国际竞争力,也很难保持经济的持续增长,至多也只是产业链末端的加工基地。长三角如果继续发展劳动密集型产业,势必与周边以及其他发展中国家产生价格竞争,这既会影响长三角产品的获利水平,也不利于长三角制造业保持和增强竞争优势。因此,从产业升级、产业发展的角度看,解决当前不利的国际分工地位,改变基本依靠劳动力低成本优势参与国际分工的地位,大力提升制造业的技术含量与层次乃长三角制造业的当务之急。

4. 追求产业升级是提高长三角社会福利水平的需要

不可否认,长三角凭借劳动力比较优势参与国际分工取得了巨大的成就。但是,较低层次的国际分工地位,获得的利润自然较低,从而使得人们的工资水平和福利水平提高的速度也相对较慢。比如,在出口额中所占比重超过70%的纺织品、服装、一般机电产品(包括彩电、冰箱、空调)、鞋类、玩具、塑料制品等最终消费品,在长期中能获得的收益和利润增长是非常有限的。根据联合国贸发会议公布的《贸易与发展报告》(2002)中的数据,尽管发达国家在世界制成品出口的份额现在有所下降,从1980年的82.13%下降为1997年的70.19%,但它们在世界制成品增加值中的,却从1980年的64.15%上升为1997年的73.13%;发展中国家虽然在世界制成品出口中的份额大幅度增加,从1980年的10.16%上升为1997年的26.15%,但它们在世界制成品增加值中份额从16.16%上升为23.18%。唯一的解释是,发展中国家所承接的加工制造环节在整个国际分工体系中处于较低层次,增值能力有限,附加值较低。例如,在电子产品的国际分工体系中,第一层次的是美国,他们生产的是高附加值的芯片和软件,在全世界电子行业中所获取的利润要占60%左右;第二层次是类似日本、韩国这样的国家,他们生产关键性的电子器件,其利润要占到20%左右;第三层次是中国等发展中国家,只是进行终端产品的加工组装或者普通零部件的生产,所获利润只有10%左右。并且在我们的出口中,跨国公司子公司的出口所占比重正在不断上升,2004年外资企业出口交货值占长三角出口总额的比重高达80.97%。这种发展态势,也使得我们出口增长与所获得的福利并没有同步增长。因此,职工工资水平较低且提高缓慢固然与我国劳动力资源供给充裕有关,但与我们所处国际分工地位以及所获得的利润较低也不无关系。因此,从提高人们收入水平、增强社会福利角度看,推动长三角制造业产业升级、改善国际分工地位也是必须的和迫在眉睫的。

2.5 本章小结

本章从新型国际分工的理论演化入手,在深入分析新型国际分工的特征及其对长三角制造业影响的基础上,阐述了长三角制造业进一步发展的方向及其合理

定位的必要性。具体来看,本章主要形成了以下观点:

第一,从比较优势理论到竞争优势理论,再到全球价值链理论,国际分工理论随着实践的发展和认识的深化经历了从传统到现代再到当代的演变过程。

第二,与传统的国际分工相比,新型国际分工具有形式的多样性、主体的多元性、边界的细分性、国际地位提升的多角度性等特征。

第三,新型国际分工给参与分工的主体(国家或地区、企业)和客体(产业、产品)带来深刻的影响:一是促使不同层次产业的相互转化和渗透;二是为发展中国家和地区嵌入跨国公司主导的国际生产体系提供了途径与机会;三是有可能进一步拉大发达国家与发展中国家的差距;四是强化了发达国家和发展中国家经济增长方式的差异性。

第四,新型国际分工分别从直接投资、国际贸易、技术创新等方面影响着长三角制造业的发展进程。

第五,长三角制造业在全球价值链中处于从属地位,其比较优势主要体现在劳动密集型的加工组装环节上,获得的附加值较低。

第六,长三角通过垂直分工的方式主要从产业链低端进入跨国公司的全球生产体系是技术、市场等多种因素综合作用的结果。

第七,面对新型国际分工带来的机遇和挑战,为了承接技术含量高的产业、产品或生环节,实现可持续发展,保持和增强竞争优势,提高长三角社会福利水平,长三角制造业谋求进一步的升级发展。

第3章　基于FDI的长三角制造业发展实证分析

新型国际分工主要通过外商直接投资(FDI)、国际贸易和技术创新来影响长三角制造业的发展水平和进程,那么,这些因素与长三角制造业发展水平的关系如何呢?它们是怎样影响长三角制造业发展的?具体作用力度又有多大呢?为了解决这些疑问,从本章开始,我们将依次讨论FDI、国际贸易、技术创新对长三角制造业发展水平的影响,以便推动长三角制造业在新型国际分工格局下更好地发展。

需要说明的是,由于制造业发展水平是一个比较抽象的、内涵广泛的、多维度的、多视角的指标,它不仅体现为规模的扩大,而且还伴随着效益的提升、竞争力的增强、内部结构的优化等,因此,为了便于分析,首先要构建一个能同时体现出以上特征和内容的长三角制造业发展指数,指标体系和指数构建方法说明如下:

(1)制造业规模。规模是衡量制造业发展水平高低和速度快慢的常用及首选指标,这里用人均制造业增加值来表示,记为Scale。

(2)制造业经济效益。反映制造业经济效益的指标有产值利税率、销售利税率、全员劳动生产率等等(具体见第5章),为简化起见,此处仅用全员劳动生产率来测度,记为Benefit。

(3)制造业国际竞争力。贸易竞争力指数通过计算贸易流量较好地反映出一国或区域制造业在国际市场上竞争地位,因此,用贸易竞争力指数来衡量长三角制造业的国际竞争力是合适的,记为TC。

(4)制造业产业结构。一国或区域制造业产业结构优化的直接表现就是技术密集型产业比重的提高,在这里,我们用高技术产业增加值占制造业增加值的比重作为长三角制造业结构优化的测度指标,记为Structure。

然后,按照公式 $y'_t = \dfrac{y_t - y_{\min t}}{y_{\max t} - y_{\min t}}$(若 $y_{\max t} - y_{\min t} = 0$,令 $y'_t = 0.5$)对上述四个指标进行无量纲化处理,其中 y_t 表示第 t 个指标(t 分别为Scale、Benefit、TC、Structure)的原始值, $y_{\max}$ 表示 t 指标的最大值, $y_{\min}$ 表示 t 指标的最小值,在此基础上构建制造业发展指数: $\mathrm{Dev} = \dfrac{1}{4}\sum_{i=1}^{4}(\mathrm{Scale}' + \mathrm{Benefit}' + \mathrm{TC}' + \mathrm{Structure}')$,其中,Scale'、Benefit'、TC'、Structure'分别为无量纲化处理后的制造业规模、效益、竞争力、结构指标。

本章及以后各章涉及的长三角制造业发展指标及数据全部来源于此。

3.1 外商直接投资促进东道国产业发展的理论分析

随着经济全球化的发展,外商直接投资日益成为一种普遍的经济现象,针对外商直接投资在东道国经济发展中的作用(溢出效应)也越来越成为国内外学者研究的热点。

20世纪60年代,Mac Dougall以比较静态分析方法研究了有关的局部均衡,第一次明确提出FDI对东道国的技术溢出效应[174];Caves则最早对FDI溢出效应进行计量研究,通过对加拿大和澳大利亚1966年制造业行业横截面数据的分析,发现在加拿大制造业中,当地企业的利润率与行业内的外资份额正相关,而在澳大利亚制造业中劳动生产率与行业内的外资份额也呈现正相关,因此得出FDI在加拿大和澳大利亚制造业中存在着的正技术溢出效应[175]。Globerman采用加拿大制造业1972年的横截面数据进行的实证研究也得出了相同的结论[176]。随后,许多国外学者用不同的数据和不同的模型对FDI的外溢效应进行经验研究:Blomstrom和Persson选用墨西哥1970年的行业横截面数据[177]、Blomstrom和Wolff选用墨西哥1965~1984年的行业时间序列数据[178]、De Mello对经合组织国家和非经合组织国家1970~1990年的时间序列和横截面数据[179]、De Gregorio对12个拉美国家1950~1985年的面板数据[180]、Kokko对墨西哥1970年的行业横截面数据[181]、Borensztein等对69个发展中国家1970~1989年的面板数据[182],以及Liu[183]、Girma和Wakelin[184]对英国制造业的数据进行分析,均得出了支持正溢出效应的结论,认为外国直接投资通过技术外溢效应和补充国内资本缺口对经济增长有积极的促进作用。

但并不是所有的研究都支持FDI对东道国正溢出效应的存在。Driffield等[185]、Harris和Robinson[186]、Girma等[187]分别对英国制造业1989~1992年行业面板数据、1974~1995年企业面板数据、1991~1996年企业面板数据进行分析,结果发现,没有足够的证据证明存在技术溢出效应或者说正溢出效应不明显。Haddad和Harrison对摩洛哥制造业1985~1989年间的企业和行业面板数据进行了考察,也没有发现存在明显的正溢出效应[188]。Djankov和Hoekan分析了捷克制造业1993~1996年间的企业面板数据,发现如果外资份额是由独资企业和合资企业两部分组成,当地企业的生产力水平呈现负溢出效应;而如果外资份额是清一色的独资企业,则溢出效应在统计上不明显[189]。Kinoshita考察了捷克制造业1995~1998年间的企业面板数据,也得出了类似的结论[190]。Damijan等对8个转型经济国家制造业1994~1998年间的企业面板数据进行了考察,结果发现上述国家的制造业都不存在明显的溢出效应。在深入研究当地企业吸收能力以后,他们发现捷克和波兰存在负溢出效应,而其他国家则不存在明显的正溢出效应[191]。

Aitken 和 Harrison 选用委内瑞拉制造业 1976~1989 年间的企业面板数据，发现在全国范围内存在普遍的负溢出效应[192]。魏丽华曾提到 Chen 及 Tsouand liu 利用台湾制造业厂商的资料实证分析认为，FDI 在台湾的外溢效果十分有限，甚至为负[193]。

在中国内地，许多学者对以我国为东道国的 FDI 技术溢出效应进行了相关的实证分析。何洁和许罗丹使用 1993~1997 年 28 个省市自治区的工业部门共 140 个相关数据进行回归分析，发现 FDI 带来的经济水平每提高一个百分点，我国内资工业企业的技术外溢作用就提高 2.33 个百分点[194]。陈国宏、郑兆濂、桑赓陶运用因果关系检验法和协整关系检验法对中国 1981 年以来外国直接投资与技术转移的相互关系进行经验研究，认为中国外商直接投资是技术进步的重要原因[195]。沈坤荣、耿强构建了一个包含外国直接投资和人力资本的内生增长模型，并运用 1987~1998 年中国 29 个省、市及自治区的有关数据进行回归分析，认为外国直接投资的增长导致了经济增长率的增加，并且发现外国直接投资技术扩散效应的发挥程度与人力资本有着至关重要的关系[196]。萧政、沈艳对中国的外国直接投资和经济增长之间的关系做了统计分析，认为外国直接投资与 GDP 之间存在互动关系，外国直接投资每增加 1 个百分点会使 GDP 在当年增加 0.048 5 个百分点，相应的，GDP 每增加 1 个百分点会使外国直接投资增加 2.117 个百分点[197]。喻世友表明在排除外资企业的高产出对经济增长总量的正向影响前提下，外资企业对各行业内资工业部门技术效率的总体正向溢出效应是存在的，其对内资企业技术效率具有显著的促进作用[198]。祖强和梁俊伟通过对 1997~2002 年国内十五个行业的时间序列数据进行回归分析，得出 FDI 对于中国行业整体的技术溢出指数为 0.022 7[199]。潘镇利用 1991~2002 年的省际资料，研究发现通过提高国内科技资本投入的产出效率，外资对我国的科技进步产生了积极的促进作用[200]。薄文广指出 FDI 对于中国的技术创新会发挥积极的影响，但前提是要跨越一定的人力资本门槛[201]。冼国明和严兵通过对 1998~2003 年省际层面相关数据的研究，表明外资对中国的专利申请数量有显著的正面溢出效应，并且在东部地区产生的溢出效应相对较强[202]。上述大量实证研究的结果都表明 FDI 在我国存在正的溢出效应。但也有学者持不同意见，潘文卿采用面板数据模型方法，对 1995~2000 年 FDI 对中国工业部门的外溢效应进行分析，指出当前 FDI 在西部地区的作用不明显甚至为负，在东部地区的正向外溢效应正在变小，只有在中部地区的外溢效应相对较大[203]。蒋殿春、夏良科认为 FDI 的竞争效应不利于国内企业创新能力的成长，但会通过示范效应和科技人员的流动等促进国内企业的研发活动，国内企业的科技活动会对外商投资企业产生"挤牙膏"效应，激发其更强的创新动力；国内企业在与外企的技术创新竞争中很难占据上风[204]。

综合以上研究结论，我们认为，FDI 对东道国产业发展的溢出效应主要体现在以下几个方面[205]：

1. 资本效应

外国直接投资的资本效应可以分为直接效应和间接效应两个方面[206]。直接效应是指外国直接投资的流入弥补了东道国期望投资与国内储蓄之间的缺口。著名的"两缺口"模型对外商投资对发展中国家经济增长中所起到的弥补资本缺口作用作了系统分析,认为"不仅加快了经济增长的速度,而且实际上大大加强了运用自己资源以取得经济持续发展的能力"[207]。流入的资本直接增加了东道国的资本流量,这种资源使东道国能够扩大市场,增加产出。同时外商直接投资带来的乘数效应能拉动东道国经济增长,促进经济的发展,对东道国的经济起到"输血"的作用。许多发展中国家就是通过引进外商投资弥补了资金的短缺,促进了国内投资计划的实施。

外国直接投资的间接资本效应主要体现为产业连锁效应和示范与牵动效应。产业连锁效应主要表现为外国直接投资通过带动产业前后辅助性投资而对东道国产生投资乘数效应。前向辅助性投资通常来自外资企业中间产品供应商,后向辅助性投资则来自外资企业产品的经销商和其他服务商。当外资企业需要在东道国采购时,通过购买当地生产者的商品和劳务,与上游企业建立起前向的产业连锁关系,外资企业对当地产品和服务的需求会在一定程度上推动相关产业的繁荣,并带动相关产业进行相应的辅助性投资;当外资企业为了拓展市场渠道而选择当地企业做分包商,或其产品作为中间产品被当地企业所购买时,又与下游企业建立起后向的产业连锁关系。如果没有初始的外国直接投资,这些辅助性投资就不会发生;如果当地没有此类企业,或者当地此类企业不能提供符合标准的中间产品或服务,就更容易引发外来的辅助性投资。示范与牵动效应主要表现为:一方面外国直接投资的进入可以引发相关投资,从而增加并调整东道国的资本存量,另一方面外国直接投资的进入也带来了市场竞争的加剧,迫使当地企业进行技术革新、提高生产效率,从而有利于改善国内的资产质量,提高全社会经济效益(表3-1)。

表3-1 外国直接投资存量占各类国家国内生产总值的比重　　单位:%

东道国类型	1980年	1985年	1990年	1995年	1998年
发达国家	4.7	6.1	8.3	8.8	12.1
发展中国家	5.4	9.1	10.5	13.4	20.0
所有国家	4.9	6.7	8.6	9.6	13.7

资料来源:联合国贸发会议:《世界投资报告(2000年)》,第319~320页。

但是,外商直接投资对东道国的资本转移效应也有一些负面作用。例如,发展中东道国引进外资要付出较大经济代价,一些相对落后但非常重要的经济部门很容易受到控制,阻碍发展中国家民族工业的独立健康发展,加重发展中国家对外国资本的依赖,还可能使发展中东道国外债的负担加重,国家主权利益受损等等。

2. 产业结构效应

外商直接投资对东道国产业结构升级的促进作用体现在三个层面：一是产业部类升级，即指东道国产业结构从第一产业向第二产业，再向第三产业转变；二是产业内部升级，即指东道国产业结构从低生产率、低技术含量、劳动密集型工业向高生产率、高技术含量、资本密集型工业转变；三是行业内部升级，即指东道国产业结构从低技术含量、低附加值的产品和服务生产向高技术含量、高附加值的产品和服务生产转变。FDI通过促进了技术密集型和资金密集型产业的发展，从而促进了产业结构的高级化，改善了整个国家的经济结构。

FDI的产业结构效应主要表现为：一是通过改变东道国的供给结构直接促进产业结构优化。通过向东道国导入新的先进生产函数，根本改变当地产业结构形成的物质基础，实现对其他部门增长有广泛影响的主导部门的更迭，从供给推动方面促进东道国产业在调整中向高级化发展。例如，美国跨国公司在西欧对石油化学工业、合成纤维、合成橡胶、电子计算机等产业的直接投资，不仅促进了东道国这类新兴工业部门的发展，而且提高东道国产业的效率和附加值，进而促进产业结构的优化[208]。外商直接投资对发展中东道国产业结构的调整尤其是制造业的发展发挥了积极的作用。例如发达国家跨国公司对亚洲"四小龙"的直接投资和技术转让与"四小龙"的高技术战略相呼应，积极推动了其产业结构由劳动密集型产业向资本—技术密集型产业转变，进而促进了其产业结构的日趋高级化，使其跻身于"新兴工业化国家"之列。而在拉美以及东盟一些国家中，外商直接投资在其资本—技术密集型行业中的作用尤为突出。巴西的新兴工业部门如钢铁、汽车、造船、石油化工、电子、航空工业等都是通过引进外商投资发展起来的。20世纪80年代后期，在巴西所有制造业销售总额中，外国企业及其分支机构占33%，其中石油化工占51%，机械设备占45%，电器与电子设备占49%，运输设备占60%[208]。二是通过改变东道国的消费结构拉动产业升级。在外资集中的区域，因收入提高和消费示范效应，可在一定程度上引起需求结构的变化，这种需求拉动效应会推动产业结构向高级化发展。三是通过把东道国大批企业纳入跨国公司的国际化生产网络体系，从整体上提高国内产业的技术水平和竞争力，推动产业结构趋于合理化、高级化。

但是，外商直接投资的流入也对东道国产业结构的调整可能产生一定的负效应。第一，按照小岛清的比较优势理论，对外直接投资是发达国家已经处于或即将处于比较劣势的边际产业的对外转移。如果不能与发展中东道国或地区产业结构调整方向相协调，产业投向结构不合理地流向低技术水平的劳动密集、资源密集型产业，那么反而会起到阻滞东道国地区产业结构的升级或调整。第二，外国直接投资国在投资和转移产业中，战略目标是把发展中国家选作其产业内垂直分工体系的某一环节,核心技术控制在本国内部,把低技术工序转移到发展中国家。这样的直接投资非但无益于发展中国家的产业结构优化和调整,而且会促进其产业结构扭曲和结构刚性,延误产业结构转换。第三,外商投资企业在市场上对东道国企业也具有一定的挤出效应。

3. 技术进步效应

跨国公司投资对东道国技术进步的推动作用主要是通过技术转移和技术溢出实现的。

(1) 技术转移。跨国公司是世界先进技术的开发者和新产品的主要生产者,其研究与开发经费约占全球民用研究与开发开支的75%～80%,世界最大的700家工业企业(绝大多数是跨国公司)的专利发明占世界商业专利发明的50%左右。跨国企业在海外直接投资的企业(子公司)在获取企业系统内部技术与技能中享有特权,生产性分支机构通过从体系内进口机械、中间产品、最终产品和服务获得技术转移。对东道国区域而言,可以通过跨国投资企业的生产和销售直接获得生产所需的硬件技术和技术信息,从而使东道国区域企业获得生产创新技术产品的能力,并掌握技术设计、技术发展和技术管理所需的知识。

(2) 技术溢出。技术溢出主要是指投资主体(外商投资企业)在从事生产或其他经济行为时,并非有意转让或传播其技术,而是在其经济行为中自然输出技术,在非自愿情况下出现的向东道国转移技术的现象。具体表现在以下几个方面:一是外商投资企业当地雇员的流动是技术溢出效应的重要途径。外商投资企业在东道国建立子公司后,为使当地雇员适应其工作的要求,一般需要对所雇用的东道国当地技术人员、管理人员等职员提供必要的技术技能培训,这种培训活动在客观上为东道国培养了一大批技术和管理人才。这些经过培训的人员一旦从外资企业向当地企业流动,就会将其在外国企业所掌握的技术传播出去,提高当地企业的技术和管理水平。二是外商投资企业在技术和管理上对东道国区域具有"示范效应",东道国当地企业在仿效和翻版过程中提高了技术水平。外商直接投资给东道国带来了有利可图的新产品和新工艺,当地企业直接或间接地接触到了外国企业使用的更为先进的技术,促进了技术信息的传播。在"示范效应"的带动下,东道国企业通过模仿和改进,可以实现所谓"干中学(learning by doing)"式的技术进步,进而实现技术创新。三是外商投资企业的进入,加剧了东道国特定产业的竞争,促使东道国企业提高技术水平。四是跨国企业研究与开发(R&D)机构的日趋分散化促进了东道国的科研活动,进而有利于东道国区域形成自己的研究与开发能力。为了满足东道国区域当地市场的特殊需要,外商投资企业往往要在东道国当地建立研究与开发机构,有时还与当地企业和研究机构联合攻关,共同研制、改进产品,这在一定程度上也促进了当地研究与开发能力的提高。

技术转移对东道国区域经济可持续发展也存在负面效应:第一,由于跨国企业在技术转移的过程中出于维护自身利益的原因,往往设置各种各样的产业技术壁垒,或将关键技术控制在自己手里,从而保持其技术垄断地位,缺少核心技术的发展中东道国则可能陷于产业技术垄断的陷阱。第二,大量引进外商投资造成对国外资源的技术依赖,导致国内技术创新的势头减弱,从而陷入技术进步的"后座模式"。

4. 组织制度效应

外商直接投资本身就是一种制度创新的结果,是国家或地区在市场化进程中提出的一种制度安排。在外商直接投资过程中,跨国企业规范的企业组织形式,适应市场经济游戏规则的经营机制,先进的管理惯例、知识和企业文化,适应市场竞争要求的技术进步与技术创新体系、资金筹集与运营体制、劳动用工及就业体制等等,都会通过各种方式扩展到东道国的其他企业,从而形成组织制度转移效应。

5. 就业效应

外商直接投资对东道国就业的影响表现为直接效应和间接效应两个方面:前者是指外商投资企业因直接雇用当地劳动力而对东道国地区的就业数量、质量以及区位方面的潜在影响;后者是指外商投资企业在东道国地区的经营活动间接引致了东道国当地企业的就业数量、质量和区位的变化。无论是直接还是间接的效应,往往都对东道国区域的就业数量、质量和区位等方面具有积极和消极的双重影响(表 3-2)。

表 3-2　FDI 对东道国产业发展的就业效应

效应		就业数量	就业质量	就业区位
直接效应	积极	增加净资本并创造就业机会	工资较高,生活水平也较高	为高失业地区增加新的和更好的就业机会
	消极	购并形式的外来直接投资可能导致"合理化"裁员	在雇用和晋职等方面引进不受欢迎的种种惯例	使已经拥挤不堪的城市更加拥挤,加重了地区不平衡状态
间接效应	积极	通过前、后向联系和乘数效应增加当地就业	向国内企业传播"最佳运营"工作组织方法	促使供应商企业转移到劳动力可获得性地区
	消极	依赖进口或挤垮现有企业都会降低就业水平	在国内试图竞争时降低工资水平	当外商企业取代当地生产或依赖进口,当地生产企业将被挤垮,区域性失业现象就会恶化

资料来源:联合国跨国公司与投资司:《世界投资报告(1994)》,对外经济贸易大学出版社,1995年,第231页。

通常情况下,外国分支机构在对东道国人力资源开发作出的贡献中,对雇员的培训占有更重要的地位。跨国直接投资外国分支机构通过为有技能的劳动力提供就业机会、提供培训机会以及创造激励条件使雇员强化自身技能等方式为东道国的人力资源开发作出贡献。而且,外国分支机构还以跨国教育服务者的身份通过与国家教育机构的支持和合作直接或间接参与为雇员提供正规教育或普通教育,还可以通过包括影响潜在雇员的教育投资、影响政府规划与教育机构以及为前、后向联系上的相关企业提供技术辅导等方式间接对东道国人力资源开发作出贡献。

6. 资源环境效应

外商直接投资对资源环境的影响主要表现在:随着经济发展水平的提高,西方发达国家对工业生产过程中的污染实行越来越严格的限制,环保法规执行日趋严格,环境标准也越来越高,对违反法规的处罚也非常严厉,污染物的处理成本很高,可以说某些产品若在其国内生产,产品的竞争力将会受到严重的影响。在这种情况下,一些发达国家的跨国企业为了逃避本国的管制和节省污染物的处置成本,往往会有意识地通过对外直接投资方式把一些消耗资源多、污染严重的传统产业转移到发展中国家(表 3-3),使东道国生态环境遭到破坏,国民的身心健康也受到严重危害。

表 3-3 主要发达国家对外直接投资中污染行业所占比重

国　家	年　份	对外直接投资中严重污染行业比重/%	制造业对外直接投资中严重污染行业比重/%
美国	1977	19	39
美国	1980	22	45
美国	1990	19	42
英国	1974	18	27
英国	1881	20	35
英国	1987	13	38
法国	1975	22	58
法国	1980	26	63
法国	1989	17	63
德国	1976	23	48
德国	1980	22	47
德国	1989	19	45
日本	1975	14	42
日本	1980	16	48
日本	1989	18	31

注:严重污染产业包括化工产品、石油煤炭、冶金、纸浆造纸四大行业。

资料来源:联合国跨国公司中心:《1992 年世界投资报告》,对外经济贸易大学出版社,1993 年,第 234～235 页。

3.2 长三角制造业吸引外商直接投资的统计描述

长三角自 20 世纪 70 年代末期开始吸引外商直接投资(包括港、澳、台投资和外国直接投资),截止到 2005 年底,累计实际使用外商直接投资 1 716.061 亿美元,其中江苏为 897.81 亿美元,上海为 528.06 亿美元,浙江为 290.02 亿美元。2004 年,外商投资企业创造的工业总产值占长三角工业总产值的 42%,其中上海为 63%,江苏为 36%,浙江为 26%。这意味着外商投资企业已经在长三角经济中占据重要地位,而且在长三角制造业中的地位尤其重要。1999~2004 年,江苏利用的 FDI 有 85% 以上进入了工业制造业(表 3-4),浙江有 70% 以上的 FDI 进入制造业,上海有 52% 以上进入制造业。FDI 主要利用江苏和浙江两省的制造业资源优势,将江苏和浙江作为跨国公司的产品生产制造和加工基地,而投资于上海的 FDI 除了想利用当地的制造业资源外,同时还有一小部分进入产品研发和金融、保险等现代服务业(2005 年第一次超过工业达到 51.07%),从而将上海作为产品研发和营销服务基地。以上数据说明,长三角制造业吸引 FDI 的历程与长三角吸引 FDI 的历程基本一致,考察长三角吸引 FDI 的演变特征也可从中了解长三角制造业吸引 FDI 的概况。

表 3-4 长三角制造业利用 FDI 比重

年 份	江 苏	浙 江	上 海	长三角平均	全国平均
1999	87.4	74.3	52.3	71.3	62.5
2000	89.4	76.2	54.2	73.3	63.4
2001	91.2	78.9	58.3	76.1	65.9
2002	87.9	82.1	62.2	77.4	69.8
2003	85.4	80.4	63.7	76.5	70.1
2004	82.8	72.7	53.3	82.8	71.0

资料来源:根据相关年份江苏、浙江、上海及全国统计年鉴整理计算。

改革开放以来,长三角吸引 FDI 的过程可以分为四个具有不同特征的阶段:

一是 1978~1990 年的外资少量进入阶段。由于这一阶段我国对外开放的前沿阵地在珠江三角洲的深圳、珠海、广州、汕头及周边的厦门等地区,外商制造业也基本集中在这些地区,因此,长三角制造业在这一阶段吸纳的 FDI 较少,工业增长主要依靠上海的重工业、苏南的乡镇集体工业和浙江东北地区的个体加工业,而且与全国其他区域一样,外商在长三角重点投资的行业主要是服装、鞋类、电子元器件、箱包、塑料制品、皮革制品等劳动密集型加工工业,对长三角制造业结构的升级没有明显的带动作用。

二是1991~1997年的FDI大规模高速进入阶段。随着浦东开发的推进,FDI也大量进入长三角,具体表现为:首先是利用FDI的绝对数量大幅增加,从1991年的5亿美元急剧增加到1997年的121.04亿美元(表3-5),7年增长了24倍多;其次是利用FDI的年均增长率大大高于全国平均水平,其中1992年和1993年分别达到419%和115%。再次是利用FDI对全国利用FDI增长贡献率保持较高的水平。1991~1997年长三角利用FDI增长率对全国的贡献率虽然呈波动状态,但总体上仍保持在较高水平,其中1992年贡献率达到74%。

表3-5 长三角实际利用FDI的绝对量及增长率

年份	江苏 绝对量/亿美元	江苏 增长率/%	浙江 绝对量/亿美元	浙江 增长率/%	上海 绝对量/亿美元	上海 增长率/%	全国 绝对量/亿美元	全国 增长率/%	长三角实际利用FDI/亿美元	长三角吸引FDI占全国比重/%
1990	1.2	31.2	0.5	−6.5	1.7	−58.8	—	—	3.5	—
1991	2.3	64.2	0.9	91.7	1.8	0	43.7	25.2	5.0	11.5
1992	14.0	508.7	2.9	219.6	12.6	600.0	110.1	151.9	29.5	26.8
1993	30.0	114.3	10.3	250.3	23.2	84.1	275.2	150.0	63.5	23.1
1994	41.8	39.3	11.4	10.7	32.3	39.2	373.7	35.8	85.5	22.9
1995	47.8	14.4	12.6	10.5	32.5	0.6	375.0	0.4	92.9	24.8
1996	50.7	6.1	15.2	20.6	47.2	45.2	417.3	11.2	113.1	27.1
1997	57.9	14.2	15.0	−1.3	48.1	1.9	452.6	8.5	121.0	26.7
1998	66.5	14.9	13.2	−12.0	36.4	−24.3	454.6	0.4	116.1	25.5
1999	64.0	−3.8	15.3	15.9	28.4	−22.0	403.2	−11.3	107.7	26.7
2000	64.3	0.5	16.1	5.2	31.6	11.3	407.2	1.0	112.0	27.5
2001	71.2	10.7	22.1	37.3	42.9	35.8	468.8	15.1	136.2	29.1
2002	103.7	45.6	31.6	43.0	42.7	−0.5	527.4	12.5	178.0	33.8
2003	158.0	52.4	49.8	57.6	54.7	28.1	535.0	1.4	262.5	49.1
2004	121.4	−23.2	66.8	34.1	65.4	19.6	606.3	13.3	253.6	41.8
2005	131.83	8.6	77.23	15.6	68.5	4.7	—	—	277.56	—

资料来源:根据相关年份上海、江苏、浙江及中国统计年鉴整理计算。

三是1998~1999年的高速下降阶段。由于受亚洲金融危机的影响,1998年全国利用FDI的绝对数量虽然有所增加,但增幅较小,仅为0.5%,而长三角地区利用FDI则出现了负增长,其中1998年为−0.5%,1999年为−7.2%,对全国利用FDI增长的贡献率分别为−25.3%和−17.0%,但这一阶段利用FDI的总量仍保持在100亿美元以上。

四是2000年以来的高速增长阶段。2000年以来,长三角利用FDI无论是绝对数量还是增长率都不断提高,特别是2003年,在全国利用FDI增长率仅为1.4%的情况下,长三角吸纳的FDI增长率仍高达49.4%,占全国的比重也接近50%。虽然2004年长三角吸纳的FDI略有下降,但仍达253.60亿美元,占全国的比重也超过40%,而且浙江与上海两地的FDI仍在增长,浙江的增长率高达34.1%。这一时期,大型跨国公司和高新技术产业投资是FDI的主流。

FDI对长三角制造业的结构优化效应主要表现在以下几个方面:

首先是FDI促进了本地区出口导向工业的发展。跨国公司在长三角集聚的目的是想利用该区域较强的加工组装能力,至于生产出来的制成品的目标市场则是国际性的,因此大量"两头在外"的OEM企业的发展,必然促进本区域出口的高速增长(表3-6)。如上海2004年全年外商及港澳台投资企业出口494.94亿美元,是1990年2.99亿美元的165.53倍,占全市出口总额的比重也由1990年的5.62%上升到2004年的67.32%;2004年外资企业的出口额占全省出口总额的比重高达74.54%,远远高于全国及长三角的平均水平。从1995年至2004年的10年期间,长三角地区的出口总额增长了7.5倍,而外资企业出口额增长了15.8倍,从而导致出口的外资企业的贡献率由1995年的26%增至2004年的59%。

表3-6 1997~2004年长三角外资企业出口额占出口总额的比重 单位:%

年 份	江 苏	浙 江	上 海	长三角
1997	47.61	24.39	48.80	40.27
1998	51.48	24.69	50.34	42.17
1999	53.85	25.85	55.08	44.93
2000	56.09	27.51	56.25	46.62
2001	57.64	30.90	57.77	48.77
2002	63.04	31.28	59.78	51.37
2003	69.56	31.37	63.56	54.83
2004	74.54	33.79	67.32	58.55

资料来源:根据相关年份上海、江苏、浙江及中国统计年鉴整理计算。

其次是FDI改造了本地区传统的技术、资金密集型产业,如化工、化妆品、洗涤用品等。长三角这类行业原来已有较庞大的规模,但技术落后,20世纪90年代以来外资大量进入,通过技术的转移,对这些行业技术水平的提高、产品结构的优化直至了明显的作用,目前这类行业与国外已无明显差距。

再次,FDI促进了本地区一些技术、资金密集行业的发展。20世纪90年代初期以后,跨国公司投资主要集中在微电子业、汽车制造业、通信设备业、办公用品业、仪器仪表业、制药业等技术、资金密集型的行业,如2004年江苏吸引FDI的

65%以上投向石油化工、金属制品、交通运输设备等15个重工业制造业,其中流向专用设备制造业、电气机械及器材制造业、化学原料及化学制品制造业和通信设备、计算机及其他电子设备制造业的外资占江苏2004年实际吸引FDI总量的38.84%,而流向通信设备、计算机及其他电子设备制造业的外资就占到19.53%。总之,由于许多技术先进的大型跨国公司纷纷在长三角落户,并进入我国产业结构升级过程中正在大力发展的产业,因此,FDI的进入对长三角制造业的产业结构升级起到了举足轻重的带动作用。

复次,FDI推动着技术、资金密集型行业内部产品结构的升级。如在轿车行业,从1983年上海组装第一代桑塔纳轿车到1995年第二代桑塔纳轿车(桑塔纳2000)下线和投入市场,再到1999年底的全球流行车型帕萨特的引入,以及后来的别克君威等等;在手机制造业中,激烈的竞争使得包括落户长三角的各家跨国公司不断地引进新产品、新技术和降低产品价格,从1999年下半年开始,我国手机市场的产品换代档次和价格水平已经与国际市场同步变化,每个季度甚至每个月都有新款手机问世。因此,FDI在推动长三角产品结构升级换代的同时也使长三角及国内其他区域的消费者能够享受到几乎与国际市场同档次的商品。

最后,FDI为长三角制造业结构优化升级提供了一条捷径。由于长三角具有工业基础较好、产业门类齐全等优势,外商投资企业通过一批配套生产企业,通过中间投入品的本地化,带动了本地区中上游产业的发展,并将其带入国际市场,使本地区能够更加广泛地参与国际分工和竞争,提高产品在国际市场的占有率,从而为产业结构升级提供了一条捷径。

3.3 FDI与长三角制造业发展关系的实证检验

统计描述显示FDI对长三角制造业具有明显的溢出效应,但这种理论推理和直观的感受是否符合事实,如果属实,那么FDI对长三角制造业的贡献到底有多大?解决这个问题就需要借助专业的计量工具。下面分别采用简单相关分析、协整及因果关系分析、脉冲响应函数分析对FDI与长三角制造业发展水平的关系进行实证检验,样本区间为1990~2005年。

3.3.1 简单相关分析

下面采用非参数检验中的秩相关分析法,分别对1990~2005年长三角以及上海、江苏、浙江的FDI与制造业发展水平进行相关分析。非参数检验的一个重要特点是非参数统计问题中对总体分布的假定要求的条件很宽,因而使得针对这种问题而构造的非参数统计方法,不至于因为对总体分布的假定不当而导致重大错误,所以它往往有较好的稳健性(表3-7)。

表 3-7　FDI 与制造业发展的相关分析

区　域	Pearson 相关系数	Sig. (2-tailed)	Kendall's tau_b 相关系数	Sig. (2-tailed)	Spearman 相关系数	Sig. (2-tailed)	样本量
长三角	0.810	0.000	0.780	0.000	0.895	0.000	16
上海	0.699	0.005	0.538	0.007	0.666	0.009	16
江苏	0.832	0.000	0.868	0.000	0.965	0.000	16
浙江	0.835	0.000	0.846	0.000	0.943	0.000	16

从表 3-7 可以看出,皮尔逊、肯德尔和斯皮尔曼相关分析一致显示 FDI 与制造业发展具有较高的相关系数,其中 FDI 和江苏制造业发展的相关系数最高,而上海最低,这与 FDI 在两省一市的规模及行业分布特征密切相关:江苏吸纳的 FDI 最多,且 80% 以上都流向了制造业,从而使得 FDI 成为该省制造业发展的重要影响因素;上海吸纳的 FDI 只有一半左右流向制造业,另一半则几乎全部流向了第三产业,从而使得 FDI 对上海制造业的影响则相对较小。

3.3.2　协整及因果关系分析

传统的建模技术要求时间序列数据是平稳的,如果时间序列是非平稳的,通过普通最小二乘法得到的统计量不再是一致(consistent)的。尽管模型结果表明有很高的拟合度 R^2 和显著的 t-统计量,但是根据这些统计量得到的推断可能是不正确的,因为诸如 t-统计量等统计量不再具有通常标准的分布,因此回归可能是无意义的"虚假"回归。1987 年 Eangle 和 Granger 提出了协整理论及其方法,为非平稳序列的建模提供了另一种途径。虽然一些经济变量的本身是非平稳序列,但其线性组合却有可能是平稳序列。这种平稳的现象组合被称为协整方程且可被解释为变量之间的长期稳定的均衡关系。

1. 检验过程

检验过程一般分为四步:平稳性检验、协整性检验、误差修正模型、因果检验。下面对这些方法做基本说明[210,211]。

(1) 序列平稳性检验。所谓序列的平稳性是指一个序列的均值(mean)、方差(variance)和自协方差(auto-covariance)是否稳定。如果一个时间序列具有稳定的均值和方差,则这个序列是平稳的,否则就是非平稳的。即如果一个时间序列 x_t 符合:

① 其均值 $E(x_t)$ 与时间 t 无关;

② 其方差 $\mathrm{Var}(x_t)$ 是有限的,且不随着 t 的推移而产生系统的变化。

则称时间序列 x_t 是平稳的。在这种情况下,x_t 将趋于返回它的均值,并以一种相对不变的振幅围绕均值波动。反之,如果一个时间序列 x_t 是非平稳的,则其均值、方差将随时间 t 的推移发生改变。如果一个序列是非平稳的,但其一阶差分是平稳的,则称此序列为一阶单整序列,记为 $I(1)$;类似的,如果其必须经过 d 次差分后才能平稳,则此序列为 d 阶单整序列,记为 $I(d)$。

根据 Stock 和 Watson 在 1989 年的研究成果,包括协整检验和因果检验在内的很多统计检验结果对序列的平稳性非常敏感。因此,作为协整检验和因果关系分析的第一步,就要对 FDI 和长三角制造业发展水平的时间序列进行平稳性检验。

在 1976 年,Dickey 和 Fuller 建立了对序列平稳性的检验方法,即 DF 单位根检验方法。1979 年,他们又对其进行了扩展,形成了 ADF 检验方法[61]。由于实际的经济序列通常不会是一个简单的一阶自回归(AR(1))过程,所以我们利用 ADF 检验方法对序列进行单位根检验来判断其平稳性(为了更好地检验变量的序列稳定性,本书同时列出了 PP 法检验结果)。

即对时间序列 x_t 建立最小二乘回归(OLS)方程:

$$\Delta x_t = (\rho - 1)x_{t-1} + \sum_{j=1}^{p} \lambda_j \Delta x_{t-j} + \varepsilon_t$$

其中:ε 为误差项(下同)。

并对方程中的系数 $\rho=1$ 进行检验,在这种检验方法中原假设是:$\rho=1$,即序列是不平稳的;对立假设则是:$\rho<1$,即序列是平稳的。

(2) 序列间协整性检验。根据 Engle 和 Granger 在 1978 年提出的协整理论,对于两个都是随机游走的变量序列,如果这两个序列都是非平稳,但都是 d 阶单整序列,而且它们的线性组合是稳定的,则称这两个序列为协整的。对于两个序列而言,具有相同的单整阶数,是序列之间具有协整性的必要条件。

变量序列之间的协整性衡量了两个变量变化趋势之间的长期稳定关系。其经济意义在于:尽管两个变量具有各自的长期波动规律,但只要它们是协整的,那么在两者之间就存在一个长期稳定的比例关系,在这种情况下,对两个非平稳的变量序列进行回归,得到的回归系数就是合理而有意义的。否则就可能出现伪回归现象。

关于协整关系检验与估计的方法已经有多种,其中主要有 Engle-Granger 两步法和 Johansen 极大似然法。对于单方程系统,E-G 两步法的应用较为简单明了。

按照 Engle 和 Granger 在 1987 年提出的两变量协整检验的两步检验法,如果已经判断两个序列 x_t 和 y_t 是非平稳的,但其都是 d 阶单整序列。则:

第一步建立协整回归方程

$$x_t = \alpha + \beta \times y_t + \varepsilon_t$$

并通过 OLS 回归得到

$$\hat{x}_t = \alpha + \beta \times \hat{y}_t + \hat{\varepsilon}_t$$

第二步,通过对残差 $\hat{\varepsilon}_t$ 是否平稳的 ADF 检验来判断 x_t 和 y_t 的协整性。

如果 x_t 和 y_t 不是协整的,则它们的任意一个现象组合都是非平稳的,则残差 $\hat{\varepsilon}_t$ 也必然是非平稳的。因此,如果检验结果 $\hat{\varepsilon}_t$ 是平稳的,则可以认为 x_t 和 y_t 之间存在协整关系。

(3) 误差修正模型(error correction model,ECM)。误差修正最早由 Sargen 提出,后来 Herdry、Davidson 做了进一步完善。Granger 研究了协整与误差修正之间的关系,提出了 Granger 定理。根据 Granger 定理,如果时间序列 x_t 和 y_t 之间具有协整关系,还可以有另外一种等阶形式,即误差修正模型。

对于一阶自回归分布滞后模型 ADL(1,1),

$$y_t = \beta_0 + \beta_1 y_{t-1} + \beta_2 x_t + \beta_3 x_{t-1} + \varepsilon_t$$

令

$$k_1 = (\beta_2 + \beta_3)/(1 - \beta_1)$$

移项整理后可得

$$\Delta y_t = \beta_0 + (\beta_1 - 1)(y_{t-1} - k_1 x_{t-1}) + \beta_2 \Delta x_t + \varepsilon_t$$

此即是误差修正模型,其中 $y_{t-1} - k_1 x_{t-1}$ 是误差修正项。解释了因变量 y_t 的短期波动 Δy_t 一方面受到自变量短期波动 Δx_t 的影响,另一方面取决于误差修正项。如果变量 x_t 和 y_t 之间具有协整关系,则误差修正项可以写为

$$y^* = \frac{\beta_2 + \beta_3}{1 - \beta_1} x^*$$

最常用的 ECM 模型的估计方法是 Engle 和 Granger 的两步法:

第一步是求模型 $y_t = k_1 x_1 + \varepsilon_t$ 的 OLS 估计,得到 $\hat{k}_1$ 及残差序列为

$$\hat{\varepsilon}_t = y_t - \hat{k}_1 x_1$$

第二步是用 $\hat{\varepsilon}_{t-1}$ 替换 $y_t - \hat{k}_1 x_1$,即

$$\Delta y_t = \beta_0 + (\beta_1 - 1)\hat{\varepsilon}_{t-1} + \hat{\beta}_2 \Delta x_t + \varepsilon_t$$

再用 OLS 方法估计其参数。

(4) 序列间因果关系检验。变量之间因果关系衡量的是一致变量的变化对另一种变量的影响程度。现在已经提出的对于变量之间的因果关系的检验方法大约有 5 种:①Haugh 和 Pierce 提出的相关分析法;②Granger 和 Sargent 提出的单侧分布滞后方法;③Sims 提出的双侧滞后方法;④Hsiao 提出的最终预测误差检验方法;⑤Hafida 提出的多元自回归移动平均模型法。在这些方法,目前在应用最为广泛的是 Granger 因果关系检验方法。

Granger 因果关系检验的基本思路是:如果两个经济变量 X 和 Y,对 Y 进行预测,在同时包含 X 和 Y 历史信息的条件下,比只单独包括 Y 的过去信息,对 Y 的预测效果更好,即:变量 X 的历史信息有助于变量 Y 预测精度的改善,则认为 X

对 Y 存在 Granger 因果关系。

Granger 因果关系检验的具体方法是建立两变量自回归模型:

$$y_t = \alpha_0 + \sum_{i=1}^{m} \alpha_i y_{t-i} + \sum_{i=1}^{m} \beta_i x_{t-i} + \varepsilon_{1t}$$

$$x_t = \alpha_0 + \sum_{j=1}^{m} \alpha_j x_{t-j} + \sum_{j=1}^{m} \beta_j y_{t-j} + \varepsilon_{2t}$$

对模型中的参数进行估计,并对 $\beta_i (i=1,2,\cdots,m)=0$ 进行检验,这个假设实际上等同于"X 不是引起 Y 变化的原因"。如果拒绝了 $\beta_i (i=1,2,\cdots,m)=0$ 的原假设,则我们就拒绝"X 不是引起 Y 变化的原因"的假设,从而得出结论:X 对 Y 存在 Granger 因果关系。同样可以对 $\beta_j (j=1,2,\cdots,m)=0$ 进行检验,从而判断 Y 对 X 是否存在 Granger 因果关系。

2. 分析

我们就采用协整理论和因果检验方法分析长三角 1990~2005 年吸纳的 FDI 是否对制造业发展(Dev)产生溢出效应。为消除时间序列数据的异方差,对 FDI 取对数处理。

(1) 平稳性检验。如图 3-1 和图 3-2 所示。

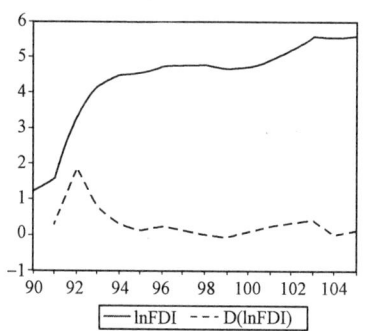
图 3-1 FDI 及其一阶差分时序图

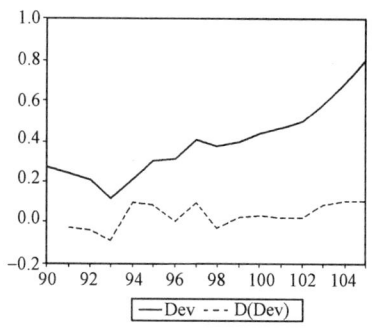
图 3-2 Dev 及其一阶差分时序图

从图 3-1 和 3-2 可以看出,变量 FDI 和 Dev 具有大致相同的增长和变化趋势,说明它们可能存在协整关系。

采用 ADF 方法(Augmented Dickey-Fulley test)分别对 FDI 和制造业发展指数(Dev)进行单位根检验,考察其时间序列是否存在单位根,结果如表 3-8 所示。lnFDI、Dev 的 ADF 值分别为 -3.734 228 和 -3.578 663,分别大于显著性水平为 5%的临界值,所以两个变量均为非平稳序列。为确定两个序列是否是单整的,应对它们的差分序列进行单位根检验。一阶差分后两变量的 ADF 值分别为 -3.908 209 和 -4.060 786,均小于显著性水平为 1%的临界值,成为平稳序列,可以判定 lnFDI、Dev 都是一阶单整序列,满足协整检验前提。

表 3-8 变量的 ADF 单位根检验

变 量	ADF 检验值	1%临界值	5%临界值	10%临界值	检验结果
lnFDI	−2.412 606	−4.731 5	−3.761 1	−3.322 8	非平稳
D(lnFD)	−2.066 923	−2.757 0	−1.967 7	−1.628 5	平稳
Dev	−1.482 150	−4.731 5	−3.761 1	−3.322 8	非平稳
D(Dev)	−1.864 666	−2.757 0	−1.967 7	−1.628 5	平稳

(2)协整检验。下面采用 Engle-Granger 两步法检验两变量 FDI、Dev 是否协整。

首先建立协整回归方程 $Dev_t = \alpha + \beta \times lnFDI_t + \varepsilon_t$,并进行 OLS 估计。运用 Eviews3.1 软件包估算可得表 3-9 数据。

表 3-9 协整回归方程

Variable	Coefficient	Std. Error	t-Statistic	Prob.
C	−0.904 648	0.286 314	−3.159 638	0.008 2
lnFDI	0.286 187	0.059 383	4.819 355	0.000 4
R-squared	0.659 344	Mean dependent var		0.465 366
Adjusted R-squared	0.630 956	S. D. dependent var		0.210 167
S. E. of regression	0.127 674	Akaike info criterion		−1.147 105
Sum squared resid	0.195 609	Schwarz criterion		−1.055 811
Log likelihood	10.029 74	Durbin-Watson stat		1.687 228

其次,根据 $\varepsilon_t = Dev_t + 0.904\,648 - 0.286\,187 \times lnFDI_t$,对残差序列 $\hat{\varepsilon}_t$ 进行平稳性检验,结果见表 3-10。

表 3-10 残差项的 ADF 检验结果

Variable	ADF Test Statistic	−5.250 369	1%Critical Value*	−4.887 0
$D(\hat{\varepsilon}_t)$			5%Critical Value	−3.828 8
			10%Critical Value	−3.358 8
R-squared		0.767 809	Mean dependent var	−0.002 457
Adjusted R-squared		0.721 371	S. D. dependent var	0.165 821
S. E. of regression		0.087 529	Akaike info criterion	−1.834 518
Sum squared resid		0.076 613	Schwarz criterion	−1.704 145
Log likelihood		14.924 37	F-statistic	16.533 98
Durbin-Watson stat		1.235 178	Prob(F-statistic)	0.000 675

残差序列在1%置信水平下通过平稳性检验,因此可以判断:lnFDI与Dev之间存在协整关系,即FDI引入数量的变化与长三角制造业发展存在长期稳定的关系。

(3) 误差修正检验。根据Granger定理,若变量间存在协整关系,则可以用误差修正模型(ECM)对短期波动和长期均衡进行直接的描述。采用Engle-Granger的ECM两步法。

第一步,用OLS法估计系数和残差序列已经在协整检验中完成。

第二步,令误差修正项$ECM_t = \hat{\varepsilon}_t$,建立下面的误差修正模型:
$\Delta Dev_t = \beta_0 + \beta_1 \Delta lnFDI_t + \alpha ECM_{t-1} + \varepsilon_t$,用OLS法估计后得到误差修正模型结果(表3-11):

表3-11 误差修正模型结果

Variable	Coefficient	Std. Error	t—Statistic	Prob.
C	0.061 429	0.025 152	2.442 357	0.034 7
D(lnFDI)	−0.146 274	0.091 697	−1.595 185	0.141 8
E(−1)	−0.763 765	0.180 353	−4.234 844	0.001 7
R-squared	0.745 493	Mean dependent var		0.046 891
Adjusted R-squared	0.694 591	S. D. dependent var		0.121 560
S. E. of regression	0.067 179	Akaike info criterion		−2.363 748
Sum squared resid	0.045 130	Schwarz criterion		−2.233 375
Log likelihood	18.364 36	F-statistic		14.645 80
Durbin-Watson stat	1.451 322	Prob(F-statistic)		0.001 068

由此可得误差修正模型为

$\Delta Dev_t = 0.061\ 429 - 0.146\ 274\Delta lnFDI_t - 0.763\ 765 ECM_{t-1}$

误差修正项ECM的系数反映了对偏离长期均衡的调整力度。此处ECM系数值为−0.763 765,表明当短期波动偏离长期均衡时,lnFDI将以−0.763 765的调整力度将非均衡状态拉回到均衡状态。说明FDI对长三角制造业发展产生明显的正向促进作用,提高引进资本的数量和质量,通过溢出效应将会使长三角制造业发展的速度、效益、竞争力和产业结构明显改善。

(4) 因果关系检验。协整检验的结果揭示了FDI与长三角制造业发展之间存在着协整关系。为进一步证实两者的关系,还要做Granger因果检验。

利用Granger因果检验分析法对FDI与长三角制造业发展之间的关系进行检验,结果如表3-12,对于"Dev不是lnFDI的Granger原因"的零假设,拒绝它犯第一类错误的概率是0.014 57,说明Dev是FDI的格兰杰成因的概率较大,拒绝原假设;同时在11%的显著性水平下,可以拒绝"lnFDI不是Dev的Granger原因"

的零假设。因此可以认为 lnFDI 与长三角制造业发展之间主要存在着双向的 Granger 因果关系。

表 3-12 Granger 因果关系检验结果

零假设	样本数	滞后期	F 统计值	零概率	结 论
lnFDI does not Granger Cause Dev	14	2	2.798 53	0.113 47	拒绝
Dev does not Granger Cause LNFDI			7.016 82	0.014 57	拒绝

FDI 是长三角制造业发展的 Granger 原因,FDI 对长三角制造业发展有明显的溢出效应,FDI 的进入加快了该区域制造业的发展速度、扩大了制造业规模、改进了效益、增强了国际竞争力、优化了产业结构,这一结论符合长三角制造业发展的实情。同时,长三角制造业的发展状况也是吸引 FDI 大量进驻该区域的 Granger 原因,这说明,在新型国际分工格局下,追求竞争优势的跨国公司在全球范围内寻求产业嫁接点时更关注东道国的劳动力成本、技术水平、投资环境、产业配套能力等因素,同时,跨国公司的定位选择也表现出明显的群聚性特征,即存在某种联系(如同一行业或同一国家)的跨国公司倾向于将各自的生产集中在东道国内部的某一地区,从而形成具有鲜明特点的聚集经济区。"各种机构日益增强的竞争迫使各公司使其核心能力更加专门化,并且比过去更加依靠与外部伙伴、供方、买方甚至是竞争者的联系,这些网络化的可能性常常诱使跨国公司将业务设在合适的相关公司群集的地点"[212]。

3.3.3 脉冲响应函数分析

对 FDI 与长三角制造业发展的实证分析表明,二者具有长期的均衡关系,FDI 是推动长三角制造业发展的重要驱动力量。本节我们将利用向量自回归模型和脉冲响应函数方法从动态的角度进一步分析 FDI 变化对长三角制造业发展的影响。

1. 向量自回归模型(vector autoregression,Var)[210,211]

该模型通常用于相关时间序列系统的预测和随机扰动项对变量系统的动态影响。最一般的 VAR 模型数学表达式为

$$y_t = A_1 y_{t-1} + \cdots + A_p y_{t-p} + Bx_t + \varepsilon_t \quad t = 1, 2, \cdots, T \quad (3.1)$$

其中:y_t 是 m 维变量向量;x_t 是 d 维外生变量向量;$A_1, \cdots, A_p$ 和 B 是待估计的参数矩阵;内生变量和外生变量分别有 p 和 r 阶滞后期;ε_t 是 k 维随机扰动项,其同时刻的元素可以彼此相关,但与自身滞后值和模型右边的变量相关。由于该模型中内生变量有 p 阶滞后,所以可称其为 $\text{Var}(p)$ 模型。在实际应用中,通常希望滞后期 p 和 r 足够大,从而完整的反映所构造模型的动态特征,但另一方面,滞后期越长,模型中待估计的参数就越多,自由度就越少。因此,应在滞后期和自由度之

间寻求一种均衡状态,一般根据赤池信息准则(Akaike information criterion,AIC)和施瓦茨准则(Schwarz criterion,SC)信息量取值最小的准则确定模型的阶数。假设 $\sum$ 是 ε_t 的协方差矩阵,是一个 $k\times k$ 的正定矩阵,则式(3.1)可以用矩阵表示为

$$\begin{bmatrix} y_{1t} \\ y_{2t} \\ \vdots \\ y_{kt} \end{bmatrix} = A_1 \begin{bmatrix} y_{1t-1} \\ y_{2t-1} \\ \vdots \\ y_{kt-1} \end{bmatrix} + A_2 \begin{bmatrix} y_{1t-2} \\ y_{2t-2} \\ \vdots \\ y_{kt-2} \end{bmatrix} + \cdots + B \begin{bmatrix} x_{1t} \\ x_{2t} \\ \vdots \\ x_{kt} \end{bmatrix} + \begin{bmatrix} \varepsilon_{1t} \\ \varepsilon_{2t} \\ \vdots \\ \varepsilon_{kt} \end{bmatrix} \quad t=1,2,\cdots,T \quad (3.2)$$

即含有 k 个时间序列变量的 Var(p) 模型由 k 个方程组成。还可以将式(3.1)表示为

$$y_t = A_1 y_{t-1} + \cdots + A_p y_{t-p} + \varepsilon_t \quad \text{或} \quad A(L) y_t = \varepsilon_t \quad (3.3)$$

其中:y_t 是 y_t 关于外生变量 x_t 回归的残差,$A(L) = I_k - A_1 L - A_2 L^2 - \cdots - A_p L^p$,是滞后算子 L 的 $k\times k$ 的参数矩阵。式(3.3)为非限制向量自回归模型(unrestrictde Var)。

从式(3.1)或(3.3)可以看出,Var 模型并没有给出变量之间相关关系的确切形式,即在模型的右端不含有外生变量,而这些当期相关关系隐藏在误差项的相关结构之中,是无法解释的,所以将式(3.1)称为 Var 模型的简化形式。模型中的误差项 ε_t 是不可观测的,通常被称为新息(innovations)向量,有时也称为异常(surprise)向量。为了了解变量间的当期关系,就必须借助于包含变量之间当期关系的 Var 模型的结构式,即结构 Var 模型(Structural Var,SVar)。要想使 SVar 可识别,需要施加短期或长期约束。

k 个变量、p 阶结构向量自回归模型的表达式为

$$B_0 y_t = \Gamma_1 y_{t-1} + \Gamma_2 y_{t-2} + \cdots + \Gamma_p y_{t-p} + \mu_t \quad t=1,2,\cdots,T$$

其滞后算子式为

$$B(L) y_t = \mu_t, \quad E(\mu_t, \mu_t') = I_k$$

其中:$B(L) = B_0 - \Gamma_1 L - \Gamma_2 L^2 - \cdots - \Gamma_p L^p$,是滞后算子 L 的 $k\times k$ 的参数矩阵。

结构 Var 模型有 3 种类型,K—型、C—型和 AB—型,其中后者是最通常的类型。

2. 脉冲响应函数(impulse response function,IRF)

脉冲响应函数用于衡量来自随机扰动项的一个标准差冲击对变量当前和未来取值的影响。设 Var(p) 模型为:$y_t = A_1 y_{t-1} + \cdots + A_p y_{t-p} + \varepsilon_t$,则由 y_j 的脉冲引起的 y_i 的响应函数可以求出如下:

$$c_{ij}^{(0)}, c_{ij}^{(1)}, c_{ij}^{(2)}, c_{ij}^{(3)}, c_{ij}^{(4)}, \cdots$$

且由 y_j 的脉冲引起的 y_i 的累积(accumulate)响应函数可表示为 $\sum_{q=1}^{\infty} c_{ij}^{(q)}$。

C_q 的第 i 行、第 j 列元素可以表示为

$$c_{ij}^{(q)} = \frac{\partial y_{t,t+q}}{\partial \varepsilon_{jt}}, q=0,1,\cdots, t=1,2,\cdots,T$$

作为 q 的函数，它描述了在时期 t，其他变量和早期变量不变的情况下 $y_{t,t+q}$ 对 y_{jt} 的一个冲击的反映，我们把它称作脉冲响应函数。也可以用矩阵的形式表示为

$$C_q = \frac{\partial y_{t+q}}{\partial \varepsilon_t'}$$

即 C_q 第 i 行、第 j 列元素等于时期 t 第 j 个变量的扰动项增加一个单位，而其他时期的扰动为常数时，对时期 $t+q$ 的第 i 个变量值的影响。

当 ε_t 的协方差矩阵 $\sum$ 是非对角矩阵时，扰动项量 ε_t 中其他会随着第 j 个元素 ε_{jt} 的变化而变化，从而与计算脉冲响应函数的假定（ε_{jt} 变化，而 ε_t 中其他不变化）相矛盾，这就需要借助于一个正交化的脉冲响应函数来解决。

通常情况下，解决 Var 模型脉冲响应函数非正交化问题的做法是：

由 Cholesky 分解可将正定的协方差矩阵 $\sum$ 分解为 $\sum = GQG'$，其中 G 是下三角形矩阵，Q 是唯一一个主对角线元素为正的矩阵。利用这一矩阵 G 可以构造一个 k 维向量 μ_t，构造的方法是 $\mu_t = G^{-1}\varepsilon_t$，则 $\varepsilon_t = G\mu_t$，因此，VMA(∞) 可以表示为

$$y_t = (I + C_1 L + C_2 L^2 + \cdots)G\mu_t = D(L)\mu_t \quad t=1,2,\cdots,T$$

根据上式和分解后的 $\sum$ 可导出一个正交的脉冲响应函数 $d_{ij}^{(q)} = \frac{\partial y_{t,t+q}}{\partial \mu_{jt}}$，它描述了在时期 t，其他变量和早期变量不变的情况下 $y_{t,t+q}$ 对 μ_{jt} 的一个结构冲击的反映。

同样地，由 y_j 的脉冲引起的 y_i 的累积(accumulate)响应函数可表示为 $\sum_{q=1}^{\infty} d_{ij}^{(q)}$。

一个 n 元的 SVar(p) 模型的脉冲响应函数为 $D_q = \frac{\partial y_{t+q}}{\partial \mu_t'}$，特别地，一个 AB-型的 SVar 模型的脉冲响应函数可表示为：$Dq = CqA-1B$，其累积脉冲响应函数矩阵 (Ψ) 可表示为：$\Psi = \sum_{q=0}^{\infty} D_q = (I + \hat{C}_1 L + \hat{C}_2 L^2 + \cdots)A^{-1}B$，其第 i 行、第 j 列元素表示第 i 个变量对第 j 个变量结构冲击的累积响应。

下面，我们在上节分析的基础上，进一步深入探讨 FDI 变化对长三角制造业发展的冲击。

第一步，估计 Var 模型

(1) 建立一个两变量的 Var 模型：

$$\text{Dev}_t = \alpha_0 + \sum_{i=1}^{m} a_i \text{Dev}_{t-i} + \sum_{i=1}^{m} b_i \ln\text{FDI}_{t-i} + \varepsilon_{1t}$$

$$\ln \text{FDI}_t = \beta_0 + \sum_{i=1}^{m} c_i \ln \text{FDI}_{t-i} + \sum_{i=1}^{m} d_i \text{Dev}_{t-i} + \varepsilon_{2t}$$

(2) 确定变量的滞后期。通过综合评价对数似然值 LR、赤池信息准则 AIC、施瓦茨信息准则 SC 等,最终选择滞后阶数为1,具体统计结果见表3-13。

表3-13 Var模型最佳滞后阶数检验结果

Lag	LogL	LR	FPE	AIC	SC	HQ
0	11.939 11	NA	0.000 743	−1.529 093	−1.442 178	−1.546 958
1	34.312 71	34.420 92*	4.47e-05*	−4.355 801*	−4.095 055*	−4.409 396*
2	38.003 03	4.541 941	5.01e-05	−4.308 159	−3.873 583	−4.397 484
3	39.562 84	1.439 816	8.66e-05	−3.932 744	−3.324 337	−4.057 799

"*"表示被标注的数值所在行对应的滞后阶数即为该数值所在列的检验标准推荐的最佳滞后阶数

LR:sequential modified LR test statistic (each test at 5% level)(越大越好)

FPE:Final prediction error(越小越好)

AIC:Akaike information criterion(越小越好)

SC:Schwarz information criterion(越小越好)

HQ:Hannan-Quinn information criterion(越小越好)

(3) 估计模型参数。表3-14是运行Eviews5.0软件后得到的估计结果,从中可以看出,两个方程的拟合优度(即修正的R^2)分别为:$\overline{R}^2_{\text{Dev}} = 0.926\,994$,$\overline{R}^2_{\ln\text{FDI}} = 0.858\,609$,都超过了0.8(通常认为,只有当修正的$R^2 > 0.8$时,才认为被估计方程拟合得较好),说明方程回归拟合度较高。

表3-14 Var模型估计结果

	Dev	lnFDI
Dev(−1)	1.011 074	0.266 218
	(0.110 65)	(0.853 77)
	[9.137 74]	[0.311 81]
lnFDI(−1)	0.029 191	0.724 232
	(0.013 01)	(0.100 35)
	[2.244 54]	[7.217 03]
C	−0.093 801	1.373 721
	(0.046 52)	(0.358 96)
	[−2.016 33]	[3.826 96]
R-squared	0.937 424	0.878 808
Adj. R-squared	0.926 994	0.858 609

续表

	Dev	lnFDI
F-statistic	78.881 49	32.833 31
Log likelihood	20.605 70	5.415 232
Akaike AIC	−2.708 569	−0.371 574
Schwarz SC	−2.578 196	−0.241 201
Determinant resid covariance (dof adj.)		0.000 367
Determinant resid covariance		0.000 235
Log likelihood		20.099 86
Akaike information criterion		−1.879 981
Schwarz criterion		−1.596 761

根据表 3-14,可以写出被估计的 Var(−1)模型如下:

Dev=1.011 073 526×Dev(−1)+0.029 191 026 19×lnFDI(−1)
　　−0.093 801 469 01

lnFDI=0.266 218 078 3×Dev(−1)+0.724 231 784 4×lnFDI(−1)
　　+1.373 720 858

(4) 模型检验。如果被估计的 Var 模型所有根模的倒数都小于 1,即位于单位圆内,则其是稳定的。如果不稳定,某些结果将不是有效的。从表 3-15 及图 3-3 可以看出,该 Var(−1)模型的两个单位根的模都小于 1,两个单位根都位于单位圆内,说明所设定的模型是稳定的,有效的。

表 3-15　Var 模型的 AR 根表

Root	Modulus
0.855 233	0.855 233
−0.011 734	0.011 734
No root lies outside the unit circle.	
VAR satisfies the stability condition.	

此外利用 Granger 因果检验还可以确定 Var 模型中一个内生变量是否可以作为外生变量来对待。从表 3-16 看出,无论是 x^2 统计量,还是伴生概率,都指出 Dev 能 Granger 引起 lnFDI,即在 lnFDI 方程中 Dev 的滞后变量应作为内生变量,lnFDI 也能 Granger 引起 Dev,即在 Dev 方程中把 lnFDI 的滞后变量作为内生变量是合适的。

第 3 章　基于 FDI 的长三角制造业发展实证分析

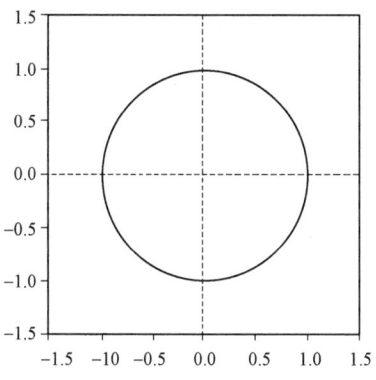

图 3-3　Var 模型 AR 根图

表 3-16　Var 模型的 Granger 检验

Dependent variable:Dev			
Excluded	Chi-sq	df	Prob.
lnFDI	5.597 055	2	0.060 9
All	5.597 055	2	0.060 9
Dependent variable:LNFDI			
Excluded	Chi-sq	df	Prob.
Dev	14.033 64	2	0.000 9
All	14.033 64	2	0.000 9

第二步，构造 SVar(1)模型

由于 ε_t 的协方差矩阵是非对角矩阵，扰动项向量 ε_t 中其他会随着第 j 个元素 ε_{jt} 的变化而变化，因此，要计算某一内生变量的扰动对整个模型的冲击是相当困难的。为此，有必要利用上述估计所得的样本残差值对扰动项进行正交标准化分解，构造两变量的 SVar(1)模型：

$$\mathrm{Dev}_t = \alpha_0 + a_0 \mathrm{Dev}_t + a_1 \mathrm{Dev}_{t-1} + b_1 \ln\mathrm{FDI}_{t-1} + \mu_{1t}$$
$$\ln\mathrm{FDI}_t = \beta_0 + c_0 \ln\mathrm{FDI}_t + c_1 \ln\mathrm{FDI}_{t-1} + d_1 \mathrm{Dev}_{t-1} + \mu_{2t}$$

该模型可以简单地表示为：$B_0 x_t = \Gamma_0 + \Gamma_1 x_{t-1} + \mu_t \quad t = 1,2,\cdots,T$

其中变量和参数矩阵为

$$x_t = \begin{pmatrix} \mathrm{Dev}_t \\ \ln\mathrm{FDI}_t \end{pmatrix}, B_0 = \begin{pmatrix} 1 & -a_0 \\ -c_0 & 1 \end{pmatrix}, \Gamma_0 = \begin{pmatrix} \alpha_0 \\ \beta_0 \end{pmatrix}, \Gamma_1 = \begin{pmatrix} a_1 & b_1 \\ c_1 & d_1 \end{pmatrix}, \mu_t = \begin{pmatrix} \mu_{1t} \\ \mu_{2t} \end{pmatrix}$$

其中，μ_1、μ_2 分别表示作用在 Dev 和 lnFDI 上的结构式冲击，$E[\mu_t \mu_t'] = I$

如果 B_0 可逆，那么可以将结构式方程转化为简化式方程：

$$x_t = B_0^{-1} \Gamma_0 + B_0^{-1} \Gamma_1 x_{t-1} + \varepsilon_t$$

其中，$\varepsilon_t = B_0^{-1}\mu_t$。而且一般而言，简化式扰动项 ε_t 是结构式扰动项 μ_t 的线性组合，它代表一种复合冲击。

在 SVar 模型满足可识别条件的情况下，对模型施加短期约束并用完全信息极大似然方法（FIML）进行参数估计，可得 ε_t 和 μ_t 的线性组合结果如表 3-17 所示。

表 3-17 SVar 模型估计结果

	$\varepsilon_{1t} = \mu_{1t}$			
	$\varepsilon_{2t} = -0.636\,880\varepsilon_{1t} + 0.383\,842\mu_{2t}$			
	Coefficient	Std. Error	z-Statistic	Prob.
C(1)	0.086 324	0.014 833	5.819 774	0.000 0
C(2)	0.057 448	0.010 488	5.477 226	0.000 0
Log likelihood	7.758 280			
LR test for over-identification：				
Chi-square(1)	70.702 31		Probability	0.000 0

或者可以用矩阵表示为

$$\begin{pmatrix} 1 & 0 \\ 0.636\,880 & 1 \end{pmatrix}\begin{pmatrix} \varepsilon_{1t} \\ \varepsilon_{2t} \end{pmatrix} = \begin{pmatrix} 1 & 0 \\ 0 & 0.383\,842 \end{pmatrix}\begin{pmatrix} \mu_{1t} \\ \mu_{2t} \end{pmatrix} \rightarrow \begin{pmatrix} 1 & 0 \\ 1.659\,224 & 2.605\,238 \end{pmatrix}\begin{pmatrix} \varepsilon_{1t} \\ \varepsilon_{2t} \end{pmatrix} = \begin{pmatrix} \mu_{1t} \\ \mu_{2t} \end{pmatrix}$$

以上我们是对 SVar 施加短期约束得到的估计结果。Blanchard 和 Quah（1989）提出了另外一种可识别的方法，是基于脉冲响应长期性质的约束。假设 lnFDI 对 Dev 结构冲击的长期响应为 0，即令 $\Psi_{21} = 0$，则在 Eviews5.0 软件中编写相应程序可以得到如下估计结果（表 3-18）：

表 3-18 长期约束下的 SVar 估计结果

	Model：Ae=Bu where E[uu′]=I			
	Long-run response pattern：			
C(1)	C(2)			
0	C(3)			
	Coefficient	Std. Error	z-Statistic	Prob.
C(1)	1.340 270	0.244 699	5.477 226	0.000 0
C(2)	0.822 759	0.377 252	2.180 926	0.029 2
C(3)	1.320 876	0.241 158	5.477 226	0.000 0
Log likelihood	16.752 71			

续表

	Model: Ae=Bu where E[uu′]=I		
	Estimated A matrix:		
1.000 000	0.000 000		
0.000 000	1.000 000		
	Estimated B matrix:		
0.014 842	−0.047 669		
0.356 804	0.145 222		

由此,可以得到一个 AB—型的 SVar 模型:

$$\begin{pmatrix}\varepsilon_{1t}\\ \varepsilon_{2t}\end{pmatrix}=\begin{pmatrix}0.014\ 842 & -0.047\ 669\\ 0.356\ 804 & 0.145\ 222\end{pmatrix}\begin{pmatrix}\mu_{1t}\\ \mu_{2t}\end{pmatrix}$$

第三步,脉冲响应函数分析

利用 SVar 模型可以得到正交化的脉冲响应函数,从而能够单独考虑各个变量的冲击对其他变量的影响。在图 3-4、图 3-5、图 3-6 和图 3-7 中,横轴表示冲击作用的滞后期间数(单位:年),纵轴分别表示长三角制造业发展指数和长三角吸纳 FDI 增长率(对数后的 FDI 代表了弹性)的变化,实线表示脉冲响应函数,虚线表示正负两倍的标准差偏离带。

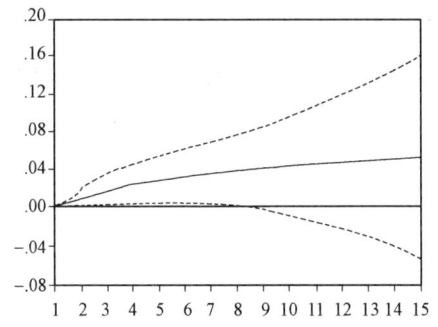 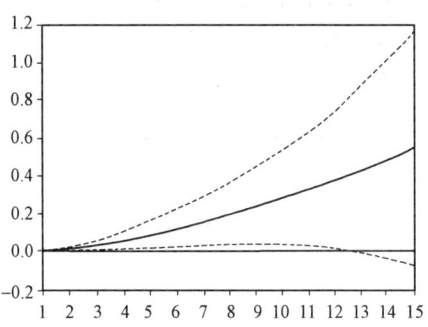

图 3-4　Dev 对 FDI 的结构冲击的响应函数　　图 3-5　Dev 对 FDI 结构冲击的累积响应函数

从图 3-4 可以看出,给 FDI 增长率一个百分点的冲击后,长三角制造业发展指数在第二期就有一个正向的响应($d_{12}^{(2)}=0.011$,即在第 2 期,Dev 对 lnFDI 的响应是 0.011),而且这种正向的溢出效应越来越大,到第 15 时期时已经达到 0.054。从图 3-5 Dev 的累积响应函数可以看出,FDI 的某一变化,能够给长三角制造业发展带来同向的影响,而且这一影响具有显著的促进作用和较长的持续效应,因此,增加 FDI 能够通过正向的溢出效应推动长三角制造业持续快速发展。

从图 3-5 可以看出,给长三角制造业发展指数一个单位的冲击后,FDI 在第一期有一个负(-0.033%)的响应,但随后迅速上升,并在第二期带动 FDI 增长 0.57%($d_{21}^{(2)}=0.0057$,即在第 2 期,lnFDI 对 Dev 的响应是 0.0057),之后始终保持正的影响,而且从图 3-7 的累积响应函数看出,长三角制造业发展水平的提高、实力的增强对该区域吸纳 FDI 具有长期的促进作用。说明跨国公司把长三角作为直接投资和产业转移的目的地,虽然受制于跨国公司全球战略、当地基础设施条件、政策环境等诸多因素的综合作用,但如果制造业发展水平提高了,无疑会更加增加对 FDI 的吸引力。

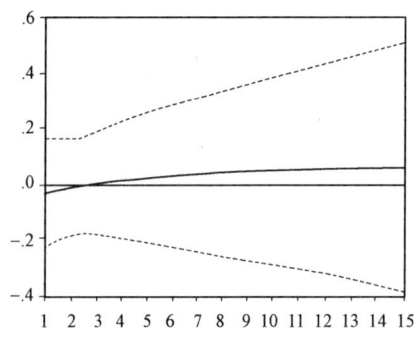

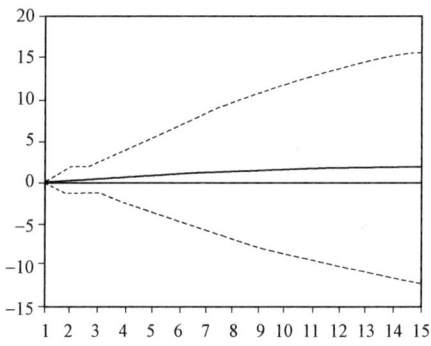

图 3-6　FDI 对 Dev 的结构冲击的响应函数　　图 3-7　FDI 对 Dev 结构冲击的累积响应函数

第四步,方差分解(variance decomposition)

在脉冲响应函数的基础上,Sims 于 1980 年提出了方差分解方法,来定量分析每一个结构冲击对内生变量的贡献度,以进一步评价不同结构冲击的相对重要性。其基本思路如下[210,211]:

根据式

$$y_{it} = \sum_{j=1}^{k}(c_{ij}^{(0)}\varepsilon_{jt} + c_{ij}^{(1)}\varepsilon_{jt-1} + c_{ij}^{(2)}\varepsilon_{jt-2} + c_{ij}^{(3)}\varepsilon_{jt-3} + \cdots),$$
$$i = 1,2,\cdots,k,\quad t = 1,2,\cdots,T$$

可知,各个括号中的内容是第 j 个扰动项 ε_j 从无限过去到现在时点对 y_i 影响的总和。求其方差,假定 ε_j 无序列相关,则

$$E[(c_{ij}^{(0)}\varepsilon_{jt} + c_{ij}^{(1)}\varepsilon_{jt-1} + c_{ij}^{(2)}\varepsilon_{jt-2} + c_{ij}^{(3)}\varepsilon_{jt-3} + \cdots)^2] = \sum_{q=1}^{\infty}(c_{ij}^{(q)})^2\sigma_{jj},\quad i,j = 1,2,\cdots,k$$

这是把第 j 个扰动项 ε_j 从无限过去到现在时点对 y_i 影响,用方差加以评价的结果,此处还假定扰动项向量的协方差矩阵 $\sum$ 是对角矩阵,则 y_i 的方差是上述方差的 k 项简单和:

$$\mathrm{Var}(y_{it}) = \sum_{j=1}^{k}\left\{\sum_{q=1}^{\infty}(c_{ij}^{(q)})^2\sigma_{jj}\right\},\quad i=1,2,\cdots,k,\quad t=1,2,\cdots,T$$

y_i 的方差可以分解成 k 种不相关的影响,因此为了测定各个扰动项相对 y_i 的方差有多大程度的贡献,定义了如下尺度:

$$\text{RVC}_{j\to i}(\infty) = \frac{\sum_{q=1}^{\infty}(c_{ij}^{(q)})^2 \sigma_{jj}}{\text{Var}(y_{it})} = \frac{\sum_{q=1}^{\infty}(c_{ij}^{(q)})^2 \sigma_{jj}}{\sum_{j=1}^{k}\left\{\sum_{q=1}^{\infty}(c_{ij}^{(q)})^2 \sigma_{jj}\right\}}, \quad i,j=1,2,\cdots,k$$

即相对方差贡献率(relative variance contribution,RVC)是根据第 j 个变量基于冲击的方差对 y_i 的方差的相对贡献率来观测第 j 个变量对第 i 个变量的影响。

实际上,由于不可能用直到 $s=\infty$ 的 $c_{ij}^{(q)}$ 项和来评价,如果模型满足平稳性条件,则 $c_{ij}^{(q)}$ 随着 q 的增大呈几何级数性的衰减,所以只需取有限的 s 项。一般地,$\text{Var}(p)$ 模型的前 s 期的预测误差是

$$C_0 \varepsilon_t + C_1 \varepsilon_{t-1} + C_2 \varepsilon_{t-2} + \cdots + C_{s-1} \varepsilon_{t-s+1}, \quad C_0 = I_0$$

可得近似的相对方差贡献率(RVC)为

$$\text{RVC}_{j\to i}(s) = \frac{\sum_{q=1}^{s-1}(c_{ij}^{(q)})^2 \sigma_{jj}}{\sum_{j=1}^{k}\left\{\sum_{q=1}^{s-1}(c_{ij}^{(q)})^2 \sigma_{jj}\right\}}, \quad i,j=1,2,\cdots,k$$

其中 $\text{RVC}_{j\to i}(s)$ 具有如下性质:

(1) $0 \leqslant \text{RVC}_{j\to i}(s) \leqslant 1, \quad i,j=1,2,\cdots,k$

(2) $\sum_{j=1}^{k} \text{RVC}_{j\to i}(s) = 1 \quad i,j=1,2,\cdots,k$

如果 $\text{RVC}_{j\to i}(s)$ 大时,意味着第 j 个变量对第 i 个变量的影响大,反之,如果 $\text{RVC}_{j\to i}(s)$ 小时,意味着第 j 个变量对第 i 个变量的影响小。

根据方差分解方法的基本原理,可以进一步深入分析 FDI 对长三角制造业发展水平的贡献程度。利用 Eviews5.0 软件对数据进行处理后,可以得到如下结果(图 3-8,图 3-9):

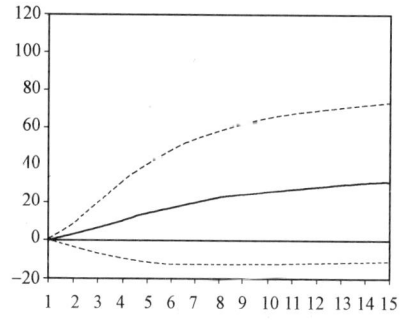
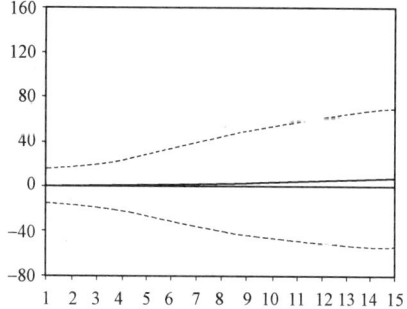

图 3-8 FDI 对制造业发展水平变化的贡献率　　图 3-9 制造业发展水平对 FDI 变化的贡献率

从表 3-19 和图 3-8 可以看出，不考虑制造业发展水平自身的贡献率，FDI 对长三角制造业发展水平的贡献率在第 15 期时达到 30.97%（$RVC_{2\to 1}(15)=30.97\%$），而且随着时间的推移仍在增加。

表 3-19　lnFDI 的方差分解结果

\multicolumn{4}{c|}{Dev 方差分解}	\multicolumn{4}{c}{lnFDI 方差分解}
Period	S.E.	Dev	lnFDI	Period	S.E.	Dev	lnFDI
1	0.049 926	100.000 0	0.000 000	1	0.049 926	0.715 510	99.284 49
2	0.071 211	97.524 17	2.475 834	2	0.071 211	0.517 338	99.482 66
3	0.089 032	93.646 49	6.353 512	3	0.089 032	0.448 786	99.551 21
4	0.105 512	89.578 62	10.421 38	4	0.105 512	0.516 030	99.483 97
5	0.121 301	85.843 38	14.156 62	5	0.121 301	0.713 170	99.286 83
6	0.136 667	82.603 33	17.396 67	6	0.136 667	1.027 450	98.972 55
7	0.151 750	79.862 78	20.137 22	7	0.151 750	1.443 828	98.556 17
8	0.166 647	77.567 72	22.432 28	8	0.166 647	1.947 909	98.052 09
9	0.181 432	75.649 76	24.350 24	9	0.181 432	2.527 359	97.472 64
10	0.196 170	74.043 57	25.956 43	10	0.196 170	3.172 270	96.827 73
11	0.210 918	72.692 62	27.307 38	11	0.210 918	3.874 989	96.125 01
12	0.225 727	71.550 09	28.449 91	12	0.225 727	4.629 730	95.370 27
13	0.240 643	70.577 99	29.422 01	13	0.240 643	5.432 144	94.567 86
14	0.255 709	69.745 81	30.254 19	14	0.255 709	6.278 929	93.721 07
15	0.270 965	69.029 05	30.970 95	15	0.270 965	7.167 522	92.832 48

同样，利用方差分解方法也可以得到长三角制造业发展水平对该区域吸纳 FDI 的贡献率（见表 3-19 和图 3-9）。可以看出，方差分解方法再次得出了与 Granger 因果关系检验、脉冲响应函数分析相一致的结论：长三角制造业发展水平对扩大外商直接投资规模的贡献持续增加。

3.4　本章小结

FDI 通过资本、技术、产业结构、就业、组织制度等溢出效应影响东道国的经济增长和产业发展，但国家或地区不同，这种溢出效应大小也不一样，有的甚至出现负的溢出效应。在长三角，随着对在全球范围内转移的国际产业资本承接力度的加大，越来越多的 FDI 落户该区域，并把制造业作为投资的重点领域，从而对长三角制造业发展水平的提高和实力的增强具有重大的作用。本章从静态和动态两个

角度,对 FDI 与长三角制造业发展水平之间的关系进行了实证分析,得出了以下结论:

(1) 统计分析显示,FDI 不但缓解了长三角地区的就业压力、拓展了企业的融资渠道,而且还通过技术溢出效应、产业结构溢出效应等方式优化了长三角制造业的产业结构。

(2) 皮尔逊、肯德尔和斯皮尔曼相关分析一致显示 FDI 与制造业发展具有较高的相关系数,而且不同地区,相关性大小又有所差异,其中 FDI 和江苏制造业发展的相关系数最高,而上海最低,这与 FDI 在两省一市的规模及行业分布特征密切相关:江苏吸纳的 FDI 最多,且 80% 以上都流向了制造业,从而使得 FDI 成为该省制造业发展的重要影响因素;上海吸纳的 FDI 只有一半左右流向制造业,另一半则几乎全部流向了第三产业,从而使得 FDI 对上海制造业的影响相对较小。

(3) 对 1990~2005 年长三角吸纳的 FDI 与长三角制造业发展水平之间的关系进行协整检验显示,FDI 与长三角制造业发展水平之间存在长期稳定的均衡关系。

(4) 误差修正模型分析则显示:FDI 对长三角制造业发展产生明显的正向促进作用,提高引进资本的数量和质量,通过溢出效应将会使长三角制造业发展的速度、效益、竞争力和产业结构明显改善。

(5) Granger 因果关系检验表明,lnFDI 与长三角制造业发展之间存在着双向的 Granger 因果关系。FDI 是长三角制造业发展的 Granger 原因,FDI 对长三角制造业发展有明显的溢出效应,FDI 的进入加快的该区域制造业的发展速度、扩大了制造业规模、改进了效益、增强了国际竞争力、优化了产业结构,这一结论符合长三角制造业发展的实情。同时长三角制造业的发展也吸引着 FDI 大量进驻该区域,即长三角制造业的发展状况是吸引 FDI 大量进驻该区域的重要原因,这说明:为了吸纳更多的 FDI,长三角除了要增强与跨国资本的产业配套能力、提高自身的产业发展水平外,还要进一步完善基础设施条件、营造良好投资环境等。

(6) 动态的脉冲响应函数分析显示,FDI 的某一变化,能够给长三角制造业发展带来同向的影响,而且这一影响具有显著的促进作用和较长的持续效应,因此,增加 FDI 能够通过正向的溢出效应推动长三角制造业持续快速发展。同时分析 FDI 对长三角制造业发展水平的脉冲响应函数发现,除了第一期外 Dev 对 FDI 始终保持正的影响。说明跨国公司把长三角作为直接投资和产业转移的目的地,虽然受制于跨国公司全球战略、当地基础设施条件、政策环境等诸多因素的综合作用,但如果制造业发展水平提高了,无疑会更加增加对 FDI 的吸引力。

(7) 方差分解结果显示,不考虑制造业发展水平自身的贡献率,FDI 对长三角制造业发展水平的贡献率随着时间的推移仍在持续增加。同样,利用方差分解方法也可以看出,长三角制造业发展水平对扩大外商直接投资规模的贡献也逐年增加。

(8) 统计描述和计量检验都证实 FDI 对长三角制造业发展具有明显的溢出效应,而且有理由相信在跨国公司主导的全球价值链成为国际分工主要形式的情况下,长三角制造业发展受 FDI 的影响更大,因此,要想推动长三角制造业在新型国际分工格局下加快发展速度、改善经济效益、增强国际竞争力和进一步优化结构,就必须加大力度引进外商直接投资,充分利用其在资本、技术、产业结构等方面的溢出效应,推动长三角制造业持续、快速、高质量地发展。

第4章 基于国际贸易的长三角制造业发展实证分析

国际贸易不仅是新型国际分工影响参与主体或客体的主要载体,而且它与经济增长、产业发展的关系一直是经济学界关注的焦点和研究的热点。在本章,我们将深入分析出口、进口以及进出口贸易总额对长三角制造业发展水平之间的关系,研究的结果将作为探索新型分工格局下长三角制造业发展路径的依据。

4.1 国际贸易与经济增长关系的文献回顾

西方经济学家中最早涉及国际贸易与经济增长相互关系问题的是英国古典经济学家亚当·斯密。他提出的动态生产率理论和"剩余产品出口"(vent for surplus)模型,对以后的理论发展有重要影响。斯密认为,分工的发展是促进生产率长期增长的主要因素,而分工的程度则受到市场范围的强烈制约。国际贸易是市场范围扩展的显著标志,因而国际贸易的扩大必然能够促进分工的深化和生产率的提高,加速经济增长。斯密的这些论述包含了国际贸易具有带动经济增长作用的最初思想。其"剩余产品出口"理论更是着眼于贸易对经济增长的带动作用。他首先假定一国在开展国际贸易之前,存在着闲置的土地和劳动力,这些多余的资源可以用来生产剩余产品以供出口,这样国际贸易为一国提供了利用过去未能充分利用的土地和劳动力的机会,为本国的剩余产品提供了"出路"。而且,这种剩余产品的生产不需要从其他部门转移资源,也不必减少其他国内经济活动,因而出口所带来的收益以及换回的本国需要的产品,也没有机会成本,因而必然促进该国的经济增长。此后,许多经济学家在研究经济增长中都引入了国际贸易这一因素。

大卫·李嘉图创立的比较成本理论,也包含着国际贸易带动经济增长的思想。他认为,对外贸易是实现英国工业化和资本积累的重要手段。他指出,经济增长的基本动力是资本积累。随着人口的增加,食品等生活必需品的价格会因土地收益递减规律的作用而逐渐昂贵,工资(劳动力价格)也会随之上涨。在商品价格不变的条件下,工资上涨将使利润下降,从而妨碍资本积累。通过国际贸易,如果转移从外国获得较便宜的食品等生活必需品以及原料,就会阻止在本国发生作用的土地收益递减化倾向,促使经济增长。

英国古典经济学家约翰·穆勒首次较为系统地论述了贸易的发展利益。他明确区分了贸易利益和发展利益,他认为贸易利益包括两个方面:一是通过国际分工,使生产资源向效率较高的部门转移,从而提高产量和实际收入;二是通过贸易可以得到本国不能生产的物质资料。发展利益则表现在,通过贸易分工推动国内生产过程的创新和改良,提高劳动生产率;通过产品进口诱发新的需求,刺激和引导新产业的成长;引进进口竞争,刺激储蓄增加,加速资本积累[213]。

受古典经济学家上述观点和理论的启发,后来的经济学家进一步探讨了贸易与经济的关系,并大体形成了三种观点:即促进论、阻碍论、折衷论[214]:

第一种是促进论,即支持古典经济学家的观点,强调贸易对经济的促进作用。罗伯特逊(D. H. Robertson)和R. 诺克斯(R. Nurkes)的"对外贸易是经济增长的发动机"学说认为,国际贸易不仅能带来直接的如资源配置优化等的静态利益,而且能带来间接的如规模经济等的动态利益,从而促进经济增长认为。他们认为,对外贸易尤其是较高的出口增长通过以下几条途径带动了经济的增长:①出口扩大意味着进口能力增强,而资本货物的进口使本国取得国际分工的利益,节约了资源的投入量,有助于提高工业的效益,它是经济成长的主要因素;②对外贸易使一国趋于按比较优势配置资源,提高生产专业化程度,从而提高劳动生产率;③出口使得一国得到规模经济的利益。国内市场加上国外市场比起单独的狭小的国内市场就能容纳得下大规模的生产;④世界市场上的竞争会迫使企业加速技术改造,降低成本,提高质量,提高经营管理水平,并淘汰那些效率低下的出口工业;⑤一个日益发展的出口部门还会鼓励国内外的投资,并刺激国民经济相关部门的发展,同时促进国外先进技术和管理知识的引进[215]。

澳大利亚国际经济学家马克斯·科登(Cooden)的影响效应理论认为,贸易对经济增长的贡献作用随着经济的发展逐渐得到强化,并且特别强调外贸对生产要素供给量的影响和对劳动生产率的作用。科登认为一国进行对外贸易,将对宏观经济发生以下5个方面的影响:第一,收入效应。即通过贸易,提高了收入水平,贸易的静态利益转化为国民收入总量的增加。第二,资本积累效应。当派生性贸易利益的部分收入增加被用于投资时,该国的资本积累就会增加。第三,替代效应。如果投资品是进口含量较大的产品,则由于贸易的开展,会使投资品对消费品的相对价格下降,这将导致投资对消费的比率提高。因为投资成本的下降,人们更多地将收入用于投资了。投资率的提高无疑会带动经济增长率的上升。第四,收入分配效应。贸易的发生将会使收入转向生产大量使用的生产要素,这些生产要素的报酬大大提高。如果各个生产部门或各种生产要素所有者的消费倾向是不同的话,则这种收入分配的变化又会影响储蓄率的高低。第五,要素加权效应。假定生产要素的劳动生产率增长不一致,那么产出增长率就可视为各种生产要素增长率的加权平均数。当出口扩大,并且出口生产使用的是那种增长更快的生产要素时,出口生产的增长率往往会提高得更快[216]。

Romer等的"内生增长"理论从动态的角度支持国际贸易促进经济增长命题。

该理论高度强调发展中国家从发展国际贸易中所获得的技术溢出效应对本国技术进步的重要作用,并把国际贸易同创新一起视作技术进步的发动机(Grossman and Helpman,1991)。Coe et al.(1997)分析了国际贸易促进技术进步的途径:国际贸易给予技术落后国模仿技术前沿国技术的机会,而模仿是一个"干中学"技术进步的过程;进口新的中间产品能通过投入产出效应提升进口国生产率;国际贸易增进了进口国之间关于产品设计、生产方法和市场等信息的了解从而提升各国的劳动生产率;进出口使各国避免重复劳动而改善全球范围内的研发活动效率。另外,技术的进口直接带来了进口国技术的进步;出口商对产品的演示和推销过程会带来技术的外溢;出口者接受进口国的市场反馈提升自己的技术;源于进口的产品竞争也会促使出口国的技术进步[217]。大量的经验研究也支持了国际贸易显著地提高了进口国的全要素生产率(TFP)和经济增长(如 Sachs and Warner,1995[218];Frankel and Romer,1999[219];Coe and Helpman,1995,1997[220,221];Coe et al,1997;Bayoumi et al.,1999[222];Branstetter,2001[223];Keller,1998,2002[224,225];Lumenga-Neso and Schiff,2005[226])。

克鲁格曼(Krugman,1979,1985,1991)的新贸易理论认为,国际贸易促进经济增长的主要渠道,一方面源于贸易带来的规模经济效应,另一方面来源于国际贸易可以通过促进国内资源在物资生产部门和知识产品生产部门之间的要素优化配置,进而促进经济增长。

第二种是阻碍论。一些经济学家根据有些国家尤其是发展中国家的国际贸易并没有促进本国经济增长的事实,对传统理论关于国际贸易促进经济增长的结论提出了质疑。Bhagwatil(1958)的"贫困化增长"模型认为出口初级产品、进口制成品的国家,由于初级产品的需求弹性大,有可能因为大量出口而使本国贸易条件恶化,导致本国福利的减少;Prebiisch(1950)的"中心外围"理论认为处在国际经济体系中外围地位的发展中国家的贸易条件出现长国际贸易与经济增长的协整及因果关系检验期恶化的趋势,因此发展中国家和处在中心地位的发达国家之间的国际贸易并不能促进发展中国家的经济增长;Findlay(1984)提出了一个国际贸易减少经济增长速度的动态的李嘉图模型;Rodrik(1999)认为内生增长理论还有一个鲜为人知的结论:当国际贸易推动一国的产业向非动态比较优势部门发展时,国际贸易会持久地减少该国的经济增长速度[228]。

第三种是折衷论。克拉维斯(I.B.Kravis,1970)提出了折衷的观点,他把国际贸易称为"经济增长的侍女",他认为一国的经济增长主要由其国内因素决定,外部需求只构成了对经济增长的额外刺激,国际贸易既不是增长的充分条件也不是必要条件,而且也不一定必然对经济增长有益[229]。

理论上的分歧,引起人们从实证研究的角度来寻找答案,但经济增长和对外贸易之间的关系仍没有定论。Balassa(1978,1984),Tyler(1981)、Feder(1983)、

Kavoussi(1984),Moschos(1989)、Sachs 和 Warner(1995)等人的研究结果发现对外贸易促进了经济增长;Taylor(1993),Mccombie 和 Thirlwall(1999),Helleiner(1996)和 Bleaney(1997)等人的研究,得出了对外贸易并没有促进经济增长的结论;另外,有些实证结果发现在被检验的国家中,有些国家的对外贸易促进了经济增长,另一些国家的对外贸易并没有促进经济的增长(Dutt 和 Ghosh,1996;Jung 和 Marshall,1985;Chow,1987)[230]。

  即使在促进论中,尽管经济学家们在对外贸易能够促进经济增长的问题上看法是比较一致的,但对于这种促进作用到底有多大,意见却不尽相同。一般来说,对外贸易对经济增长的影响程度主要取决于两方面的因素:第一是外贸依存度,如果外贸依存度较高,那么对外贸易对经济增长的影响就比较大,如果依存度较低,主要依靠国内市场来实现经济增长,那么对外贸易的促进作用就比较小;第二是进出口商品的结构,如果进口产品能够有效弥补国内的稀缺资源,更够产生较强的技术外溢效应,出口产品的附加值高,则对外贸易对经济增长的促进作用就会比较明显。西方经济学家通过计算出口增长率与国民生产总值增长率之间的相关系数,来测定对外贸易对经济增长的作用。R.F.埃默里(R.F.Emery)检验了1953~1956年间50个国家和地区的出口增长率与实际国民生产总值(GNP)之间的相关系数,计算得到的相关系数是0.82027。Syron and Walsh(1968)的研究表明,发达国家的出口增长率与GNP增长率之间的相关系数是0.86,而发展中国家为0.62[231]。Bela Balassa(1978)研究了1960~1973年间11个发展中国家的工业制成品出口与工业制成品生产增长率之间的相关系数是0.709,全部出口增长与GNP增长之间的相关系数是0.888。杰弗里·萨赫和安德鲁·华纳的研究发现,实行开放经济的发展中国家在20世纪70~80年代每年的经济增长达到4.5%,而实行封闭经济的发展中国家每年只能达到0.7%。同时,实行开放经济的发达国家的年均增长率可达2.3%,封闭经济的发达国家只能达到0.7%。世界银行对包括东亚地区在内的41个发展中国家和地区的调查结果也支持这一观点。他们的研究表明,实行强烈外向型的国家,其GDP的年平均增长率在1963~1973年达到9.5%,1973~1985年达到7.7%,强烈内向型的国家其GDP的年平均增长率在1963~1973年和1973~1985年分别只有4.1%和2.5%[232]。

  早期涉及国际贸易与经济发展相互关系问题的实证研究是从运用秩相关性检验(rank correlation,RC)方法验证出口导向经济增长假设(export-led growth,ELG假设)开始的。Maizels(1963)运用秩相关检验方法分析了7个发达国家1899~1959年制造业出口平均增长与产出增长的关系,得出了支持ELG假设的结论[233]。最早利用发展中国家和地区的数据验证ELG假设的是Michaely(1977),他选取了41个发展中国家和地区从1950~1973年的数据,提出了一个国家的经济水平达到一个特定水平上时,出口才能促进经济增长,但他并没有指出这个经济水平具体是多少。Kavoussi(1984)运用 Spearman 等级相关系数对 73 年发展中国家和地区 1960~1978 年的数据,分成低收入国家和中等收入国家两组样本分别进行了相关行检验,得出出口与经济增长都存在很强的正相关性,并认为工业制成品的出口可以加强出口与经济增长之间的正相关性[234]。

这种相关分析存在的致命问题在于它只能证明出口与经济增长之间存在正相关性,但不能说明是出口导致了经济增长,还是经济增长导致了出口。于是一些经济学家转而运用格兰杰(Granger)因果关系检验来研究两者之间的关系。Jung and Marshall 对 37 个发展中国家和地区进行了格兰杰(Granger)因果关系检验,结果只有 4 个国家通过检验[235]。Chow 对 7 个国家进行了因果关系检验,结果也只有三个国家存在出口贸易与经济增长的因果关系[236]。经过多年的探讨和分析,有关"出口带动经济增长假设"的实证研究大致形成四种可相互区别又不相互排斥的结论:第一种是新古典的出口带动增长假设,即认为出口对经济增长有单项直接的因果带动(Helpman & Krugman,1985;Krueger,1985;Rodrik,1988;Afxention & Sereletis,1992;Yaghamian,1994),第二种观点认经济增长对出口有单项直接的因果联系(Kaldor,1967;Chartey,1993;Sharma & Dhakal,1994),第三种观点是前两种观点的综合,认为出口和经济增长之间存在着双向的互为反馈的因果联系(Helpman & Krugman,1995;Kunst & Marin,1989;Charter,1993;Sharmaa & Dhakal,1994),第四种观点则认为出口和经济增长之间不存在因果联系,出口和经济增长都只是发展和结构变迁的结果(Pack,1988,1992;Yagharmaian,1994)[216]。

中国近 25 年来的持续的高速经济增长和强劲外贸扩张,给国内外经济学者们提出了一个很好的研究范例。20 世纪 90 年代开始,一些国外学者开始关注中国出口与经济增长的关系,对出口带动经济增长的假设进行了实证检验,并且基本上都得出了支持假设的结论(表 4-1)。不过,也有学者发现不同研究方法得到的结论并不一致。如 Liu,Song 和 Romilly(1997)对中国 1983 年第 3 季度至 1995 年第 1 季度数据的研究,发现运用 Grange、Sims 和 Hsiao 方法支持 ELG,且实际 GNP 与进出口总额之间存在双向的因果关系;运用方法 Geweke 方法出口与实际 GNP 之间没有因果关系,而进出口导向经济增长。

表 4-1 国外学者关于中国出口带动经济增长假设的实证研究

研究者	数据	因变量	自变量	研究方法	其他变量	结论
Kwan & Cotsomitis(1991)	1952~1985 时间序列数据	人均收入增长	GDP 中的出口份额	Granger 因果法,F 检验	无	支持假设,存在双向因果关系
Zuo(1994)	1980~1993 时间序列数据	实际 GDP 增长	实际出口增长	秩相关及 AD-HOC 模型	无	支持假设

续表

研究者	数据	因变量	自变量	研究方法	其他变量	结论
Lee(1994)	1984~1990时间序列数据	(人均)收入增长	出口增长	OLS及AD-HOC模型	时间趋势、FDI和滞后的投入	支持假设并推出区域差别
Xue(1995)	1980~1994时间序列数据	GNP增长	出口增长	秩相关、AD-HOC模型	无	支持假设
Kwan & Kwork (1995)	1982~1985时间序列数据	收入增长	出口增长	Engle-Hendry Richard法及OLS	劳动力、投资、产出率	支持假设
Shan & Sun (1998)	1978(5)~1996(5)时间序列数据	实际工业产出	出口增长	Var、Granger非因果法、滞后期	劳动力、资本、能源投入、出口和进口	出口与工业产量之间存在双向因果联系
Shen(1998)	1977~1998时间序列数据	除去出口的GDP	出口值	Granger因果法	进口、政府开支、净资本形成	支持假设存在双向因果联系

资料来源：陈柳钦，张谊浩：《中国对外贸易和经济增长关系的实证研究》，智识学术网。

国内学者也就我国对外贸易对经济增长的促进作用问题作了大量研究，并形成了以下观点：

第一，对外贸易对经济增长具有较强的带动作用。李文(1997)运用经济增长模型得出出口增长对我国经济增长具有明显拉动作用[237]；贾金思(1998)通过SNA恒等式激增量公式和外贸对经济增长拉动作用的量化公式得出，净出口对经济具有拉动作用[238]；陈家勤(1999)通过计算外贸依存度，并进行弹性分析、相关分析后认为进口增长对经济增长作用较大[239]；董秘刚(2000)的实证分析表明，1978~1998年间，我国对外贸易与经济增长的相关性很显著，相关系数达到0.94以上[240]；许启发和蒋翠侠(2002)的研究表明，尽管对外贸易与经济增长之间存在较强的相关性，但单纯的进口或出口都不是经济增长的原因，进出口总量却是经济增长的原因[241]；林毅夫、李永军(2001)利用支出法宏观经济模型证明出口增长对经济增长具有较大的推动作用[242]；刘晓鹏(2001)通过对我国1952年以来GDP和进出口数据进行协整分析，认为进口增长对我国经济增长具有较大的促进作用，而出口增长对经济增长的作用却不显著[243]；孙林等(2003)使用改进的费德模型，通过回归分析方法，得出在供给约束型经济(1978~1995年)条件下，进口对经济增长起到了很好的促进作用，而出口对经济增长的直接作用微弱，在需求约束型经济(1996~2000年)条件下，出口对经济增长作用加大的结论[244]；沈坤荣、李剑(2003)发现国际贸易比重和人均产出呈显著正相关，人均资本和制度变革是贸易影响人均产出的显著渠道[245]；沈利生、吴振宇(2004)运用投入产出模型对外贸与经济增长的贡献进行了测算,结论表明出口和进口都对经济增长有一定的贡献[246]。范柏乃等(2004)通过回归分析方法,得出1952~2001年间我国进口贸易对经济增长具有很强的促进作用的结论,并测算出每增加一单位的进口量会相应地增加5.44个单位GDP[247];张鹤、刘金全和顾洪梅(2005)的研究表明国外需求(出口)对中国产出具有"正的贡献"[248]。缪慧(2005)采用经济学家巴拉萨1978年将传统的生产函数扩展为适用于开放条件下的出口扩展型总量生产函数,对改革开放以来(1978~2004年)的进出口数据进行分析,得出这27年间,我国对外贸易与经济增长密切相关,基本出现同步增减特征,出口部门渐渐产生对经济增长的外部效益[249]。

此外,还有学者通过分析国际贸易通过技术溢出效应带动了国内经济增长。方希桦等(2004)实证研究了基于进口贸易为传导机制的国际技术溢出对中国全要素生产率的影响,他们的研究结果显示贸易研发国的R&D投入、国内科技投入对中国全要素生产率的提高具有显著的促进作用[250]。李小平、朱钟棣(2004)实证分析了中国各地区国际贸易的技术外溢,发现在技术外溢中存在经济发展的"门槛效应",他们还在另一篇文献中(李小平、朱钟棣,2005)采用Coe and Helpman(1995)的国际R&D溢出回归方法对国际贸易的R&D做了实证分析,结果显示国外的R&D确实通过国际贸易渠道促进了各行业的技术进步,但是也阻碍了各行业技术效率的增长。

第二,对外贸易对经济增长带动作用不显著甚至为负。彭福伟(1999)[251]、张小济(1999)[252]认为净出口与经济增长并非强相关;赖明勇等(1998)[253]和尹翔硕等(1997)[254]则通过将国民生产总值分为出口产业部门和非出口产业部门,根据简单回归分析的结果得出出口贸易对非出口部门乃至整体经济增长推动作用不明显;杨全发等(1998)采用巴拉萨和费德等人建立的模型对我国改革开放以来(1978~1995年)的数据进行回归分析,认为出口增长对经济增长的作用不强[255];孙焱林(2000)发现经济增长和出口的关系没有统计显著性[256];林毅夫、李永军(2001),张鹤、刘金全和顾洪梅(2005)研究发现进口对经济具有负作用;包群、许和连、赖明勇(2003)认为基于不同的贸易开放度度量方法或者指标会导致不同的结论,其中只有贸易依存度可以较好地反映中国经济增长和贸易开放度的关系,而且进一步动态分析发现,经济增长主要依赖于要素投入的增加,相对而言贸易开放对经济增长的作用还不明显[257]。

第三,对外贸易有条件地带动经济增长。沈程翔(1999)[258],赵陵、宋少华、宋泓明(2001)[259],石传玉、王亚菲、王可(2003)认为,出口增长对经济增长的拉动作用仅仅是短期的,而长期内并不明显[260]。

除了国家层面,许多学者还在区域层面上就对外贸易与经济增长的关系进行了研究。例如,刘用明(2005)分析我国东部沿海地区1978~2004年的数据之后得出,对外贸易与我国东部沿海地区经济增长之间呈现高度正向相关关系;李勋来和李国平(2005)的实证结果表明,对外贸易对西部地区经济增长具有重要的推动作用,但二者并未形成长期稳定的均衡关系。此外,刘克利、许和连和赖明勇(2001),梁碧波(2004),杨松(2005),李小平和朱钟棣(2004)发现外贸对湖南、广东、浙江、上海经济具有重要的带动作用。

从以上文献可以看出,国内外学者在研究中国对外贸易的作用时,选用的因变量(被解释变量)几乎都是 GDP 等宏观经济指标,除了 Shan&Sun(1998)外,很少有学者分析对外贸易与某个具体产业之间的关系。实际上,对外贸易主要通过影响产业发展来影响经济增长的:资源,商品,劳务的出口,对国内相关产业的发展起推动作用;国内紧缺资源,劳务的进口,可以弥补本国生产该类商品的产业不足,同时进口某些新产品,新技术还对开拓本国市场,为本国发展同类产业创造有利条件,有利于推动本国产业结构的优化。因此,在开放经济条件下,研究产业发展必然要考虑产业的对外贸易状况。下面,我们将研究对外贸易在长三角制造业规模扩大、效益改进、竞争力提升和结构优化中的作用。

4.2 长三角国际贸易与制造业发展关系的统计描述

国际贸易主要通过出口本国产品以刺激本国需求增长和进口外国产品以增加国内供给的方式来影响本国产业发展、促进国内产业结构升级、加速工业化进程,从而促进经济的增长。2005 年,长三角的进出口总额为 55 216.68 亿美元(表 4-2),占全国进出口总额的比重为 36.68%,其中出口总额为 2 905.02 亿美元,占全国比重为 38.12%,远高于长三角 GDP 占全国的比重(25.11%)。同时,从 1998 年至今,长三角进出口总额、出口总额占全国的比重高于 GDP 占全国的比重越来越多(图 4-1),意味着出口已经成为拉动长三角的经济增长和结构升级的重要力量。

表 4-2 1990~2005 年长三角进出口总额及占全国比重　　单位:亿美元

年份	江苏		浙江		上海		长三角		全国		长三角占全国比重/%		
	进出口	出口	进出口	出口	进出口	出口	进出口	出口	进出口	出口	进出口	出口	GDP
1990	41.39	29.44	27.73	21.89	74.31	53.21	143.43	104.54	1 154.4	620.9	12.42	16.84	16.56
1991	53.1	34.25	38.51	29.06	80.44	57.4	172.05	120.71	1 357	719.1	12.68	16.79	16.55
1992	69.62	40.02	49.99	35.71	97.57	65.55	217.18	141.28	1 655.3	849.4	13.12	16.63	17.33
1993	91.29	46.52	67.33	43.23	127.32	73.82	285.94	163.57	1 957	917.4	14.61	17.83	18.53
1994	117.59	66.86	89.91	60.87	158.67	90.77	366.17	218.50	2 366.2	1 210.1	15.48	18.06	18.60

续表

年份	江苏		浙江		上海		长三角		全国		长三角占全国比重/%		
	进出口	出口	进出口	出口	进出口	出口	进出口	出口	进出口	出口	进出口	出口	GDP
1995	162.78	97.82	115.12	76.98	190.25	115.77	468.15	290.57	2 808.6	1 487.8	16.67	19.53	19.05
1996	206.88	116.01	125.41	80.41	222.63	132.38	554.92	328.80	2 898.8	1 510.5	19.14	21.77	19.23
1997	236.21	140.89	142.77	101.11	247.64	147.24	626.62	389.24	3 251.6	1 827.9	19.27	21.29	19.71
1998	264.26	156.51	148.54	108.66	313.44	159.56	726.24	424.73	3 239.5	1 837.1	22.42	23.12	20.26
1999	312.61	183.09	183.05	128.71	386.04	187.85	881.70	499.65	3 606.9	1 949.3	24.45	25.63	20.83
2000	456.38	257.70	278.33	194.43	547.1	253.54	1 281.81	705.67	4 742.9	2 492.0	27.03	28.32	21.43
2001	513.55	288.78	328	229.77	608.98	276.28	1 450.53	794.83	5 096.5	2 661.0	28.46	29.87	21.80
2002	703.05	384.80	419.57	294.11	726.64	320.55	1 849.26	999.46	6 207.2	3 256.0	29.79	30.70	22.66
2003	1 136.7	591.40	614.11	415.95	1 123.97	484.82	2 874.78	1 492.17	8 509.9	4 382.3	33.78	34.05	23.94
2004	1 708.57	874.97	852.13	581.46	1 600.26	735.2	4 160.96	2 191.63	11 545.5	5 933.2	36.04	36.94	24.99
2005	2 279.23	1 229.67	1 073.90	768.02	1 863.37	907.18	5 216.68	2 905.02	14 221.5	7 620.0	36.68	38.12	25.11

资料来源：根据相关年份江苏、浙江、上海及中国统计年鉴整理计算。

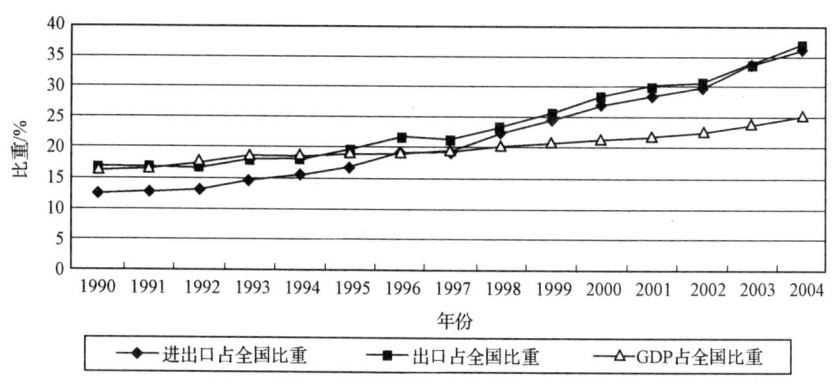

图 4-1 长三角进出口、出口、GDP 占全国比重趋势线

2004 年长三角外贸依存度为 100.68%，高出全国 30.87 个百分点（表 4-3）。从图 4-2 可以看出，在长三角两省一市中，上海的外贸依存度最高，2004 年高达 177.78%，同时上海制造业的层次也最高，说明外贸在推动上海制造业结构向高级化发展中作用较大；从 1996 年开始，江苏的外贸依存度反超浙江，而且两省之间的差距有扩大的趋势，这与江苏近几年积极吸引外商直接投资、加快发展国际代工密不可分；浙江的个体私营经济发达，外贸依存度不仅低于江苏和上海，而且也低于全国平均水平。

表 4-3　1990～2004 年长三角外贸依存度

年　份	江　苏	浙　江	上　海	长三角	全　国
1990	13.98	14.77	46.99	22.34	29.77
1991	17.65	18.95	47.91	25.61	33.42
1992	17.97	20.20	48.29	25.95	34.27
1993	17.54	20.32	48.53	25.67	32.56
1994	24.98	29.06	69.35	36.29	43.61
1995	26.37	27.27	64.52	35.09	40.11
1996	28.65	25.15	63.78	35.35	35.50
1997	29.31	25.52	61.09	35.39	36.20
1998	30.39	24.66	70.36	37.87	34.23
1999	33.62	28.25	79.20	42.69	36.38
2000	44.02	38.17	99.52	55.35	43.89
2001	44.69	40.23	101.81	56.60	43.35
2002	54.73	44.55	111.20	64.21	48.85
2003	75.50	54.10	148.83	84.66	60.00
2004	91.16	62.73	177.78	100.68	69.81

资料来源：根据相关年份江苏、浙江、上海及中国统计年鉴整理计算。

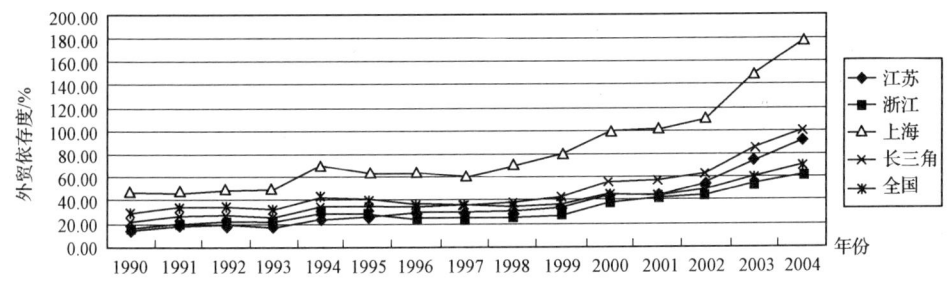

图 4-2　长三角外贸依存度趋势线

2004 年，长三角出口总额与 GDP 的比重为 53.03%，高出全国 17.15 个百分点，其中上海出口总额与 GDP 的比重为 81.68%，比长三角平均水平高 28.65 个百分点，比全国平均水平高 45.8 个百分点（表 4-4）。从图 4-3 的趋势线可以看出，长三角出口总额与 GDP 的比重高于全国平均水平，上海的经济外向度在两省一市中最高，江苏、浙江的经济外向度自 1999 年以来也大幅度提高。虽然对于上海和浙江来说，由于通过上海港、北仑港等重要贸易港口的商品存在被海关重复计算的可能，但即便扣除这些因素，长三角的经济外向度也在日益提升。

表 4-4 1990~2004 年长三角出口总额与 GDP 的比重   单位:%

年 份	江 苏	浙 江	上 海	长三角	全 国
1990	9.94	11.66	33.65	16.28	16.01
1991	11.39	14.3	34.19	17.96	17.71
1992	10.33	14.43	32.44	16.88	17.58
1993	8.94	13.04	28.14	14.68	15.26
1994	14.2	19.67	39.67	21.66	22.3
1995	15.85	18.24	39.26	21.78	21.25
1996	16.06	16.12	37.92	20.94	18.5
1997	17.48	18.07	36.32	21.98	20.35
1998	18	18.04	35.82	22.15	19.41
1999	19.69	19.86	38.54	24.19	19.66
2000	24.86	26.66	46.12	30.47	23.06
2001	25.13	28.18	46.19	31.02	22.63
2002	29.96	31.23	49.05	34.71	25.62
2003	39.28	36.65	64.2	43.94	30.9
2004	46.69	42.81	81.68	53.03	35.88

资料来源:根据相关年份江苏、浙江、上海及中国统计年鉴整理计算。

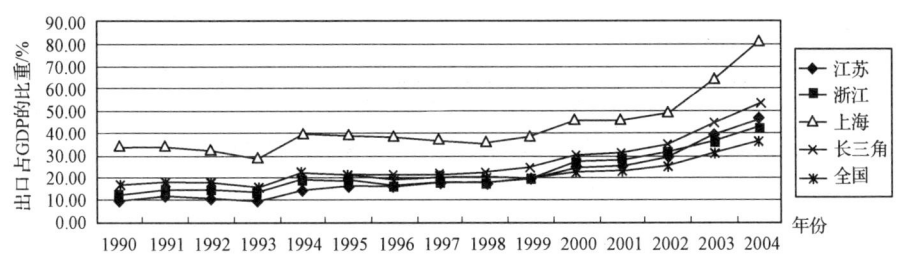

图 4-3 长三角出口额与 GDP 比值趋势线

从工业制成品和初级产品的进出口构成情况看,长三角工业制成品出口占出口总额的比重达到 90% 以上,而且呈不断增长之势(见表 4-5、图 4-4),高于全国平均水平,其中江苏工业制成品的比重位居两省一市之首,在 2004 年达到 98.4%;浙江工业制成品的出口比重虽然比不上江苏和上海,但在近几年增长非常快,高于全国平均水平;上海工业制成品比重在两省一市处于中间水平。同时,从工业制成品的进口比重看(见表 4-5、图 4-5),除个别年份外,长三角也要高于全国平均水平,其中江苏与上海基本持平,浙江比重较低。总的来看,长三角工业制成品在进出口总额中的比重较高,一是说明该区域制造业出口结构在不断优化;二是说明该区域中间投入品贸易量持续增加,制造业的生产更加迂回,产业链被延长;三是说明该区域出口导向战略效果明显,国际贸易推动了制造业结构调整与升级。

表4-5 工业制成品在进、出口总额中的比重　　　　　　　　单位:%

年份	江苏		浙江		上海		长三角		全国	
	出口	进口	出口	进口	出口	进口	出口	进口	出口	进口
1997	94.6	94.2	85.2	72.6	92.2	87.7	90.7	84.8	86.9	79.9
1998	95.5	87.7	87.6	74.9	95	86.5	92.7	83	88.8	83.6
1999	95.9	85.1	88.6	74.2	95.9	87.4	93.5	82.2	89.8	83.8
2000	96.7	87.8	89.9	75.8	96.6	88.1	94.4	83.9	89.8	79.2
2001	96.7	88	91.6	81.4	97.2	89	95.2	86.1	91.1	81.2
2002	97.5	89.7	93	82	97.1	90.5	95.9	87.4	91.2	83.3
2003	98.1	91.7	94.1	84.1	97.5	90.5	96.6	88.8	92.1	82.4
2004	98.4	90.7	94.5	80.9	97.1	90.4	96.7	87.3	93.2	79.1

资料来源:根据相关年份江苏、浙江、上海及中国统计年鉴整理计算。

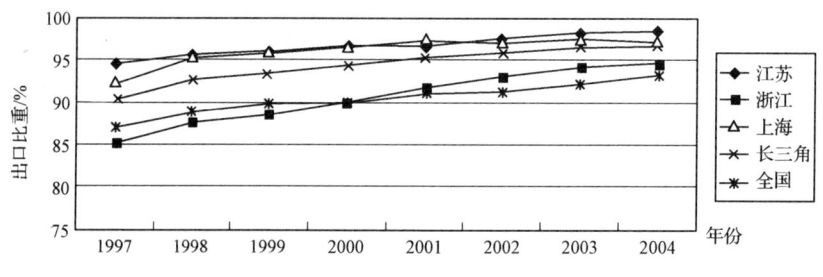

图4-4 工业制成品出口占出口总额的比重趋势线

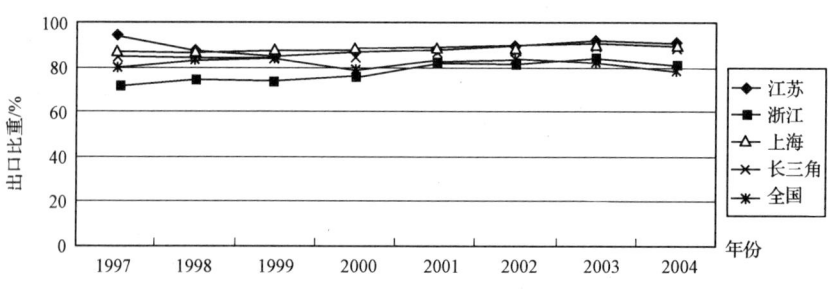

图4-5 工业制成品进口占进口总额的比重

此外,国际贸易还促进了工业制成品的出口结构不断趋于优化。自20世纪90年代中期以来,以化学成品及有关产品、机械及运输设备构成的重化工业产品在工业制成品中的比重不断增加,特别是技术含量较高的机械及运输设备已成为长三角出口商品的主导力量。例如,1998年,江苏机械及运输设备出口49.36亿美元,占工业制成品出口额的比重为33.03%,占江苏出口总额的比重为31.54%;而2005年,江苏机械及运输设备的出口数据则相应变为:701.42亿美元、57.78%和57.03%,如表4-6所示。

表4-6 1998~2005年江苏机械及运输设备占工业制成品出口额和出口商品总额的比重

项 目	1998	1999	2000	2001	2002	2003	2004	2005
机械及运输设备/亿美元	49.36	60.89	96.95	118.73	183.46	317.92	483.11	701.42
占工业制成品出口/%	33.03	34.69	38.89	42.50	48.90	54.81	56.10	57.78
占江苏出口总额/%	31.54	33.26	37.62	41.12	47.68	53.76	55.21	57.03

资料来源:根据相关年份江苏统计年鉴整理计算。

4.3 国际贸易与长三角制造业发展关系的实证检验

统计描述显示出长三角制造业与国际贸易关系密切,开展国际贸易有助于长三角制造业实力的增强和发展水平的提高。但要确切知道它们之间的相关程度有多高,国际贸易对长三角制造业的贡献有多大,就要借助于专业的计量工具进行统计分析。需要说明的是,为了减少数据的过度波动和消除时间序列带来的异方差影响,进口、出口以及进出口总额都取自然对数,而制造业发展指数仍是对制造业规模、经济效益、竞争力和产业结构进行无量纲化处理后得到的标准化数据。

4.3.1 简单相关分析

借助SPSS统计软件分别对1990~2005长三角及上海、江苏、浙江的国际贸易与制造业发展水平进行相关性检验的结果如表4-7所示。

表4-7 长三角国际贸易与制造业发展的相关分析

贸易方式	区域	Pearson 相关系数	Sig. (2-tailed)	Kendall's tau_b 相关系数	Sig. (2-tailed)	Spearman 相关系数	Sig. (2-tailed)	样本量
进出口总额	长三角	0.994	0.000	0.917	0.000	0.979	0.000	16
	上海	0.882	0.000	0.800	0.000	0.926	0.000	16
	江苏	0.924	0.000	0.817	0.000	0.915	0.000	16
	浙江	0.909	0.000	0.850	0.000	0.953	0.000	16
出口	长三角	0.954	0.000	0.917	0.000	0.982	0.000	16
	上海	0.917	0.000	0.800	0.000	0.926	0.000	16
	江苏	0.817	0.000	0.817	0.000	0.916	0.000	16
	浙江	0.925	0.000	0.850	0.000	0.953	0.000	16

续表

贸易方式	区域	Pearson 相关系数	Sig. (2-tailed)	Kendall's tau_b 相关系数	Sig. (2-tailed)	Spearman 相关系数	Sig. (2-tailed)	样本量
进口	长三角	1.000	0.000	1.000	0.000	1.000	0.000	16
	上海	0.839	0.000	0.800	0.000	0.926	0.000	16
	江苏	0.896	0.000	0.817	0.000	0.915	0.000	16
	浙江	0.864	0.000	0.800	0.000	0.926	0.000	16

从表4-7可以看出,无论是出口、进口还是进出口总额,皮尔逊、肯德尔和斯皮尔曼相关分析一致显示对外贸易与长三角制造业发展高度相关。具体来看,①进出口总额与长三角制造业发展水平的相关程度高于上海、江苏与浙江,同时江苏进出口总额与制造业发展水平之间的相关度又要高于浙江与上海。②出口与长三角制造业发展水平之间的相关度与要高于苏、浙、沪相应的相关系数,而浙江出口总额对该省制造业发展水平的贡献又高于江苏与上海。③进口总额与长三角制造业发展水平是完全相关,虽然这中间可能有误差,但也充分说明进口对于长三角制造业发展具有较大的促进作用:技术和设备的进口直接促进生产的发展和生产率的提高;新产品进口所产生的"示范效应"也加速本区域新产品开发和进口替代行业发展;进口产品的竞争优化了市场结构,提高了本国企业的竞争实力;先进技术、设备和产品的引进,加速了技术及专业化人力资本的积累,从而推动产业发展等等。④比较进出口总额、出口总额与进口总额对制造业发展水平贡献的大小可以发现,进口对长三角制造业的贡献较大,出口贸易对上海、浙江制造业的贡献都大于进口和进出口总额,而进出口总额对江苏制造业的贡献则大于进口和出口。总之,相关分析的结果显示:国际贸易是推动长三角制造业发展的重要因素,而且在新型分工格局下,随着长三角制造业逐步融入全球生产体系,国际贸易的影响力还将进一步加大。

4.3.2 协整及因果关系分析

简单相关分析的结果初步表明国际贸易与长三角制造业具有很高的相关性,但要想知道它们之间的长期关系是否稳定,作用力的方向是单向的还是双向的,就要进行协整及因果关系检验。

1. 平稳性检验

从图4-6至图4-9可以看出,进出口、进口、出口与Dev具有大致相同的增长和变化趋势,说明它们可能存在协整关系。采用ADF(augmented dickey-fully test)方法分别对进出口、出口、进口及制造业发展水平(Dev)进行单位根检验,考察其时间序列是否存在单位根,结果如表4-8所示。

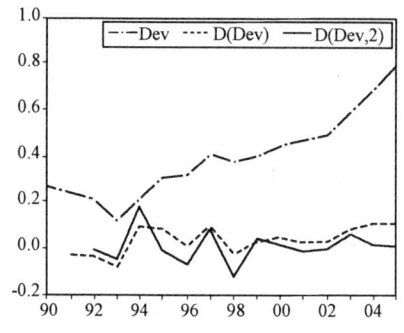

图 4-6 Dev 及其一阶、二阶差分序列图

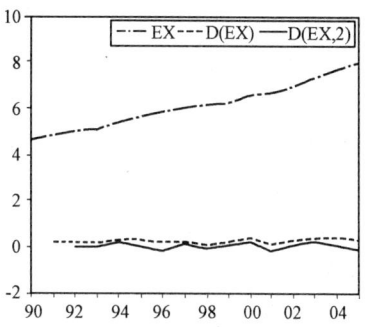

图 4-7 EX 及其一阶、二阶差分序列图

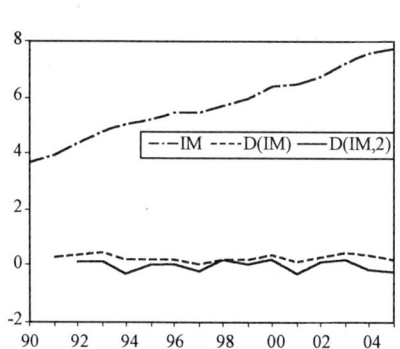

图 4-8 IM 及其一阶、二阶差分序列图

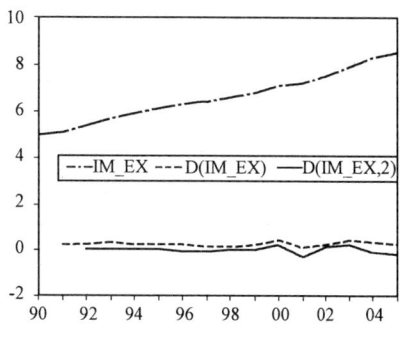

图 4-9 进出口及其一阶、二阶差分序列图

表 4-8 变量的 ADF 单位根检验

变量	ADF 检验值	1%临界值	5%临界值	10%临界值	检验结果
Dev	-1.482 150	-4.731 5	-3.761 1	-3.322 8	非平稳
D(Dev)	-1.864 666	-2.757 0	-1.967 7	-1.628 5	非平稳
D(Dev,2)	-5.496 847	-2.776 0	-1.969 9	-1.629 5	平稳
lnEX	-0.435 541	-4.731 5	-3.761 1	-3.322 8	非平稳
D(lnEX)	-0.639 690	-2.757 0	-1.967 7	-1.628 5	非平稳
D(lnEX,2)	-4.510 096	-2.776 0	-1.969 9	-1.629 5	平稳
lnIM	-1.864 782	-4.731 5	-3.761 1	-3.322 8	非平稳
D(lnIM)	-1.198 256	-2.757 0	-1.967 7	-1.628 5	非平稳
D(lnIM,2)	-4.701 920	-2.776 0	-1.969 9	-1.629 5	平稳
lnIM_EX	-0.806 143	-4.731 5	-3.761 1	-3.322 8	非平稳
D(lnIM_EX)	-0.753 524	-2.757 0	-1.967 7	-1.628 5	非平稳
D(lnIM_EX,2)	-4.229 725	-2.776 0	-1.969 9	-1.629 5	平稳

从图 4-6 看出,序列 Dev 具有明显的上升趋势,对其进行包含常数和线性时间趋势项的 ADF 检验结果显示,检验 t 统计量值是 $-1.482\,150$,比显著性水平为 10% 的临界值都大,说明序列存在单位根,是非平稳的。为确定序列 Dev 是否单整,应对其差分序列进行单位根检验,分别记其一阶和二阶差分序列为 D(Dev) 和 D(Dev,2)。从图 4-7 看出,经过一阶差分后,序列 D(Dev) 已没有上升趋势,宜对其采用无常数项和时间趋势项的检验形式,经验证,采用 ADF 检验且滞后期为 0 时,得到的 t 统计量值为 $-1.864\,666$,大于显著性水平为 5% 的临界值,虽然小于显著性水平为 10% 的临界值 $-1.628\,5$,但从该检验方程的效力看(见表 4-9),检验结果并不好,应继续对 Dev 的二阶差分序列 D(Dev,2) 进行 ADF 检验。从图 4-6 显示,序列 D(Dev,2) 围绕 0 均值上下波动,宜对其采用无常数项和时间趋势项的检验形式,此时,得到的 t 统计量值为 $-5.496\,847$,小于显著性水平为 1% 的临界值,且检验方程的拟合效果较好(见表 4-10),表明至少在 99% 的置信水平下拒绝序列 D(Dev,2) 存在单位根的原假设,即序列 D(Dev,2) 不存在单位根。综上,非平稳序列 Dev 经过二阶差分平稳,是二阶单整序列。

表 4-9　序列 D(Dev) 的 ADF 检验结果

Variable	Coefficient	Std. Error	t-Statistic	Prob.
D(Dev)	−0.504 936	0.270 791	−1.864 666	0.085 0
R-squared	0.195 702	Mean dependent var		0.009 707
Adjusted R-squared	0.195 702	S. D. dependent var		0.072 297
S. E. of regression	0.064 838	Akaike info criterion		−2.565 115
Sum squared resid	0.054 651	Schwarz criterion		−2.519 468
Log likelihood	18.955 81	Durbin-Watson stat		2.116 785

表 4-10　序列 D(Dev,2) 的 ADF 检验结果

Variable	Coefficient	Std. Error	t-Statistic	Prob.
D(Dev,2)	−1.430 867	0.260 307	−5.496 847	0.000 1
R-squared	0.715 722	Mean dependent var		0.001 072
Adjusted R-squared	0.715 722	S. D. dependent var		0.128 479
S. E. of regression	0.068 502	Akaike info criterion		−2.450 103
Sum squared resid	0.056 310	Schwarz criterion		−2.406 646
Log likelihood	16.925 67	Durbin-Watson stat		2.252 928

用同样的方法对 lnEX、lnIM、lnIM_EX 及其一阶、二阶差分进行 ADF 检验,结果显示:lnEX、lnIM、lnIM_EX 及其一阶差分序列的 ADF 检验统计量分别都大于显著性水平为 10% 的临界值,而它们的二阶差分 ADF 检验统计量则均小于显著性水平为 1% 临界值,说明 lnEX、lnIM、lnIM_EX 序列经过二阶差分后趋于平

稳,它们都是二阶单整序列。

2. 协整检验

平稳性检验结果显示,Dev、lnEX、lnIM、lnIM_EX 均是二阶单整序列,满足协整检验的前提。下面采用 Engle-Granger 两步法分别检验变量 Dev 与 EX、IM、IM_EX 是否协整。

首先,建立协整回归方程,并用普通最小二乘法对回归模型进行估计,结果如下(表 4-11):

表 4-11 协整检验模型估计

$Dev_t = \alpha_1 + \beta_1 * lnEX_t + \varepsilon_{1t}$				
	Coefficient	Std. Error	t-Statistic	Prob.
常数项	−0.638 151	0.091 019	−7.011 173	0.000 0
lnEX	0.168 971	0.014 715	11.482 90	0.000 0
R-squared	0.904 016			
Adjusted R-squared	0.897 159			
F-statistic	131.856 9			
Log likelihood	23.858 85			
AIC	−2.732 356			
SC	−2.635 783			
$Dev_t = \alpha_2 + \beta_2 * lnIM_t + \varepsilon_{2t}$				
	Coefficient	Std. Error	t-Statistic	Prob.
常数项	−0.365 839	0.096 445	−3.793 230	0.002 0
lnIM	0.132 638	0.016 486	8.045 495	0.000 0
R-squared	0.822 177			
Adjusted R-squared	0.809 475			
F-statistic	64.729 99			
Log likelihood	18.926 04			
AIC	−2.115 755			
SC	−2.019 181			
$Dev_t = \alpha_3 + \beta_3 * lnIM\_EX_t + \varepsilon_{3t}$				
	Coefficient	Std. Error	t-Statistic	Prob.
常数项	−0.626 396	0.104 698	−5.982 900	0.000 0
lnIM_EX	0.153 744	0.015 581	9.867 615	0.000 0
R-squared	0.874 293			

续表

$Dev_t = \alpha_3 + \beta_3 * \ln IM\_EX_t + \varepsilon_{3t}$			
Coefficient	Std. Error	t-Statistic	Prob.
Adjusted R-squared	0.865 314		
F-statistic	97.369 83		
Log likelihood	21.700 70		
AIC	−2.462 587		
SC	−2.366 013		

$$\varepsilon_{1t} = Dev_t + 0.638\,151 - 0.168\,971 * \ln EX_t$$

其次,根据残差模型 $\varepsilon_{2t} = Dev_t + 0.365\,839 - 0.132\,638 * \ln IM_t$

$$\varepsilon_{3t} = Dev_t + 0.626\,396 - 0.153\,744 * \ln IM\_EX_t$$

分别对残差序列 $\hat{\varepsilon}_{1t}, \hat{\varepsilon}_{2t}, \hat{\varepsilon}_{3t}$ 进行平稳性检验,结果见表 4-12。

表 4-12 残差项的 ADF 检验结果

Variable	ADF Test Statistic	−2.833 814	1% Critical Value*	−2.776 0
$D(\hat{\varepsilon}_{1t})$			5% Critical Value	−1.969 9
			10% Critical Value	−1.629 5
$D(\hat{\varepsilon}_{2t})$	ADF Test Statistic	−2.525 174	1% Critical Value	−2.757 0
			5% Critical Value**	−1.967 7
			10% Critical Value	−1.628 5
$D(\hat{\varepsilon}_{3t})$	ADF Test Statistic	−2.668 503	1% Critical Value	−2.757 0
			5% Critical Value**	−1.967 7
			10% Critical Value	−1.628 5

*、**分别表示在显著性水平为1%、5%的临界值下通过检验。

ADF 检验结果显示,残差序列 $\hat{\varepsilon}_{1t}, \hat{\varepsilon}_{2t}, \hat{\varepsilon}_{3t}$ 分别在1%、5%、5%显著性水平下通过了平稳性检验,表明1990~2005年间,长三角制造业与出口、进口及进出口总额之间存在协整关系。其经济意义在于:长三角制造业与出口、进口及进出口总额之间具有长期稳定的共同趋势,出口、进口及进出口总额增长的过程也是长三角制造业发展的过程,但究竟孰为因果,需要进一步的证明。

3. 误差修正模型

由于长三角制造业与出口、进口及进出口总额之间存在协整关系,因此可以通过误差修正模型来了解出口、进口及进出口拉动长三角制造业的短期波动回到长期均衡状态的作用力。

第一步,用 OLS 法估计系数和残差序列已经在协整检验中完成,如下:

$$\text{ecm}_{1t} = \varepsilon_{1t} = \text{Dev}_t + 0.638\,151 - 0.168\,971 * \ln\text{EX}_t$$
$$\text{ecm}_{2t} = \varepsilon_{2t} = \text{Dev}_t + 0.365\,839 - 0.132\,638 * \ln\text{IM}_t$$
$$\text{ecm}_{3t} = \varepsilon_{3t} = \text{Dev}_t + 0.626\,396 - 0.153\,744 * \ln\text{IM\_EX}_t$$

第二步,将误差修正项 $\text{ecm}_t = \hat{\varepsilon}_t$ 代入模型:$\nabla y_t = \beta_0 + \beta_1 \nabla x_t + \alpha\text{ecm}_{t-1} + \varepsilon_t$,用 OLS 法估计后得到误差修正模型:

D(Dev)=−0.039 403 586 53+0.325 460 397 6 * D(lnEX)−0.410 154 729 5 * ecm 1(−1)

   (0.027 768)   (0.118 110)   (0.227 146)

   (−1.419 020) (2.755 567)   (−1.805 688)

   R^2=0.602 361 F 统计量=9.089 048 AIC=−3.369 769

   SC=−3.228 159 DW=1.631 148

D(Dev)=0.068 118 139 58−0.134 468 191 1 * D(lnIM)−0.402 206 981 7 * ecm 2(−1)

   (0.033 672)   (0.111 654)   (0.203 697)

   (2.022 968)   (−1.204 329)   (−1.974 532)

   R^2=0.362 091 F 统计量=3.405 736 AIC=−2.897 120

   SC=−2.755 510 DW=1.046 081

D(Dev)=0.005 410 021 083+0.107 716 399 5 * D(lnIM_EX)−0.549 094 128 7 * ecm 3(−1)

   (0.038 341)   (0.151 083)   (0.236 632)

   (0.141 103)   (0.712 962)   (−2.320 452)

   R^2=0.361 707 F 统计量=3.400 077 AIC=−2.896 518

   SC=−2.754 908 DW=1.352 222

在上面的误差修正模型中,差分项反映了短期波动的影响。长三角制造业发展的短期变动可分为两部分:一部分是制造业发展自身以及国际贸易短期波动的影响,另一部分是偏离长期均衡的影响。误差修正项 ecm 的系数大小反映了国际贸易对长三角制造业偏离长期均衡的调整力度。从三个模型的误差修正项系数估计值来看,当长三角制造业的短期波动偏离长期均衡时,出口、进口及进出口总额分别以(−0.410 2)、(−0.402 2)、(−0.549 1)的调整力度将非均衡状态拉回到均衡状态,显示出对外贸易对制造业发展水平具有较强的修正能力。

4. 因果关系检验

为了进一步了解长三角制造业发展水平与国际贸易之间作用力的方向,下面利用 Granger 因果检验分析法对长三角制造业发展与国际贸易之间的关系进行检验,结果如表 4-13 所示。

表 4-13　长三角制造业与国际贸易的 Granger 因果关系检验结果

零假设	样本数	滞后期	F 统计值	零概率	结　论
lnEX does not Granger Cause Dev	15	1	11.146 2	0.005 90	拒绝
Dev does not Granger Cause lnEX			1.671 90	0.220 34	接受
lnIM does not Granger Cause Dev	15	1	10.995 1	0.006 16	拒绝
Dev does not Granger Cause lnIM			0.571 99	0.464 06	接受
lnIM_EX does not Granger Cause Dev	13	3	5.408 27	0.038 42	拒绝
Dev does not Granger Cause lnIM_EX			1.220 12	0.380 77	接受

从检验结果可以看到：

(1) 在 1% 的显著性水平上，拒绝出口不是制造业发展的 Granger 原因的零假设；在 22% 的显著性水平上，接受制造业发展不是出口增长的 Granger 原因的零假设。因此，可以认为，长三角制造业发展与出口之间是单向的因果关系，即出口是制造业发展的 Granger 原因。

(2) 在 1% 的显著性水平上，拒绝进口不是制造业发展的 Granger 原因的零假设；在 46% 的显著性水平上，接受制造业发展不是进口增长的 Granger 原因的零假设。因此，可以认为，长三角制造业发展与进口之间是单向的因果关系，即进口是制造业发展的 Granger 原因。

(3) 在 4% 的显著性水平上，拒绝进出口不是制造业发展的 Granger 原因的零假设；在 38% 的显著性水平上，接受制造业发展不是进出口增长的 Granger 原因的零假设。因此，可以认为，长三角制造业发展与进出口之间是单向的因果关系，即进出口是制造业发展的 Granger 原因。

国际贸易与长三角制造业发展水平之间的因果关系说明，长三角对外贸易的增长带动了制造业发展水平的提高，要想推动制造业持续、快速、健康发展，就必须进一步开展国际贸易，更好地利用国外市场及资源。同时，由于一国或区域对外贸易要受到诸如基础设施、科学技术、国内投资、国外市场需求等要素的影响（赵彦云，2005），因此，制造业发展水平的提高不一定是对外贸易增长的原因，但如果制造业发展水平极其低下，即规模小、竞争力弱、经济效益差、结构不合理，那么国际贸易的结构、规模等也必将受到影响。

4.3.3　脉冲响应函数分析

从国际贸易与长三角制造业发展的相关及协整与因果关系分析表明，二者具有长期的均衡关系，国际贸易是推动长三角制造业发展的重要影响因素。本节我们将利用向量自回归模型、脉冲响应函数及方差分解方法从动态的角度进一步分析国际贸易的变化对长三角制造业发展的影响。

1. 估计 Var 模型

（1）建立 Var 模型。在构建 Var 模型时，本来我们想建立一个包含 Dev、lnEX、lnIM、lnIM_EX 的四变量 Var 模型，但由于样本容量小，该模型存在最佳滞后阶数难以确定、参数估计结果不理想等缺陷，因此，最终建立了三个两变量模型，分别考察长三角制造业发展水平与出口、进口、进出口总额之间的关系。

① $\begin{cases} \text{Dev}_t = \alpha_0 + \sum_{i=1}^{m} a_{1i}\text{Dev}_{t-i} + \sum_{i=1}^{m} b_{1i}\text{lnEX}_{t-i} + \varepsilon_{1t} \\ \text{lnEX}_t = \beta_0 + \sum_{i=1}^{m} a_{2i}\text{Dev}_{t-i} + \sum_{i=1}^{m} b_{2i}\text{lnEX}_{t-i} + \varepsilon_{2t} \end{cases}$

② $\begin{cases} \text{Dev}_t = \eta_0 + \sum_{i=1}^{m} a_{3i}\text{Dev}_{t-i} + \sum_{i=1}^{m} b_{3i}\text{lnIM}_{t-i} + \varepsilon_{3t} \\ \text{lnIM}_t = \rho_0 + \sum_{i=1}^{m} a_{4i}\text{Dev}_{t-i} + \sum_{i=1}^{m} b_{4i}\text{lnIM}_{t-i} + \varepsilon_{4t} \end{cases}$

③ $\begin{cases} \text{Dev}_t = \zeta_0 + \sum_{i=1}^{m} a_{5i}\text{Dev}_{t-i} + \sum_{i=1}^{m} b_{5i}\text{lnIM\_EX}_{t-i} + \varepsilon_{5t} \\ \text{lnIM\_EX}_t = \upsilon_0 + \sum_{i=1}^{m} a_{6i}\text{Dev}_{t-i} + \sum_{i=1}^{m} b_{6i}\text{lnIM\_EX}_{t-i} + \varepsilon_{6t} \end{cases}$

（2）确定 Var 模型的最佳滞后阶数。在选择滞后阶数时，一方面想使滞后阶数足够大，以便能完整反映所构造模型的动态特征；但是另一方面，滞后阶数越大，需要估计的参数越多，模型的自由度就越少。因此，在进行选择时，要综合考虑，既要有足够数目的滞后项，又要不足够数目的自由度。通过综合评价似然比 LR、赤池信息准则 AIC、施瓦茨信息准则 SC 等，三个模型滞后阶数都确定为 1。三个模型滞后阶数检验的具体统计结果见表 4-14。

表 4-14　三个 Var 模型最佳滞后阶数检验

模　型	Lag	LogL	LR	FPE	AIC	SC	HQ
①	0	10.660 63	NA	0.000 905	−1.332 405	−1.245 490	−1.350 270
	1	42.746 11	49.362 28*	1.22e−05*	−5.653 248*	−5.392 502*	−5.706 843*
	2	43.755 61	1.242 461	2.07e−05	−5.193 171	−4.758 595	−5.282 496
	3	48.052 09	3.965 974	2.35e−05	−5.238 782	−4.630 375	−5.363 837
②	0	10.660 63	NA	0.000 905	−1.332 405	−1.245 490	−1.350 270
	1	42.746 11	49.362 28*	1.22e−05*	−5.653 248*	−5.392 502*	−5.706 843*
	2	43.755 61	1.242 461	2.07e−05	−5.193 171	−4.758 595	−5.282 496
	3	48.052 09	3.965 974	2.35e−05	−5.238 782	−4.630 375	−5.363 837

续表

模型	Lag	LogL	LR	FPE	AIC	SC	HQ
③	0	10.660 63	NA	0.000 905	−1.332 405	−1.245 490	−1.350 270
	1	42.746 11	49.362 28*	1.22e-05*	−5.653 248*	−5.392 502*	−5.706 843*
	2	43.755 61	1.242 461	2.07e-05	−5.193 171	−4.758 595	−5.282 496
	3	48.052 09	3.965 974	2.35e-05	−5.238 782	−4.630 375	−5.363 837

"*"表示被标注的数值所在行对应的滞后阶数即为该数值所在列的检验标准推荐的最佳滞后阶数

LR：sequential modified LR test statistic(each test at 5% level)(越大越好)

FPE：Final prediction error(越小越好)

AIC：Akaike information criterion(越小越好)

SC：Schwarz information criterion(越小越好)

HQ：Hannan-Quinn information criterion(越小越好)

(3) 估计模型参数。通过运行 Eviews5.0 软件的相关操作，可以得到如下估计结果(表 4-15)：

表 4-15 三个 Var 模型估计结果及相关检验

	①		②		③	
	Dev	lnEX	Dev	lnEX	Dev	lnEX
Dev(−1)	0.464 116	−0.602 483	0.660 079	0.400 148	0.547 745	−0.189 093
	(0.222 20)	(0.465 95)	(0.169 20)	(0.529 09)	(0.196 11)	(0.438 96)
	[2.088 73]	[−1.293 02]	[3.901 10]	[0.756 30]	[2.793 07]	[−0.430 77]
lnx*(−1)	0.121 957	1.148 243	0.073 576	0.941 818	0.099 674	1.056 294
	(0.036 53)	(0.076 60)	(0.022 19)	(0.069 38)	(0.029 42)	(0.065 84)
	[3.338 59]	[14.989 8]	[3.315 88]	[13.574 0]	[3.388 49]	[16.042 7]
C	−0.497 825	−0.444 059	−0.251 579	0.450 835	−0.447 495	−0.057 293
	(0.144 93)	(0.303 91)	(0.074 77)	(0.233 81)	(0.128 34)	(0.287 28)
	[−3.435 03]	[−1.461 17]	[−3.364 57]	[1.928 21]	[−3.486 70]	[−0.199 43]
R^2	0.953 937	0.992 773	0.953 635	0.988 328	0.954 596	0.992 904
Adj. R^2	0.946 260	0.991 569	0.945 907	0.986 383	0.947 029	0.991 722
F-statistic	124.257 4	824.260 6	123.407 0	508.068 9	126.146 6	839.580 6
Log likelihood	27.645 70	16.538 23	27.596 57	10.495 78	27.753 70	15.667 45
AIC	−3.286 093	−1.805 098	−3.279 543	−0.999 437	−3.300 493	−1.688 994
SC	−3.144 483	−1.663 487	−3.137 933	−0.857 827	−3.158 883	−1.547 384
Log likelihood	46.331 22		39.292 22		43.431 26	
AIC	−5.377 496		−4.438 963		−4.990 835	
SC	−5.094 276		−4.155 743		−4.707 615	

注：x*分别代表 EX、IM、IM_EX。()内数据为标准误差，[]内数据为 t-统计量。

从各个方程的 R^2 及调整后的 R^2 看,模型拟合优度较高,而且从系数来看,如果其他变量不变,那么出口、进口及进出口总额每增加一个百分点,长三角制造业发展水平将分别提高 0.12、0.07 和 0.10 个百分点,由此可以看出,出口对制造业发展水平的拉动作用要大于进口。

(4)模型检验。三个 Var 模型的单位根检验结果显示:虽然它们都有单位根一个大于 1、位于单位圆外,但由于该单位根与 1 极其接近、几乎落在单位圆的边界上(见图 4-10、图 4-11、图 4-12),因此,可以近似地认为三个模型是稳定的,有效的。

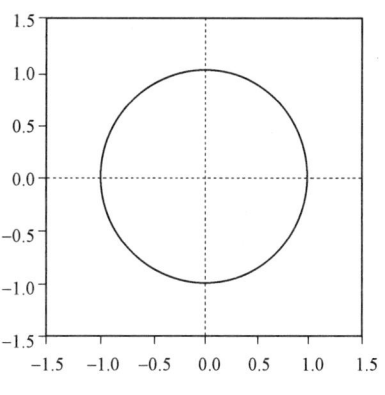

图 4-10 模型①的 AR 根图

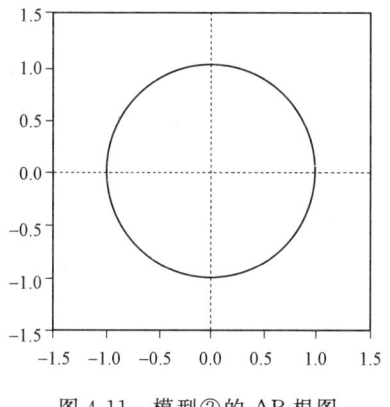

图 4-11 模型②的 AR 根图

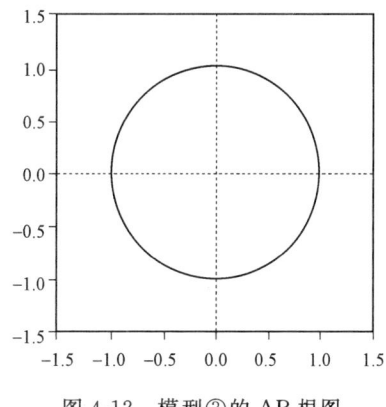

图 4-12 模型③的 AR 根图

对模型①的 Granger 因果检验显示(见表 4-16):lnEX 外生于 Dev 的概率是 0.000 8,即在 Dev 方程中,lnEX 的滞后变量应作为内生变量,说明出口对制造业发展水平有显著影响;而 Dev 不能 Granger 引起 lnEX 的概率是 0.196 0,即在 lnEX 方程中 Dev 的滞后变量应作为外生变量,长三角制造业发展水平对出口的影响不显著。

对模型②的 Granger 因果检验显示:lnIM 外生于 Dev 的概率是 0.000 9,即在 Dev 方程中,lnIM 的滞后变量应作为内生变量,说明进口对制造业发展水平有显著影响;而 Dev 不能 Granger 引起 lnIM 的概率是 0.449 5,即在 lnEX 方程中 Dev 的滞后变量应作为外生变量,长三角制造业发展水平对进口的影响不显著。

表 4-16　Var 模型的 Granger 因果检验

模型	因变量	Excluded	Chi-sq	df	Prob.
①	Dev	lnEX	11.146 17	1	0.000 8
①	lnEX	Dev	1.671 905	1	0.196 0
②	Dev	lnIM	10.995 05	1	0.000 9
②	lnIM	Dev	0.571 985	1	0.449 5
③	Dev	lnIM_EX	11.481 88	1	0.000 7
③	lnIM_EX	Dev	0.185 563	1	0.666 6

对模型③的 Granger 因果检验显示：lnIM 外生于 Dev 的概率是 0.000 7，即在 Dev 方程中，lnIM 的滞后变量应作为内生变量，说明进口对制造业发展水平有显著影响；而 Dev 不能 Granger 引起 lnIM_EX 的概率是 0.666 6，即在 lnIM_EX 方程中 Dev 的滞后变量应作为外生变量，长三角制造业发展水平对进口的影响不显著。

2. 构造 SVar(1)模型

为了详细考察某一内生变量的扰动对整个模型的冲击，下面利用估计 Var 模型时所得的样本残差值对扰动项进行正交标准化分解，以构造两变量的 SVar(1)模型：

$$B_0 x_{it} = \Gamma_0 + \Gamma_1 x_{it-1} + \mu_{ti} \quad t = 1,2,\cdots,T \quad i = 1,2,3$$

其中，
$$x_{1t} = \begin{pmatrix} \mathrm{Dev}_t \\ \mathrm{lnEX}_t \end{pmatrix}, \quad x_{2t} = \begin{pmatrix} \mathrm{Dev}_t \\ \mathrm{lnIM}_t \end{pmatrix}, \quad x_{3t} = \begin{pmatrix} \mathrm{Dev}_t \\ \mathrm{lnIM\_EX}_t \end{pmatrix}$$

$$\mu_{t1} = \begin{pmatrix} \mu_{1t} \\ \mu_{2t} \end{pmatrix}, \quad \mu_{t2} = \begin{pmatrix} \mu_{3t} \\ \mu_{4t} \end{pmatrix}, \quad \mu_{t3} = \begin{pmatrix} \mu_{5t} \\ \mu_{6t} \end{pmatrix}, \quad E[u_{ti} u_{ti}'] = I$$

μ_{1t} 和 μ_{2t}、μ_{3t} 和 μ_{4t}、μ_{5t} 和 μ_{6t} 分别表示作用在方程 Dev 和 lnEX、Dev 和 lnIM、Dev 和 lnIM_EX 上的结构冲击，而简化式扰动项 ε_t 是结构式扰动项 μ_t 的线性组合，即 $\varepsilon_{it} = B_0^{-1} \mu_{it}$，它代表一种复合冲击。

为了使 SVar 模型可识别，当对模型施加短期约束并用完全信息极大似然方法(FIML)进行参数估计，可得 ε_t 和 μ_t 的线性组合结果如下：

$$\varepsilon_{1t} = \mu_{1t}$$
$$\varepsilon_{2t} = 1.005\ 214 \mu_{1t} + 0.077\ 926 \mu_{2t}$$
$$(0.020\ 120) \quad (0.014\ 227)$$
$$[49.959\ 76] \quad [5.477\ 226]$$
$$\varepsilon_{3t} = \mu_{3t}$$
$$\varepsilon_{4t} = -1.165\ 365 \mu_{3t} + 0.124\ 126 \mu_{4t}$$
$$(0.032\ 049) \quad (0.022\ 662)$$
$$[-36.361\ 61] \quad [5.477\ 226]$$

$$\varepsilon_{5t} = \mu_{6t}$$
$$\varepsilon_{6t} = 0.083\,851\mu_{5t} + 0.095\,133\mu_{6t}$$
$$(0.024\,563) \quad (0.017\,369)$$
$$[3.413\,680] \quad [5.477\,226]$$

其中,( )内数据为标准误差,[ ]内数据为 z-统计量。

上述模型分别可以用矩阵表示为

$$\begin{pmatrix} 1 & 0 \\ -1.005\,214 & 1 \end{pmatrix}\begin{pmatrix} \varepsilon_{1t} \\ \varepsilon_{2t} \end{pmatrix} = \begin{pmatrix} 1 & 0 \\ 0 & 0.077\,926 \end{pmatrix}\begin{pmatrix} \mu_{1t} \\ \mu_{2t} \end{pmatrix} \rightarrow$$

$$\begin{pmatrix} 1 & 0 \\ -12.899\,597 & 12.832\,687 \end{pmatrix}\begin{pmatrix} \varepsilon_{1t} \\ \varepsilon_{2t} \end{pmatrix} = \begin{pmatrix} \mu_{1t} \\ \mu_{2t} \end{pmatrix}$$

$$\begin{pmatrix} 1 & 0 \\ 1.165\,365 & 1 \end{pmatrix}\begin{pmatrix} \varepsilon_{3t} \\ \varepsilon_{4t} \end{pmatrix} = \begin{pmatrix} 1 & 0 \\ 0 & 0.124\,126 \end{pmatrix}\begin{pmatrix} \mu_{3t} \\ \mu_{4t} \end{pmatrix} \rightarrow$$

$$\begin{pmatrix} 1 & 0 \\ 9.388\,492 & 8.056\,329 \end{pmatrix}\begin{pmatrix} \varepsilon_{3t} \\ \varepsilon_{4t} \end{pmatrix} = \begin{pmatrix} \mu_{3t} \\ \mu_{4t} \end{pmatrix}$$

$$\begin{pmatrix} 1 & 0 \\ -0.083\,851 & 1 \end{pmatrix}\begin{pmatrix} \varepsilon_{5t} \\ \varepsilon_{6t} \end{pmatrix} = \begin{pmatrix} 1 & 0 \\ 0 & 0.095\,133 \end{pmatrix}\begin{pmatrix} \mu_{5t} \\ \mu_{6t} \end{pmatrix} \rightarrow$$

$$\begin{pmatrix} 1 & 0 \\ -0.881\,408 & 10.511\,600 \end{pmatrix}\begin{pmatrix} \varepsilon_{5t} \\ \varepsilon_{6t} \end{pmatrix} = \begin{pmatrix} \mu_{5t} \\ \mu_{6t} \end{pmatrix}$$

当对 SVar 模型施加长期约束时,又可以得到三个 AB-型的 SVar 模型如下:

$$\begin{pmatrix} \varepsilon_{1t} \\ \varepsilon_{2t} \end{pmatrix} = \begin{pmatrix} 0.042\,795 & -0.001\,836 \\ 0.048\,113 & 0.075\,850 \end{pmatrix}\begin{pmatrix} \mu_{1t} \\ \mu_{2t} \end{pmatrix}$$

$$\begin{pmatrix} \varepsilon_{3t} \\ \varepsilon_{4t} \end{pmatrix} = \begin{pmatrix} 0.042\,973 & -0.000\,374 \\ -0.050\,587 & 0.124\,494 \end{pmatrix}\begin{pmatrix} \mu_{3t} \\ \mu_{4t} \end{pmatrix}$$

$$\begin{pmatrix} \varepsilon_{5t} \\ \varepsilon_{6t} \end{pmatrix} = \begin{pmatrix} 0.042\,055 & -0.006\,316 \\ 0.017\,584 & 0.093\,553 \end{pmatrix}\begin{pmatrix} \mu_{5t} \\ \mu_{6t} \end{pmatrix}$$

3. 脉冲响应函数分析

利用 SVar 模型可以单独考虑各个变量的冲击对其他变量的影响。在下列各图中,横轴表示冲击作用的滞后期间数(单位:年),纵轴分别表示响应幅度,实线表示脉冲响应函数,虚线表示正负两倍的标准差偏离带。

从图 4-13 可以看出,给出口一个百分点的冲击后,长三角制造业在滞后一期即第二期就有正向响应,并且在前五期增长较快,发展指数的响应在第五期时已达到 $0.021\,3$($d_{12}^{(5)} = 0.021\,3$,即在第 5 期,Dev 对 lnEX 的响应是 $0.021\,3$),之后仍持续稳定增长,且一直保持正的影响。从图 4-14 Dev 的累积响应函数可以看出,出口的某一变化,能够给长三角制造业发展带来同向的影响,而且这一影响具有显著的促进作用和持续效应,因此,增加出口能够推动长三角制造业持续快速发展。

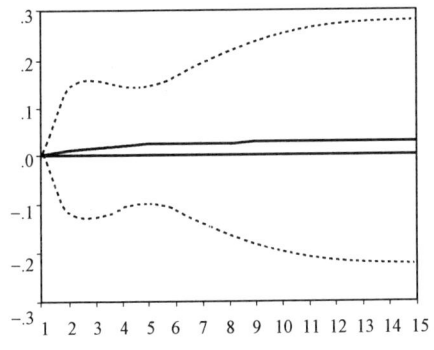
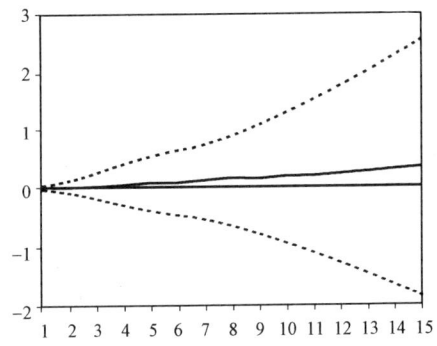

图 4-13 Dev 对出口的结构冲击的响应函数　　图 4-14 Dev 对出口结构冲击的累积响应函数

从图 4-15 可以看到,给进口一个正冲击后,长三角制造业在滞后一期即第二期就有正向响应,并且在前五期增长较快,发展指数的响应在第五期时已达到 0.020 2($d_{12}^{(5)} = 0.020\ 2$,即在第 5 期,Dev 对 lnIM 的响应是 0.020 2),之后持续稳定增长。从图 4-16 Dev 的累积响应函数可以看出,进口的某一冲击,能够给长三角制造业发展带来同向的冲击,而且这一冲击具有显著的促进作用和持续效应,因此,增加进口能够通过正向的溢出效应拉动长三角制造业持续快速发展。

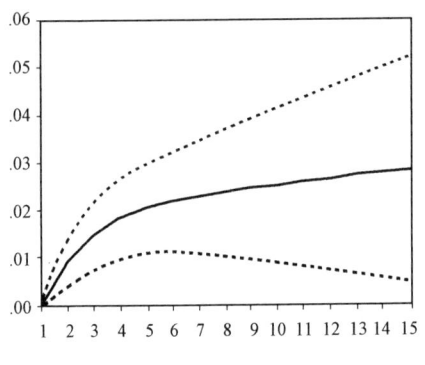
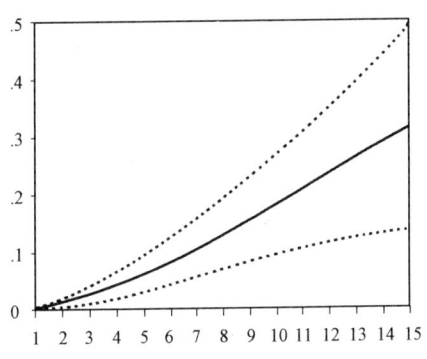

图 4-15 Dev 对进口结构冲击的响应函数　　图 4-16 Dev 对进口结构冲击的累积响应函数

从图 4-17 可以看出,当在本期给进出口一个正冲击后,长三角制造业在滞后一期即第二期就有正向响应,并且在前六期增长较快,发展指数的响应在第六期时已达到 0.022 4($d_{12}^{(6)} = 0.022\ 4$,即在第 6 期,Dev 对 lnIM_EX 的响应是 0.022 4),之后持续稳定增长。从图 4-18 Dev 的累积响应函数可以看出,进出口的某一冲击,能够给长三角制造业发展带来同向的影响,而且这一影响的持续时间较长、作用力度也较大。因此,积极开展对外贸易,扩大进出口,是新型国际分工格局下推动长三角制造业持续快速发展的重要途径。

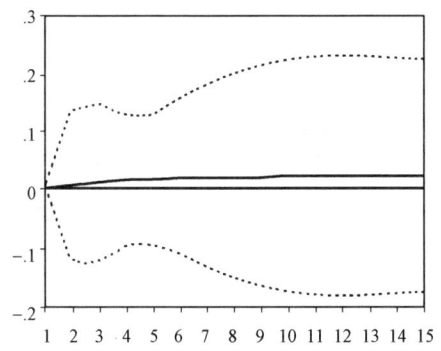
图 4-17 Dev 对进出口结构冲击的响应函数

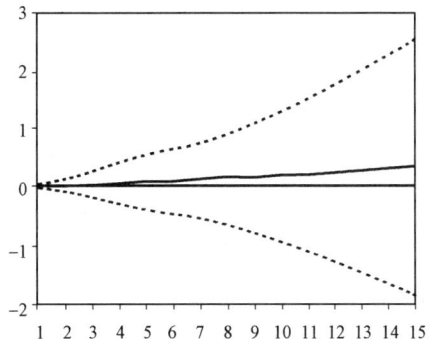
图 4-18 Dev 对进出口结构冲击的累积响应函数

4. 方差分解

下面利用方差分解的方法进一步了解国际贸易对长三角制造业发展水平变动的贡献程度。在下列各图(图 4-19)中,横轴表示滞后的期间数(单位:年),纵轴表示国际贸易对长三角制造业发展水平的贡献率(单位:百分数)。

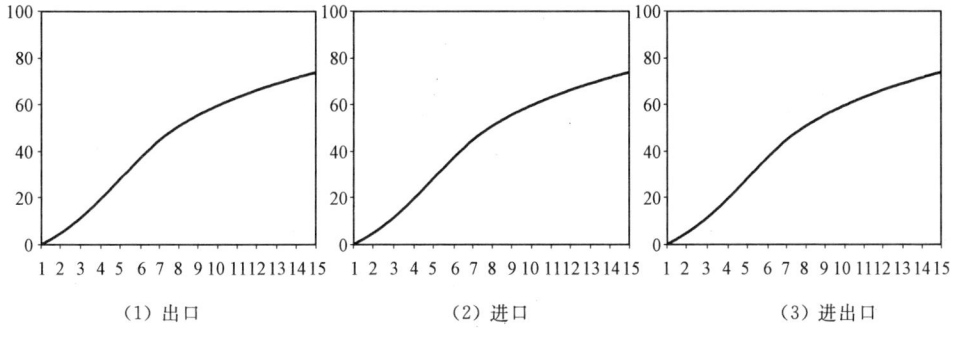

(1) 出口　　　　　　　(2) 进口　　　　　　　(3) 进出口

图 4-19　国际贸易对制造业发展水平变化的贡献率

从图 4-19 可以看出,不考虑制造业自身的贡献率,出口、进口及进出口总额对制造业发展水平的贡献率都逐年增加,在第 15 期时,出口、进口及进出口的贡献率分别达到 73.51%、73.17% 和 74.05%,即 $RVC_{lnEX \to Dev}(15) = 73.51\%$,$RVC_{lnIM \to Dev}(15) = 73.17\%$,$RVC_{lnIM\_EX \to Dev}(15) = 74.05\%$。这充分说明,长三角在改革开放后特别是 1990 年以来推行的加工贸易型国际化战略(刘志彪,2005),一方面通过承接国际产业转移有效地将当地的劳动力资源与发达国家的资本技术优势结合起来,从而在制造产业链的加工组装环节形成了自己的比较优势;另一方面,加工贸易提高了长三角制造业在世界制造业分工中的地位,从而使长三角制造业的发展离不开国际贸易的有力推动。

4.4 本章小结

从最初的理论分析到近年来的实证研究都表明,不同国家(地区)或同一国家的不同时期,国际贸易既可能促进经济增长也可能阻碍经济增长,促进经济增长的作用力既可能大也可能小。在长三角,伴随进出口规模的扩大和大量的主要以出口为目的的外商投资流向制造业,制造业的发展水平也在不断提高,这种大致相同的发展趋势初步说明它们之间可能存在着相关关系。出于研究长三角制造业如何更好发展的目的,本章从多个角度对它们之间的关系进行了分析,并形成了以下结论:

(1) 统计分析显示,从总量来看,长三角对外贸易规模不断扩大,进出口总额、出口总额占全国的比重高于 GDP 占全国的比重越来越多(2005 年,三个比重分别为 36.68%、38.12% 和 25.11%)。从外贸依存度看,1997 年以来,长三角高出全国平均水平也越来越多,其中上海的外贸依存度最高(2004 年曾高达 177% 以上),江苏次之,浙江最低;从出口商品结构看,长三角工业制成品出口占出口总额的比重达到 90% 以上,而且呈不断增长之势,高于全国平均水平,其中江苏工业制成品的比重位居两省一市之首,在 2004 年达到 98.4%,浙江工业制成品的出口比重虽然比不上江苏和上海,但在近几年增长非常快,高于全国平均水平;从工业制成品的进口比重看,除个别年份外,长三角也要高于全国平均水平,其中江苏与上海基本持平,浙江比重较低;从工业制成品的出口结构看,长三角工业制成品的出口结构不断趋于优化,机电产品出口的主导地位已基本确立,高新技术产品的出口比重不断增加,国际贸易已经成为拉动长三角的经济增长和结构升级的重要力量。

(2) 皮尔逊、肯德尔和斯皮尔曼相关分析一致显示国际贸易与长三角制造业发展高度相关,其中,进出口总额与长三角制造业发展水平的相关程度高于上海、江苏与浙江,同时江苏进出口总额与制造业发展水平之间的相关度又要高于浙江与上海;出口与长三角制造业发展水平之间的相关度与要高于苏、浙、沪相应的相关系数,而浙江出口总额对该省制造业发展水平的贡献又高于江苏与上海;进口总额与长三角制造业发展水平是完全相关,虽然这中间可能有误差,但也充分说明进口对于长三角制造业发展具有较大的促进作用;进口对长三角制造业的贡献较大,出口贸易对上海、浙江制造业的贡献都大于进口和进出口总额,而进出口总额对江苏制造业的贡献则大于进口和出口。总之,相关分析的结果显示:国际贸易是推动长三角制造业发展的重要因素,而且在新型分工格局下,随着长三角制造业逐步融入全球生产体系,国际贸易的影响力还将进一步加大。

(3) 1990～2005 年外贸与制造业发展水平之间的协整关系检验结果显示,长三角制造业与出口、进口及进出口总额之间存在协整关系,即长三角制造业与出口、进口及进出口总额之间具有长期稳定的共同趋势,出口、进口及进出口总额增长的过程也是长三角制造业发展的过程。

(4) 误差修正模型分析显示:当长三角制造业的短期波动偏离长期均衡时,出口、进口及进出口总额分别以(-0.410 2)、(-0.402 2)、(-0.549 1)的调整力度将非均衡状态拉回到均衡状态,显示出国际贸易对制造业发展水平具有较强的修正能力,扩大进出口规模将会使长三角制造业发展的速度、效益、竞争力和产业结构明显改善。

(5) Granger 因果关系检验表明,国际贸易与长三角制造业发展之间主要存在着单向的 Granger 因果关系,即出口、进口、进出口总额分别是长三角制造业发展水平的 Granger 原因,而制造业发展水平却不是出口、进口、进出口总额的 Granger 原因。这说明长三角国际贸易的增长带动了制造业发展水平的提高,要想推动制造业持续、快速、健康发展,就必须进一步开展国际贸易,更好地利用国外市场及资源。同时,由于一国或区域对外贸易要受到诸如基础设施、科学技术、国内投资、国外市场需求等要素的影响(赵彦云,2005),因此,制造业发展水平的提高不一定是对外贸易增长的原因,但如果制造业发展水平极其低下,即规模小、竞争力弱、经济效益差、结构不合理,那么国际贸易的结构、规模等也必将受到影响。

(6) 动态的脉冲响应函数分析显示,出口、进口及进出口总额的某一变化,都能够给长三角制造业发展带来同向的影响,而且这一影响不仅持续时间较长,作用力度也较大。因此,积极开展对外贸易,扩大进出口,是新型国际分工格局下推动长三角制造业持续快速发展的重要途径。

(7) 方差分解结果显示,不考虑制造业发展水平自身的贡献率,不考虑制造业自身的贡献率,出口、进口及进出口总额对制造业发展水平的贡献率都逐年增加,在第 15 期时,出口、进口及进出口的贡献率分别达到 73.51%、73.17% 和 74.05%,这充分说明,长三角在改革开放后特别是 1990 年以来推行的加工贸易型国际化战略,一方面通过承接国际产业转移有效地将当地的劳动力资源与发达国家的资本技术优势结合起来,从而在制造产业链的加工组装环节形成了自己的比较优势;另一方面,加工贸易提高了长三角制造业在世界制造业分工中的地位,从而使长三角制造业的发展离不开国际贸易的有力推动。

综上,统计描述和计量检验都证实国际贸易是影响长三角制造业发展的重要因素,要想推动长三角制造业在新型国际分工格局下加快发展速度、改善经济效益、增强国际竞争力和进一步优化结构,就必须继续积极开展对外贸易,扩大进出口规模,充分发挥对外贸易在优化配置资源、提高劳动生产率、创汇、技术引进、增加就业等方面对制造业发展的促进作用。

第5章 基于技术创新的长三角制造业发展实证分析

新型国际分工影响长三角制造业的技术创新状况,而技术创新在促进经济增长、推动产业结构升级、提升产业竞争力方面的作用又为许多经济学家证实,因此,在新型国际分工格局下推动长三角制造业发展离不开技术创新水平的提高。本章将从长三角制造业技术创新水平的现状着手,从定量的角度分析技术创新与长三角制造业发展的关系,实证分析的结果将是探索长三角制造业发展路径的依据。

5.1 技术创新促进产业发展的理论分析

西方经济学家以宏观意义的技术进步为变量来探讨技术创新与经济增长的关系,大体上依次经历了三个阶段:古典经济增长理论、新古典经济增长理论、新增长理论[261]。

第一阶段,强调资本积累的古典经济增长理论。以亚当·斯密和大卫·李嘉图为代表的古典经济学家虽然普遍认为储蓄和资本是促进经济增长的内生变量,但技术进步作为提高劳动生产率、影响经济增长的重要因素也并没有被忽视。如斯密认为,劳动分工是技术进步的主要内容,劳动生产率的提高主要归因于劳动分工的发展,而劳动分工的发展,又会促进能"简化劳动和缩减劳动"的新机器的发明。一旦机器被用于生产,劳动生产率就会按与劳动分工程度相应的水平提高。

第二阶段,强调技术外生的新古典经济增长理论。以罗伯特·索洛(R. Solow)为代表的新古典经济增长理论认为,技术进步是推动人均产出增长因而是经济长期增长的源泉。索洛发现,1909~1944年美国非农业部门的经济增长中,劳动和资本投入的增加对经济增长的贡献只占12.5%,而另外87.5%的产出不得不被归结为一个外生的、用以解释技术进步的"余数"。这样,索洛模型实际上第一次提出了"技术进步对经济增长具有最重要的贡献"的观点,不过,在他的模型中,内生的生产要素只有资本与劳动,技术进步是一个外生的变量。此后,阿罗(K. Arrow,1962)、乔根森(Jorgensen,1967)、丹尼森(E. Dension,1974)等经济学家沿着索洛的思路对经济增长理论进行了实证分析,但都未能将技术进步在经济增长中的作用全部内生化。

第三阶段,强调技术内生的新增长理论。20世纪80年代,以罗默(Paul Romer,1986)等为代表的新增长理论家认为,内生的技术进步是经济实现持续增长的决定因素。在罗默的内生增长模型中,决定经济增长的技术进步被看做是经济系统的内生变量,并特别突出了专门生产知识的研究与开发部门的重要性。而在卢卡斯(R. Lucas,1988)的人力资本溢出模型中,人力资本被视为索洛模型中技术进步的一种形式,经济增长取决于人力资本积累,物质资本生产在人力资本外部性作用下将显示出收益递增效应。

技术创新对总体经济增长的贡献在很大程度上是通过产业结构的优化和升级间接表现出来的。而产业结构也正是通过技术创新对传统产业的改造、新兴产业的兴起和落后产业的淘汰来实现优化和升级。具体地,技术创新对产业结构的影响主要表现为:

第一,技术创新推动传统产业改造。技术创新使得传统产业部门有可能采用新技术、新工艺和新装备来提高其技术水平,改变其生产面貌,促进原有生产部门和产品的更新换代,甚至创造出全新的产业和产品。从经济实践来看,一个产业如果只有很低的创新密度,同时具有很高的生产标准化程度,一般就认为已经具备了成熟产业的特征,但是经过技术创新,又可以重新焕发出生机和活力,并以新的面貌出现在新的产业结构中,有的甚至成为某些新兴产业赖以建立的重要物质条件之一。这样,技术创新实际上是使整个产业结构的内涵具有新的内容。

第二,技术创新促进新的产业和产业部门形成。在技术革新过程中,随着新的材料、能源、技术设备和工艺流程的问世,新兴产业部门不断出现。如第一次产业革命以蒸汽机和纺织机技术的发明和应用为开端,引起纺织、冶金、采掘、机械制造等产业的根本性变革,揭开了工业经济时代的序幕,开创了以机器占主导地位的制造业新纪元,造就了制造业企业雏形——工场式生产;以能源革命为动力的第二次产业革命,引起了石油化学工业、汽车工业、飞机工业、电器工业、通信业等一系列新兴产业的诞生,迅速地改变了产业结构;而以微电子技术、原子能技术、光学技术、新型材料技术为标志的第三次产业革命,促使计算机工业、核工业、生物工程、遗传工程等一系列高新产业的不断涌现,并导致了制造技术向程序控制的方向发展,柔性制造单元、柔性生产线、计算机集成制造及精益生产等相继问世。此外,福特、斯隆开创的大批量流水线生产模式和泰勒创立的科学管理理论导致了制造技术的分工和制造系统的功能分解;以集成电路为代表的微电子技术的广泛应用有力推动了微电子制造工艺水平的提高和微电子制造装备业的快速发展;激光的发明导致巨大的光通信产业及激光测量、激光加工和激光表面处理工艺的兴起;而无线通信、手提电话的发明诱发了移动通信产业迅速发展。

第三,技术创新改变着产业之间的关系。在国民经济的大体系中,任何一个产业部门都以它们的产品供给社会,又需要从其他部门获取原材料、能源等。产业之间的关联主要有以下两种方式:前向关联和后向关联。前向关联是指产业的产品在其他产业中的利用而形成的产业关联;后向关联则是指产业在其生产过程中需要投入其他产业的产品所形成的关联。决定产业之间相互依存关系的是产业之间的技术联系。产业之间的这种投入产出联系使得上下游产业之间形成互为产品创新和过程创新的关系。这样,一个产业的技术创新依次向其前向联系产业或后向联系产业传递、扩散,促使其发生新的技术创新,进而导致产业的扩张或收缩。在任一特定时期,各产业部门的技术发展是不平衡的,有些部门发展得快,有些部门发展得慢。在若干关联密切的生产部门中,如果某一部门的技术创新提高了该部门的劳动生产率,就可能诱导其他关联部门的技术创新。否则,这些部门不仅会限制已创新部门效益的实现,而且还会限制全体部门的生产率和生产能力的提高。这种由创新产生的产业"瓶颈",将把创新的努力引导到解决新的产业瓶颈上去,新的瓶颈解决了又会产生更新的瓶颈和更新的创新活动。技术创新的诱导机制和产业部门之间的关联机制的复合作用,推动着产业结构的变动。

第四,技术创新的生命周期决定着产业的兴衰与更替。技术创新生命周期可以分为四个阶段,不同的生命阶段有着不同的创新活动方式和需要结构。①投入阶段,在产品生命周期的早期,厂家为满足潜在的用户需要进行产品创新,但由于设计思想缺乏一致性,多种产品设计进入市场且频繁变动,主导设计尚未确定。这是一个在商业与技术上不断"尝试—纠错"的阶段,技术本身处于发展和变动状态,技术的潜在市场有待完善,产品市场有待开发。②成长阶段,经过一段时期,将会出现把技术与市场需要相结合的代表优秀产品的主导设计,从而为产业的发展提供了一个标准,降低了市场的不确定性。在主导设计确定后,产品创新率急剧下降,产品基本稳定,大规模生产成为可能,专用设备逐步取代通用生产设备,创新重点从产品创新转移到工艺创新。③成熟阶段,主导设计的出现使产品设计、生产程序与生产工艺日趋标准化,市场需求稳定,大规模生产使制造效率大大提高,企业由此享受规模经济带来的好处。企业进一步创新的重点是以降低成本和提高质量为目标的渐进性的工艺创新。④衰退阶段,一个产业一旦发展到成熟阶段后期,企业组织会呈现出越来越大的刚性,产业内部会产生一种强烈的抑制重大创新的力量,从而使得这一阶段的实质性的创新大都是在外部因素的刺激下产生的。

第五,技术创新刺激需求结构发生变化,从而使产业结构发生变化。需求结构对产业结构的影响是最直接和最基本的,没有社会需求的产业根本不存在。但是,需求结构却受到科学技术进步的制约,即使有合理的需求,只要技术上还不可能制造出产品以满足这种需求,新的产业就不可能出现。然而技术上一旦有重大突破,就会极大地刺激新的需求,推动新产业的形成和发展。因此,在需求结构发生实质性变化之前,必须先有某些技术突破或革命。没有技术创新作先导,需求结构对产业结构的影响将是缓慢的。从这一意义上讲,需求结构变化是产业结构变化与技术创新之间的一个中间环节,同时,技术创新对产业结构最直接的影响,是推动产业结构不断向高级化发展。其趋势是技术密集型产业在产业结构中所占比重越来越大,劳动密集型产业所占比重不断下降。当今社会的一个重要趋势是,社会的消费需求与日俱增,既有规模的扩张,又有结构的演变和升级。社会需求的变化,都可能拉动并持续影响技术创新,从而推动产业结构变化。一方面,从需求规模变化来看,需求规模的扩张,与社会可供利用的资源有限并存,这就只能靠以技术进步促进产业结构的质的改善,实现经济的集约增长。另一方面,从需求结构变化来看,需求结构变动对产业结构的影响,也是通过技术创新来实现的。

技术创新对产业竞争力的影响可以从世界制造业中心的转移过程中直接体现出来。所谓世界制造业中心,是指面向全球最重要、最大的工业产品生产基地。成为世界制造业中心的国家或地区不仅要拥有一大批在总体上代表某个时代世界最高制造业水平、在全球主要市场占有重要地位的企业,而且还要具有领导世界制造业潮流的新技术、新产品或新的生产组织和管理方法。世界制造业中心无论是在英国的产生还是向到德国、美国和日本的转移,都靠的是科技创新的推动,而且前三个国家在成为世界制造业中心的同时还是当时的科技中心,日本虽然未能成为世界科技中心,但是却拥有高超的生产技术和创新能力。

第一,世界制造业中心的产生。1830年,英国借助第一次技术革命即产业革命成为世界科技中心。它给纺织、冶金、机械制造、煤炭、交通等整个工业生产、社会生活带来了翻天覆地的变化和历史性的进步,并使英国成为世界上第一个实现工业化的国家,成为世界第一经济强国和第一个世界制造中心。

第二,世界制造业中心的第一次转移。1830年德国出现了科学革命的高潮,涌现了一批世界著名的科学家。德国利用煤和化学的科学成就,迅速开创并发展了合成化学技术和工业,由合成染料带动合成纤维、制药、油漆、合成橡胶、造纸、酸碱工业的快速发展,人类进入合成化学时代和人工制品时代。到1895年,德国的各个产业全面超过了英国,实现了工业化,并取代英国成为世界科技与制造中心。

第三,世界制造业中心的第二次转移。1897~1930年,发生在美国的第二次技术革命——电力技术革命,使美国通过电力工业技术体系的完成,建立和完善了钢铁、化工和电力三大产业,并利用和石油开采技术优势,发展了石油-化工化纤、塑料、橡胶工业,标志着石油化工对煤化工的取代,成为"石油化工技术王国"。在电力和石油工业的促进下,美国大力发展汽车工业,1927年,汽车总产量就占世界产量的80%;美国开拓了飞机工业,标志着人类进入航空时代。这样,美国率先在世界上实现了大规模的工业化。同时美国无线电技术及其相关产业的发展,使其在1920年实现商业广播,1929年发明彩色电视等。至此,美国取代德国,成为世界科技和制造中心。

第四,世界制造中心的第三次转移。第二次世界大战后,日本提出"技术立国"的口号,并着眼于引进,立足于改进和创新,加强企业管理,利用各国技术之长,组成世界独一无二的日本产品系列,走出了一条不断创新、不断综合的发展生产技术的道路。实现了产业、结构升级和经济起飞,迅速发展为世界第二的经济强国,并于20世纪80年代取代美国成为世界制造中心。

5.2 长三角制造业技术创新的统计描述

长三角高校云集(2004年长三角有237所高校,占全国高校总数的13.69%,其中江苏高校112所,数量位居全国第一),科研机构众多,是我国科技较为发达的地区。源源不断的高质量毕业生、规模庞大的各类专业技术人员队伍,有力地增加了各行业的科技实力。就制造业来说:

第一,制造业科技创新投入排在全国前列(见表5-1)。2005年,长三角大中型制造业企业R&D经费支出316.69亿元,占中国制造业R&D经费支出总额的32.65%。其中,江苏制造业R&D经费支出145.33亿元,占地区生产总值的0.94%,占全国制造业R&D经费支出总额的14.98%,在全国排名仅次于广东;上海制造业R&D经费支出90.27亿元,占地区生产总值的1.21%,占全国制造业R&D经费支出的9.31%,在全国排名第四;浙江制造业R&D经费支出81.09亿元,占地区生产总值的0.72%,占全国制造业R&D经费支出的8.36%,在全国排名第五。从制造业大中型企业R&D人员全时当量来看,2005年,江苏、浙江、上海制造业R&D人员全时当量分别为66 139人年、39 138人年和21 266人年,占全国的比重分别为14.30%、8.46%和4.60%,在全国分别排第1、3、7位。以上数据可以看出,无论是经费投入还是科技人员投入,长三角都排在全国前列。

表5-1 2005年长三角制造业技术创新投入状况

项 目	上 海	江 苏	浙 江	长三角
R&D经费投入/亿元	90.27	145.33	81.09	316.69
R&D经费投入强度(R&D/GDP)/%	1.21	0.94	0.72	0.96
R&D人员全时当量/人·年	21 266	66 139	39 138	126 543
制造业R&D人员占在岗职工比重/%	3	3.2	2.3	2.8
制造业新产品开发经费/亿元	110.96	138.38	95.79	345.13
制造业技术引进经费/亿元	58.79	62.03	20.74	141.56
制造业技术消化吸收经费/亿元	8.49	8.04	4.59	21.12

资料来源:根据2006年江苏、浙江、上海统计年鉴整理计算。

第二,制造业科技活动产出量已具有相当的规模(表5-2)。2005年,长三角制造业共有科技活动30 054项,占中国制造业科技活动项目总数的33.68%;浙江、江苏、上海制造业申请专利数量分别为9 068项、6 751项和5 268项,在全国分别排第2、第3和第4位;专利拥有数量分别为4 668个、2 839个和1 065个,在全国分别排在第1、第3和第7位。2005年,长三角制造业共开发新产品23 796项,占中国制造业企业新产品开发项目总数的36.21%,其中,江苏、上海、浙江制造业开发新产品

8 957 个、4 526 个和 10 313 个,制造业新产品产值分别为 138.38 亿元、110.97 亿元和 95.80 亿元,制造业新产品产值率分别达到 11.77%、21.48%和 12.89%。

表 5-2 2005 年长三角制造业技术创新产出状况

	上海	江苏	浙江	长三角
制造业科技活动项目数/个	5 949	11 575	12 530	30 054
制造业新产品开发数/个	4 526	8 957	10 313	23 796
制造业新产品产值/亿元	2 693.66	2 775.77	2 223.44	7 692.87
制造业新产品产值率/%	21.48	11.77	12.89	15.38
专利申请数/个	5 268	6 751	9 068	21 087
专利拥有数/个	1 065	2 839	4 668	8 572
制造业技术创新投入产出系数	24.27	20.06	23.21	22.51

资料来源:根据 2006 年江苏、浙江、上海统计年鉴整理计算。

第三,高技术产业已经成为支撑长三角制造业持续健康发展的重要力量(表 5-3)。1990~2005 年,长三角高技术产业增加值年均增长 27.36%,超过制造业增加值 20.2%的年均增长速度。2003 年,长三角共有高技术企业 3 784 个,占全国高技术企业总数的 30.71%;创造增加值 1 432.1 亿元,占全国增加值的 28.45%,占该区域制造业增加值的比重为 14.57%;2005 年,长三角高技术产业增加值为 2 432.79 亿元,高技术产品出口额达到 951.57 亿美元,占长三角出口总额的 32.75%,占全国高技术产品出口额的 43.60%。其中,江苏高技术产品出口额为 530.30 亿美元,占全省出口总额的比重为 43.12%,占全国高技术产品出口额的比重为 24.29%,在全国排名仅次于广东;上海高技术产品出口额为 360.32 亿美元,占全省出口总额的比重为 39.71%,占全国高技术产品出口额的比重为 16.51%,在全国排名第 3;浙江高技术产品出口额为 60.95 亿美元,占全省出口总额的比重为 7.94%,占全国高技术产品出口额的比重为 2.79%,在全国排名第 7 位。可以看出,与江苏、上海相比,浙江的高技术产业对制造业的支撑作用相对较小,出口产品的技术含量较低,制造业主要以劳动密集型的产业为主,产业结构层次相应较低。

表 5-3 2005 年长三角制造业高技术产业出口情况

	上海	江苏	浙江	长三角
高技术产品出口额/亿美元	360.32	530.30	60.95	951.57
占出口总额比重/%	39.71	43.12	7.94	30.26
占工业制成品出口总额比重/%	40.82	43.68	8.35	30.95
占全国高技术产品出口总额比重/%	16.51	24.30	2.79	14.53

资料来源:根据 2006 年江苏、浙江、上海统计年鉴及中国科技统计网站相关数据整理计算。

第四,技术进步对制造业的贡献较大。根据索洛模型,可以对长三角制造业的技术进步情况作出分析。在"希克斯中性"技术进步的假设下,考虑技术进步的柯布-道格拉斯生产函数为

$$Y_t = A_t f(K, L) = A_t K^\alpha L^{1-\alpha} \tag{5.1}$$

其中:Y 为产出,K 为资本,L 为劳动力,α 为资本的产出弹性,$(1-\alpha)$ 为劳动的产出弹性。

对式(5.1)两边取自然对数可得

$$\ln Y = \ln A(t) + \alpha \ln K + (1-\alpha) \ln L \tag{5.2}$$

再对式(5.2)求导可得

$$\frac{\Delta Y}{Y} = \frac{\Delta A}{A} + \alpha \frac{\Delta K}{K} + (1-\alpha) \frac{\Delta L}{L} \tag{5.3}$$

即

$$y = \alpha + \alpha k + (1-\alpha) l$$

式(5.3)的基本含义为,产出增长率=技术进步增长率+资本投入增长率+劳动投入增长率。

令 Ea 表示科技进步贡献率,则:$Ea = \frac{A}{Y} \times 100\%$。

为了测度科技进步对长三角制造业总产值增长的贡献份额,把以 2000 年为基期计算得到的制造业总产值增长率、(固定资产净值年平均余额+流动资产年平均余额)增长率和制造业从业人员增长率分别代入式(5.3)中的 Y、K、L,并参照李兴国等(1996)采用弹性定义法来确定 α,即 $\alpha = \frac{1}{2} \frac{产值增长}{资本增长} = \frac{1}{2} \frac{\Delta Y/Y}{\Delta K/K}$。数据处理及结果见表5-4。

表 5-4 2000~2005 年长三角制造业生产要素贡献率

区域	Y/%	K/%	L/%	α	1-α	A/%	Ea/%
上海	19.96	12.71	7.17	0.318 4	0.681 6	11.02	55.23
江苏	25.97	18.91	6.63	0.364 0	0.636 0	14.88	57.27
浙江	27.52	25.51	16.74	0.463 4	0.536 6	6.72	24.42
长三角	24.75	18.71	10.07	0.377 9	0.622 1	11.42	46.12

由表 5-4 可以看出:①科技进步对长三角制造业产值增长的贡献较大。2005年,科技进步对长三角制造业产值的贡献率为 46.12%,其中江苏、上海、浙江制造业的科技进步贡献率分别为 57.27%、55.23% 和 24.42%。②虽然长三角制造业产值增长迅速,但技术进步的速度却相对较慢。2000~2005 年,长三角制造业科技进步年均增长 11.42%,其中上海、江苏、浙江制造业分别增长 11.02%、14.88% 和 6.72%,普遍低于资本的增长速度,说明长三角制造业仍处于投资导向阶段,尚未实现向创新导向阶段的过渡。③与江苏、上海相比,浙江制造业科技进步贡献率较低、发展速度较慢,科技对制造业发展的支撑与引领作用有待进一步提高,而且

浙江制造业的资本、劳动增长速度远远高于技术进步的增长,说明目前浙江制造业发展主要依靠资本和劳动的投入。

第五,长三角制造业技术创新力度需进一步加强。进出口结构是一国制造业技术的具体反映,也是工业化阶段的标志,通过分析重化工业产品的进出口比例变化发现,尽管长三角制造业科技创新取得了长足进展,但目前长三角制造技术大部分依赖国外,对引进技术的消化吸收仍停留在掌握已有技术、实现国产化的低层次上,未上升到形成产品自主开发能力和技术创新能力的高度,而且重引进、轻消化现象仍没有根本改观。1998~2005年,上海、江苏用于消化吸收的经费占技术引进支出总额的比重平均为0.09,即每引进1美元技术,用0.09美元消化吸收,而韩国却用5美元来消化吸收引进的1美元技术,以培育和发展自身的技术能力(表5-5)。

表5-5　1998~2005年江苏、上海化工及机械产品进出口对比

			1998	1999	2000	2001	2002	2003	2004	2005
江苏	化学成品及有关产品	进口量/亿美元	11.86	19.79	30.60	33.84	43.94	67.56	105.81	132.66
		比例/%	12.55	17.95	17.55	17.11	15.39	13.51	13.99	13.93
		出口量/亿美元	13.90	15.55	19.36	20.80	25.00	32.28	45.69	65.73
		比例/%	9.31	8.86	7.77	7.44	6.66	5.57	5.31	5.41
	机械及运输设备	进口量/亿美元	55.63	56.66	96.86	112.08	161.84	285.73	407.25	529.01
		比例/%	58.89	51.42	55.55	56.68	56.69	57.14	53.85	55.54
		出口量/亿美元	49.36	60.89	96.95	118.73	183.46	317.92	483.11	701.41
		比例/%	33.03	34.69	38.89	42.50	48.90	54.81	56.10	57.77
上海	化学成品及有关产品	进口量/亿美元	17.73	28.70	43.83	48.85	64.11	89.16	110.75	121.65
		比例/%	13.32	16.56	16.94	16.50	17.45	15.41	14.17	14.20
		出口量/亿美元	9.90	9.84	12.33	13.33	16.33	20.51	28.52	39.2
		比例/%	6.53	5.46	5.03	4.97	5.25	4.34	4.00	4.44
	机械及运输设备	进口量/亿美元	75.56	93.63	136.22	164.3	207.09	332.2	461.84	514.51
		比例/%	56.77	54.03	52.65	55.48	56.36	57.42	59.08	60.05
		出口量/亿美元	51.01	69.98	101.54	120.36	141.87	256.71	421.31	526.32
		比例/%	33.65	38.83	41.44	44.83	45.57	54.33	59.02	59.63

资料来源:根据相关年份江苏、上海统计年鉴整理计算。

随着长三角经济结构向重化工业化阶段的转移,化工和机械设备的需求量也相应大幅度增加,但由于国内重化工业产品的自给率较低(供应不足或不能供应),生产中所需的重化工业产品不得不通过进口来解决。从表5-5可以看出,化工产品和机械产品均是江苏、上海进口的主要制造业产品。1998年,两者合计占江苏进口总额的71.74%,上海进口总额的70.09%,2005年分别占江苏、上海进口总

额的 69.47%、74.25%。说明在这 8 年的工业化过程中,化工和机械产品并未发生根本性的结构升级,长三角重化工业产品的进口替代能力较低。具体来看,①1998~2005 年,江苏化工产品进口量从 11.86 亿美元猛增到 132.66 亿美元,占江苏工业制成品进口总额的比重也从 12.55% 提高到 13.93%,其中 1999 年曾达到 17.99%;同期,江苏化工产品的出口量虽然有所上升,但比重却持续走低,从 9.31% 降到 5.41%。与江苏类似,上海化工产品进口量从 1998 年的 17.73 亿美元增长到 121.65 亿美元,占工业制成品进口的比重从 13.32% 提高到 14.20%,2002 年曾高达 17.45%;而出口量仅从 9.90 亿美元增加到 39.2 亿美元,占工业制成品出口额的比重从 6.53% 降到 4% 左右。②1998~2005 年,虽然江苏、上海机械产品的出口量及出口比重都不断提高,但进口量几乎保持了同样的增长速度,进口比重也一直维持在 50% 以上,上海机械产品的进口比重还从 56% 增长到 60%。这充分说明,虽然长三角重化工业已经发展到较大规模,但技术含量相对较高的产品自给率并不高,而且作为基础工业的装备制造业规模与技术同市场的需求存在着很大的矛盾。因此,为了能形成一个能生产复杂技术产品和与国际制造业处于相同水平的制造业体系,加速长三角制造业发展和技术升级,应该不断增加对机械制造、化学工业等部门的投资,提高这些部门的研发力度。

第六,长三角 R&D 投入增长较快,但其强度(R&D/GDP)与发达国家及某些新兴工业化国家相比仍然偏低(见表 5-6 及图 5-1、图 5-2)。从 1990 年到 2005 年,长三角 GDP 增长了 13.17 倍,R&D 投入却从 18.09 亿元增长到 664.07 亿元,16 年增长了 36.71 倍,两者相差 2.79 倍。其中,1990~2005 年,上海、江苏、浙江的 GDP 增长了 11.71 倍、12.90 倍和 14.85 倍,R&D 投入则分别增长了 21.10 倍、49.23 倍和 72.87 倍,后者分别是前者的 1.80 倍、3.82 倍和 4.91 倍,增长速度非常之快,说明长三角各省市已经逐渐重视技术创新在推动经济增长、产业发展方面的支撑与引领作用。但是从 R&D 投入强度来看,长三角与发达国家相比仍有不小的差距。2005 年,长三角 R&D 投入占 GDP 的比重为 1.63%,虽然高于全国平均水平,但却低于英、法、美、日等国,而且韩国、欧盟等 R&D 投入强度仍在持续提高,英、美等国还把研发投入看作为战略性投资,政府不断追加研发预算,如英国 1999 年起 3 年内追加了 14 亿英镑投资(图 5-3),2003 年美国联邦政府研发预算达到 1 180 亿美元。

表 5-6　1990~2005 年长三角及部分国家的 R&D 投入强度(R&D/GDP)　　单位:%

年　份	上　海	江　苏	浙　江	长三角	中　国	德　国	英　国	日　本	法　国	美　国	韩　国
1990	1.30	0.39	0.27	0.58	0.68	2.67	2.15	2.96	2.37	2.65	—
1991	1.41	0.47	0.41	0.69	0.74	2.52	2.07	2.93	2.37	2.61	1.82
1992	1.57	0.44	0.62	0.76	0.74	2.41	2.02	2.88	2.38	2.65	1.94
1993	1.52	0.41	0.44	0.68	0.7	2.35	2.05	2.82	2.4	2.52	2.12

续表

年 份	上 海	江 苏	浙 江	长三角	中 国	德 国	英 国	日 本	法 国	美 国	韩 国
1994	1.39	0.38	0.32	0.59	0.64	2.26	2.01	2.77	2.34	2.43	2.32
1995	1.30	0.36	0.47	0.61	0.57	2.25	1.95	2.9	2.31	2.51	2.37
1996	1.38	0.37	0.34	0.59	0.57	2.19	1.87	2.82	2.27	2.55	2.42
1997	1.45	0.38	0.34	0.61	0.64	2.24	1.81	2.89	2.19	2.58	2.48
1998	1.47	0.45	0.35	0.66	0.65	2.27	1.8	3.02	2.14	2.61	2.34
1999	1.52	0.53	0.37	0.75	0.76	2.4	1.87	3.04	2.16	2.65	2.25
2000	1.61	0.59	0.56	0.83	0.9	2.45	1.86	3.05	2.15	2.74	2.39
2001	1.69	0.97	0.61	1.03	0.95	2.46	1.83	3.13	2.2	2.76	2.59
2002	1.78	1.03	0.57	1.06	1.07	2.49	1.83	3.18	2.23	2.65	2.53
2003	1.93	1.21	0.88	1.26	1.13	2.52	1.79	3.2	2.17	2.68	2.63
2004	2.11	1.38	0.99	1.42	1.23	2.5	1.73	3.18	2.14	2.68	2.85
2005	2.34	1.48	1.34	1.63	1.34	2.51	—	—	2.13	—	2.99

资料来源：相关年度上海、江苏、浙江统计年鉴，中国科技统计网站(www.sts.org.cn)。

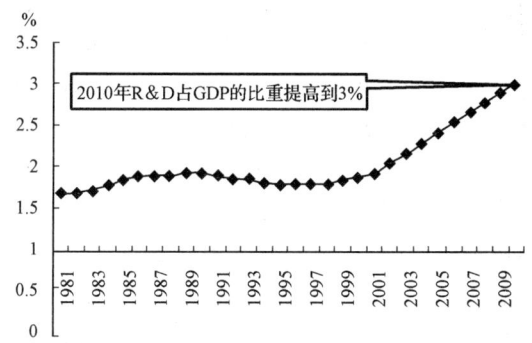

图 5-1 欧盟 R&D 占 GDP 比重

资料来源：经济发展与合作组织(OECD)：《主要科技指标 2003》。

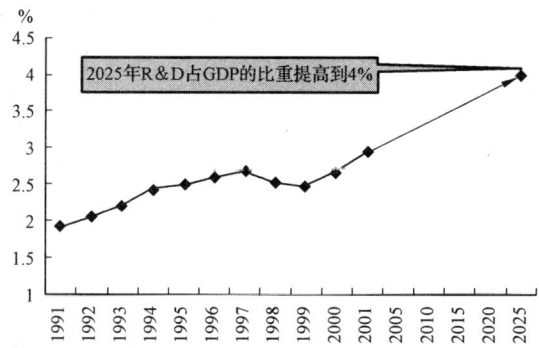

图 5-2 韩国 R&D 占 GDP 的比重

资料来源：韩国科技部：《研发活动调查 2002》。

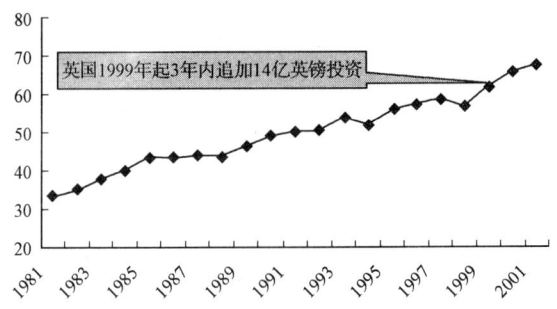

图 5-3　1981~2001 年英国政府研发预算
资料来源：经济发展与合作组织（OECD）：《主要科技指标 2003》。

此外，考察世界主要国家经济实力与 R&D 投入规模之间的关系，可以看到，美国、日本、德国和韩国 R&D 经费支出占世界总量的份额均高于其 GDP 占世界总量的份额，美国甚至高 10 个百分点，也就是说他们的 R&D 投入能够强有力地支撑其经济发展；而长三角 R&D 经费支出占世界总量的份额只及 GDP 占世界总量的份额的一半。与上述国家相比，单就 R&D 投入的总规模来说，长三角的 R&D 投入很难满足快速发展的经济需求，而且长三角的 R&D 活动主要是由不具有自主知识产权的试验发展活动构成，原创性的科学研究活动比较少，R&D 活动的质量不高，因此长三角的 R&D 投入尚不能有力地支撑区域经济的发展，为了推动经济持续、快速、健康发展，促进制造业优化升级、提升国际分工地位和获利水平，长三角应该继续增加研发投入，提高研发投入强度。

5.3　技术创新与长三角制造业发展关系的实证检验

无论是从理论还是从世界制造业中心转移的实践中看，技术创新都是推动产业发展的重要因素，长三角制造业发展过程中也体现了技术创新的影响。下面，我们从实证的角度，定量地分析技术创新与长三角制造业发展的关系。由于 R&D 活动带来新产品、新工艺和新知识，是技术变革的一个主要来源，按《弗拉斯卡蒂手册》的定义，研究与发展是"为了增加知识的总量，以及运用这些知识创造新的应用，所进行的系统的、创造性的工作"。罗默认为是内生的技术进步导致了经济的长远增长，技术进步即由 R&D 活动所导致的资本设备多样化。罗默的模型中存在着两类主体，一类主体是非熟练工人，拥有的生产要素是劳动，可以用于最终产品的生产；另一类主体是科研人员，既可以用于最终产品的生产，也可以从事 R&D 活动。整个经济体的运作机制是：一部分研究人员从事 R&D 活动，生产的成果是一些资本设备的新设计方案；这些新设计方案一旦为下游的资本设备生产商所掌握，就可以以固定的比例将最终产品转化为新资本设备，这些资本设备可以直接投入最终产品部门的生产,设计方案种类的总和就是新古典增长理论中的技术;生产部门利用劳动、资本设备生产出最终产品。这样,依赖于研究人员的R&D活动,新的资本设备就会不断出现,以减缓物质资本总量的边际递减速度,从而推动整个经济的增长[137]。因此,鉴于R&D活动与技术创新之间的这种直接的因果关系,在测度长三角制造业与技术创新的定量关系时,我们就用R&D活动替代技术创新,具体分析R&D对长三角制造业发展水平的贡献,而且计量的结果也可以作为长三角是否应该进一步增加R&D经费投入的依据。

其实,早在20世纪60年代早期,学者们就已开始从计量角度对R&D在经济增长中的作用进行了研究(Minasian,1962;Griliches,1964;Mansfield,1965)。这些研究将R&D(或知识存量)作为一个独立的生产要素纳入传统柯布-道格拉斯生产函数中,试图测算出R&D产出弹性或R&D收益率。虽然早期的研究在理论框架上尚不成熟,但均发现R&D对生产率有显著促进作用。20世纪80年代,新经济增长理论兴起,R&D与生产率之间的理论研究框架趋于成熟(Griliches,1979),继而在企业层面和产业层面上均涌现出大量经验性研究文献[262]。

在企业层面上,Griliches(1980a)、Griliches和Mairesse(1984)、Griliches(1986)、Adams和Jaffe(1996)利用美国企业数据测算的R&D产出弹性分别约为0.07、0.05、0.1和0.08。Cuneo和Mairesse(1984)、Hall和Mairesse(1995)、Mairesse和Hall(1990)运用法国制造业企业数据测算的R&D产出弹性分别为0.20、0.17~0.25、0.09。Griliches&Mairesse(1990)、Harhoff(1998)、Dilling-Hansen等(2000)测算了日本、德国和丹麦企业的R&D产出弹性。

在产业层面上,Griliches(1980b)利用美国1959~1977年39个制造业产业数据、Sveilauskas等(1982)利用美国1959~1969年144个制造业产业数据,测算的R&D产出弹性分别为0.03~0.07、0.22~0.25。Mansfield(1988)利用日本制造产业数据、Bernstrin(1988)利用加拿大制造产业数据,分别发现R&D产业弹性为0.42和0.12。Englander等(1988)利用6个国家的产业数据、Verspagen(1995)利用11个OECD国家的产业数据,分别发现R&D产出弹性为-0.16~0.50、-0.02~0.17。Bayoumi、Coe和Helpman(1999)检验了R&D投资、R&D溢出以及贸易对全要素生产率与产出增长的影响,模拟结果显示,R&D投资、R&D溢出对生产率和产出有直接的影响,若美国将R&D投资增加其GDP的0.5个百分点,则它的产出在80年后将增加9%以上,其他工业化国家的产出将增加近3%,发展中国家的产出则大约增加3.5%。

最近几年,国内外一些学者也关注了中国的R&D在经济增长中的作用,通过利用不同的数据样本实证检验了R&D对生产率的影响。Hu(2001)运用北京市海淀区1995年813个高科技企业样本,研究发现,私人R&D产出弹性约为0.32[263]。Jefferson等(2004)利用中国1993~1999年5 451个大中型制造业企业面板数据,研究发现,R&D产业弹性约为0.24[264]。张海洋(2005)运用中国

1999～2002年34个工业行业面板数据,检验了自主R&D与外资活动对内资工业行业生产率的影响,发现R&D对生产率和技术效率有不显著作用或负作用,只对技术进步有促进作用[265]。

R&D活动可以用经费和人员来测度。对R&D活动的测度主要是计量由于R&D活动而产生的知识与技术的量,而经费和人员间又存在着高度的相关性,所以通常都采用R&D活动的经费投入来测度R&D活动。在这里,我们采用R&D投入强度即R&D经费投入占GDP的比重来衡量R&D活动,并且为了减少数据波动造成的异方差影响,我们对数据进行了标准化处理。制造业发展水平依然采用第5章构筑的制造业发展指数。样本范围为1990～2005年。

5.3.1 简单相关分析

借助SPSS11.5软件中非参数检验的秩相关分析法,对1990～2005年长三角R&D投入强度与制造业发展水平进行相关分析,结果如表5-7所示。

表5-7 区域合作与制造业发展水平的相关分析

区 域	Pearson相关系数	Sig. (2-tailed)	Kendall's tau_b相关系数	Sig. (2-tailed)	Spearman相关系数	Sig. (2-tailed)	样本量
上海	0.897	0.000	0.605	0.001	0.745	0.001	16
江苏	0.908	0.000	0.678	0.000	0.802	0.000	16
浙江	0.669	0.005	0.460	0.013	0.572	0.020	16
长三角	0.899	0.000	0.600	0.001	0.721	0.002	16

长三角制造业发展水平与R&D投入强度的皮尔逊相关系数超过0.8,属于高度相关,肯德尔和斯皮尔曼虽然较低,但也超过0.6,呈现出显著相关的特征。就各省市来看,①江苏制造业发展水平与R&D的相关性最高,说明科技在支撑和引领江苏制造业发展方面作用巨大,科技与产业匹配得较好,江苏制造业全国第二的规模水平、越来越好的经济效益、日益增强的产业竞争力和逐渐优化的产业结构离不开技术创新的支持。②浙江制造业发展水平与R&D投入强度的皮尔逊系数、肯德尔系数和斯皮尔曼系数在两省一市中都最低。虽然说近年来浙江技术创新能力的迅速提高是中国经济发展中的新现象,在《2003年中国区域创新能力报告》中,浙江创新能力以37.40分名列全国第六,在《中国制造业发展研究报告2006》中,浙江制造业科技创新能力以0.7490分位居全国第四,紧跟在广东、上海和江苏之后,但由于浙江的科研基础较为薄弱,企业规模普遍较小,研发投入相对不足,从而使得科技在推动制造业发展方面的作用没有充分发挥,R&D的溢出效应较小。③上海制造业与R&D投入强度也高度相关。良好的科研基础、雄厚的金融实力及浓厚的商业气息,使得上海制造业发展拥有较为充裕的资本和智力支持,而频频

迁入的跨国公司及其他省市企业的研发中心,也使得上海的创新环境日益改善,制造业结构不断升级与优化。此外,结合 2005 年两省一市制造业 R&D 经费支出情况也可以得出,制造业发展水平与 R&D 投入强度相关性和 R&D 经费支出呈正比,江苏制造业 R&D 经费支出较高,其制造业发展水平与 R&D 投入强度的相关性就高,浙江制造业 R&D 经费支出相对较低,其制造业发展水平与 R&D 投入强度的相关性就相应较低,这充分说明 R&D 投入是影响制造业发展的重要因素。

5.3.2 协整及因果关系分析

为了确定长三角制造业发展水平与 R&D 投入强度之间是否具有长期的稳定关系,以及它们之间作用力的方向,就要进行协整及因果关系检验。

1. 平稳性检验

从图 5-4 和图 5-5 可以看出,R&D 投入强度与 Dev 具有大致相同的增长和变化趋势,说明它们可能存在协整关系。并根据图中 Dev 与 R&D 投入强度的各序列变化趋势,采用 ADF(augmented dickey-fully test)方法制造业发展水平(Dev)与 R&D 投入强度进行单位根检验,考察其时间序列是否存在单位根,结果如表 5-8 所示。

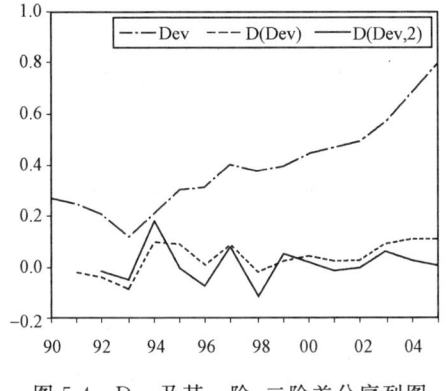

图 5-4 Dev 及其一阶、二阶差分序列图

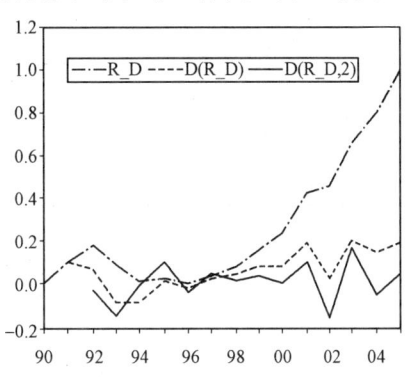

图 5-5 R&D 及其一阶、二阶差分序列图

表 5-8 变量的 ADF 单位根检验

变量	ADF 检验值	1%临界值	5%临界值	检验结果
Dev	−1.482 150	−4.731 5	−3.761 1	非平稳
D(Dev)	−1.864 666	−2.757 0	−1.967 7	非平稳
D(Dev,2)	−5.496 847	−2.776 0	−1.969 9	平稳
R&D	0.513 791	−4.731 5	−3.761 1	非平稳
D(R&D)	−1.272 778	−2.757 0	−1.967 7	非平稳
D(R&D,2)	−6.069 785	−2.776 0	−1.969 9	平稳

Dev 与 R&D 投入强度的单位根 ADF 检验显示,它们的原序列及一阶差分序列的 ADF 检验统计量分别都大于显著性水平为 5% 的临界值,而它们的二阶差分 ADF 检验统计量则均小于显著性水平为 1% 临界值,说明 Dev 与 R&D 投入强度序列经过二阶差分后趋于平稳,它们都是二阶单整序列。

2. 协整检验

平稳性检验结果显示,Dev、R&D 投入强度均是二阶单整序列,满足协整检验的前提。下面采用 Engle-Granger 两步法检验变量 Dev 与 R&D 投入强度是否协整。

第一步,建立协整回归方程,并用普通最小二乘法对回归模型进行估计,结果如下(表 5-9):

表 5-9 协整方程回归结果

$Dev_t = \alpha + \beta \times R\&D_t + \varepsilon_t$				
	Coefficient	Std. Error	t-Statistic	Prob.
常数项	0.254 279	0.027 421	9.273 125	0.000 0
R&D	0.524 732	0.068 299	7.682 892	0.000 0
R^2	0.808 290			
Adj. R^2	0.794 596			
F-statistic	59.026 83			
Log likelihood	18.324 46			
AIC	−2.040 557			
SC	−1.943 984			

第二步,根据 $\varepsilon_t = Dev_t - 0.254\,279 - 0.524\,732 \times R\&D_t$,对残差序列 $\hat{\varepsilon_t}$ 进行平稳性检验,结果见表 5-10。

表 5-10 残差项的 ADF 检验结果

Variable	ADF Test Statistic	−4.600 669	1% Critical Value*	−2.798 9
$D(\hat{\varepsilon_t})$			5% Critical Value	−1.972 5
			10% Critical Value	−1.630 7
R-squared		0.714 130	Akaike info criterion	−3.499 744
Adjusted R-squared		0.606 929	Schwarz criterion	−3.338 108
Log likelihood		24.998 46	Durbin-Watson stat	0.842 569

残差序列在显著性水平为 1% 的临界值下通过平稳性检验,说明 Dev 与 R&D 之间确实存在长期稳定的协整关系,研发投入的增加,会对长三角制造业的规模、效益、竞争力或产业结构带来一定的影响。而且从协整回归方程可以得到,这种影响量化

为增加1单位的研发投入强度,会推动长三角制造业发展水平提高0.52个单位。

3. 误差修正检验

由于制造业发展水平与R&D投入强度之间存在协整关系,因此可以通过误差修正模型来进一步了解R&D修正长三角制造业偏离长期均衡状态的能力。

第一步,用OLS法估计系数和残差序列已经在协整检验中完成,如下:
$$\text{ecm}_t = \varepsilon_t = \text{Dev}_t - 0.254\,279 - 0.524\,732 \times \text{R\&D}_t$$

第二步,将误差修正项 $\text{ecm}_t = \hat{\varepsilon}_t$ 代入模型:
$\nabla \text{Dev}_t = \beta_0 + \beta_1 \nabla \text{R\&D}_t + \alpha \text{ecm}_{t-1} + \varepsilon_t$,用OLS法进行估计后可以得到如下误差修正模型:

$$\nabla \text{Dev}_t = 0.014\,661 + 0.303\,343 \nabla \text{R\&D}_t - 0.168\,011 \text{ecm}_{t-1} + \varepsilon_t$$
$$(0.020\,756)\quad (0.205\,479)\qquad\qquad (0.226\,668)$$
$$[0.706\,334]\quad [1.476\,269]\qquad\qquad [-0.741\,220]$$
$$R^2 = 0.253\,712 \quad F\text{统计量} = 1.089\,784 \quad AIC = -2.614\,455$$
$$SC = -2.472\,845 \quad DW = 1.359\,386$$

从误差修正模型的可决系数 R^2 看,方程拟合度较差,但其他指标尚可,因此从该模型中仍能反映出R&D投入强度对制造业发展水平的调整能力,其中差分项反映了短期波动的影响。长三角制造业发展水平的短期变动可分为两部分:一部分是制造业发展自身以及区域合作短期波动的影响,另一部分是偏离长期均衡的影响。误差修正项ecm的系数大小反映了研发投入对长三角制造业偏离长期均衡的调整力度。从模型的误差修正项系数估计值来看,当长三角制造业的短期波动偏离长期均衡时,研发投入强度能以(−0.168 011)的调整力度将非均衡状态拉回到均衡状态,显示出研发投入或技术创新对制造业发展水平具有较强的修正能力,加大研发投入力度能够在一定程度上提升制造业的发展水平。

4. 因果关系检验

协整及误差修正检验只是证实了长三角制造业发展水平与研发投入强度之间确实存在长期稳定的均衡关系,但却不能确定孰为因,孰为果。下面利用Granger因果检验分析法对它们之间作用力的方向即因果关系进行检验,结果如表5-11。

表5-11 区域合作与制造业发展水平的Granger因果检验

零假设	样本数	滞后期	F统计值	零概率	结论
R&D does not Granger Cause Dev	14	2	4.850 64	0.037 21	拒绝
Dev does not Granger Cause R&D	14	2	5.390 12	0.028 91	拒绝

检验结果显示:在3.721%的显著性水平上,拒绝研发投入强度不是制造业发

展水平的 Granger 原因的零假设；在 2.891% 的显著性水平上，拒绝制造业发展水平不是研发投入强度的 Granger 原因的零假设。因此，可以认为，长三角制造业发展水平与研发投入强度之间存在双向的因果关系，即研发投入强度是制造业发展水平的 Granger 原因，同时制造业发展水平又是研发投入强度的 Granger 原因。说明增加制造业领域的研发投入可以加快制造业发展，使制造业的规模、效益、竞争力及产业结构得到扩大、改善、提高和优化，同时制造业发展水平的提高又可以给研发活动提供更充裕的资金支持，这不仅能够使研发活动的设备得到更新，而且也能够改善研发人员的福利待遇，激发研发人员的创新热情，并吸纳更多的优秀人才加入到创新队伍，最终将使长三角的技术创新能力及技术自给率明显提高，制造业在全球价值链中的地位得到逐步提升，获得的利润也将明显增加。

5.3.3 脉冲响应函数分析

本节我们将利用向量自回归模型、脉冲响应函数及方差分解方法从动态的角度进一步分析研发投入的某一冲击对长三角制造业发展水平的影响。

1. 估计 Var 模型

（1）建立 Var 模型：

$$\text{Dev}_t = \alpha_0 + \sum_{i=1}^{m} a_{1i} \text{Dev}_{t-i} + \sum_{i=1}^{m} b_{1i} \text{R\&D}_{t-i} + \varepsilon_{1t}$$

$$\text{R\&D}_t = \beta_0 + \sum_{i=1}^{m} a_{2i} \text{Dev}_{t-i} + \sum_{i=1}^{m} b_{2i} \text{R\&D}_{t-i} + \varepsilon_{2t}$$

（2）确定 Var 模型的最佳滞后阶数。通过综合评价似然比 LR、赤池信息准则 AIC、施瓦茨信息准则 SC 等，并考虑到样本容量比较小，最终把滞后阶数确定为 1。

（3）估计模型参数。通过运行 Eviews5.0 软件的相关操作，可以得到如下估计结果（表 5-12）：

表 5-12 Var(1)模型的估计结果

自变量 \ 因变量	Dev	R&D
Dev(−1)	1.018 971	0.595 530
	(0.187 41)	(0.187 75)
	[5.437 20]	[3.171 89]
R&D(−1)	0.102 606	0.914 521
	(0.113 16)	(0.113 37)
	[0.906 70]	[8.066 57]

续表

自变量 \ 因变量	Dev	R&D
C	0.005 840	−0.133 207
	(0.052 04)	(0.052 13)
	[0.112 23]	[−2.555 14]
R^2	0.916 849	0.971 172
Adj. R^2	0.902 990	0.966 368
F-统计量	66.157 73	202.132 2
Log likelihood	23.215 76	23.188 15
AIC	−2.695 435	−2.691 754
SC	−2.553 825	−2.550 144
Log likelihood	46.456 59	
AIC	−5.394 212	
SC	−5.110 992	

注：Standard errors in ( ) & t-statistics in [ ].

从两个方程及整个模型的检验结果看,模型的拟合优度较高,其中调整后的 $R^2_{\text{Dev}}=0.903, R^2_{\text{RE\_DI}}=0.966$。从 Dev 方程的系数来看,当其他因素保持不变,研发投入强度提高一个百分点,将使滞后一期的制造业发展水平提高 0.103 个百分点；而从 R&D 方程的系数可以看出,当其他因素保持不变时,制造业发展水平每提高一个百分点,也将促进滞后一年的研发投入强度提高 0.596 个百分点。可见,为了使长三角制造业规模更大、效益更好、竞争力更强和结构更优,加大研发力度、提高本区域的技术创新水平是非常必要的。

(4) 模型检验。对 Var 模型的 Granger 因果检验显示(表 5-13)：在 Dev 方程中,把 R&D 的滞后变量作为内生变量是合适的,同时在 R&D 方程中,Dev 的滞后变量也应作为内生变量。即制造业发展水平与研发投入强度互为 Granger 因果关系。该结论与表 5-11 得出的结论完全一致。

表 5-13 Var 模型的 Granger 因果检验

因变量	Excluded	Chi-sq	df	Prob.
Dev	R&D	9.701 284	2	0.007 8
R&D	Dev	10.780 25	2	0.004 6

2. 构造 SVar(1)模型

为了得到区域合作的扰动对制造业发展水平的影响,必须利用估计 Var 模型

时所得的样本残差值对扰动项进行正交标准化分解,以构造两变量的 SVar(1) 模型:

$$\text{Dev}_t = \alpha_0 + a_0 \text{Dev}_t + a_1 \text{Dev}_{t-1} + b_1 \text{R\&D}_{t-1} + \mu_{1t}$$

$$\text{R\&D}_t = \beta_0 + c_0 \text{R\&D}_t + c_1 \text{R\&D}_{t-1} + d_1 \text{Dev}_{t-1} + \mu_{2t}$$

该模型可以简单地表示为

$$B_0 x_t = \Gamma_0 + \Gamma_1 x_{t-1} + \mu_t \qquad t = 1, 2, \cdots, T$$

其中变量和参数矩阵为

$$x_t = \begin{pmatrix} \text{Dev}_t \\ \text{R\&D}_t \end{pmatrix}, B_0 = \begin{pmatrix} 1 & -a_0 \\ -c_0 & 1 \end{pmatrix}, \Gamma_0 = \begin{pmatrix} \alpha_0 \\ \beta_0 \end{pmatrix}, \Gamma_1 = \begin{pmatrix} a_1 & b_1 \\ c_1 & d_1 \end{pmatrix}, \mu_t = \begin{pmatrix} \mu_{1t} \\ \mu_{2t} \end{pmatrix}$$

其中:μ_1、μ_2 分别表示作用在 Dev 和 R&D 上的结构式冲击,$E[u_t u_t'] = I$,$\varepsilon_t = B_0^{-1} \mu_t$。即简化式扰动项 ε_t 是结构式扰动项 μ_t 的线性组合,它代表一种复合冲击。

在 SVar 模型满足可识别条件的情况下,当对模型施加短期约束并用完全信息极大似然方法(FIML)进行参数估计,可得 ε_t 和 μ_t 的线性组合结果如表 5-14 所示。

表 5-14 SVar 模型估计结果

	Coefficient	Std. Error	z-Statistic	Prob.
\multicolumn{5}{c}{$\varepsilon_{1t} = \mu_{1t}$}				
\multicolumn{5}{c}{$\varepsilon_{2t} = c(1) \varepsilon_{1t} + c(2) \mu_{2t}$}				
C(1)	0.086 324	0.014 833	5.819 774	0.000 0
C(2)	0.057 448	0.010 488	5.477 226	0.000 0
Log likelihood	7.758 280			
LR test for over-identification:				
Chi-square(1)	70.702 31		Probability	0.000 0

或者可以用矩阵表示为

$$\begin{pmatrix} 1 & 0 \\ -0.086\,324 & 1 \end{pmatrix} \begin{pmatrix} \varepsilon_{1t} \\ \varepsilon_{2t} \end{pmatrix} = \begin{pmatrix} 1 & 0 \\ 0 & 0.057\,448 \end{pmatrix} \begin{pmatrix} \mu_{1t} \\ \mu_{2t} \end{pmatrix} \rightarrow$$

$$\begin{pmatrix} 1 & 0 \\ -1.502\,646 & 17.407\,046 \end{pmatrix} \begin{pmatrix} \varepsilon_{1t} \\ \varepsilon_{2t} \end{pmatrix} = \begin{pmatrix} \mu_{1t} \\ \mu_{2t} \end{pmatrix}$$

此外,当对 SVar 模型施加长期约束时,也可以得到 AB—型的 SVar 模型如下:

$$\begin{pmatrix} \varepsilon_{1t} \\ \varepsilon_{2t} \end{pmatrix} = \begin{pmatrix} 0.001\,834 & 0.057\,522 \\ 0.057\,578 & 0.002\,990 \end{pmatrix} \begin{pmatrix} \mu_{1t} \\ \mu_{2t} \end{pmatrix}$$

3. 脉冲响应函数分析

利用 SVar 模型可以单独考虑各个变量的冲击对其他变量的影响。在下列各图(图 5-6、图 5-7)中,横轴表示冲击作用的滞后期间数(单位:年),纵轴分别表示响应幅度,实线表示脉冲响应函数,虚线表示正负两倍的标准差偏离带。

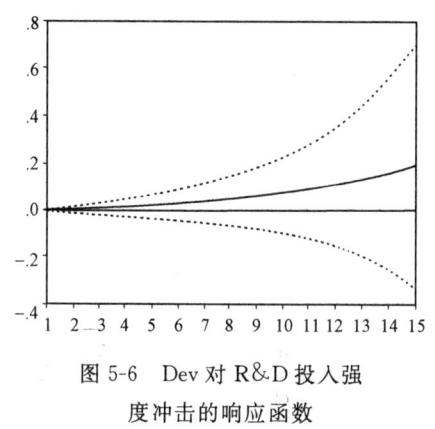

图 5-6　Dev 对 R&D 投入强度冲击的响应函数

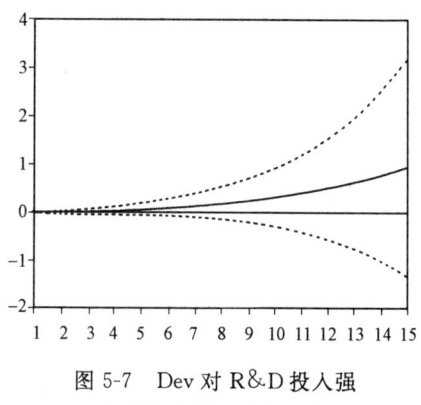

图 5-7　Dev 对 R&D 投入强度冲击的累积响应函数

从图 5-6、图 5-7 可以看出,当长三角的研发投入强度提高一个百分点时,在滞后一期即第二期时就给整个区域的制造业发展水平带来一个正向的冲击($d_{12}^{(2)}$ = 0.005 9,即在第 2 期,Dev 对 R&D 冲击的结构响应是 0.005 9),而且这种正的冲击会一直持续下去,影响力度也越来越大,如在第 15 期时,Dev 对 R&D 冲击的结构响应增加为 0.187 4,累积响应达到 0.948 3。由此可以得出,当长三角的研发投入受到某一冲击作用发生变化时,能够给区域制造业发展水平带来同向的影响,而且这一影响的持续时间较长、作用力度也较大。因此,为了使长三角成为我国的先进制造业基地,并且保持制造业发展水平的全国领先地位,就必须继续发挥技术创新对制造业的支撑与引领作用,加大研发投入力度,努力在全球价值链的高端即研发、售后等领域形成自己的优势。

从图 5-8、图 5-9 可以看出,当长三角制造业发展水平提高一个百分点时,在当期即第 1 期就能够带动本区域的研发投入强度增加 0.004 8 个百分点,而且这种正向的冲击会一直持续下去,影响力度也越来越大,如在第 15 期时,Dev 对 R&D 冲击的结构响应增加为 1.120 2,累积响应达到 5.685 6。即长三角制造业发展水平受到某一冲击作用发生变化时,能够给研发投入强度造成同向的影响,而且这一影响的持续时间较长、作用力度也较大。这意味着,一方面,制造业发展所形成的技术新需求会拉动研发活动增加经费;另一方面制造业发展后又会增加对研发活动的资金供给,最终使得长三角的技术创新水平在需求刺激、供给推力的共同作用下持续提高,而提高后的技术创新水平又会给制造业发展带来源源不断的智力支持,促进制造业进一步发展。

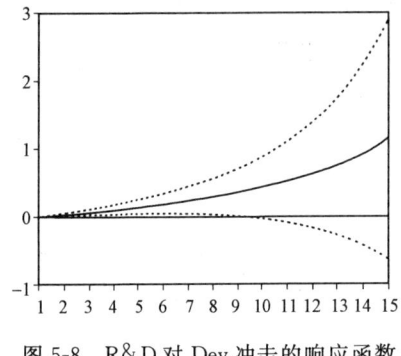
图 5-8　R&D 对 Dev 冲击的响应函数

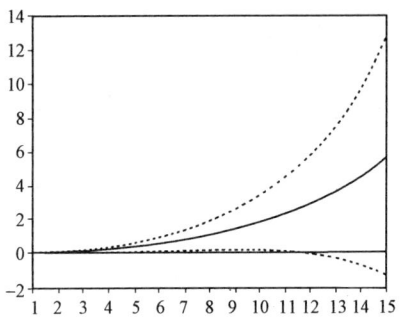
图 5-9　R&D 对 Dev 冲击的累积响应函数

4. 方差分解

下面利用方差分解的方法进一步了解研发投入强度对长三角制造业发展水平变动的贡献程度。在下列各图(图 5-10,图 5-11)中,横轴表示滞后的期间数(单位:年),纵轴表示区域合作对长三角制造业发展水平的贡献率(单位:百分数)。

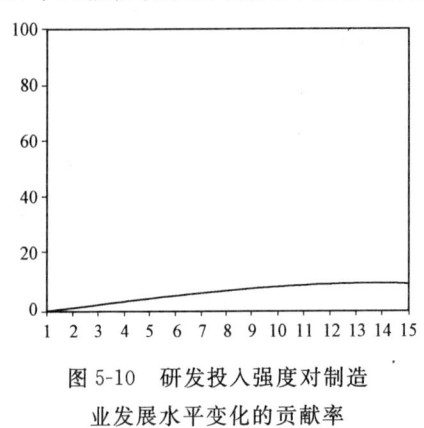
图 5-10　研发投入强度对制造业发展水平变化的贡献率

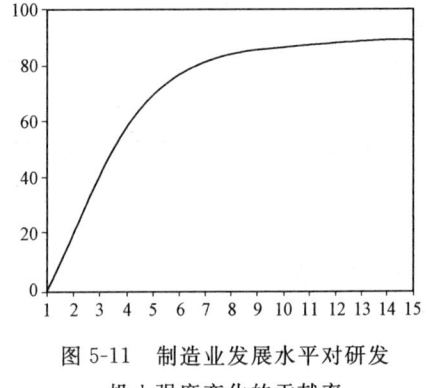
图 5-11　制造业发展水平对研发投入强度变化的贡献率

从图 5-10 可以看出,不考虑制造业自身的贡献率,研发投入对制造业发展水平的贡献率越来越大,第 2 期为 0.508%,到第 15 期时,已经超过 9%,再次说明加大研发投入对提高制造业发展水平的必要性。不过,正如前文所述,当前制造业发展的主要引擎依然是投资驱动,创新尚没有成为产业发展的决定性因素,因此,研发投入强度对制造业发展水平的贡献率虽然较大,但与制造业发展水平对研发投入的促进作用相比,则要小得多。从图 5-11 得知,制造业发展水平对研发投入的贡献率在第 1 期就有 0.699%,第 2 期迅速增长为 20.044% 持续提高,而到第 15 期则已高达 89.948%。说明在市场需求刺激和充足资金支持下会形成较强技术创新能力(表 5-15)。

表 5-15 Var 模型方差分解结果

	Dev 方差分解				R&D 方差分解		
Period	S.E.	Dev	R&D	Period	S.E.	Dev	R&D
1	0.057 551	100.000 0	0.000 000	1	0.057 551	0.699 491	99.300 51
2	0.082 729	99.492 22	0.507 783	2	0.082 729	20.044 25	79.955 75
3	0.105 354	98.516 36	1.483 639	3	0.105 353	42.717 81	57.282 19
4	0.129 109	97.297 63	2.702 368	4	0.129 108	59.481 16	40.518 84
5	0.156 037	96.022 12	3.977 883	5	0.156 036	70.327 36	29.672 64
6	0.187 798	94.821 75	5.178 255	6	0.187 796	77.190 88	22.809 12
7	0.226 027	93.773 37	6.226 633	7	0.226 025	81.585 33	18.414 67
8	0.272 498	92.907 76	7.092 239	8	0.272 495	84.451 46	15.548 54
9	0.329 236	92.223 44	7.776 557	9	0.329 232	86.352 10	13.647 90
10	0.398 619	91.700 45	8.299 548	10	0.398 614	87.628 49	12.371 51
11	0.483 485	91.311 17	8.688 832	11	0.483 479	88.493 13	11.506 87
12	0.587 257	91.027 30	8.972 700	12	0.587 250	89.082 05	10.917 95
13	0.714 082	90.823 59	9.176 415	13	0.714 074	89.484 40	10.515 60
14	0.869 005	90.679 20	9.320 796	14	0.868 995	89.759 66	10.240 34
15	1.058 167	90.577 87	9.422 134	15	1.058 154	89.948 01	10.051 99

5.4 本 章 小 结

通过对长三角制造业技术创新能力及制造业发展水平与技术创新能力(主要是研发投入强度)关系的分析,可以得出以下几个结论:

(1) 长三角制造业技术创新水平较高。无论是从技术创新的经费投入、人员投入来衡量,还是从科技活动的产出量来测度,与国内其他省市相比,长三角两省一市制造业都显示出较强的技术创新能力。这一结论与现有文献如 2004、2005、2006 连续三年的《中国制造业发展研究报告》、《2003 年中国区域创新能力报告》中的观点基本吻合。

(2) 高技术产业已经成为支撑长三角制造业持续健康发展的重要力量。出口结构不断优化,高技术产品出口额在全国排名前列。但与江苏、上海相比,浙江的高技术产业对制造业的支撑作用相对较小,出口产品的技术含量较低,制造业主要以劳动密集型的产业为主,产业结构层次相应较低。

(3) 技术进步对长三角制造业的贡献较大,但尚未成为制造业发展的决定性因素。2005 年,科技进步对长三角制造业产值的贡献率为 46.12%,其中江苏、上海、浙江制造业的科技进步贡献率分别为 57.27％、55.23％和 24.42％。2000～2005 年,长三角制造业科技进步年均增长 11.42％,其中上海、江苏、浙江制造业分别增长 11.02％、14.88％和 6.72％,普遍低于资本的增长速度,说明长三角制造业仍处于投资导向阶段,尚未实现向创新导向阶段的过渡。而且与江苏、上海相比,浙江制造业科技进步贡献率较低、发展速度较慢,科技对制造业发展的支撑与引领作用有待进一步提高,而且浙江制造业的资本、劳动增长速度远远高于技术进步的增长,说明目前浙江制造业发展主要依靠资本和劳动的投入。

（4）长三角制造业技术创新力度需进一步加强。虽然长三角重化工业已经发展到较大规模,但技术含量相对较高的产品自给率并不高,目前长三角制造技术大部分依赖国外,而且作为基础工业的装备制造业规模与技术同市场的需求存在着很大的矛盾。与美国、日本、德国、韩国等相比,长三角 R&D 投入没有满足快速发展的经济需求,而且 R&D 活动的质量不高。因此,为了推动经济持续、快速、健康发展,加速长三角制造业发展和技术升级,提升国际分工地位和获利水平,长三角应该继续增加研发投入,提高研发投入强度。

（5）皮尔逊、肯德尔和斯皮尔曼相关系数显示:研发投入强度越大则制造业发展水平越高,即制造业发展水平与研发投入强度正相关,因此,加大研发投入力度是提高制造业发展水平的有效途径。

（6）协整关系检验结果显示,长三角制造业与研发投入强度之间存在协整关系,研发投入的增加,会对长三角制造业的规模、效益、竞争力或产业结构带来一定的影响。而且从协整回归方程可以得到,这种影响量化为增加 1 单位的研发投入强度,会推动长三角制造业发展水平提高 0.52 个单位。

（7）误差修正模型分析显示:当长三角制造业的短期波动偏离长期均衡时,研发投入强度能以(－0.168 011)的调整力度将非均衡状态拉回到均衡状态,显示出研发投入或技术创新对制造业发展水平具有较强的修正能力,加大研发投入力度能够在一定程度上提升制造业的发展水平。

（8）Granger 因果关系检验表明,长三角制造业发展水平与研发投入强度之间存在双向的因果关系,即研发投入强度是制造业发展水平的 Granger 原因,同时制造业发展水平又是研发投入强度的 Granger 原因。说明增加制造业领域的研发投入可以加快制造业发展,使制造业的规模、效益、竞争力及产业结构得到扩大、改善、提高和优化,同时制造业发展水平的提高又可以给研发活动提供更充裕的资金支持,这不仅能够使研发活动的设备得到更新,而且也能够改善研发人员的福利待遇,激发研发人员的创新热情,并吸纳更多的优秀人才加入创新队伍,最终将使长三角的技术创新能力及技术自给率明显提高,制造业在全球价值链中的地位得到逐步提升,获得的利润也将明显增加。

（9）从 Var 模型可以看出,当其他因素保持不变,研发投入强度提高一个百分点,将使滞后一期的制造业发展水平提高 0.103 个百分点;制造业发展水平每提高一个百分点,也将促进滞后一年的研发投入强度提高 0.596 个百分点。可见,为了使长三角制造业规模更大、效益更好、竞争力更强和结构更优,加大研发力度、提高本区域的技术创新水平是非常必要的。

(10) 动态的脉冲响应函数分析显示,当长三角的研发投入受到某一冲击作用发生变化时,能够给区域制造业发展水平带来同向的影响,而且这一影响的持续时间较长、作用力度也较大。因此,为了使长三角成为我国的先进制造业基地,并且保持制造业发展水平的全国领先地位,就必须继续发挥技术创新对制造业的支撑与引领作用,加大研发投入力度,努力在全球价值链的高端即研发、售后等领域形成自己的优势。同时,长三角制造业发展水平受到某一冲击作用发生变化时,也能够给研发投入强度造成同向的影响,而且这一影响相对于研发投入强度给制造业造成的影响来说作用更大。这意味着,一方面,制造业发展所形成的技术新需求会拉动研发活动增加经费;另一方面,制造业发展后又会增加对研发活动的资金供给,最终使得长三角的技术创新水平在需求刺激、供给推力的共同作用下持续提高,而提高后的技术创新水平又会给制造业发展带来源源不断的智力支持,促进制造业进一步发展。

(11) 方差分解结果显示,不考虑制造业自身的贡献率,研发投入对制造业发展水平的贡献率越来越大,第 2 期为 0.508%,到第 15 期时,已经超过 9%,再次说明加大研发投入对提高制造业发展水平的必要性。不过,正如前文所述,当前制造业发展的主要引擎依然是投资驱动,创新尚没有成为产业发展的决定性因素,因此,研发投入强度对制造业发展水平的贡献率虽然较大,但与制造业发展水平对研发投入的促进作用相比,则要小得多,如制造业发展水平对研发投入的贡献率在第 1 期就有 0.699%,第 2 期迅速增长为 20.044% 持续提高,而到第 15 期则已高达 89.948%。说明在市场需求刺激和充足资金支持下会形成较强技术创新能力。

理论分析、统计描述及实证检验都说明,较强的技术创新能力是长三角成为我国重要制造业基地的重要支撑因素。因此,为了使长三角升级为我国的先进制造业基地,并在新型国际分工格局下实现长三角制造业在全球价值链中位置攀升,需要加大研发投入力度,进一步增强本区域的技术创新能力。

第6章 基于国际分工的长三角制造业效益分析

改革开放特别是20世纪90年代中后期以来,长三角制造业逐渐呈现出重化工业化、高加工度化及技术密集化的总体特征,资金技术密集型的重工业、高新技术制造业比重逐步上升,产业体系初步完成了由劳动密集型为主向资金技术密集型为主的转型,产业结构不断趋于高度化。但在长三角制造业内部产业结构调整过程中,资金、技术密集型制造业的经济效益水平却仍然低于劳动密集型制造业,呈现出资金技术密集型制造业的经济效益提升滞后于制造产业结构转型的局面,这样的产业发展格局显然不利于制造业整体竞争优势的增强和国际分工地位的提高。因此,随着国际分工格局的日益深化,长三角制造业要想改变目前在全球价值链分工体系中的位置,实现向"微笑曲线"两端的攀升,提高制造业的附加值,就必须着力改善资金、技术密集型制造业的效益状况,推动制造业持续发展。

6.1 发展趋势分析

制造业发展就是通过生产要素的调整,来促进产业技术能力、管理能力、行销能力不断提高的过程,其基本趋向是:劳动密集型制造业的发展形成了对机器设备等重化工业的需求,促成了一国中间产品和资本品工业的建立,随着制造业技术和市场竞争力的提高,市场需求上升推动制造业产业结构向附加值更高的技术密集、资本密集和知识密集型产业转变(殷醒民,1999)[266]。一般说来,制造业的结构演进要经历四个阶段:

1. 初级阶段,制造业内部结构以轻工业等劳动密集型产业为主导

资本和技术等生产要素的稀缺性,使得早期的工业化进程受到很大限制,世界各国经济发展的历程表明,工业化过程都是从资本投入少、技术要求不很高的轻工业开始的。最早进行工业化的英国就是从纺织工业开始的。美国从18世纪末开办第一家棉纺厂,直到20世纪20年代初将近一个半世纪的时期中,轻工业产值在工业总产值中的比重都高于重工业(表6-1)。

表6-1 美国工业总产值中轻重工业的比重　　单位:百万美元

年 份	总 计	轻工业		重工业	
		产 值	比重/%	产 值	比重/%
1880	5 411	3 540	65.4	1 871	34.6

续表

年 份	总 计	轻工业		重工业	
		产 值	比重/%	产 值	比重/%
1890	8 809	5 280	60.0	3 529	40.0
1900	12 734	7 110	55.8	5 624	44.2
1921	47 248	23 310	49.4	23 838	50.6
1929	74 868	33 150	44.3	41 718	55.7
1939	62 510	29 457	47.1	33 053	52.9
1967	606 716	221 114	36.5	385 602	63.5
1969	703 339	251 290	35.7	452 049	64.3
1975	1 185 726	406 458	34.3	779 268	65.7

资料来源：安虎森：《区域经济学通论》，经济科学出版社，2004年，第298页。

2. 重化工业化阶段

随着工业化的发展，制造业结构从以轻工业为中心向以重工业为中心推进，这种现象通常称为重化工业化。日本的重化工业在整个工业生产中的比重从1955年的51%提高到1965年的64%以上，1975年更进一步提高到75%。联邦德国重化工业部门（包括采矿业）在整个制造业和采矿业的比重由1950年的56.4%上升到1981年的73.80%。这是制造业结构转变的基本趋势。德国经济学家霍夫曼在对近20个国家的制造业时间序列数据进行分析的基础上，认为随着工业化的升级，消费品工业（轻工业）的比重逐步下降，而资本品工业（重化工业）的份额则逐步上升，二者的净产值之比即霍夫曼比值是逐步下降的。

3. 高加工度化阶段

所谓"高加工度化"是指，无论轻工业还是重工业，都会由原材料工业为重心的结构向以加工、组装工业为重心的结构发展。"高加工度化"这一工业结构演化的规律是由日本经济学家筱原三代平发现的。在这个阶段中，加工组装工业的发展大大超过原材料工业的发展速度，工业化的重心由以原材料工业为代表的重化工业过程逐步转向以高技术、新产品不断涌现为特征的深加工工业化过程。高加工度化阶段既是重化工业过程的深化，又是重化工业化和技术集约化演进的关键阶段（王岳平 2000）。现有文献对加工高度化的测度方法主要有两种，一是通过对一些部门下游行业与上游行业的比率进行粗略估算，如筱原三代平（1987）通过比较纺织与服装、服饰业，木材与木器、家具业，钢铁、有色冶金与各种机械工业，发现从1955～1975年，后一类工业的发展速度是前一类工业的2～4倍，从而得出日本工业在这一时期间的高加工度化趋势。王岳平(2000)也用相似的方法测度了中国 1995～1997 年工业产业加工高度化的趋势,得出我国产业发展不足的结论。二是直接用高加工度系数即加工制造业与原材料工业的比值来衡量,其中加工制造业包括以工业品为原料的轻加工业和重加工业。郭克莎(1991)用高加工度系数测度了中国工业的加工高度化。

4. 技术集约化阶段

在工业化初期,工业生产要素结构中劳动力处于最突出的地位,是一种劳动密集型工业结构,此时,轻工业在工业结构中处于中心位置,纺织、食品、造纸和皮革等轻工业部门虽然工艺技术并不复杂,但是需要大量劳动力进行简单劳动和操作;随着工业结构的重化工业化,重工业中原材料工业的地位将不断上升,钢铁、石油、石化、有色金属冶炼、煤炭等原材料部门都是需要大量资金投入的部门,不对生产设备进行巨额投资是无法大规模高速度发展的。因此,此工业化阶段,资金处于最突出的地位,是一种资金密集型工业结构;之后,随着工业结构的高加工度化,加工组装业将逐步取代原材料工业成为增长最快的产业,各种机械工业占据中心地位,而机械工业需要先进的技术支持,才能得以实现,否则就不会有高加工度化。在此阶段,工业的生产要素结构中技术处于最突出的地位,是一种技术密集型工业结构。上述分析可知,随着工业结构的中心由轻工业到重工业,从原材料工业向组装工业的转移,工业的生产要素结构的中心也分别由劳动力到资金,再到技术的相应转移(即生产要素密集度转化规律);要顺利完成工业化过程,需要从第一产业中释放劳动力进入轻工业部门,需要积累足够的资金支持重工业的发展,需要开发和获得先进技术,促使工业结构的高加工度化。

需要说明的是,在经济全球化条件下,由于受需求的多层次性、供给的多样性以及分工细化等多种因素的综合影响,一国制造业的发展路径并不必然沿着轻工业化阶段、重化工业化阶段、高加工度化阶段和技术集约化阶段依次演进,而有可能同时出现几个趋势。这也就是说,重化工业比例的提高、加工的深化以及技术密集型产业的发展作为一国制造业的升级的具体体现,可以并存。

6.2 结构转型的实证分析

制造业结构演化主要表现为具体行业的此消彼长,因此,分析制造业各部门的产值变化、劳动力就业比例变化及出口结构变化,可以得出制造业结构演化的轨迹和发展趋势。

在进行部门分析时,参照中国统计局对相关指标的解释及国际产业分类方法,把制造业各部门分为两大类:

第一类是轻制造业,主要提供生活消费品和制作手工工具的制造业。如果按其所使用的原料不同,可分为:①直接或间接以农产品为基本原料的轻制造业,主要包括食品加工业、食品制造业、饮料制造业、烟草轻工业、纺织业、服装及纤维制品制造业、皮革毛皮羽绒及制品业、木材加工及竹藤棕草制品业、造纸及纸制品业、印刷业记录的复制等。②以非农产品为原料的轻制造业,包括家具制造业、文体用品制造业、医药制造业、化学纤维制造业。

第二类为重制造业,指为国民经济各部门提供物质技术基础的主要生产资料的制造业。如按其生产性质和产品用途,可以分为:①原材料重制造业,指向国民经济各部门提供基本材料、动力和燃料的制造业。主要包括石油加工及炼焦业、非金属矿物制品业、黑色金属冶炼及压延加工业、有色金属冶炼及压延加工业。②重加工制造业,是指对工业原材料进行再加工的制造业。包括化学原料及制品制造业、橡胶制品业、塑料制品业、金属制品业、普通机械制造业、专用设备制造业、交通运输设备制造业、电气机械及器材制造业、电子及通信设备制造业、仪器仪表及办公用机械制造业。重加工制造业和以非农产品为原料的轻制造业一起与原材料重制造业构成直接的投入产出关系。

6.2.1 产值结构分析

制造业各行业的产值比重变动可以直观地反映出制造业内部结构调整的一般趋势,通过观察各行业在不同时期的增减变动,可以发现其中的发展行业和衰退行业,进而推断出制造业所处的发展阶段及未来的调整方向。

1. 重化工业趋势

2000～2004年,长三角重工业占全部工业总产值的比重从2000年的54.95%提高到2004年的64.58%(见表6-2,图6-1),5年提高了近10个百分点,其平均环比发展速度达30.22%,比工业环比增速26.03%高出4.19个百分点。其中,上海从62.19%升至72.95%,江苏从56.78%升至66.80%,而浙江的重工业比重相对较低,但仍在波动中振荡上升,特别是2004年首次超过轻工业达到54.00%。与此对应,同期长三角轻工业比例则出现了持续下降。从目前发达国家重化工业比率一般都在60%～65%的水平看,长三角重化工业的开始维持在60%以上的空间运行,初步表明长三角制造业已经进入重化工业化阶段。而且从轻重工业的霍夫曼比率的变化趋势看(图6-2),长三角从2000年的0.81降到2004年的0.56,虽然2003年该比率略有反弹,升至0.64,但整体上还是趋于下降的。所以,长三角目前走势符合重化工业比重不断上升、霍夫曼比率不断下降的重化工业化规律。但是,长三角重工业比例略低于全国重工业比例,虽然二者的差距2004年已缩小为1.95%,这与该区域轻工业比较发达的技术传统密不可分,同时也意味着,随着居民消费结构的升级、技术进步以及国际制造业的转移,该区域的重工业还有较大的增长空间,其重化工业化水平还会有一定程度的提高。

表 6-2　2000～2004 年长三角及全国轻重工业比例　　　单位:%

年份	重工业					轻工业				
	江苏	浙江	上海	长三角	全国	江苏	浙江	上海	长三角	全国
2000	56.78	45.88	62.19	54.95	60.20	43.22	54.12	37.81	45.05	39.80
2001	57.43	44.54	64.54	55.50	60.57	42.57	55.46	35.46	44.50	39.43
2002	57.80	50.00	66.11	57.97	60.86	42.20	50.00	33.89	42.03	39.14
2003	63.68	48.27	72.13	61.36	64.51	36.32	51.73	27.87	38.64	35.49
2004	66.80	54.00	72.95	64.58	66.53	33.20	46.00	27.05	35.42	33.47

注:本表为全部国有及规模以上非国有企业数据。

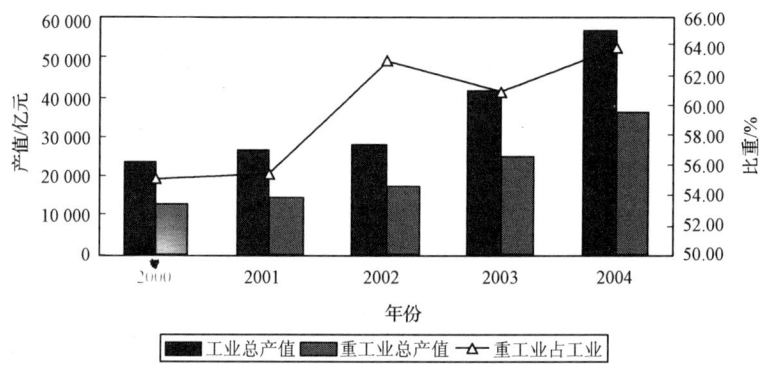

图 6-1　2000～2004 年长三角工业及重工业总产值

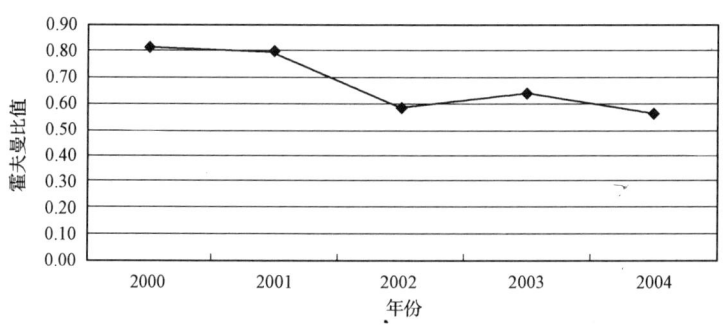

图 6-2　2000～2004 年长三角霍夫曼比值趋势线

如果剔除采矿业及水、电、煤气的生产供应业,具体考察制造业内部的行业结构,则能更清楚地看出长三角制造业的重化工业化的发展趋向。1995 年、2000 年、2004 年三个时间段,长三角重制造业的产值比重分别为 63.35%、65.96% 和 70.98%(见表 6-3),其增长来源于中间产品中的石油加工及炼焦业、黑色金属冶炼及压延加工业、有色金属冶炼及压延加工业及塑料制造业,资本品中的金属制品业、普通机械制造业、电气机械及器材制造业、电子及通信设备制造业、仪器仪表及文化、办公用机械制造业,这9个行业的增长率为12.5%,特别是技术密集度比较高的电子及通信设备制造业,占长三角制造业总产值的比重从1995年的4.73%升至2000年的9.04%,2004年又进一步升高到14.56%,10年间持续增长了9.83个百分点。说明中间产品投入量的增加和技术进步是长三角制造业结构升级、趋向重化工业化的重要推动力量。

表6-3 1995~2004年长三角制造业各部门产值结构变动　　　　单位:亿元,%

制造业部门	1995		2000		2004		10年内增或减
	产值	比重	产值	比重	产值	比重	
食品加工业	454.07	3.37	625.62	2.79	1 099.58	2.05	−1.32
食品制造业	217.67	1.61	295.03	1.32	499.4	0.93	−0.68
饮料制造业	186.94	1.39	332.63	1.49	472.22	0.88	−0.51
烟草加工业	78.94	0.59	187.99	0.84	518.72	0.97	0.38
纺织业	1 926.43	14.28	2 368.82	10.58	5 037.94	9.38	−4.90
服装及其他纤维制品制造业	607.02	4.50	1 060.22	4.73	1 736.71	3.23	−1.27
皮革、毛皮、羽绒及其制品业	267.18	1.98	425.73	1.90	1 075.01	2.00	0.02
木材加工及竹、藤、棕、草制品业	80.17	0.59	236.58	1.06	418.63	0.78	0.19
造纸及纸制品业	177.51	1.32	432.14	1.93	867.88	1.62	0.30
印刷业、记录媒介的复制	91.52	0.68	166.85	0.75	327.53	0.61	−0.07
农产品为原料的轻制造业	4 087.45	30.31	6 131.61	27.38	12 053.62	22.44	−7.87
文教体育用品制造业	138.37	1.02	258.26	1.15	506.77	0.94	−0.08
家具制造业	45.49	0.34	94.83	0.42	312.48	0.58	0.24
医药制造业	235.18	1.74	442.09	1.97	854.59	1.59	−0.15
化学纤维制造业	436.67	3.24	696.3	3.11	1 411.98	2.63	−0.61
非农产品为原料的轻制造业	855.71	6.34	1 491.48	6.66	3 085.82	5.74	−0.60
石油加工及炼焦业	295.86	2.19	704.31	3.15	1 610.19	3.00	0.81
非金属矿物制品业	641.10	4.75	752.89	3.36	1 515.69	2.82	−1.93
黑色金属冶炼及压延加工业	883.33	6.55	1 176.26	5.25	3 707.19	6.90	0.35
有色金属冶炼及压延加工业	293.58	2.18	460.85	2.06	1 322.58	2.46	0.28
原材料重制造业	2 113.87	15.67	3 094.31	13.82	8 155.65	15.18	−0.49
化学原料及化学制品制造业	1 066.61	7.91	1 858.75	8.30	3 995.18	7.44	−0.47
橡胶制品业	167.88	1.24	224.05	1.00	493.33	0.92	−0.32
塑料制品业	357.33	2.65	672.85	3.00	1 493.56	2.78	0.13
金属制品业	541.02	4.01	971.35	4.34	2 173.97	4.05	0.04

续表

制造业部门	1995 产值	1995 比重	2000 产值	2000 比重	2004 产值	2004 比重	10年内增或减
普通机械制造业	887.41	6.58	1 434.64	6.41	3 857.04	7.18	0.60
专用设备制造业	537.09	3.98	711.9	3.18	1 396.44	2.60	−1.38
交通运输设备制造业	948.99	7.03	1 602.9	7.16	3 629.87	6.76	−0.27
电气机械及器材制造业	942.33	6.98	1 722.74	7.69	3 889.91	7.24	0.26
电子及通信设备制造业	638.33	4.73	2 023.96	9.04	7 822.06	14.56	9.83
仪器仪表及文化、办公用机械制造业	159.18	1.18	326.44	1.46	739.78	1.38	0.20
其他制造业	188.54	1.39	124.72	0.56	488.29	0.91	−0.48
重加工制造业	6 434.71	47.68	11 674.3	52.14	29 979.43	55.80	8.12
制造业总计	13 491.74	100.00	22 456.77	100.00	53 274.52	100.00	

资料来源:1995年数据来自于刘志彪:《长三角托起的中国制造》,2000年、2004年数据来自于2001年、2005年苏、沪、浙统计年鉴。

同时,在长三角制造业向重化工业化方向升级的过程中,以普通机械制造业、专用设备制造业、交通运输设备制造业、电气机械及器材制造业、电子及通信设备制造业、仪器仪表及文化、办公用机械制造业6个产业为代表的装备制造业在重工业中具有支配性的地位,已经成为制造业的核心。从产值比重看,2000~2004年,长三角装备制造业占该区域制造业总产值、重制造业的比重呈稳步上升趋势,2004年,长三角装备制造业总产值21 335.10亿元,占制造业总产值的比重为40.05%,占重制造业的比重为55.95%(见表6-4、图6-3),而2000年该比值则分别为34.83%和52.36%。在两省一市中,上海装备制造业发展水平最高,占该市重制造业总产值的比重达63.35%(2004年)。从产值增长速度来看,2000~2004年,长三角装备制造业平均环比增长速度为28.93%,比重制造业的平均环比增速27.26%高出1.68个百分点,比制造业的平均环比增速24.50%高出4.44个百分点。

表6-4 装备制造业占重制造业总产值的比重　　　　单位:%

年　份	江　苏	浙　江	上　海	长三角
2000	50.81	50.37	56.04	52.36
2001	51.98	53.49	57.90	54.23
2002	52.99	54.64	60.04	55.56
2003	54.25	54.02	63.52	57.01
2004	54.22	51.32	63.35	55.95

资料来源:根据相关年份统计年鉴计算。

第6章 基于国际分工的长三角制造业效益分析

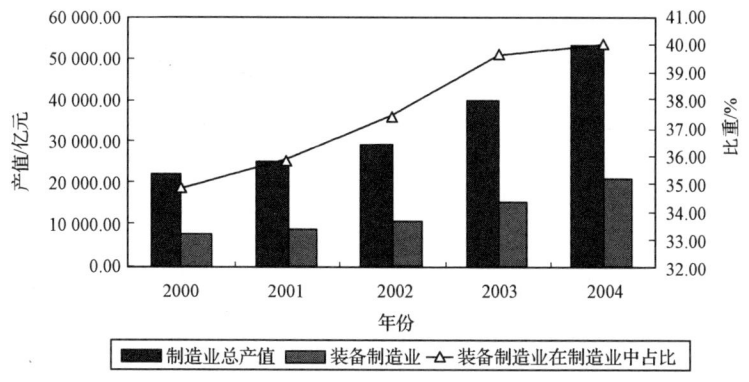

图6-3 2000~2003年长三角制造业与装备制造业总产值

综合以上分析可以得出,在长三角经济发展过程中,工业化进程迅速推进。在工业化和制造业升级进程中,重工业在工业总产值、重制造业在制造业总产值中的比重稳步增长。在重工业内部,装备制造业总产值占制造业的比重缓慢提高,总体呈现出以装备制造业为中心重化工业化的发展趋向。

2. 高加工度化趋势

从表6-4列出的产值结构看,长三角制造业高加工度化趋势明显。无论是从整体还是各行业的情况来看,产出结构的变动趋势与制造业高加工度化的内在要求基本一致。从整体上看,1995~2004年,长三角的原材料重制造业和以农产品为原料的轻制造业在全部制造业中所占份额显著下降,分别从1995年的15.67%、30.31%降至2004年的15.18%、22.44%,而同期重加工制造业的比例则持续上升,从47.68%升至55.80%,增长了8.12个百分点。从各部门在整个制造业中所占比重的变化趋势来看,长三角制造业内部行业的增长格局是:重加工制造业>原材料重制造业>以非农产品为原料的轻制造业>以农产品为原料的轻制造业。进一步分析各行业产值比重变化,可以看出带动长三角制造业向高加工度化方向升级的优势产业,它们分别是:以农产品为原料的轻制造业中的烟草加工业,皮革、毛皮、羽绒及其制品业,木材加工及竹、藤、棕、草制品业,造纸及纸制品业;以非农产品为原料的轻制造业中的家具制造业;原材料重制造业中的石油加工及炼焦业,黑色金属冶炼及压延加工业,有色金属冶炼及压延加工业及塑料制造业;重加工制造业中的金属制品业、普通机械制造业、电气机械及器材制造业、电子及通信设备制造业、仪器仪表及文化、办公用机械制造业。

长三角制造业的高加工度化趋势还可以直接从其高加工度化系数体现出来(见表6-5)。2004年,长三角制造业的高加工度化系数为4.05,比1995年系数高出0.67。分地区来看,江苏、浙江、上海的高加工度化系数分别从3.66升至3.86、从3.62升至4.47、从2.77到3.98,其中浙江的高加工度化程度在两省一市中最高,系数在2002年曾高达5.33,江苏的最高值为2002年的4.34,上海的最高值为2003年的4.18。因此,虽然长三角制造业的高加工度化系数年度之间有所波动,但整体趋势是上升的,说明该区域制造业升级过程中的高加工度化发展趋向。

表6-5 1995~2004年长三角制造业高加工度系数

年 份	江 苏	浙 江	上 海	长三角
1995	3.66	3.62	2.77	3.38
2000	4.38	4.57	4.03	4.31
2001	4.17	4.82	3.63	4.13
2002	4.43	5.33	3.93	4.47
2003	4.34	5.32	4.18	4.52
2004	3.86	4.47	3.98	4.05

注:高加工度系数=加工制造业/原材料工业,其中加工制造业包括以工业品为原料的轻加工业和重加工业。

资料来源:根据年鉴数据计算。

此外,通过对比构成投入产出关系的上、下游行业的发展速度同样可以得到长三角制造业的高加工度化水平。这里我们选取三组行业进行考察:服装/纺织、家具/木材、机械装备/初金属(机械装备也即装备制造业的6大行业,初金属包括黑色及有色金属冶炼),其中前两组行业反映了轻工业部门的高加工度水平,后一组行业反映重工业部门的高加工度化水平。从表6-6可以看出,1989年以来,长三角制造业呈现出明显的高加工度化趋势,轻工业领域的服务业和纺织业产值比率从0.14上升到0.34,最高曾达0.48;家具业与木材业的比率从1995年的0.36上升到0.75;重工业领域的装备机械与初金属的比率从3.83升至4.24,最高值达5.29。用三组行业测度的高加工度化水平与用高加工度化系数得出的结论基本一致。与高加工度化系数一样,两省一市在三组行业的走势存在较大差异,分组来看,①江苏、浙江在服装/纺织领域的加工程度较低,而上海的加工程度则要高得多(见图6-4),这是因为,纺织业作为苏、浙第一、第二大产业,在制造业总产值中的比重一向很高,分母大则比值自然就小,特别是浙江在2004年纺织业增幅较大,从而使得其服装/纺织的比值大幅度下降;上海作为我国重要的纺织业基地,随着浦东开发开放进程的加快及商务成本的上升,逐渐把纺织业等劳动密集型的原材料产业转移到周边省市,而侧重于发展技术密集度较高服装服饰业等都市型产业,使得其服装/纺织的比率较高。②从装备机械/初金属比值走势来看(见图6-5),上海是先升后降总体上升,浙江是先升后降但总体下降,江苏则是持续下降。趋势线不同,反映出两省一市制造业结构层次的差异。第一,上海作为我国重要的工业基地,轻重工业都比较发达,特别是浦东开发以来,随着居民人均收入水平的提高和对耐用消费品的旺盛需求,带动重工业特别是装备制造业快速发展,2004年重工业比重高达72.95%,不仅高于长三角及全国的平均水平,也超出发达国家60%～65%的平均重工业化率。根据制造业结构演化规律,上海目前已经从重化工业化阶段进入了高加工度化阶段,从而使得上海的服装/纺织、家具/木材、机械装备/初金属趋势线都较高。第二,江苏的重工业也较发达,2004年重工业比重达66.80%,也高于长三角及全国的平均水平,与发达国家的平均重工业化率相当,但与上海不同的是,江苏的装备制造业占重制造业的比重刚刚过半,仅为54.22%,这说明江苏目前正处于资金密集型的重化工业化阶段,工业的增长对原材料的依赖程度仍很高,原材料工业在整个工业体系中的地位仍在上升,如表6-3所示,原材料重制造业中的石油加工及炼焦业、黑色金属冶炼及压延制造业、有色金属冶炼及压延制造业在1995～2004年间的产值比重都表现为总体上升,从而导致江苏的机械装备/初金属比值不断下降。第三,浙江重工业比重在2004年才刚刚超过轻工业,装备制造业占重制造业的比重也是50%多一点,说明浙江刚刚从劳动密集型的轻工业化阶段进入资金密集型的重化工业化阶段,原材料工业上升的空间较大,因此,机械装备/初金属在2003年之前较高是因为原材料工业比重较低所致,而2003～2004年出现的下降趋势则是因为进入重化工业化阶段的必然结果。伴随着重化工业化进程的推进和高加工度化水平的进一步提高,预计其机械装备/初金属的比值会再次上升,不过,这个上升将是较高层次上的加工深化。③长三角两省一市的家具/木材比值一致上升,说明在该行业的加工程度较深(图6-6)。

表6-6 长三角制造业高加工度水平

年份	服装/纺织				家具/木材				机械装备/初金属			
	江苏	浙江	上海	长三角	江苏	浙江	上海	长三角	江苏	浙江	上海	长三角
1989	—	—	—	0.14	—	—	—	—	—	—	—	3.83
1995	—	—	—	0.32	—	—	—	0.57	—	—	—	3.95
2000	0.34	0.46	0.94	0.45	0.34	0.55	0.36	0.40	4.87	7.03	3.84	4.78
2001	0.38	0.47	1.00	0.48	0.35	0.60	0.46	0.46	4.63	7.05	4.52	5.00
2002	0.37	0.44	1.11	0.46	0.33	0.69	0.57	0.50	4.53	7.65	5.18	5.29
2003	0.35	0.71	0.76	0.43	0.35	0.71	0.76	0.57	4.10	6.85	5.71	5.08
2004	0.32	0.29	1.08	0.34	0.40	0.96	1.01	0.75	3.50	4.87	5.28	4.24

资料来源:根据各年度苏、浙、沪年鉴整理计算。

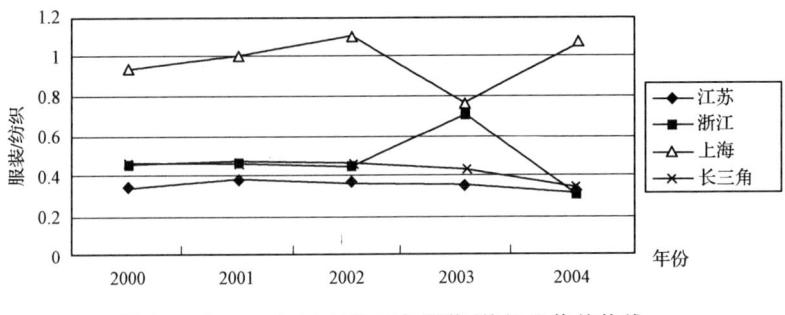

图 6-4　2000~2004 年长三角服装/纺织比值趋势线

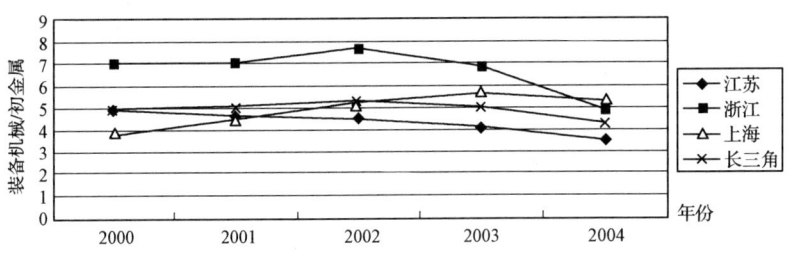

图 6-5　2000~2004 年长三角装备机械/初金属比值趋势线

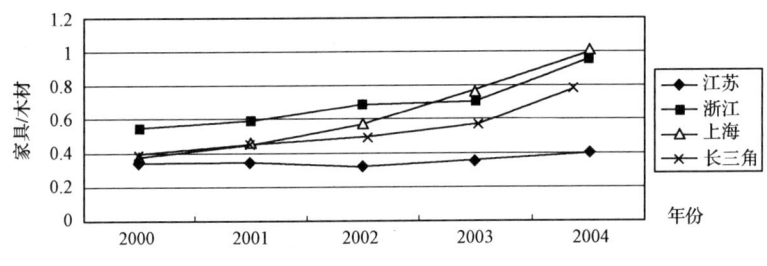

图 6-6　2000~2004 年长三角家具/木材比值趋势线

因此,从产值结构、高加工度化系数及典型行业产值比率的变动状况可以看出,长三角制造业在发展过程中,其结构出现了由原料型向加工型的转变,表明了该区域制造业结构的高加工度化趋势。

3.技术集约化趋势

从不同年份占制造业总产值比重最高的前 10 个部门(表 6-7)的变化可以看出,1995~2004 年,纺织业在长三角制造业总产值中的比重不断下降,并从第一大产业降为第二大产业;电子及通信设备制造业的比重不断上升,从 1995 年的 4.73% 升至 2004 年的 14.56%,并在 2004 年代替纺织业成为第一大产业;石油加工及炼焦业代替非金属矿物制品业进入前十大产业部门;其余七个产业部门的排序及产值比重变化不大。10 年间制造业部门结构的比重次序变化说明,长三角制造业中的技术密集型产业、资金密集型产业的地位不断上升,劳动密集型部门的地位不断下降,在技术进步和技术升级的推动下,技术集约化已成为长三角制造业发展重要趋向。

表 6-7 不同年份占制造业总产值比重最高的前 10 个部门

1995 年	比重/%	2000 年	比重/%	2004 年	比重/%
纺织业	14.28	纺织业	10.58	电子及通信设备制造业	14.56
化学原料及化学制品制造业	7.91	电子及通信设备制造业	9.04	纺织业	9.38
交通运输设备制造业	7.03	化学原料及化学制品制造业	8.30	化学原料及化学制品制造业	7.44
电气机械及器材制造业	6.98	电气机械及器材制造业	7.69	电气机械及器材制造业	7.24
普通机械制造业	6.58	交通运输设备制造业	7.16	普通机械制造业	7.18
黑色金属冶炼及压延加工业	6.55	普通机械制造业	6.41	黑色金属冶炼及压延加工业	6.90
非金属矿物制品业	4.75	黑色金属冶炼及压延加工业	5.25	交通运输设备制造业	6.76
电子及通信设备制造业	4.73	服装及其他纤维制品制造业	4.73	金属制品业	4.05
服装及其他纤维制品制造业	4.50	金属制品业	4.34	服装及其他纤维制品制造业	3.23
金属制品业	4.01	非金属矿物制品业	3.36	石油加工及炼焦业	3.00
小计	67.32		66.87		69.73

资料来源:根据苏、浙、沪统计年鉴整理计算。

实际上,由于装备制造业的发展一方面需要投入较多的资金和技术,另一方面又向其他行业及最终消费者提供科技含量相对较高的工作装备和耐用消费品,因此,无论是从投入角度还是从产出角度,装备制造业的发展都代表着制造业结构中技术密集度的提高。而由上文的分析可知,自 1995 年特别是进入 21 世纪以来,长三角装备制造业在制造业总产值及重化工业总产值中的比重不断增加,已经成为制造业和重化工业的核心和基础。这也说明,在以装备制造业为中心的重化工业化过程中,技术集约化也同时成为长三角制造业发展的趋势。

此外,从长三角制造业高加工度化的趋势中也可以得出同样的结论。加工深度的提高意味着中间投入使用量的增加,而中间投入使用的日益增加又说明产出中有更大的一部分销售给其他生产者,而不是最终使用者,从而使生产结构比以前更加"迂回",它提高了产品的技术含量和实际效用,并使制造业体系更加复杂与多样。事实上,从生产要素密集度转换规律可以得知,高加工度化需要先进的技术作支撑,它的发展是与制造业结构的技术密集化是相对应的。因此,随着加工深化趋势的出现,长三角制造业的技术集约化程度也在提高。

6.2.2 劳动力投入结构分析

制造业结构的变化必然影响其内部劳动力的流动方向,就业结构也是反映一个国家经济发展阶段的重要标志。因此,考察制造业部门劳动力的比例变动情况也可以了解制造业结构的变动趋势。表6-8是1995~2004年长三角制造业内部各行业劳动力就业人数的变动情况表,从中可以大致看出10年间劳动力流动状况。

表6-8　1995~2004年长三角制造业各部门劳动力投入结构变动

制造业部门	江苏			浙江			上海			长三角		
	1995	2000	2004	1995	2000	2004	1995	2000	2004	1995	2000	2004
食品加工业	2.79	2.78	1.72	2.16	1.81	1.26	1.54	1.33	0.95	2.16	1.97	1.31
食品制造业	1.58	1.21	0.98	1.86	1.66	0.92	3.68	2.25	2.11	2.37	1.71	1.34
饮料制造业	1.21	1.40	0.92	1.97	1.48	0.67	0.58	0.68	0.66	1.25	1.19	0.75
烟草加工业	0.08	0.14	0.14	0.12	0.11	0.05	0.44	0.29	0.18	0.21	0.18	0.12
纺织业	18.31	17.30	16.39	20.48	17.30	17.21	13.64	8.10	6.74	17.48	14.23	13.45
服装及其他纤维制品制造业	4.71	6.08	8.17	6.16	9.47	8.61	5.80	8.33	9.49	5.56	7.96	8.76
皮革、毛皮、羽绒及其制品业	1.61	1.80	2.41	2.87	4.15	6.64	1.75	1.95	2.40	2.08	2.63	3.82
木材加工及竹、藤、棕、草制品业	0.66	1.28	1.37	0.93	1.07	1.29	0.65	1.14	0.96	0.75	1.16	1.21
造纸及纸制品业	1.50	1.56	1.43	2.16	2.52	2.16	1.71	1.41	1.23	1.79	1.83	1.61
印刷业、记录媒介的复制	1.30	0.96	0.68	1.19	0.79	0.94	1.59	1.95	1.60	1.36	1.23	1.07
农产品为原料的轻制造业	33.75	34.51	34.20	39.90	40.36	39.76	31.38	27.43	26.33	35.01	34.10	33.43
家具制造业	0.46	0.32	0.48	0.54	0.51	1.45	1.86	0.85	1.31	0.95	0.56	1.08
文教体育用品制造业	1.33	1.64	1.95	1.22	1.80	2.09	2.07	2.67	3.14	1.54	2.04	2.39
医药制造业	1.34	1.67	1.48	1.38	1.99	1.30	1.30	1.97	2.07	1.34	1.88	1.62
化学纤维制造业	1.34	1.63	1.59	1.58	1.46	1.33	2.14	1.50	0.49	1.69	1.53	1.14
非农产品为原料的轻制造业	4.47	5.26	5.49	4.72	5.75	6.18	7.37	6.99	7.00	5.52	6.00	6.22

续表

制造业部门	江苏			浙江			上海			长三角		
	1995	2000	2004	1995	2000	2004	1995	2000	2004	1995	2000	2004
石油加工及炼焦业	0.60	0.81	0.38	0.38	0.47	0.19	1.14	0.68	1.20	0.71	0.65	0.59
非金属矿物制品业	10.40	6.58	4.63	9.94	4.95	3.59	4.26	3.39	3.22	8.20	4.97	3.81
黑色金属冶炼及压延加工业	2.43	2.75	3.14	1.55	1.43	1.11	6.58	4.42	2.44	3.52	2.87	2.23
有色金属冶炼及压延加工业	1.09	1.09	1.02	1.41	1.00	1.12	1.23	1.19	1.15	1.24	1.09	1.10
原材料重制造业	14.52	11.23	9.16	13.28	7.85	6.01	13.21	9.50	8.01	13.67	9.53	7.73
化学原料及化学制品制造业	7.14	8.38	1.20	5.03	5.14	3.05	5.28	5.76	4.66	5.82	6.43	2.97
橡胶制品业	1.19	1.18	2.58	1.88	1.89	1.53	1.66	1.87	1.83	1.58	1.65	1.98
塑料制品业	2.37	2.31	6.46	4.33	4.25	4.10	1.95	3.61	4.08	2.88	3.39	4.88
金属制品业	4.41	4.26	4.65	4.45	5.06	4.66	5.25	7.11	5.95	4.70	5.48	5.09
普通机械制造业	8.87	9.42	8.52	7.48	8.42	9.41	6.17	8.20	9.44	7.51	8.68	9.12
专用设备制造业	5.62	5.07	4.09	4.17	3.43	2.58	1.72	5.15	4.31	3.84	4.55	3.66
交通运输设备制造业	4.53	5.00	4.98	4.68	4.78	5.48	13.07	7.48	7.97	7.43	5.75	6.14
电气机械及器材制造业	6.12	5.79	6.00	5.81	7.77	8.35	5.93	7.60	7.40	5.95	7.05	7.25
电子及通信设备制造业	3.84	4.72	10.09	2.66	3.64	3.54	2.51	5.48	10.05	3.00	4.61	7.89
仪器仪表及文化、办公用机械制造业	1.45	1.25	1.35	1.59	1.64	1.91	2.95	2.04	1.97	2.00	1.64	1.74
重加工制造业	45.54	47.38	49.93	42.08	46.03	44.60	46.49	54.30	57.67	44.70	49.24	50.73

资料来源：根据苏、浙、沪统计年鉴整理计算。

从1995～2004年长三角制造业各行业劳动力比重增减情况可以看出：

第一，劳动力正在由轻工业向重工业流动。1995～2004年，长三角重制造业平均吸纳的劳动力比重从58.37%增长到58.46%，而轻制造业则从40.53%降到39.35%。重制造业中劳动力份额上升部门增加的劳动力比重为10.59%，轻制造业为6.66%。分地区来看，①上海重制造业吸纳的就业人数增加最多，从1995年占制造业总就业人数的59.7%升至2004年的65.68%，相应地，轻制造业就业人数所占比重则从38.75%降到33.33%。2004年与1995年相比，重制造业中劳动力份额上升部门增加的劳动力比重为17.93%，轻制造业为6.57%两者相差11.36个百分点。而且上海6个装备制造业中，就业比重上升的部门有4个，分别为普通机械制造业、专用设备制造业、电气机械及器材制造业和电子及通信设备制造业，4个部门增加的劳动力人数占制造业总就业人数的14.87%。这再次印证了前文的分析,即上海以装备制造业为核心的重化工业化水平较高。②江苏重制造业吸纳的就业比重在1995年就达到60.06%,2000年小幅调整到58.61%,2004年又重新升至59.09%。2004年与1995年相比,重制造业中劳动力份额上升部门增加的劳动力比重为12.42%,轻制造业为6.71%两者相差5.71个百分点。③虽然浙江重制造业就业比重从1995年的55.36%降为2000年的53.88%,2004年又降为50.61%,呈现下降趋势,但仍超过轻制造业。2004年与1995年相比,重制造业中劳动力份额上升部门增加的劳动力比重为6.68%,轻制造业为5.91%。与此同时,1995～2004年,长三角装备制造业吸纳的就业人数也在稳步增加(见表6-9)。所以,从制造业各部门就业人数的变动情况可以得出,长三角制造业已经从轻工业阶段进入以装备制造业为核心的重化工业化阶段,而且上海、江苏、浙江制造业的重化工业水平呈现梯度差异。

表6-9 装备制造业就业人数占制造业、重制造业就业人数的比重　　单位:%

年份	江苏		浙江		上海		长三角	
	占制造业	占重制造业	占制造业	占重制造业	占制造业	占重制造业	占制造业	占重制造业
1995	21.56	35.90	18.91	34.16	32.35	54.19	24.27	41.41
2000	21.83	37.25	21.26	39.46	35.95	56.35	26.35	44.35
2004	35.00	59.28	21.90	43.19	41.1	62.64	32.68	55.04

资料来源:根据表6-9整理计算。

第二,劳动力正在由原材料工业向加工组装工业流动。与1995年相比,2004年长三角以非农产品为原料的轻制造业和重加工制造业的劳动力比重分别提高了0.7和6.03个百分点,而以农产品为原料的轻制造业和原材料重制造业的劳动力比重则分别减少了1.58和5.94个百分点。其中,重加工制造业中橡胶制品业、塑料制品业、金属制品业、普通机械制造业、电气机械制造业和电子及通信设备制造业等6个部门的劳动力比重持续上升,增加的劳动力占制造业总就业人数的10.59%;以非农产品为原料的轻制造业中家具制造业、文教体育用品制造业和医药制造业等3个部门增加的劳动力比重为1.26个百分点;以农产品为原料的轻制造业中加工程度较深的服装及其他纤维制品制造业和皮革、毛皮、羽绒及其制品业的就业人数持续增加了4.94个百分点,而作为服装业原材料的纺织业就业人数则下降了4.03个百分点;原材料重制造业4个部门的劳动力都在持续下降。分组来看,①2004年,江苏重加工制造业和以非农产品为原料的轻制造业劳动力比重分别比1995年增加4.39和1.02个百分点,原材料重制造业则减少5.39个百分点。其中,重加工制造业中塑料制品业、电子及通信设备制造业等5个部门的增加的劳动力占制造业总就业人数的12.42%;以非农产品为原料的轻制造业中4个部门的劳动力比重都在增长;以农产品为原料的轻制造业中加工程度较深的服装及其他纤维制品制造业和皮革、毛皮、羽绒及其制品业的就业人数持续增加了4.26个百分点;原材料重制造业3个部门的劳动力都在持续下降。②浙江与1995年相比,2004年以非农产品为原料的轻制造业和重加工制造业的劳动力比重分别提高了1.46和2.52个百分点,而以农产品为原料的轻制造业和原材料重制造业的劳动力比重则分别减少了0.14和7.27个百分点。其中,重加工制造业中金属制品业、普通机械制造业等6个劳动力比重上升部门增加的劳动力占制造业总就业人数的6.68%;以非农产品为原料的轻制造业中家具制造业、文教体育用品制造业2个部门增加的劳动力比重为1.78个百分点;以农产品为原料的轻制造业中加工程度较深的服装及其他纤维制品制造业和皮革、毛皮、羽绒及其制品业的就业人数持续增加了6.22个百分点,而作为服装业原材料的纺织业就业人数则下降了3.27个百分点;原材料重制造业4个部门的劳动力都在下降。③上海原材料部门的劳动力向加工组装部门转移幅度更大、趋势更明显。与1995年相比,2004年上海除了重加工制造业的劳动力比重增加11.18个百分点外,以农产品为原料的轻制造业、以非农产品为原料的轻制造业和原材料重制造业的劳动力比重则分别减少了5.05、0.37和5.2个百分点。其中,重加工制造业中7个劳动力比重上升部门增加的劳动力占制造业总就业人数的14.78%;以农产品为原料的轻制造业中加工程度较深的服装及其他纤维制品制造业和皮革、毛皮、羽绒及其制品业的就业人数持续增加了4.34个百分点,而作为服装业原材料的纺织业就业人数则下降了6.90个百分点。因此,1995~2004年,长三角制造业加工组装部门劳动力比重总体增加,而原材料部门的劳动力比重明显减少,劳动力从原材料部门不断向加工组装部门转移,这一事实揭示出长三角制造业发展过程中的高加工度化趋势。

第三,劳动力正在由劳动力密集型产业向技术密集型产业流动。1995~2004年,技术密集度较高的装备制造业吸纳的劳动力比重持续增加,特别是技术密集型产业的典型代表电子及通信设备制造业吸纳的劳动力在各行业中增幅最大,从3.00%升至7.89%,而纺织业等劳动密集型产业的劳动力比重则不断下降,且降幅较大。分组来看,①江苏装备制造业的劳动力占制造业、占重制造业的比重分别增加13.47%、23.39%,电子及通信设备制造业的劳动力比重增加6.25个百分点,而纺织业则下降1.92个百分点;②浙江装备制造业的劳动力占制造业、占重制造业的比重分别增加2.95%、9.03%,电子及通信设备制造业的劳动力比重增加0.88个百分点,而纺织业则下降3.27个百分点;③上海装备制造业的劳动力占制造业、占重制造业的比重分别增加8.79%、8.45%,电子及通信设备制造业的劳动力比重增加7.54个百分点,而纺织业则下降6.9个百分点,同时,上海在资金密集型产业石油加工及炼焦业的劳动力比重也有增加。一般来说,发展劳动密集型产业需要增加更多的劳动力,而生产过程的自动化则使技术密集型产业的劳动力要素投入大大减少。所以根据长三角制造业发展过程中劳动密集型产业劳动力比重不断下降,而技术密集型产业劳动力比重上升的事实可以判断,在长三角制造业产业结构中,技术密集型产业的份额正在逐步提高,而劳动密集型产业的比重则在下降,长三角制造业正在向技术集约化方向发展。

因此,制造业结构的变化促使劳动力就业结构发生相应的变化,从劳动密集型逐渐向技术含量更高的制造业部门转移。

6.2.3 产品出口结构分析

一国出口商品结构是制造业体系的反映,其变动反映了制造业内部结构变动的趋势。如果制造业出现重化工业化、高加工度化、技术集约化的趋势,其出口结构中重化工业产品、深加工产品及技术含量高的产品就会相应增加。因此,分析出口商品结构的变化,是了解长三角制造业的发展演化轨迹及变动趋势的重要途径。

20 世纪 90 年代末期特别是进入 21 世纪以来,长三角出口规模越来越大,占全国出口商品总额的比重逐年增加,而且在出口商品结构中,加工程度较深的工业制成品已经成为出口商品中的绝对主体(见表 6-10、图 6-7、图 6-8)。1998 年至 2004 年,初级产品的比重从 6.73% 到 3.07%,工业制成品则从 93.27% 上升到 96.93%,平均环比增长速度为 33.08%,比初级产品的平均环比增速高出 16.99 个百分点。其中,江苏工业制成品金额和比重在两省一市中都最高,2004 年为 861.11 亿美元,占出口总额的 98.42%;浙江工业制成品金额和比重在两省一市中最低,2004 年为 549.40 亿美元,占出口商品总额的 94.48%;上海工业制成品出口的金额和比重在两省一市居中,2004 年出口 713.82 亿美元,占出口商品总额的 97.09%。

表 6-10　1998～2004 年长三角出口商品结构　　单位:亿美元,%

年份	初级产品								工业制成品							
	江苏		浙江		上海		长三角		江苏		浙江		上海		长三角	
	金额	比例	金额	比例	金额	比例	金额	比例	金额	比例	金额	比例	金额	比例	金额	比例
1998	7.09	4.53	13.52	12.44	7.99	5.01	28.60	6.73	149.42	95.47	95.14	87.56	151.57	94.99	396.13	93.27
1999	7.57	4.13	14.68	11.40	7.63	4.06	29.88	5.98	175.53	95.87	114.04	88.60	180.23	95.94	469.80	94.02
2000	8.40	3.26	19.55	10.06	8.52	3.36	36.47	5.17	249.30	96.74	174.87	89.94	245.02	96.64	669.19	94.83
2001	9.41	3.26	19.32	8.41	7.82	2.83	36.55	4.60	279.36	96.74	210.45	91.59	268.46	97.17	758.27	95.40
2002	9.65	2.51	20.54	6.98	9.26	2.89	39.45	3.95	375.16	97.49	273.57	93.02	311.29	97.11	960.02	96.05
2003	11.36	1.92	24.5	5.89	12.32	2.54	48.18	3.23	580.04	98.08	391.45	94.11	472.5	97.46	1 443.99	96.77
2004	13.86	1.58	32.07	5.52	21.38	2.91	67.31	3.07	861.11	98.42	549.40	94.48	713.82	97.09	2 124.33	96.93

资料来源:根据相关年份苏、浙、沪统计年鉴数据整理计算。

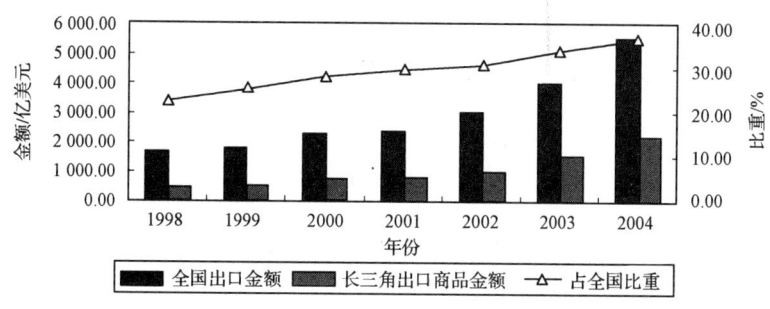

图 6-7　1998～2004 年长三角出口商品总额及占全国比重

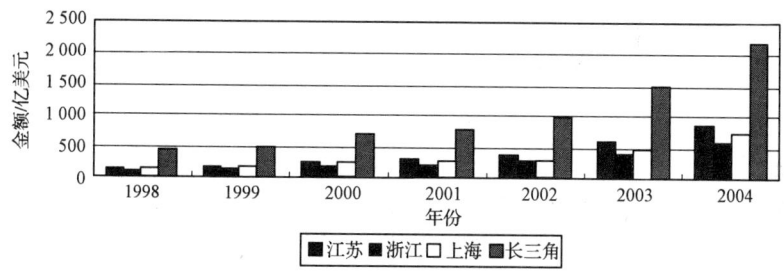

图 6-8　长三角出口商品总额

在江苏工业制成品出口结构中,重化工业产品(化学成品及有关产品与机械及运输设备两项之和)出口增长非常快,在 1998 年仅为 63.26 亿美元,占工业制成品出口总额的 42.34%,到 2004 年则分别为 528.80 亿美元和 61.41%,年均增长 43.56%。与此同时,轻工业产品出口比重则从 1998 年的 57.66% 降为 2004 年的 38.59%。这说明江苏重化工业化的制造业结构已经完全在制成品的出口结构上体现了出来。在工业制成品的各项出口产品中,机械及运输设备是唯一一项持续增长的产品类别,从 1998 年的 49.36 亿美元激增到 2004 年的 483.11 亿美元,年均增长 47.47% 占制成品出口比重从 33.03% 升至 56.10%,占出口总额的比重从 31.54% 升至 55.21%(见表 6-11、图 6-9、图 6-10)。机械及运输设备的技术含量高,生产"迂回",其出口增长既是制造业技术进步、加工深化的重要标志,也是装备制造业国际竞争力正在不断提高的直接表现。

表 6-11　1998～2004 年江苏工业制成品出口结构　　　单位:亿美元,%

项　目	1998	1999	2000	2001	2002	2003	2004
化学成品及有关产品	9.31	8.86	7.77	7.44	6.66	5.57	5.31
按原料分类的制成品	21.34	20.58	19.68	19.02	17.60	15.17	15.23
机械及运输设备	33.03	34.69	38.89	42.50	48.90	54.81	56.10
杂项制品	36.32	35.87	33.66	31.03	26.84	24.45	23.36

资料来源:根据相关年份江苏统计年鉴数据整理计算。

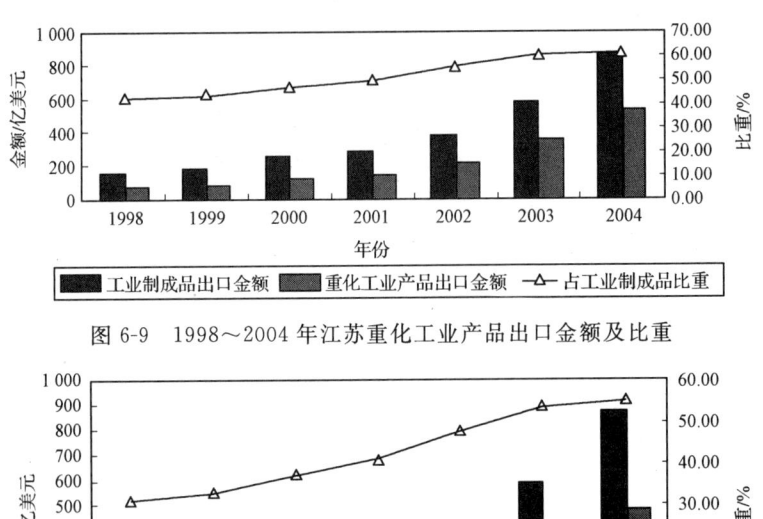

图 6-9　1998～2004 年江苏重化工业产品出口金额及比重

图 6-10　1998～2004 年江苏机械及运输设备出口

上海工业制成品的出口结构变动趋势与江苏相类似（见表 6-12、图 6-11）。重化工业产品与轻工业产品出口变动趋势完全，其中重化工业产品出口呈增长之势，从 1998 年的 60.91 亿美元增长到 2004 年的 449.83 亿美元，占工业制成品出口总额的比重从 40.18% 升至 63.02%，年均增长 41.16%；轻工业产品出口比重则从 1998 年的 59.82% 降为 2004 年的 36.98%。这同样体现了上海比江苏更高水平的重化工业化制造业结构。在上海工业制成品的各项出口产品中，机械及运输设备也是持续大幅度增长，从 1998 年的 51.01 亿美元提高到 2004 年的 421.31 亿美元，年均增长 43.96%，占制成品出口比重从 33.65% 升至 59.92%，占出口总额的比重从 8.02% 增长到 57.31%（见图 6-12）。这也说明上海的出口贸易结构已经由轻纺工业为主转向以加工度更高的技术密集型产品为主。

表 6-12　1998～2004 年上海工业制成品出口结构　　　单位：亿美元，%

项　目	1998	1999	2000	2001	2002	2003	2004
化学成品及有关产品	6.53	5.46	5.03	4.97	5.25	4.34	4.00
按原料分类的制成品	20.68	18.76	18.74	16.97	17.01	14.45	14.28
机械及运输设备	33.65	38.83	41.44	44.83	45.57	54.33	59.02
杂项制品	39.14	36.95	34.70	33.17	32.08	26.79	22.61

资料来源：根据相关年份上海统计年鉴数据整理计算。

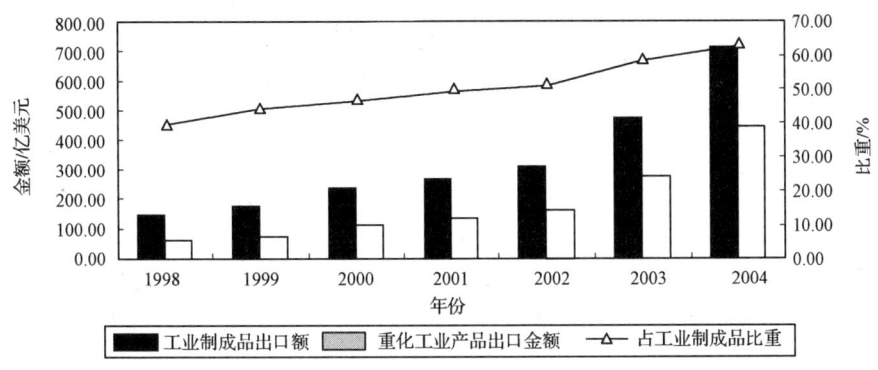

图 6-11　1998～2004 年上海重化工业产品出口金额及比重

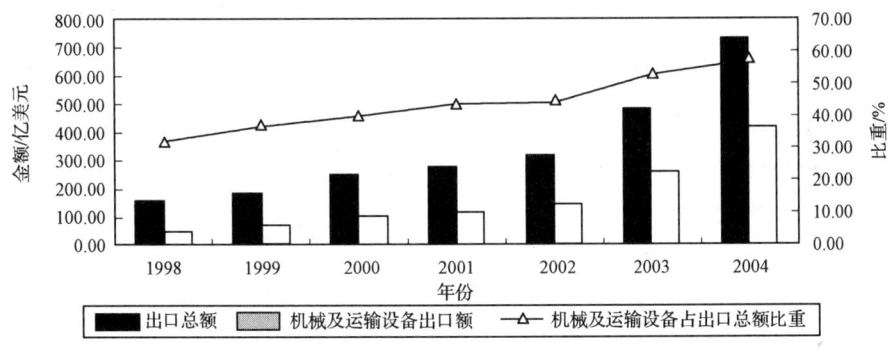

图 6-12　1998～2004 年上海机械及运输设备出口

在浙江的出口商品总额中（由于浙江缺少出口商品分类数据，这里通过机电产品的比重变化进行粗略分析），技术密集度高的机电产品所占比重逐年增加，从 1997 年的 25.48 亿美元、占工业制成品总额 25.20% 升至 2004 年的 217.02 亿美元、37.32%，年均增长 29.20%，机电产品出口比重增加反映出浙江制造业的技术集约化发展趋势（表 6-13）。

表 6-13　1997～1998 年浙江机电产品出口变动　　　　　　　　单位：亿美元，%

项　目	1997	1998	1999	2000	2001	2002	2003	2004
出口商品总值	101.11	108.66	128.71	194.43	229.77	294.11	415.95	581.46
机电产品	25.48	28.69	36.11	59.63	72.59	96.84	143.20	217.02
机电产品占比	25.20	26.40	28.05	30.67	31.59	32.93	34.43	37.32

资料来源：根据相关年份浙江统计年鉴数据整理计算。

通过对长三角出口商品结构中工业制成品与初级产品的比较以及工业制成品内部结构的分析，可以得出几点结论：①以工业制成品为主的出口结构，反映出长三角制造业产业链延长，生产更加"迂回"，出现高加工度化趋势。②以重化工业产品为主的制成品出口结构体现出长三角正处于重化工业化阶段。③机械及运输设备出口的迅猛增长和在出口总额中主导地位的确立,说明长三角制造业体系的高度化演化轨迹与发展走向。

6.3 经济效益的实证分析

按照竞争优势理论,成功的产业转型应该是伴随着产业整体经济效益的提高。随着工业化进程的发展,已经成为长三角制造业主力的资金、技术密集型的制造业经济效益水平将直接影响着长三角制造业的整体效益水平。在下面的研究中,我们将利用主成分分析方法实证检验劳动密集型制造业和资金技术密集型制造业的效益水平,以此判断该区域制造业结构转型是否带来制造业经济效益的提高。

6.3.1 指标选取

经济效益是多种因素共同作用的结果,我们选取了以下10个与产业经济效益紧密相关的、能从统计年鉴上直接或通过计算得到的统计指标进行综合评价:产值利税率($x[,1]$)、销售利税率($x[,2]$)、工业增加值率($x[,3]$)、总资产贡献率($x[,4]$)、资产负债率($x[,5]$)、流动资产周转次数($x[,6]$)、成本费用利润率($x[,7]$)、全员劳动生产率($x[,8]$)、产销率($x[,9]$)和市场占有率($x[,10]$)。

其中:

(1) 产值利税率(ratio of profits and taxes to gross industrial output value),该指标反映工业总产值的效益水平,其计算公式为

$$产值利税率 = 利税总额/工业总产值 \times 100\%$$

(2) 销售利税率(ratio of profits and taxes to sales),该指标反映产业销售收入的获利能力,是体现产业经济效益的重要指标。其计算公式为

$$销售利税率 = 利税总额/产业销售收入 \times 100\%$$

(3) 工业增加值率(ratio of value added to gross industrial output value),指在一定时期内工业增加值占同期工业总产值的比重,反映降低中间消耗的经济效益。计算公式为

$$工业增加值率(\%) = 工业增加值(现价)/工业总产值 \times 100\%$$

(4) 总资产贡献率(ratio of total assets to industrial output value),反映企业全部资产的获利能力,是企业经营业绩和管理水平的集中体现,是评价和考核企业盈利能力的核心指标。计算公式为

$$总资产贡献率(\%) = 利润总额 + 税金总额 + 利息支出/平均资金总额 \times 100\%$$

其中,税金总额为产品销售税金及附加与应交增值税之和;平均资产总额为期初期末资产之和的算术平均值。

(5) 资产负债率(assets-liability ratio),该指标既反映企业经营风险的大小,也反映企业利用债权人提供的资金从事经营活动的能力。计算公式为

资产负债率(%)=负债总额/资产总额×100%

(6) 流动资产周转次数(number of times of annual of turnover circulating funds),指一定时期内流动资产完成的周转次数,反映投入工业企业流动资金的周转速度。计算公式为

流动资产周转次数=产品销售收入/全部流动资产平均余额

(7) 成本费用利润率(ratio of profits to industrial),反映企业投入的生产成本及费用的经济效益,同时也反映企业降低成本所取得的经济效益。计算公式为

成本费用利润(%)=利润总额/成本费用总额×100%

其中,成本费用总额为产品销售成本、销售费用、管理费用、财务费用之和。

(8) 全员劳动生产率(overall labor productivity),该指标反映企业的生产效率和劳动投入的经济效益。计算公式为

全员劳动生产率(元/人)=工业增加值/全部从业人员平均人数

(9) 产销率(proportion of products sold),该指标反映工业产品已实现销售的程度,是分析工业产销衔接情况、研究工业产品满足社会需求的指标。计算公式为

产品销售率(%)=工业销售产值/工业总产值(现价)×100%

(10) 市场占有率(share of market),该指标反映了区域产业在全国同产业中的地位,体现了区域产业的市场扩张能力。一般来说,较高的市场占有率与良好的经济效益相对应。计算公式为

市场占有率=区域产业产品销售收入/全国相应产业产品销售收入×100%。

6.3.2 数据收集与处理

我们根据2006年江苏、上海与浙江统计年鉴的相关数据,整理计算了2005年30个制造业行业上述10个指标的具体数值,长三角的数值为两省一市各具体行业的算术平均数。

表 6-14 长三角制造业经济效益指标原始数据　　　　单位:%

	产值利税率	销售利税率	工业增加率	总资产贡献率	资产负债率	流动资产转次数	成本费用利润率	全员劳动生产率/(元/人)	产销率	市场占有率
农副食品加工业	3.54	3.56	19.22	6.51	63.96	2.57	2.75	122 233.76	98.27	3.97
食品制造业	9.29	8.89	25.76	9.76	56.71	1.53	6.58	89 086.08	98.27	5.53
饮料制造业	14.76	13.54	33.06	18.04	56.64	2.08	9.05	170 759.01	99.53	6.54
烟草加工业	83.48	80.75	85.68	79.91	11.83	1.23	135.93	3 179 257.20	101.72	6.26

续表

	产值利税率	销售利税率	工业增加率	总资产贡献率	资产负债率	流动资产转次数	成本费用利润率	全员劳动生产率/(元/人)	产销率	市场占有率
纺织业	6.21	6.27	23.38	8.15	60.33	1.98	4.83	58 915.45	98.25	16.77
纺织服装、鞋、帽制造业	7.46	7.62	26.55	12.48	57.24	2.15	6.61	44 443.96	97.87	16.08
皮革毛皮羽绒及制品业	7.40	7.64	23.52	13.44	63.66	2.24	6.15	45 012.88	98.93	11.58
木材加工及竹藤棕草制品业	7.62	7.81	22.65	11.85	56.74	2.24	6.52	63 288.77	97.64	10.59
家具制造业	7.08	7.23	23.21	10.34	61.17	1.94	6.72	59 597.70	98.25	10.45
造纸及纸制品业	6.92	7.22	23.31	6.40	63.64	1.51	5.40	101 349.36	97.97	8.59
印刷业记录媒介的复制	12.58	12.84	29.50	11.57	52.25	1.42	10.61	77 130.78	98.20	9.39
文教体育用品制造业	5.79	5.96	23.13	9.89	56.27	2.29	5.03	44 046.20	97.66	14.15
石油加工及炼焦业	7.48	7.38	13.59	23.77	44.18	5.70	4.91	537 735.14	100.16	6.01
化学原料及制品制造业	8.81	8.76	23.17	11.81	56.14	2.05	7.36	183 551.75	98.17	11.22
医药制造业	14.45	14.47	30.38	15.39	51.35	1.51	12.31	139 520.67	95.75	9.08
化学纤维制造业	4.61	4.78	21.75	5.67	53.93	2.42	3.03	159 967.45	97.40	23.09
橡胶制品业	7.79	7.88	24.06	8.92	57.48	1.81	6.54	69 458.32	98.43	9.69
塑料制品业	7.26	7.41	23.57	9.17	55.87	1.82	6.21	78 394.22	98.06	12.67
非金属矿物制品业	8.44	8.61	25.66	7.87	60.46	1.47	6.51	88 725.43	97.73	6.70
黑色金属冶炼及压延加工业	9.83	9.25	22.21	11.16	56.17	2.02	7.45	370 803.18	97.91	7.91
有色金属冶炼及压延加工业	5.38	5.42	16.70	12.75	61.35	2.94	4.32	161 502.02	98.50	7.72
金属制品业	7.93	8.07	23.16	11.75	58.16	1.89	6.95	79 391.64	98.28	13.16
通用设备制造业	9.77	9.96	25.23	12.35	60.62	1.62	8.92	96 164.36	98.16	15.35

续表

	产值利税率	销售利税率	工业增加率	总资产贡献率	资产负债率	流动资产转次数	成本费用利润率	全员劳动生产率/(元/人)	产销率	市场占有率
专用设备制造业	9.82	10.04	26.30	11.26	59.18	1.46	8.92	86 410.38	96.96	9.65
交通运输设备制造业	9.17	8.88	23.64	9.89	59.25	1.52	6.75	124 588.06	97.72	8.78
电气机械及器材制造业	8.47	8.62	23.41	11.85	57.85	1.71	7.66	104 192.30	98.04	11.89
通信设备、计算机及其他电子设备制造业	3.57	3.52	20.31	5.48	63.77	2.00	3.29	155 816.36	98.93	12.25
仪器仪表及文化办公用机械制造业	9.02	8.98	25.23	13.08	55.46	1.87	8.53	104 519.59	99.09	12.74
工艺品及其他制造业	8.51	7.98	25.21	12.52	55.83	2.18	6.40	57 806.13	98.97	10.35
废弃资源和废旧材料回收加工业	4.01	4.00	22.02	9.00	72.79	2.65	2.91	244 597.84	92.84	16.56

资料来源：根据2005年江苏、浙江、上海统计年鉴整理计算。

1. 数据标准化处理

由于全员劳动生产率与其他指标具有不同的量纲，在分析时无疑会夸大该指标的作用，从而影响结果的准确性，因此，在进行主成分分析之前，首先应对整理计算出来的长三角数据进行无量纲化处理。在这里，我们用 Z-Score 方法即标准化方法对原始数据进行转换。具体求法是，先求出每个指标的样本均值 $\overline{x}$ 和标准差 σ_i，然后从指标实际值中减去该指标的均值，再除以标准差 σ_i，就得到标准化的评价值 $X[,i]$，公式为：$X[,i]=(x[,i]-\overline{x})/\sigma_i$，若 $\sigma_i=0$，令 $X[,i]=0$。数据处理结果见表6-15。

表6-15 长三角经济效益指标的标准化处理结果　　　　　　　单位：%

	产值利税率	销售利税率	工业增加率	总资产贡献率	资产负债率	流动资产周转次数	成本费用利润率	全员劳动生产率/(元/人)	产销率	市场占有率
农副食品加工业	−0.50	−0.51	−0.55	−0.53	0.74	0.64	−0.34	−0.19	0.11	−1.68
食品制造业	−0.09	−0.11	0.00	−0.28	0.00	−0.67	−0.18	−0.25	0.10	−1.30
饮料制造业	0.30	0.23	0.61	0.35	0.00	0.02	−0.08	−0.10	0.99	−1.05

续表

	产值利税率	销售利税率	工业增加率	总资产贡献率	资产负债率	流动资产周转次数	成本费用利润率	全员劳动生产率/(元/人)	产销率	市场占有率
烟草加工业	5.20	5.20	5.03	5.09	−4.57	−1.05	5.27	5.21	2.53	−1.12
纺织业	−0.31	−0.31	−0.21	−0.40	0.37	−0.10	−0.25	−0.30	0.09	1.46
纺织服装、鞋、帽制造业	−0.22	−0.21	0.06	−0.07	0.06	0.12	−0.18	−0.33	−0.17	1.29
皮革毛皮羽绒及制品业	−0.22	−0.21	−0.19	0.00	0.71	0.23	−0.20	−0.33	0.57	0.19
木材加工及竹藤棕草制品业	−0.21	−0.19	−0.27	−0.12	0.01	−0.18	−0.18	−0.29	−0.34	−0.06
家具制造业	−0.25	−0.24	−0.22	−0.23	0.46	−0.15	−0.17	−0.30	0.09	−0.09
造纸及纸制品业	−0.26	−0.24	−0.21	−0.54	0.71	−0.69	−0.23	−0.23	−0.11	−0.55
印刷业记录媒介的复制	0.14	0.18	0.31	−0.14	−0.45	−0.80	−0.01	−0.27	0.06	−0.35
文教体育用品制造业	−0.34	−0.33	−0.23	−0.27	−0.04	0.29	−0.24	−0.33	−0.32	0.81
石油加工及炼焦业	−0.22	−0.23	−1.03	0.79	−1.27	4.57	−0.25	0.54	1.44	−1.18
化学原料及制品制造业	−0.12	−0.12	−0.22	−0.12	−0.05	−0.01	−0.15	−0.08	0.04	0.10
医药制造业	0.28	0.30	0.38	0.15	−0.54	−0.70	0.06	−0.16	−1.67	−0.43
化学纤维制造业	−0.42	−0.42	−0.34	−0.59	−0.28	0.45	−0.33	−0.12	−0.51	3.00
橡胶制品业	−0.20	−0.19	−0.15	−0.34	0.08	−0.32	−0.18	−0.28	0.22	−0.28
塑料制品业	−0.23	−0.22	−0.19	−0.32	−0.08	−0.30	−0.20	−0.27	−0.04	0.45
非金属矿物制品业	−0.15	−0.14	−0.01	−0.42	0.39	−0.74	−0.18	−0.25	−0.28	−1.01
黑色金属冶炼及压延加工业	−0.05	−0.09	−0.30	−0.17	−0.05	−0.05	−0.14	0.25	−0.15	−0.71
有色金属冶炼及压延加工业	−0.37	−0.37	−0.77	−0.05	0.48	1.10	−0.27	−0.12	0.27	−0.76
金属制品业	−0.19	−0.17	−0.22	−0.13	0.15	−0.21	−0.16	−0.27	0.12	0.57
通用设备制造业	−0.06	−0.04	−0.05	−0.08	0.40	−0.55	−0.08	−0.24	0.03	1.11
专用设备制造业	−0.05	−0.03	0.04	−0.16	0.25	−0.75	−0.08	−0.25	−0.81	−0.29
交通运输设备制造业	−0.10	−0.12	−0.18	−0.27	0.26	−0.68	−0.17	−0.19	−0.28	−0.50
电气机械及器材制造业	−0.15	−0.13	−0.20	−0.12	0.12	−0.44	−0.13	−0.22	−0.05	0.26

续表

	产值利税率	销售利税率	工业增加率	总资产贡献率	资产负债率	流动资产周转次数	成本费用利润率	全员劳动生产率/(元/人)	产销率	市场占有率
通信设备、计算机及其他电子设备制造业	−0.50	−0.51	−0.46	−0.61	0.72	−0.08	−0.32	−0.13	0.57	0.35
仪器仪表及文化办公用机械制造业	−0.11	−0.11	−0.05	−0.02	−0.12	−0.25	−0.10	−0.22	0.68	0.47
工艺品及其他制造业	−0.15	−0.18	−0.05	−0.07	−0.09	0.15	−0.19	−0.30	0.60	−0.12
废弃资源和废旧材料回收加工业	−0.47	−0.48	−0.32	−0.34	1.64	0.74	−0.33	0.03	−3.71	1.40

2. 主成分分析

将表 6-15 中的无量纲化数据输入 SPSS11.5 软件运算,得到各指标的特征根及其方差贡献率(见表 6-16)。

表 6-16 各因子对应特征根及方差贡献率

指标序号	初始特征值			提取载荷因子			旋转后的载荷因子		
	特征值	方差贡献	累积贡献	特征值	方差贡献	累积贡献	特征值	方差贡献	累积贡献
1	7.076	70.763	70.763	7.076	70.763	70.763	7.001	70.008	70.008
2	1.328	13.284	84.047	1.328	13.284	84.047	1.177	11.765	81.773
3	.883	8.832	92.879	.883	8.832	92.879	1.111	11.106	92.879
4	.540	5.400	98.279						
5	.119	1.194	99.473						
6	.036	.359	99.832						
7	.012	.123	99.955						
8	.003	.032	99.987						
9	.001	.012	99.999						
10	6.783E-05	.001	100.000						

Extraction Method:Principal Component Analysis.

由表 6-16 可知,无论是初始的因子特征值,还是旋转后的因子特征值,前 3 个主成分的累积方差贡献率已达 92.88%,因此,用前 3 个主成分的变化基本可以代表 10 个原始变量的变化,其反映长三角制造业经济效益的可靠性达 92.88%。

采用四次方最大法(quartimax)进行旋转,求得旋转后的载荷矩阵如下(表 6-17):

表 6-17　旋转后的因子载荷矩阵(a)

	主成分		
	1	2	3
产值利税率	.991	-.118	-.038
销售利税率	.990	-.122	-.032
工业增加值率	.955	-.268	.021
总资产贡献率	.983	.097	-.049
资产负债率	-.930	-.166	.075
流动资产周转次数	-.156	.961	-.035
成本费用率	.990	-.097	.002
全员劳动生产率	.976	.063	.003
产销率	.540	.320	-.492
市场占有率	-.219	.019	.925

Extraction Method: Principal Component Analysis. Rotation Method: Quartimax with aiserNormalization.
a Rotation converged in 4 iterations.

第一个主成分 F[,1]在产值利税率、销售利税率、工业增加值率、总资产贡献率、资产负债率、成本费用利润率、全员劳动生产率和产品销售率中承担较大载荷,它集中反映了制造业的利润创造能力,因此可界定为利润创造因子。

第二个主成分 F[,2]在流动资产周转次数上具有较大载荷,可将其界定为资产管理因子。

第三个主成分 F[,3]在市场占有率上具有较大的载荷量,可将其界定为市场拓展因子。

3. 确定主成分权重

根据主成分的权重计算公式 $W_i = \lambda_i (\sum_{i=1}^{m} \lambda_i)^{-1}$ (其中,λ_i 为第 i 个变量的特征根,m 为主成分个数),可以得到三个主成分的权重(见表 6-18):

表 6-18　公因子权重表

主成分(F)	特征根(λ)	方差贡献率/%	累积方差贡献率/%	因子权重(W)
第一主成分	7.076	70.763	70.763	0.762
第二主成分	1.328	13.284	84.047	0.143
第三主成分	0.883	8.832	92.879	0.095

4. 构建经济效益评价模型并计算评价综合值

长三角制造业经济效益的评价模型为

$F = W_1 F[,1] + W_2 F[,2] + W_3 F[,3] = 0.762 F[,1] + 0.143 F[,2] + 0.095 F[,3]$

根据上述模型,利用主成分分值表可以得到长三角制造业经济效益的综合得分排序结果如表 6-19 所示。

表 6-19 主成分分值及经济效益综合评价表

	$F[,1]$	$F[,2]$	$F[,3]$	综合得分
烟草制品业	5.20	−0.32	0.12	3.93
石油加工、炼焦及核燃料加工业	0.25	4.57	−0.98	0.75
化学纤维制造业	−0.13	0.87	2.81	0.29
纺织服装、鞋、帽制造业	−0.08	0.25	1.16	0.08
饮料制造业	0.18	−0.05	−1.24	0.01
仪器仪表及文化、办公用机械制造业	−0.02	0.05	0.09	0.00
通用设备制造业	−0.09	−0.35	0.85	−0.04
文教体育用品制造业	−0.21	0.34	0.77	−0.04
纺织业	−0.23	0.12	1.13	−0.05
医药制造业	0.10	−1.04	0.23	−0.06
化学原料及化学制品制造业	−0.10	0.06	0.02	−0.07
工艺品及其他制造业	−0.10	0.25	−0.37	−0.07
金属制品业	−0.15	−0.05	0.36	−0.09
印刷业和记录媒介的复制	0.06	−0.76	−0.42	−0.11
木材加工及木、竹、藤、棕、草制品业	−0.20	0.14	0.02	−0.13
塑料制品业	−0.18	−0.17	0.29	−0.13
皮革、毛皮、羽毛(绒)及其制品业	−0.22	0.26	−0.13	−0.15
电气机械及器材制造业	−0.15	−0.33	0.13	−0.15
黑色金属冶炼及压延加工业	−0.11	−0.11	−0.60	−0.16
有色金属冶炼及压延加工业	−0.35	0.95	−0.78	−0.20
废弃资源和废旧材料回收加工业	0.61	−0.17	2.57	−0.25
橡胶制品业	−0.22	−0.29	−0.46	−0.25
家具制造业	−0.27	−0.18	−0.24	−0.26
专用设备制造业	−0.19	−0.95	−0.10	−0.29
通信设备、计算机及其他电子设备制造业	−0.42	0.07	−0.09	−0.32
交通运输设备制造业	−0.24	−0.77	−0.50	−0.34

续表

	$F[,1]$	$F[,2]$	$F[,3]$	综合得分
食品制造业	-0.22	-0.80	-1.34	-0.41
非金属矿物制品业	-0.31	-0.98	-0.98	-0.47
造纸及纸制品业	-0.40	-0.84	-0.67	-0.49
农副食品加工业	-0.56	0.24	-1.65	-0.55

注：表中有不少制造业的评价得分为负数，这并不表明这些行业的经济效益为负数，而是表明这些行业的经济效益在制造业平均水平之下。

6.3.3 结果分析

由表 6-19 可以看出：

(1) 长三角制造业的经济效益总体欠佳。从利润创造因子看，长三角共有 5 个行业的利润创造能力高于平均水平，占 16.67%；从资产管理因子看，共有 13 个行业的资产管理能力高于平均水平，占 43.33%；从市场拓展因子看，共有 14 个行业的市场占有率高于平均水平，占 46.7%；从经济效益的综合评价看，共有 6 个制造业的经济效益高于制造业平均水平，占 20.00%。因此，无论是用各分指标来衡量还是用综合评价指标来测度，除烟草加工业外，长三角制造业的经济效益都不是很高。

(2) 轻制造业的经济效益优于重制造业。长三角制造业经济效益最好的十大行业依次为：烟草制品业，石油加工、炼焦及核燃料加工业，化学纤维制造业，纺织服装、鞋、帽制造业，饮料制造业，仪器仪表及文化、办公用机械制造业，通用设备制造业，文教体育用品制造业，纺织业和医药制造业，除了石油加工、炼焦及核燃料加工业，仪器仪表及文化、办公用机械制造业，通用设备制造业属于重制造业外，其余 7 个行业都是轻制造业，而且轻制造业又包揽了前 5 名中的 4 名，资金、技术含量较高的重制造业无论是名次还是进入前 5 名或前 10 名的数量来看，都落后或少于轻制造业。轻、重制造业在分指标中的分布也具有类似的特征（表 6-20），这说明长三角轻制造业的经济效益总体上要好于重制造业。

表 6-20 评价排名前 10 位和前 5 位的轻、重制造业分布

	排名前 10 位行业				排名前 5 位行业			
	$F[,1]$	$F[,2]$	$F[,3]$	F	$F[,1]$	$F[,2]$	$F[,3]$	F
轻制造业	5	7	6	7	4	3	4	4
重制造业	5	3	4	3	1	2	1	1

(3) 装备制造业的经济效益有待进一步提高。从综合得分的排序情况看，仪

器仪表及文化、办公用机械制造业,通用设备制造业,电气机械及器材制造业,专用设备制造业,通信设备、计算机及其他电子设备制造业,交通运输设备制造业等6大装备制造业分别排在第6、第7、第18、第24、第25和第26位,没有一个行业进入前5名。装备制造业在三个分指标的排名情况也不理想:在利润创造能力方面,既没有一个行业的得分超过平均水平,也没有一个行业进前5名,在30个行业的排序中分别位居第6、第8、第13、第16、第23和第28;在资产管理方面,6大行业分别排在第11、第13、第22、第23、第25和第28,虽然有通用设备制造业,电气机械及器材制造业和仪器仪表及文化、办公用机械制造业两个行业的得分在平均水平之上,但名次仍然未进入前10名;在市场拓展能力方面,6大行业分别排在第5、第10、第12、第15、第16和第22,其中通用设备制造业、电气机械及器材制造业,仪器仪表及文化、办公用机械制造业的得分大于零,优于平均水平。这与装备制造业的作用和地位极不相称,因此,提高装备制造业的经济效益迫在眉睫。

(4) 加工度较高的制造业行业经济效益表现一般。从利润创造能力最强的前10位行业来看,加工度较高的行业有4个,而加工度相对较低的行业有6个;在前5位行业中,低加工度行业有4个,而高加工行业仅有1个(见表6-21);在资产管理方面,高加工度行业分别有3个和2个进入前10强和前5强,明显少于低加工度行业的数量;在市场拓展能力方面,高加工度行业进入前10强与前5强行业的数量刚好与资产管理能力相反,高加工度行业明显优于低加工度行业;在综合效益评价中,二者在前10强中的行业数量旗鼓相当,但在前5强中,高加工行业仅有1个进入前5名,而低加工度行业则有4个进入前5名。因此,综合起来看,高加工度行业的经济效益总体上略逊于低加工度行业。

表6-21 评价排名前10位和前5位的高、低加工度制造业行业分布

	排名前10位行业				排名前5位行业			
	F[,1]	F[,2]	F[,3]	F	F[,1]	F[,2]	F[,3]	F
以非农产品为原料的轻制造业	1	2	2	3	1	2	2	1
重加工制造业	3	1	4	2	0	0	2	0
高加工行业	4	3	7	5	1	2	3	1
以农产品为原料的轻制造业	4	5	3	4	3	1	2	3
原材料重制造业	2	2	0	1	1	2	0	1
低加工行业	6	7	3	5	4	3	2	4

(5) 资金、技术密集型行业的经济效益水平低于劳动密集型制造业。如果把轻制造业中的医药制造业和重制造业看做是资金、技术密集型产业的话,那么从要素密集度来看,在进入经济效益综合排名前10强的行业中,除了石油加工、炼焦及燃料加工业,仪器仪表及文化、办公用机械制造业,通用设备制造业和医药制造业

属于资金、技术密集型产业外,其他6个行业都是劳动密集型产业,而在综合经济效益较好的前5个行业中,则只有石油加工、炼焦及燃料加工业一个资金、技术密集型产业进入;在利润创造能力、资产管理能力及市场拓展能力三个分指标中,资金、技术密集型产业不仅进入前10强或前5强行业的数量较少(见表6-22),而且排名也较靠后。而且如果从10个原始指标的平均水平来看,17个资金、技术密集型产业除了在流动资产周转次数上稍有优势外,在其他的9项指标上则无一例外地低于劳动密集型产业(见表6-23)。

表6-22 评价排名前10位和前5位的资金、技术密集型产业与劳动密集型产业

	排名前10位行业				排名前5位行业			
	F[,1]	F[,2]	F[,3]	F	F[,1]	F[,2]	F[,3]	F
资金、技术密集型	5	2	5	4	2	2	1	1
劳动密集型	5	8	5	6	3	3	4	4

表6-23 劳动密集型、资金技术密集型制造业经济效益指标

	产值利税率	销售利税率	工业增加率	总资产贡献率	资产负债率	流动资产周转次数	成本费用利润率	全员劳动生产率	产销率	市场占有率
资金、技术密集型	8.22	8.19	23.17	11.65	57.99	2.13	6.82	157 833.96	97.87	10.69
劳动密集型	13.60	13.39	29.29	15.69	54.95	1.97	16.09	324 237.58	98.46	11.00

因此,从总体上看,虽然长三角制造业已经进入重化工业化阶段,产业结构也完成了由低加工度化向高加工度化、由劳动密集型产业占优势向资金、技术密集型产业占优势的转化,但资金、技术密集型制造业的经济效益却没有相应提高,2005年其经济效益仍落后于劳动密集型制造业。

6.4 本章小结

通过分析长三角制造业的结构及效益,可以得出如下结论:

第一,轻工业化阶段—重化工业化阶段—高加工度化阶段—技术集约化阶段的制造业演变路径揭示出长三角制造业发展的方向就是变劳动力密集型制造业为主的体系转变为技术密集型制造业体系,这种转变不仅体现在产值、劳动力及出口结构上,而且更要体现在经济效益上,即资金技术密集型产业的经济效益应该优于劳动密集型产业。

第二,长三角制造业各行业的产值结构、劳动力投入及出口结构的变化同时反映出长三角制造业已经进入以装备制造业为核心的重化工业化阶段,并且与日本等国重化工业时期的产业结构相比,长三角最大的不同在于,重化工业得到加快发

展的同时,电子通信设备制造业等技术密集型产业得到了更快的发展,带有明显的、新技术条件下的时代特征,有一定的跨越式发展性质。这一制造业结构演化轨迹和发展层次既是长三角经济发展阶段、需求结构、供给结构的直接反映,也是长三角参与国际分工的直接结果。

从经济发展阶段上看,长三角经过 20 多年的快速发展,已经完成了工业化早期的结构转换,进入工业化中后期发展阶段。这个阶段意味着在国民经济摆脱农业制约、实现由轻工业中心向以重化工业中心转变的基础上,加工工业部门的比重不断增大,产品深度加工链条不断延长。同时,相对于劳动力投入,资金和技术进步成为产业发展与升级的关键。长三角制造业结构与其所处的经济发展阶段是相适应的。

从需求结构看,2004 年,长三角人均 GDP 4 025.47 美元,其中上海为 6 682.17 美元,江苏为 2 501.57 美元,浙江为 2 892.66 美元。随着收入水平的提高和恩格尔系数的下降,人们对住宅、通信、汽车等耐用消费品的需求不断扩大,用于重化工业产品的支出在收入中所占比重不断增加,于是汽车、电子通信设备等成为高增长产业,并由此带动了钢铁、机械、化工等提供中间产品的行业快速发展。所以,当居民消费结构从追求吃、穿升级为住、行时,制造业产业结构也要从轻工业化阶段向重化工业化阶段发展。

从供给结构看,长三角飞速发展的经济、良好的人居环境、开放的对外政策等,使得本区域成为众多的高层次人才、大量的外商直接投资和实力雄厚的大型跨国公司的聚集地,再加上越来越重视科研成果转化和与地方经济发展互动的高校和科研院所,使长三角制造业不仅能够获得重化工业化发展过程中所需的大量资金投入,而且能够得到促进加工程度不断提高的技术支持,从而使长三角制造业结构演化同时呈现出重化工业化、高加工度化及技术集约化的趋势。

从国际分工因素看,随着国际分工体系的深化和国际制造业向长三角地区的转移,长三角制造业企业积极加入跨国公司的全球产业链条,共享大型跨国公司快速发展的市场机会,并保持与国际制造业整体联系的结构,引进发展水平较高国家的基本技术类型。在与国外企业进行合资合作经营或形成产业配套的过程中,制造业企业的技术装备水平不断提高,制造业结构中技术密集型产业的比重不断增加,产业层次不断升级。

第三,对长三角制造业经济效益的实证分析表明,虽然资金技术密集型产业已经成为长三角制造业的主力,但从 2005 年江苏、浙江、上海 30 个制造业行业的平均水平看,资金技术密集型制造业的经济效益都没有领先于劳动密集型制造业,产业经济效益的提升滞后于产业结构的转型。因此,促进长三角制造业特别是资金技术密集型制造业经济效益的提升是推动长三角制造业发展的重要目标之一。

第7章　基于国际分工的长三角制造业竞争力分析

竞争力是两个或两个以上行为主体在追求一个或多个竞争对象的过程中所表现出来的力量。它包括四个层次的含义：第一，竞争力是竞争主体之间相互比较、较量才有可能存在的一个概念，没有竞争主体之间的相互较量、竞争，也就不存在竞争主体的竞争力问题；第二，竞争力是指某个竞争主体的竞争力量，从单个竞争主体自身的角度来讲，竞争过程中其所表现出来的竞争力量是他的能力或素质的表现；第三，从竞争主体争夺的竞争对象来看，竞争主体的竞争力是对竞争对象的吸引力或获取力；第四，从竞争的结果来看，竞争力是竞争主体最终取得某种收益或某种利益的能力。

区域竞争力是指区域内各主体在市场竞争的过程中形成并表现出来的争夺资源或市场的能力。这种能力只有通过市场竞争才能够形成和展现，并且在动态的竞争过程中不断发生变化。这里的竞争主要指区域对资源或市场的争夺，如资源开发、技术创新、人才争夺、环境改善、产业发展、区域营销等。一个区域的竞争力主要表现在产业竞争力方面。

区域产业竞争力是指区域内特定产业的竞争优势及其能力和吸引力的综合，也即区域产业的收益能力。区域产业竞争力是形成区域竞争力的核心，它既决定于宏观层次的区域比较优势，即区域资源禀赋差异，又决定于微观层次的企业竞争优势，是二者综合作用的结果。

一般地，研究的角度不同，区域产业竞争力的内涵也不同。从研究的具体内容看，区域产业竞争力的内涵包括两方面：区域产业结构竞争力和区域内各个特定产业的竞争力。前者主要研究区域内各产业所占国民生产的比重及相互间的比例关系是否合理，以及对区域竞争力所产生的影响；后者研究区域各产业自身所具有的竞争力，即研究某特定产业的产出品所具有的开拓市场、占据市场并以此获得利润的能力。从空间角度看，区域产业竞争力的内涵有两个层面：一是国际层面，二是国内层面。前者通常是指特定国家或区域的特定产业在国际市场上的竞争力，即产业的国际竞争力；后者则指一国内部特定区域的特定产业在国内市场（即区际市场）上的竞争力，即产业的区际竞争力。

区域产业竞争力的强弱直接影响区域产业结构优化与升级，这表现为：其一，一个地区的产业竞争力越强，意味着该地区的产业设置、布局与资源禀赋相适应，即产业结构较为合理，这不仅有利于地区比较优势的发挥和竞争优势的形成，而且面对市场需求的变化，就越能表现出较强的结构转换能力和适应能力，并使得产业结构更加合理；其二，地区产业竞争力越强，越有利于地区工业在发展过程中工业发展层次(包括技术层次)的不断提高,有利于产业价值链中龙头企业的培育,有利于产业在全球价值链中位置的不断攀升和在国际分工体系中竞争力的增强。因此,区域产业竞争力既是产业发展的结果,同时也是推动产业升级和提高国际分工、实现价值链攀升的原因。

20 世纪 90 年代特别是进入 21 世纪以来,长三角制造业逐渐成为引领全国制造业发展的重要力量,产业竞争力较强。但在国际市场上,长三角制造业的竞争优势仅仅体现在纺织、服装等劳动密集型产业上,化工、机械及交通运输设备等资本技术密集型产业的竞争力较弱。面对国际分工的日益细化和价值链分工方式在全球的铺开,长三角制造业如果把自己的优势锁定在劳动密集型产业或环节上,那么在跨国公司主导的全球生产体系中将永远处于附属地位,只能获取非常低的附加值,效益提升的空间也很有限,而且也将失去承接较高技术含量产业的机会。因此,增强竞争力便成为新型国际分工格局下长三角制造业发展的一个重要目标和动力。

7.1 基于 SS 分析法的苏浙沪制造业竞争力比较

上海、江苏、浙江两省一市的制造业尽管发展都很快,但由于初始基础和发展阶段存在差异,选择的发展路径与模式也不尽相同,由此便导致制造业产业结构和竞争力各有特色。在本节,我们尝试用偏离-份额分析法对长三角内部两省一市的制造业竞争力进行分析比较,以制定长三角应对新型国际分工挑战的良策。

7.1.1 数学模型的建立

偏离-份额分析法(shift-share analysis,SS 分析法)由美国经济学家丹尼尔 B. 克雷默于 1942 年提出,后经 E. S. 邓恩和埃德家·胡佛的完善以及在应用中的进一步发展,成为现在普遍采用的形式。偏离份额分析法从产业结构因素和竞争力因素两方面解释区域经济增长速度的差距。与其他方法相比,该方法能比较准确地确定区域内各部门或产业的发展状况与全局相关部门或产业相比竞争力的大小,具有较强的综合性和动态性[19,55,137]。

偏离-份额分析法是把区域经济的变化看做一个动态的过程,以其所在大区域或整个国家的经济发展为参照系,将区域自身经济总量在某一时期的变动分解为三个分量,即增长分量(the national growth effect)、产业结构分量(the industrial mix effect)和竞争力分量(the shift share effect),以此说明区域经济发展和衰退的原因,评价区域经济结构优劣和自身竞争力的强弱,找出区域具有相对竞争的部门。如果一个地区各产业的增长速度与全国同一产业增长速度完全相同,即排除掉由于各地区同一产业竞争力(或生产率)不同造成的增长速度上的差异,那么地区经济增长速度与全国经济增长速度的差异则是由结构因素所形成的。如果一个地区的产业结构与全国完全相同,那么地区经济增长速度与全国经济增长速度的差异只能由地区竞争力来解释。因此,偏离-份额分析法既是一种能说明地区经济增长的决定因素,即结构因素与竞争力因素所起的作用程度的计算方法,同时又是进行地区间经济增长的结构决定因素差异的比较方法。

在分析长三角制造业产业竞争力时可以设立以下偏离-份额分析模型:

假设 $F_k(T)$ 表示 T 时期长三角 k 产业的产值,则

$$F_k(T) = \sum_i^n F_{ik}(T) \tag{7.1}$$

其中: $F_{ik}(T)$ 表示 T 时期 i 地区 k 产业的产值,$i=1,2,3$,分别表示江苏、上海与浙江,k 代表除工艺品及其他制造业、废弃资源和废旧材料回收加工业之外的 28 个制造业行业。

若用 $F(T)$ 表示 T 时期长三角所有产业的总产值,则 $F(T) = \sum_k^n F_k(T)$,其中 $T=t_0$ 为基期,$T=t$ 为报告期。

根据偏离-份额分析法,可以将 i 地区 k 产业在报告期内的增长额(G_{ik})分离出增长分量(N_{ik})、结构分量(P_{ik})和竞争力分量(D_{ik}):

$$\begin{aligned} G_{ik} &= \Delta F_{ik} \\ &= F_{ik}(t) - F_{ik}(t_0) \\ &= F_{ik}(t_0)\left[\frac{F(t)}{F(t_0)} - 1\right] + F_{ik}(t_0)\left[\frac{F_k(t)}{F_k(t_0)} - \frac{F(t)}{F(t_0)}\right] + F_{ik}(t_0)\left[\frac{F_{ik}(t)}{F_{ik}(t_0)} - \frac{F_k(t)}{F_k(t_0)}\right] \\ &= N_{ik} + P_{ik} + D_{ik} \end{aligned} \tag{7.2}$$

ΔF_{ik} 为 i 地区 k 产业计划期内产值的增加额,$F_{ik}(t_0)$ 为 i 地区 k 产业的基期产值,$F_{ik}(t)$ 为 i 地区 k 产业的报告期产值。根据上述模型,i 地区 k 产业产值的增加额由三部分构成。

(1) $N_{ik} = F_{ik}(t_0)\left[\frac{F(t)}{F(t_0)} - 1\right]$ 为增长分量,即 i 地区 k 产业按长三角总产值的速度而应有的增长额。其中 $\frac{F(t)}{F(t_0)} - 1$ 为长三角总产值的增长率。

(2) $P_{ik} = F_{ik}(t_0)\left[\frac{F_k(t)}{F_k(t_0)} - \frac{F(t)}{F(t_0)}\right]$ 为产业结构分量,即 i 地区 k 产业产值增长偏离长三角 i 产业平均增长的部分,它的增长是由于 i 地区 k 产业相对于长三角总产值的增长差异引起的,它反映了 i 地区 k 产业以长三角为标准产业结构的优劣程度。其中,$\frac{F_k(t)}{F_k(t_0)} - \frac{F(t)}{F(t_0)}$ 表示长三角第 k 产业产值增长率和长三角总产值的增长率的差异,它对于所有的地区都是不变的,只取决于 F_{ik} 的结构。

(3) $D_{ik} = F_{ik}(t_0)\left[\frac{F_{ik}(t)}{F_{ik}(t_0)} - \frac{F_k(t)}{F_k(t_0)}\right]$ 为 i 地区 k 产业增长额分解的剩余部

分,即扣除长三角经济增长和部门结构变动因素之后的增长额。由于剩余成分的正负和大小体现该部门在长三角同行业中的相对增长水平,因而也被称作竞争分量,它反映区位条件或地区竞争力对地区经济增长的作用。利用竞争分量即可以判断地区 i 区域产业在长三角同行业所占有的竞争地位,又可以了解在长三角经济增长中各产业部门的相对扩张和收缩发生在哪些地区。其中,$\frac{F_{ik}(t)}{F_{ik}(t_0)} - \frac{F_k(t)}{F_k(t_0)}$ 表示 i 地区 k 产业产值的增长率与长三角 k 产业产值的增长率的差值。当 $\frac{F_{ik}(t)}{F_{ik}(t_0)} - \frac{F_k(t)}{F_k(t_0)} > 0$ 时,i 地区 k 产业的发展状况取决于基期的实力;当 $\frac{F_{ik}(t)}{F_{ik}(t_0)} - \frac{F_k(t)}{F_k(t_0)} < 0$ 时,$F_{ik}(t_0)$ 越大,i 地区 k 产业竞争能力越处于劣势。其中 $P_{ik} + D_{ik}$ 为 i 地区 k 产业与长三角的总偏离量。

将式(7.2)两端同时除以 $F_{ik}(t_0)$,便得到了以增长率形式表示的 i 地区 k 产业偏离份额方程。

相应地,i 地区的经济增长额(G_i)也分为增长分量(N_i)、产业结构分量(P_i)和竞争力分量(D),即:

(1) 增长分量为

$$N_i = \sum_k N_{ik} = \sum_k F_{ik}(t_0)\left[\frac{F(t)}{F(t_0)} - 1\right]$$

N_i 表示 i 地区制造业按整个研究区域即长三角制造业增长速度而应有的增长份额。

(2) 产业结构分量为

$$P_i = \sum_k P_{ik} = \sum_k F_{ik}(t_0)\left[\frac{F_k(t)}{F_k(t_0)} - \frac{F(t)}{F(t_0)}\right]$$

P_i 表示 i 地区制造业结构的优劣程度,如果 i 地区以快速增长型产业为主,则 $P>0$;反之,$P<0$。

(3) 竞争力分量为

$$D_i = \sum_k D_{ik} = \sum_k F_{ik}(t_0)\left[\frac{F_{ik}(t)}{F_{ik}(t_0)} - \frac{F_k(t)}{F_k(t_0)}\right]$$

D_i 表示 i 地区制造业在长三角两省一市中的地位和竞争力大小。显然,当 i 地区的多数产业都具有竞争力时,则 $D>0$;反之,$D<0$。

7.1.2 数据收集与处理

运用偏离-份额分析法,将 2000 年(基期)和 2004 年(报告期)江苏、上海和浙江两省一市制造业总产值代入上述模型,可以编制出三地的制造业总产值偏离-份额分析表(表 7-1)。

表 7-1　长三角制造业总产值偏离-份额分析表

区域	2000年总产值/亿元	2004年总产值/亿元	计划期区域增长总量(G)	长三角增长分量(N)	产业结构分量(P)	竞争力分量(D)	总偏离量(P+D)
江苏	9 830.95	23 443.12	13 612.17	13 474.36	−1.83	139.64	137.81
浙江	6 160.47	16 868.34	10 707.87	8 443.58	−706.32	2 970.61	2 264.29
上海	6 275.56	12 474.77	6 199.21	8 601.32	708.14	−3 110.25	−2 402.11

资料来源：根据2001年、2005年三省统计年鉴整理计算。

表 7-2　长三角工业总产值偏离-份额分析表

区域	1995年总产值/亿元	2002年总产值/亿元	计划期区域增长总量(G)	长三角增长分量(N)	产业结构分量(P)	竞争力分量(D)	总偏离量(P+D)
江苏	6 982.46	10 452.87	3 470.41	3 630.61	−100.30	−61.37	−161.66
浙江	4 353.83	6 603.65	2 249.82	2 216.89	−146.14	144.93	−1.21
上海	3 957.43	6 204.52	2 247.09	2 057.87	272.77	−108.12	164.65

资料来源：洪银兴等：《长江三角洲地区经济发展的模式和机制》，清华大学出版社，2003年，第215页。

从表7-1、表7-2可以看出，①2004年浙江制造业竞争力延续了2000年的强劲增长势头，竞争力因素对制造业总产值的贡献达2 970.61亿元，远远高于长三角平均水平，结果使得总偏离量不仅扭转2000年的负值局面，而且达到2 264.29亿元，并成为长三角的最高水平。但与此同时，浙江制造业产业结构劣势拉动制造业下降量也高达706.32亿元，结构不合理成为浙江制造业进一步发展的重要制约因素。②上海的情况则刚好相反，虽然其制造业结构优势带来的增量高达708.14亿元，在长三角排第一，但制造业竞争力劣势却拉动经济下降2 402.11亿元，结果导致其总偏离量在两省一市中从2000年的最高变成2004年的最低，代替2000年的江苏成为三地中的最弱者，制造业发展前景不容乐观。造成这种状况的原因可能是由于：第一，2000年上海服务业产值占GDP的比重首次超过了50%，标志着上海进入从工业经济时代向服务经济时代的跨越性转变时期。2003年上海又提出要打造国际经济、金融、贸易和航运中心，使得上海的服务业发展速度加快，制造业特别是劳动密集型制造业因商务成本上升也大量迁出，从而产业结构得到调整与升级。第二，上海科研实力与技术水平在长三角处于领先地位，在积极承接国际制造业、服务业转移并全面参与国际分工过程中，逐渐侧重于发展资本、技术密集型产业或环节，从而优化了制造业结构。第三，虽然上海制造业发展也较快，但与井喷式发展的江苏、浙江相比，商务成本日益上涨也导致上海制造业相对于长三角其他两省来说，竞争力明显下降。③江苏无论是增长总量还是增长分量都排在首位，而且与2000年相比，江苏制造业产业结构、竞争力都有较大改善。产业结构分量从−100.30亿元提高到−1.83亿元，竞争力分量从−61.37亿元提高到139.64亿元，虽然产业结构依然没有"扭亏为盈"，但竞争力的大幅度提升使得总偏离量从2000年三地中的最低提升为137.81亿元，略高于长三角平均水平。

由于地区制造业竞争力分量是各细分行业竞争力分量的累加,因此,如果要进一步了解造成江苏、上海、浙江两省一市制造业结构状况及竞争力水平的原因,还必须分析制造业行业的特征。下面我们仍然运用偏离份额模型进行分析,表7-3、表7-4、表7-5分别是三地28个制造业行业的偏离-份额分析表。

表7-3 2004年江苏制造业行业偏离-份额分析表

行　业	2004年产值/亿元	比重/%	增长分量 (N_{ik})	产业结构分量(P_{ik})	竞争力分量 (D_{ik})	总偏离量 ($P_{ik}+D_{ik}$)
电子及通信设备制造业	4 105.12	17.51	1 296.90	1 413.77	448.23	1 862.00
纺织业	2 280.14	9.73	1 696.76	−301.86	−352.72	−654.58
化学原料及制造业	2 223.14	9.48	1 432.61	−231.22	−23.49	−254.71
黑色金属冶炼及压延加工业	2 113.74	9.02	633.59	361.07	656.81	1 017.88
电气机械及器材制造业	1 578.84	6.73	973.94	−80.03	−25.66	−105.69
普通机械制造业	1 567.88	6.69	951.26	220.64	−298.05	−77.41
交通运输设备制造业	1 139.59	4.86	697.27	−53.95	−12.46	−66.41
金属制品业	1 036.35	4.42	548.52	−53.03	140.67	87.64
服装及纤维制品制造业	720.19	3.07	575.26	−307.45	32.68	−274.77
非金属矿物制品业	681.55	2.91	539.43	−140.68	−110.77	−251.45
专用设备制造业	668.97	2.85	494.79	−147.66	−39.16	−186.82
化学纤维制造业	610.83	2.61	397.64	−99.45	22.52	−76.93
食品加工业	610.36	2.60	499.15	−223.25	−29.72	−252.97
有色金属冶炼及压延加工业	564.87	2.41	310.44	113.08	−85.16	27.92
塑料制品业	531.83	2.27	379.18	−41.73	−82.26	−123.99
石油加工及炼焦业	445.65	1.90	342.42	−21.09	−125.51	−146.60
医药制造业	370.22	1.58	217.75	−69.51	63.11	−6.40
造纸及纸制品业	361.83	1.54	259.21	−68.51	−17.99	−86.50
仪器仪表及文化办公用机械制造业	309.94	1.32	182.28	−13.88	8.56	−5.32
皮革毛皮羽绒及制品业	292.62	1.25	174.51	19.67	−28.88	−9.21
饮料制造业	197.59	0.84	178.81	−124.06	12.38	−111.68
橡胶制品业	185.57	0.79	117.52	−14.47	−3.22	−17.69
文教体育用品制造业	179.22	0.76	129.02	−38.44	−5.49	−43.93
食品制造业	173.82	0.74	141.97	−70.22	−1.51	−71.73
烟草加工业	167.02	0.71	65.76	18.65	34.63	53.28
木材加工及竹藤棕草制品业	165.81	0.71	122.44	−53.70	7.74	−45.96
印刷业记录媒介的复制	93.61	0.40	74.85	−22.26	−13.59	−35.85
家具制造业	66.82	0.29	41.13	27.75	−32.07	−4.32
合计	23 443.12	100.00	13 474.36	−1.83	139.64	137.81

资料来源:根据《2005年江苏统计年鉴》整理计算。

表 7-4 2004 年浙江制造业偏离-份额分析表

行 业	2004年产值/亿元	比重/%	增长分量 (N_{ik})	产业结构分量(P_{ik})	竞争力分量 (D_{ik})	总偏离量 ($P_{ik}+D_{ik}$)
纺织业	2 470.11	14.64	1 197.42	−213.02	612.08	399.05
电气机械及器材制造业	1 497.73	8.88	758.11	−62.30	248.80	186.50
普通机械制造业	1 363.00	8.08	538.72	124.95	306.28	431.23
化学原料及制造业	1 038.36	6.16	513.17	−82.83	233.61	150.78
交通运输设备制造业	926.10	5.49	444.46	−34.39	191.75	157.36
电子及通信设备制造业	909.18	5.39	390.42	425.60	−191.69	233.91
化学纤维制造业	731.04	4.33	233.62	−58.43	385.40	326.97
服装及纤维制品制造业	706.38	4.19	546.52	−292.09	53.22	−238.88
塑料制品业	703.42	4.17	323.44	−35.60	179.60	144.00
皮革毛皮羽绒及制品业	687.03	4.07	328.85	37.07	81.18	118.25
金属制品业	658.59	3.90	357.15	−34.53	75.39	40.86
有色金属冶炼及压延加工业	561.00	3.33	187.70	68.37	167.97	236.35
非金属矿物制品业	557.60	3.31	297.24	−77.52	121.01	43.49
黑色金属冶炼及压延加工业	530.44	3.14	167.75	95.60	144.71	240.30
石油加工及炼焦业	503.19	2.98	345.60	−21.28	−73.27	−94.56
专用设备制造业	414.45	2.46	245.91	−73.39	62.51	−10.88
造纸及纸制品业	403.52	2.39	232.87	−61.55	62.30	0.75
食品加工业	355.95	2.11	243.21	−108.78	44.07	−64.71
医药制造业	299.98	1.78	208.06	−66.42	6.54	−59.88
仪器仪表及文化办公用机械制造业	207.41	1.23	119.54	−9.11	9.75	0.65
文教体育用品制造业	195.78	1.16	109.18	−32.53	39.47	6.94
橡胶制品业	190.53	1.13	97.09	−11.95	34.55	22.60
木材加工及竹藤棕草制品业	182.70	1.08	87.28	−38.28	70.02	31.74
饮料制造业	176.26	1.04	187.76	−130.27	−18.22	−148.49
家具制造业	174.60	1.04	47.77	32.22	59.76	91.98
烟草加工业	154.26	0.91	75.62	21.44	2.03	23.47
食品制造业	140.66	0.83	101.37	−50.14	15.47	−34.67
印刷业记录媒介的复制	129.07	0.77	57.76	−17.18	46.35	29.17
合计	16 868.34	100.00	8 443.58	−706.32	2 970.61	2 264.29

资料来源：根据《2005 年浙江统计年鉴》整理计算。

表 7-5　2004 年上海制造业偏离-份额分析表

行　业	2004 年产值/亿元	比重/%	增长分量 (N_{ik})	产业结构分量(P_{ik})	竞争力分量 (D_{ik})	总偏离量 ($P_{ik}+D_{ik}$)
电子及通信设备制造业	2 807.76	22.51	1 086.74	1 184.68	−256.55	928.13
交通运输设备制造业	1 564.18	12.54	1 055.22	−81.64	−179.29	−260.93
黑色金属冶炼及压延加工业	1 063.01	8.52	810.85	462.08	−801.52	−339.44
普通机械制造业	926.16	7.42	476.35	110.49	−8.23	102.26
电气机械及器材制造业	813.34	6.52	629.15	−51.70	−223.14	−274.84
化学原料及制造业	733.68	5.88	601.83	−97.14	−210.12	−307.25
石油加工及炼焦业	661.35	5.30	277.31	−17.08	198.78	181.71
金属制品业	479.03	3.84	425.67	−41.16	−216.05	−257.21
专用设备制造业	313.02	2.51	235.03	−70.14	−23.35	−93.49
服装及纤维制品制造业	310.14	2.49	331.37	−177.11	−85.90	−263.00
纺织业	287.69	2.31	352.55	−62.72	−259.36	−322.08
非金属矿物制品业	276.54	2.22	195.24	−50.92	−10.24	−61.15
塑料制品业	258.31	2.07	219.60	−24.17	−97.34	−121.51
仪器仪表及文化办公用机械制造业	222.43	1.78	145.60	−11.09	−18.31	−29.40
烟草加工业	197.44	1.58	116.28	32.98	−36.66	−3.68
有色金属冶炼及压延加工业	196.71	1.58	133.50	48.63	−82.82	−34.19
食品制造业	184.92	1.48	161.03	−79.65	−13.96	−93.60
医药制造业	184.39	1.48	180.13	−57.50	−69.65	−127.16
食品加工业	133.27	1.07	115.12	−51.49	−14.35	−65.84
文教体育用品制造业	131.77	1.06	115.78	−34.49	−33.98	−68.48
橡胶制品业	117.23	0.94	92.47	−11.38	−31.33	−42.71
印刷业记录媒介的复制	104.85	0.84	96.09	−28.57	−32.76	−61.33
造纸及纸制品业	102.53	0.82	100.22	−26.49	−44.32	−70.81
饮料制造业	98.37	0.79	89.34	−61.98	5.84	−56.15
皮革毛皮羽绒及制品业	95.36	0.76	80.15	9.03	−52.31	−43.27
家具制造业	71.06	0.57	41.08	27.71	−27.70	0.01
木材加工及竹藤棕草制品业	70.12	0.56	114.54	−50.23	−77.76	−127.99
化学纤维制造业	70.11	0.56	323.09	−80.80	−407.91	−488.71
合计	12 474.77	1.07	8 601.32	708.14	−3 110.25	−2 402.11

资料来源：根据《2005 年上海统计年鉴》整理计算。

2004年,在江苏制造业28个行业中,电子及通信设备制造业工业总产值比重占江苏制造业总产值的17.51%,其产业结构分量对制造业总产值的贡献达1 413.77亿元,竞争力优势带来的增量448.23亿元,是江苏的绝对优势产业,而作为江苏第二大制造业行业的纺织业,与2000年相比(产业结构分量为-524.98,竞争力分量为109.77),竞争力下降,发展速度减缓。2004年江苏制造业产业结构分量提升主要得益于电子及通信设备制造业、黑色金属冶炼及压延加工业、普通机械制造业、有色金属冶炼及压延加工业、皮革及毛皮羽绒制品、烟草加工业和家具制造业等7个行业的产业结构优势,而竞争力分量增加则得益于电子及通信设备制造业、黑色金属冶炼及压延加工业、金属制品业、服装及纤维制品制造业、化学纤维制造业、医药制造业、仪器仪表及文化办公用机械制造业、饮料制造业、烟草加工业、木材加工及竹藤棕草制品业等10个行业的竞争力优势。

2004年,在浙江的28年制造业行业中,除了电子及通信设备制造业、石油加工及炼焦业、饮料制造业3个行业的竞争力分量为负值外,其余25个行业的竞争力分量都为正值,这充分显示出浙江制造业在长三角的巨大优势。但与此同时,在浙江的28个制造业行业中,除了普通机械制造业、电子及通信设备制造业、皮革毛皮羽绒及制品、黑色金属冶炼及压延加工业、有色金属冶炼及压延加工业、家具制造业、烟草加工业等7个行业外,其他21个行业的产业结构分量全为负值,从而造成浙江制造业产业结构分量在长三角最低。与2000年相比(产业结构分量为-417.28,竞争力分量为-23.10),浙江的第一大产业——纺织业不仅产业结构有所优化,而且竞争力也代替江苏成为长三角最强的。但同时也正是因为在纺织业等传统产业的巨大优势,才使得浙江制造结构在长三角两省一市中层次较低,并且调整优化的过程进展缓慢。

2004年,上海制造业除了石油加工及炼焦业、饮料制造业两个行业具有一定的优势外,其余26个行业的竞争力分量全都为负值,而且总产值排名前6位的制造业行业竞争力分量都是负值,上海重点发展的六大工业行业除石油化工及精细化工制造业外,在长三角并没有显示出特别强的优势,至少从表7-5中没有反映出来。但在产业结构方面,上海制造业不仅优势非常明显,而且调整和优化的进程也较快,与2000年相比,石油加工及炼焦业、专用设备制造业代替纺织业、化学纤维制造业进入总产值比重排名前10位的行业。

为了更直观地比较长三角两省一市的制造业增长速度与竞争力水平,我们把江苏、浙江和上海制造业28个行业的增长分量、产业结构分量、竞争力分量、总偏离量分别在图7-1、图7-2、图7-3、图7-4标出,并且按照产业结构分量、竞争力分量的不同特征,将三地的制造业分成四组在表7-6中列出。

第7章 基于国际分工的长三角制造业竞争力分析

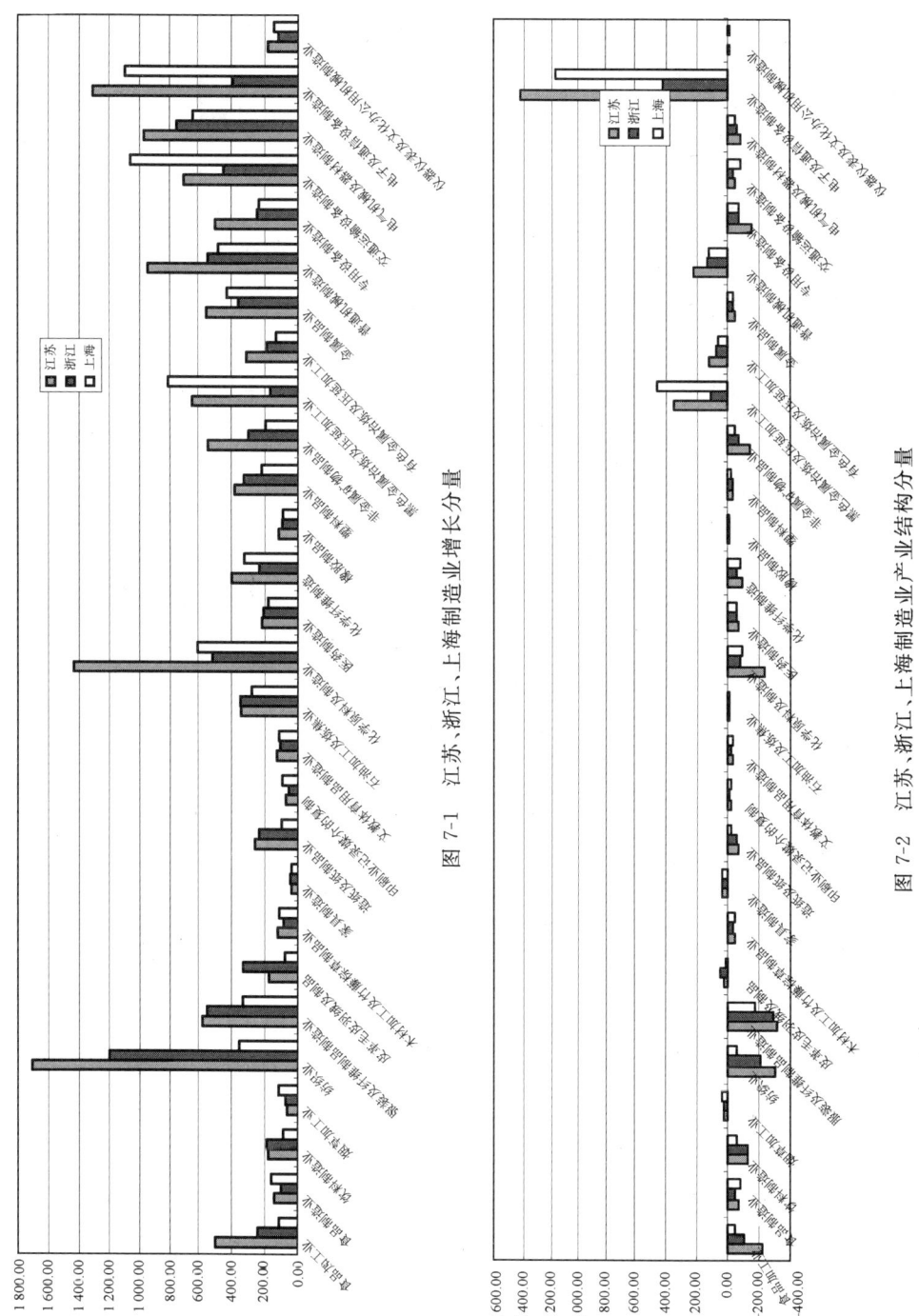

图 7-1 江苏、浙江、上海制造业增长分量

图 7-2 江苏、浙江、上海制造业产业结构分量

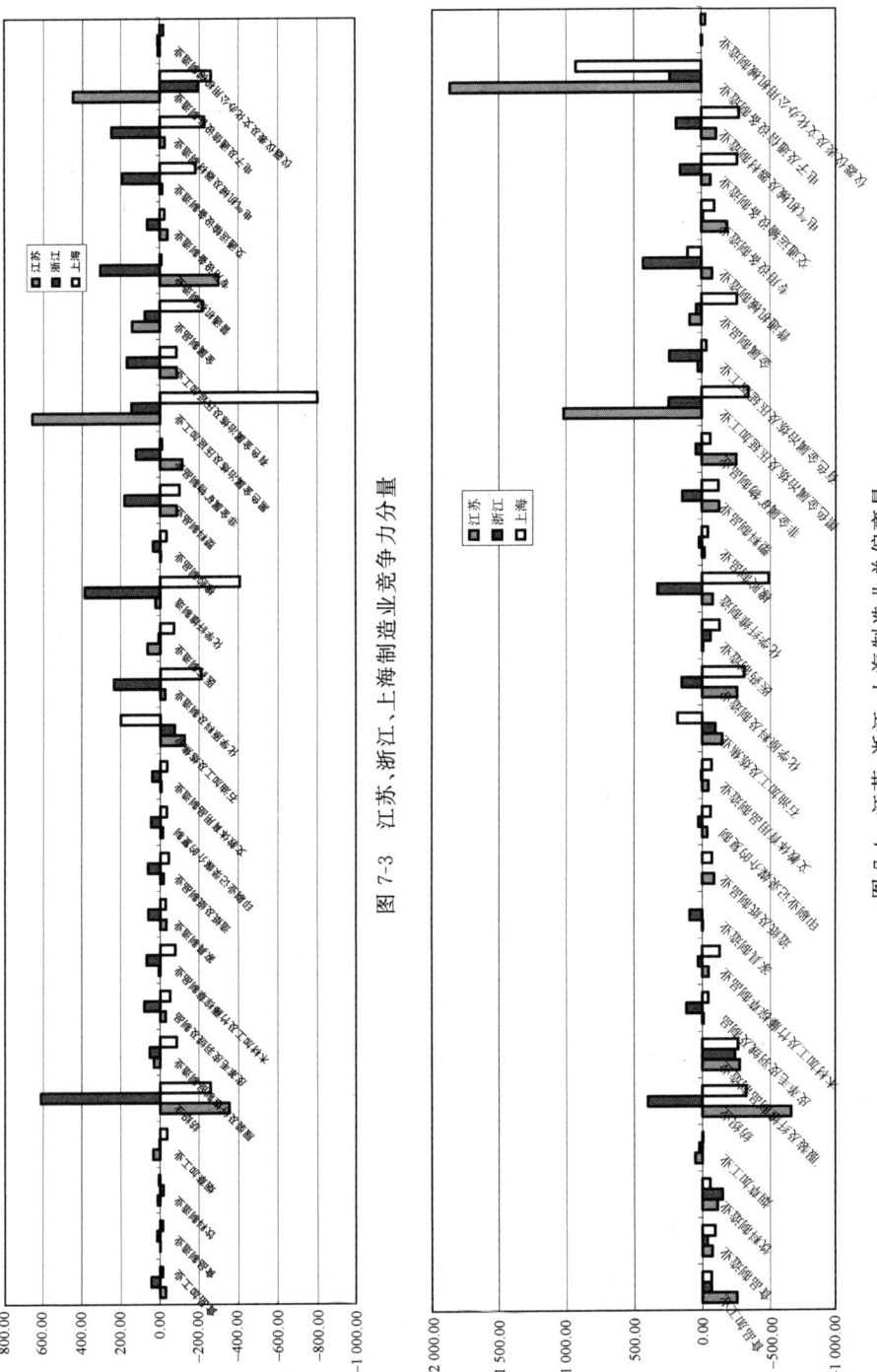

图 7-3 江苏、浙江、上海制造业竞争力分量

图 7-4 江苏、浙江、上海制造业总偏离量

表 7-6 不同范围标准的制造业偏离-份额因素分类

特 征	制造业行业		
	江 苏	浙 江	上 海
$P_{ik}>0$ $D_{ik}>0$	电子及通信设备制造业、黑色金属冶炼及压延加工业、烟草加工业	普通机械制造业、皮革毛皮羽绒及制品、黑色金属冶炼及压延加工业、有色金属冶炼及压延加工业、家具制造业、烟草加工业	
$P_{ik}>0$ $D_{ik}<0$	普通机械制造业、有色金属冶炼及压延加工业、皮革毛皮羽绒及制品业、家具制造业	电子及通信设备制造业	电子及通信设备制造业、普通机械制造业、皮革毛皮羽绒及制品、黑色金属冶炼及压延加工业、有色金属冶炼及压延加工业、家具制造业、烟草加工业
$P_{ik}<0$ $D_{ik}>0$	金属制品业、服装及纤维制造业、医药制造业、仪器仪表及文化办公用机械制造业	金属制品业、服装及纤维制造业、医药制造业、仪器仪表及文化办公用机械制造业、纺织业、化学原料及制造业、电气机械及器材制造业、交通运输设备制造业、非金属矿物制品业、专用设备制造业、食品加工业、塑料制品业、造纸及纸制品业、橡胶制品业、文教体育用品制造业、食品制造业、木材加工及竹藤棕草、印刷业记录媒介的复制	石油加工及炼焦业、饮料制造业
$P_{ik}<0$ $D_{ik}<0$	纺织业、化学原料及制造业、电气机械及器材制造业、交通运输设备制造业、非金属矿物制品业、专用设备制造业、食品加工业、塑料制品业、石油加工及炼焦业、造纸及纸制品业、饮料制造业、橡胶制品业、文教体育用品制造业、食品制造业、木材加工及竹藤棕草、印刷业记录媒介的复制	石油加工及炼焦业、饮料制造业	金属制品业、服装及纤维制造业、医药制造业、仪器仪表及文化办公用机械制造业、纺织业、化学原料及制造业、电气机械及器材制造业、交通运输设备制造业、非金属矿物制品业、专用设备制造业、食品加工业、塑料制品业、造纸及纸制品业、橡胶制品业、文教体育用品制造业、食品制造业、木材加工及竹藤棕草、印刷业记录媒介的复制

资料来源：根据表 7-3、表 7-4、表 7-5 整理。

从增长分量看,江苏有 19 个行业的长三角增长分量居两省一市之首,特别是化学原料及制造业、食品加工业的增长份额分别高出排在第二的上海、浙江一倍多。上海有 5 个行业的长三角增长分量排第一,它们分别是交通运输设备制造业、黑色金属冶炼及压延加工业、印刷业记录媒介的复制、烟草加工业和食品制造业,这几个行业分别是上海建设先进制造基地的战略重点。浙江有 4 个行业的增长份额排第一,分别为:石油加工及炼焦业、饮料制造业、皮革毛皮羽绒及制品和家具制造业。

由于三地的产业结构增长率即 $\frac{F_k(t)}{F_k(t_0)} - \frac{F(t)}{F(t_0)}$ 是一样,所以三地产业结构分量的比较实际上取决于 $F_{ik}(t_0)$ 的大小。从图 7-2 可以看出,在产业结构分量为正数的 7 个制造业行业中,江苏在电子及通信设备制造业、普通机械制造业和有色金属冶炼及压延加工业中有结构优势,上海在黑色金属冶炼及压延加工业、烟草加工业中有优势,浙江在皮革毛皮羽绒及制品业和家具制造业中有微弱优势。在产业结构分量为负数的 21 个行业中,江苏制造业的基数 $F_{ik}(t_0)$ 大,导致其 P_{ik} 负的也多,不过由于江苏的电子及通信设备制造业的发展特别突出,2000 年其产值占长三角该行业的 46.75%,2004 年占长三角该行业的 52.48%,并且其竞争力分量也高达 448.23 亿元,所以从总体上来看,江苏制造业结构不断优化,高度化趋势明显。上海的电子及通信设备制造业和黑色金属冶炼及压延加工业的产业结构分量分别高达 1 184.68 亿元和 462.08 亿元,而且纺织业、化学纤维制造业等传统产业的比重又不断下降,如纺织业从 2000 年占上海制造业总产值的 10.86% 下降到 2004 年的 5.71%,同期,化学纤维制造业从 33.85% 下降到 4.07%,因此,上海制造业位居长三角产业价值链的高端,层次相对较高。浙江制造业以传统产业为主,而且近年来又不断承接上海转移出来的劳动密集型制造业,纺织业、化学纤维制造业等传统产业的比重不断上升,如纺织业占长三角的比重从 2000 年的 36.88% 上升到 2004 年的 49.03%,化学纤维制造业从 24.48% 上升到 51.77%,从而使得浙江制造业结构升级的动力不足,其制造业产品层次相对较低。

从制造业竞争力分量图可以看出:第一,浙江在 28 个制造业行业中的 21 个(比重为 75%)都具有竞争优势,这 21 个竞争力分量为正值的行业在总产值中累计所占的比例高达 90.59%,可见浙江整体产业竞争力较强,特别是在纺织业、化学纤维制造业、普通机械制造业等传统制造业领域的竞争力特别强。第二,江苏在 10 个竞争力分量为正值的行业中,有 6 个行业的竞争力较强,它们分别是饮料制造业、烟草加工业、医药制造业、黑色金属冶炼及压延加工业、金属制品业和电子及通信设备制造业,这 6 个行业占江苏制造业总产值的比重为 34.08%,说明江苏制造业竞争力在长三角有一定的优势,特别是电子及通信设备制造业,由于在该行业引进的外资比较多,并在苏州、无锡等地形成了电子信息产业集群,在沿沪宁线形成了一条以微电子、软件、移动通信及网络设备制造业为主的产业带,从而使江苏在该行业的竞争力非常强,有多种产品产量在国内甚至世界上都位居第一。此外,江苏黑色金属冶炼及压延加工业的竞争力分量也高达656.81亿元,这与江苏实施沿江开发战略后加强重化工业的发展密不可分。第三,上海仅在石油加工及炼焦业具有竞争优势,并且有26个行业的竞争力分量都为负值,即使在具有明显结构优势的电子及通信设备制造业、黑色金属冶炼及压延加工业等行业,其竞争力也非常弱,两者的竞争力分量分别仅有－256.55亿元和－801.52亿元,可见上海整体产业竞争力较差。

从图7-4及表7-6可以看出:第一,江苏有四个行业的增长速度高于长三角平均水平,并且由于电子及通信设备制造业、黑色金属冶炼及压延加工业、烟草加工业的产业结构分量和竞争力分量都为正值,所以这3个行业增长最快,发展水平高。第二,浙江有21个行业的总偏离量都大于零,其中又有16个行业的增速快于江苏和上海,有6个行业的产业结构分量和竞争力分量都为正值,可见,虽然浙江制造业传统产业比重过大,产业结构不甚合理,但由于产业总体上竞争力较强,从而使浙江制造业依然表现出强劲的增长势头,发展潜力大,成长性好。第三,上海有四个行业的总偏离量大于零,其中石油加工及炼焦业发展水平高于江苏和浙江,不仅没有一个行业的产业结构分量和竞争力分量同时为正值,而且有21个行业的总偏离量为负值,说明上海制造业产业结构上的优势还不足以弥补竞争力方面的劣势。它如果想保持制造业的主导产业地位,并与服务业一起推动上海经济快速增长,就必须进一步推动产业升级以提高制造业竞争力。

7.1.3 结果分析

第一,制造业竞争力差异反映出长三角内部两省一市的产业互补性较强,结构层次存在梯度差异,已初步形成产业间的垂直型分工格局。浙江不断强化在传统劳动密集型产业上的优势,江苏在实施沿江开发战略以来逐步将发展重点倾向于电子及通信制造业、黑色金属冶炼及压延加工业等资本技术密集型产业,上海一方面继续保持自己在石油加工及炼焦业等重化工业的优势,另一方面则根据全球制造业的服务业化趋势大力发展为制造业提供金融、物流、技术、管理、研发、信息、法律咨询等支持的生产性服务业。

第二,制造业竞争力差异反映了三地不同的产业发展路径或模式。浙江经济起步于以"温州模式"为代表的民营经济,由于受投资规模的限制,在产业选择上往往集中于回收期限短、风险较小的传统制造业,在技术选择上,也局限于低技术行业。江苏自1992年浦东开发以来,逐渐将原来以乡镇企业为主体的"苏南模式"发展为以"苏州模式"为典型代表的基于FDI的出口加工发展模式,并在国际产业资本的带动下,制造业结构实现了优化升级,电子及通信设备等高新技术产品的竞争力大大提高。上海在周边省市传统制造业竞争力日益提升、自身商务成本越来越高的情况下,主动将劳动密集型产业或环节迁出;同时由于其独特的地理区位和经济地位,在国际制造业资本向长三角转移的过程中,逐步发展成总部经济中心和生产者服务中心。这在一定程度上削弱了其制造业的地位和竞争力。

第三,制造业竞争力差异反映出三地面临不同的升级问题。浙江应该随着经济的发展,人均收入水平的提高,供给结构、需求结构和国内外产业分工结构的变化适时地推动制造业结构高度化,而不应满足于目前在传统劳动密集型产业的竞争优势。江苏应该采取措施扩大具有竞争优势行业的范围,以更好地承接国际产业资本的转移和为外资企业作配套,从而在外资的带动下实现产业结构高度化和向产业链高端环节攀升。上海制造业竞争力现状意味着上海一方面应该重新审视自己重振制造业方案(如173计划)的可行性,即便可行,在打造先进制造业中心、推动五大战略重点(即电子、汽车、钢铁石化等支柱产业,装备产业,船舶、航天航空等战略产业,光电子、生物医药等新兴产业,以及服装、食品等都市产业)发展时,应充分利用自身丰富的劳动技术积累,加大研发力度,提高产业的技术水平,另一方面应着力打造国际经济、金融、贸易和航运中心,以强化其在长三角都市圈中的龙头地位。

7.2　长三角制造业国内竞争力分析

以都市圈为基本单位的区域竞争愈演愈烈,在国内,发展水平相对较高的长三角、珠三角、京津地区是这场角逐的主要参与者,为了能承接到更多的产业资本,它们之间展开了全方位的竞争。分析长三角制造业国内竞争力状况,明确长三角制造业的比较优势与劣势,找到"木桶"中的短板,有助于推动长三角制造业在新型国际分工格局下进一步发展。本节仍运用偏离-份额分析法对长三角、珠三角、京津地区的制造业进行分析比较(表 7-7)。

表 7-7　2000～2004 年三大区域制造业总产值偏离-份额分析表

区域	2000 年总产值/亿元	2004 年总产值/亿元	计划期区域增长总量(G_i)	全国增长分量(N_i)	产业结构分量(P_i)	竞争力分量(D_i)	总偏离量(P_i+D_i)
长三角	22 266.98	52 786.23	30 519.25	29 978.04	−374.44	915.56	541.13
珠三角	11 765.41	24 675.58	12 910.17	15 839.77	755.01	−3 684.65	−2 929.64
京津	4 902.4	9 476.15	4 573.75	6 618.24	808.29	−2 834.66	−2 026.37

资料来源:根据 2000 年、2005 年上海、浙江、江苏、北京、天津、广东、全国统计年鉴和《2005 年中国经济贸易年鉴》整理计算。

在东部沿海三大都市圈中,长三角制造业增长总量、全国增长分量、竞争力分量及总偏离量都遥遥领先于其他两个区域,其中竞争力优势带动制造业总产值增长 915.56 亿元,但与此同时,产业结构却是制约长三角制造业持续增长的软肋,其劣势引起的下降量达 374.44 亿元。珠三角和京津两个区域在 2000～2004 年制造业总产值的增长量主要是由全国增长分量推动的,虽然它们的结构优势相当明显,分别带来 755.01 亿元和 808.29 亿元的增长量,但竞争力劣势却也给两个区域制造业造成高达 3 684.65 亿元和 2 834.66 亿元的下降量。因此,从整体上看,长三角制造业在国内的竞争力较强。

为了进一步了解长三角、珠三角和京津地区的制造业结构及各行业的具体竞争力状况,我们列出了三大区域制造业总产值比重前 10 位行业的偏离-份额分析表(表 7-8)。

表 7-8 2000～2004 三大区域总产值比重前 10 位制造业行业偏离-份额分析表

行　业	2004 年产值/亿元	比重/%	增长分量 (N_{ik})	产业结构分量 (P_{ik})	竞争力分量 (D_{ik})	总偏离量 ($P_{ik}+D_{ik}$)
长三角	37 460.06	70.97	20 092.12	1 494.94	949.02	2 443.94
电子及通信设备制造业	7 822.06	14.82	2 724.86	1 218.93	1 854.31	3 073.23
纺织业	5 037.94	9.54	3 189.14	−794.15	274.12	−520.03
化学原料及制造业	3 995.18	7.57	2 502.44	−173.38	−192.63	−366.01
电气机械及器材制造业	3 889.91	7.37	2 319.33	−39.30	−112.86	−152.16
普通机械制造业	3 857.04	7.31	1 931.46	647.33	−156.39	490.94
黑色金属冶炼及压延加工业	3 707.19	7.02	1 583.60	1 452.41	−505.08	947.33
交通运输设备制造业	3 629.87	6.88	2 157.98	360.92	−491.94	−131.02
金属制品业	2 173.97	4.12	1 307.73	−306.39	201.28	−105.11
服装及纤维制品制造业	1 736.71	3.29	1 427.37	−638.36	−112.53	−750.89
石油加工及炼焦业	1 610.19	3.05	948.21	−233.07	190.74	−42.34
珠三角	18 263.06	74.01	11 910.67	1 275.27	−3 769.87	−2 494.6
电子及通信设备制造业	7 465.91	30.26	4 699.64	2 102.32	−2 826.84	−724.52
电气机械及器材制造业	2 687.18	10.89	1 841.9	−31.21	−491.64	−522.85
化学原料及制造业	1 394.43	5.65	754.6	−52.28	131.61	79.33
交通运输设备制造业	1 189.84	4.82	629.68	105.31	−12.86	92.45
金属制品业	1 138.03	4.61	799.8	−187.39	−68.45	−255.84
塑料制品业	945.44	3.83	700.86	−73.13	−202.87	−276.00
纺织业	915.78	3.71	642.41	−159.97	−43.83	−203.81
非金属矿物制品业	873.74	3.54	676.52	−163.93	−141.35	−305.28
服装及纤维制品制造业	851.85	3.45	731.86	−327.31	−96.32	−423.62
仪器仪表及文化办公用机械制造业	800.86	3.25	433.4	62.86	−17.32	45.54

续表

行 业	2004年产值/亿元	比重/%	增长分量（N_{ik}）	产业结构分量（P_{ik}）	竞争力分量（D_{ik}）	总偏离量（$P_{ik}+D_{ik}$）
京津	7 597.88	80.18	4 899.93	1 166.25	−2 107.82	−941.61
电子及通信设备制造业	2 476.83	26.14	1 937.42	866.68	−1 766.34	−899.66
黑色金属冶炼及压延加工业	1 144.93	12.08	517.65	474.77	−231.99	242.77
交通运输设备制造业	1 130.16	11.93	363.34	60.77	436.18	496.94
化学原料及制造业	751.57	7.93	452.48	−31.35	−5.65	−37.00
石油加工及炼焦业	506.07	5.34	533.83	−131.22	−293.06	−424.28
电气机械及器材制造业	440.62	4.65	302.92	−5.13	−82.16	−87.30
普通机械制造业	333.24	3.52	174.16	58.37	−28.65	29.72
金属制品业	314.63	3.32	247.77	−58.05	−59.13	−117.18
医药制造业	252.32	2.66	161.14	−63.05	34.54	−28.51
专用设备制造业	247.51	2.61	209.22	−5.54	−111.56	−117.11

资料来源：根据2000年、2005年上海、浙江、江苏、北京、天津、广东、全国统计年鉴和《2005年中国经济贸易年鉴》整理计算。

从表7-8可以看出，在制造业总产值比重前10位的行业中，长三角表现出极大的优势，增长分量、产业结构分量、竞争力分量和总偏离量不仅都为正值，而且分别都大于珠三角和京津的相应指标，其中电子及通信设备制造业、普通机械制造业、黑色金属冶炼及压延加工业、交通运输设备制造业4个行业的产业结构优势分别带动相应行业增长1 218.93亿元、647.33亿元、1 452.41亿元和360.92亿元，电子及通信设备制造业、纺织业、金属制品业和石油加工及炼焦业等4个行业的竞争力优势分别给相应行业带来1 854.31亿元、274.12亿元、201.38亿元和190.74亿元的增长量。对照表7-7，可以得出长三角制造业产业结构劣势主要由占总产值比重为29.03%的其余21个行业造成的。相比较而言，珠三角、京津两个区域的制造业竞争力整体上较弱，特别是珠三角，在制造业总产值比重前10位的行业中，有3个行业的结构分量为正值，但仅有1个行业的竞争力分量为正值，而且由产业结构优势带动的1 275.27亿元增长量不抵竞争力劣势引起的3 769.87亿元下降量，导致这10个行业的总偏离量为−2 494.6亿元；京津地区有4个行业的产业结构分量为正值，2个行业的竞争力分量为正值，产业结构优势带动的增长量为1 166.25亿元，竞争力劣势引起的下降量为−2 107.82亿元，总偏离量为−941.61亿元。

在三大区域中，电子及通信设备制造业既是第一大行业，分别占长三角、珠三角、京津制造业总产值的14.82%、30.26%和26.14%，又是优化结构的重要行业，其结构分量分别给三大区域贡献了1 218.93亿元、2 102.32亿元和866.68亿元的增长额。电子通信设备制造业在三个区域的竞争力分量分别为1 854.31亿元、−2 826.84亿元和−1 766.34亿元，既是长三角28个行业中竞争力最强的行业，同时也是珠三角、京津地区28个行业中竞争力最弱的行业,它是导致长三角制造业竞争力整体较强,而珠三角、京津地区制造业竞争力整体较弱的关键行业。

对比三大区域制造业总产值比重前10位行业的具体分布及排序,可以清楚地看到京津地区行业的结构层次较高,前10位行业除了金属制品业属于劳动密集型产业外,其余9个行业都是资本、技术密集型产业,而且前3位行业的结构分量都为正值,前4位行业的结构分量为1 370.87亿元;珠三角的结构层次又较长三角略高,前4位行业属于技术密集型或资本-技术、劳动-技术密集型产业,这4个行业的结构分量为2 124.14亿元,其中有2个行业的结构分量为正值,2个为负值;长三角前4位行业的结构分量为212.1亿元,其中有3个行业的结构分量都为负值,特别是属于劳动密集型行业的纺织业,既是长三角的第二大行业,也是产业结构分量最小的行业,它和服装及纤维制品制造业、金属制品业及化学纤维制造业等行业的共同作用使得长三角制造业产业结构分量为负值。因此,虽然与2000年相比,长三角制造业中的第一大产业已经由纺织业替换成电子及通信设备制造业,产业结构高度化趋势明显,但由于纺织业、服装及纤维制品制造业等传统产业仍占很大比重,从而使得长三角制造业结构与珠三角相比仍有差距。

三大区域竞争力分量如表7-9和图7-5所示。

表7-9 三大区域竞争力分量排序

行业	比重	长三角	行业	比重	珠三角	行业	比重	京津
电子及通信设备制造业	14.82	1 854.31	石油加工及炼焦业	3.21	473.06	交通运输设备制造业	11.93	436.18
化学纤维制造业	2.67	318.02	化学原料及制造业	5.65	131.61	医药制造业	2.66	34.54
纺织业	9.54	274.12	黑色金属冶炼及压延加工业	1.97	115.2	烟草加工业	0.25	3.15
金属制品业	4.12	201.28	食品加工业	2.59	79.01	化学纤维制造业	0.15	−4.24
皮革毛皮羽绒及制品业	2.04	199.48	烟草加工业	0.63	64.5	化学原料及制造业	7.93	−5.65
石油加工及炼焦业	3.05	190.74	专用设备制造业	1.17	59.25	仪器仪表及文化办用机械制造业	1.67	−5.9
烟草加工业	0.98	182.45	印刷业记录媒介的复制	1.29	52.33	木材加工及竹藤棕草制品业	0.29	−15.28
有色金属冶炼及压延加工业	2.51	57.11	饮料制造业	1.07	30.7	饮料制造业	1.53	−15.61
医药制造业	1.62	50.19	家具制造业	1.12	12.8	皮革毛皮羽绒及制品业	0.36	−22.92

续表

行 业	比 重	长三角	行 业	比 重	珠三角	行 业	比 重	京 津
家具制造业	0.59	16.65	交通运输设备制造业	4.82	−12.86	有色金属冶炼及压延加工业	1.25	−24.39
塑料制品业	2.83	9.37	造纸及纸制品业	1.91	−15.68	文教体育用品制造业	0.39	−25.39
饮料制造业	0.89	8.89	仪器仪表及文化办公用机械制造业	3.25	−17.32	普通机械制造业	3.52	−28.65
印刷业记录媒介的复制	0.62	3.11	文教体育用品制造业	1.59	−31.33	造纸及纸制品业	0.81	−30.53
文教体育用品制造业	0.96	−1.83	纺织业	3.71	−43.83	食品加工业	2.59	−34.59
非金属矿物制品业	2.87	−5.21	有色金属冶炼及压延加工业	1.63	−55.75	印刷业记录媒介的复制	0.89	−40.27
橡胶制品业	0.93	−7.98	橡胶制品业	0.46	−57.49	橡胶制品业	0.65	−48.07
造纸及纸制品业	1.64	−48.36	食品制造业	1.39	−58.76	塑料制品业	1.31	−50.83
木材加工及竹藤棕草制品业	0.79	−80.6	木材加工及竹藤棕草制品业	0.67	−66.83	金属制品业	3.32	−59.13
仪器仪表及文化办公用机械制造业	1.40	−89.89	金属制品业	4.61	−68.45	非金属矿物制品业	2.47	−65.88
食品制造业	0.95	−93.53	服装及纤维制品制造业	3.45	−96.32	家具制造业	0.57	−76.12
服装及纤维制品制造业	3.29	−112.53	普通机械制造业	1.81	−104.68	服装及纤维制品制造业	1.54	−78.09
电气机械及器材制造业	7.37	−112.86	皮革毛皮羽绒及制品业	2.32	−106.64	食品制造业	1.77	−78.26
普通机械制造业	7.31	−156.39	非金属矿物制品业	3.54	−141.35	电气机械及器材制造业	4.65	−82.16
化学原料及制造业	7.57	−192.63	医药制造业	0.97	−142.97	专用设备制造业	2.61	−111.56
专用设备制造业	2.65	−248.5	化学纤维制造业	0.20	−161.51	纺织业	1.32	−113.58
食品加工业	2.08	−302.82	塑料制品业	3.83	−202.87	黑色金属冶炼及压延加工业	12.08	−231.99
交通运输设备制造业	6.88	−491.94	电气机械及器材制造业	10.89	−491.64	石油加工及炼焦业	5.34	−293.06
黑色金属冶炼及压延加工业	7.02	−505.08	电子及通信设备制造业	30.26	−2 826.84	电子及通信设备制造业	26.14	−1 766.34

第 7 章 基于国际分工的长三角制造业竞争力分析

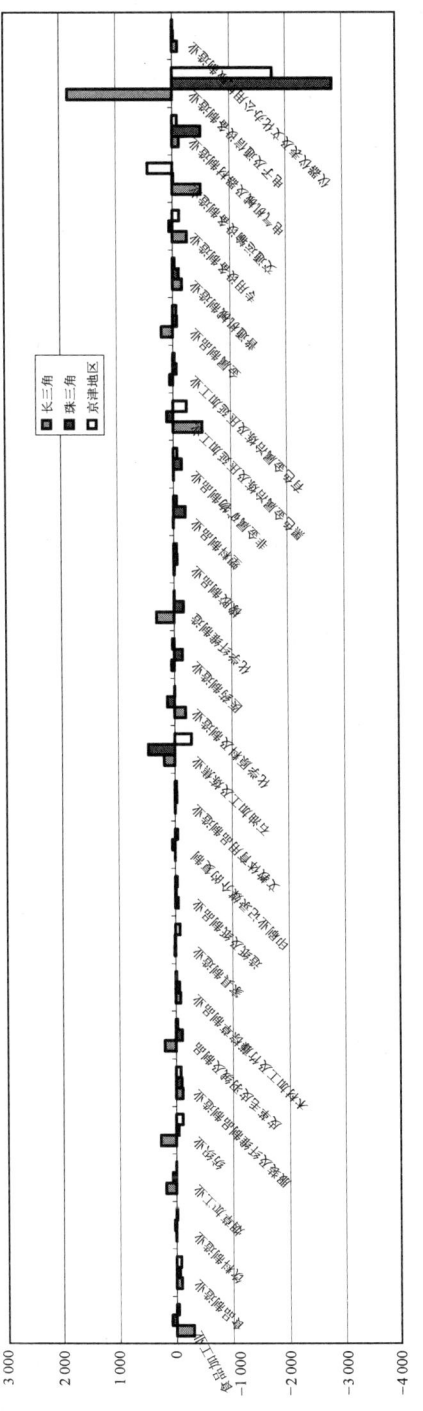

图 7-5 三大区域制造业竞争力分量

从表7-9和图7-5可以看出,长三角制造业整体竞争力较强,28个行业中有13个行业的竞争力分量为正值,所有竞争力为正值的行业在总产值中累计所占比重为46.29%。除了电子及通信设备制造业和纺织业外,其他支柱产业的竞争力较弱,竞争力分量排名相当靠后;珠三角、京津两个区域制造业整体竞争力和支柱产业的竞争力都相对较弱,其中,珠三角有10个行业竞争力为正值,它们在总产值中累计所占比重为13.69%,第一、第二大行业的竞争力最弱;京津地区仅有3个行业竞争力分量为正值,在总产值中累计所占比重为14.84%,第一、第二大行业的竞争力分别是倒数第一和第三。

综上所述,作为我国重要的制造业基地,长三角制造业具有较强的竞争力,但由于劳动密集型产业比重仍然较大,产业结构层次在三大区域中最低,成为长三角制造业的软肋和进一步发展的障碍,如果其产业结构能够合理调整,则还能释放出374.45亿元的增长量。因此,为了推动长三角制造业持续快速发展,应该提高资金、技术密集型产业的比重,进一步优化产业结构。

7.3 长三角制造业国际竞争力分析

在新型国际分工格局下,产业国际竞争力直接决定了区域在全球价值链中的位置和承接产业的类型。分析长三角制造业国际竞争力,有助于理解长三角制造业在新型国际分工格局中的地位,明确长三角制造业进一步发展的瓶颈和发现推动长三角制造业快速发展的机会。

7.3.1 指标的选取

根据陈立敏(2004)对1994~2004年发表在《中国工业经济》、《管理世界》、《经济管理》、《经济研究》等国内重要权威和核心期刊的12篇论文、2本专著中关于中国制造业竞争力评价指标的归纳与总结(见表7-10),发现这些文献中,使用了贸易竞争力指数(TC)、显示性比较优势指数(RCA)、显示性竞争优势指数(CA)等多种指标,其中最常用的是RCA和TC,均被7篇文章所采用,MS(国际市场占有率)被使用4次,IIT(产业内贸易指数)被使用2次,此外,CA(显示性竞争优势指数)、出口产品质量指数等都被用到。

表7-10 评价我国制造业竞争力的指标总结

编号	作者	分类方法	评价指标	期刊或专题报告
1	邹薇	SITC-位数9类(不包括9类未分类商品)	显示性比较优势指数RCA	《经济评论》,1999(5)
2	范爱军	《国际贸易标准分类》(SITC-位数)10类	显示性比较优势指数RCA	《中国工业经济》,2002(2)

续表

编号	作者	分类方法	评价指标	期刊或专题报告
3	范纯增,姜虹	SITC-位数9类(不包括9类未分类商品)	贸易竞争指数TC、显示性比较优势指数RCA、国际市占有率MS、产业内贸易指数IIT	《经济管理》,2002(2)
4	张其仔	28个制造业行业	2级8类指标:静态市场份额,静态效率(生产率、利润、资金周转率);动态市场份额,动态效率	《管理世界》,2003(4)
5	任若恩	6个主要制造业部门,15个制造业主要分支部门	相对价格水平、劳动生产率、单位劳动成本、人均增加值	《中国软科学》(1996)、《经济研究》(1998)
6	汪斌、邓艳梅	20类制造业部门	显示性比较优势指数RCA、产业内贸易指数IIT	《世界经济》,2003(4)
7	金碚等	HS二分位II类;SITC-4分位组合6-16类;包括采矿业在内的工业行业39类;主要出口商品70种;超过1000万美元的出口商品	贸易竞争指数TC,相对出口优势指数RCA,国际市场占有率,进出口价格比,出口优势变差指数,工业集中度,研发投入,劳动生产率	专题报告《中国工业国际竞争力变化的新趋势》
8	蓝庆新,王述英	商品名称及编码协调制度二分位II类工业品、32种出口主要工业品、17种制造业	贸易竞争指数TC、国际市场占有率MS	《经济评论》,2003(1)
9	张金昌	WTO《2000年国际贸易统计年鉴》中的7个产业	产业利润率、劳动生产率、贸易竞争指数TC、显示性比较优势指数RCA、显示性竞争优势指数CA,利润	专题"中美两国有国际竞争力的产业确定"
10	赵文丁	28个出口额占全国1%以上的主要出口产品	显示性比较优势指数RCA	《中国工业经济》,2003(8)
11	卢艳秋	单一产业:化工业	贸易专业化系数TSC(即贸易竞争指数)	《国际贸易问题》,2003(4)
12	王丽华,杨志勋	单一产业:中药业	出口竞争力指数(即TC)、竞争态势矩阵	《国际贸易问题》,2003(2)
13	杨嵘	单一产业:石油业	实力、潜力、环境、动态	《经济评论》,2004(1)
14	罗云辉,何翔阿	单一产业:汽车业	TC、国际市场占有率、国内市场占有率、出口产品质量指数	《汽车工业研究》,2000(6)

资料来源:陈立敏等:《评价中国制造业国际竞争力的实证方法研究——兼与波特指标及产业分类法比较》,《中国工业经济》,2004年第5期。

其中:

(1) 贸易竞争力指数(trade competition,TC)等于一国某地区 i 产业的进出口贸易差额与该产业进出口贸易总额之比,用公式表示为

$$TC = (X_i - M_i)/(X_i + M_i)$$

式中,X_i、M_i 分别表示 i 产业的出口额和进口额。TC 在 1 和 -1 之间波动,TC>0,表示产品或产业具有较强的贸易或出口竞争力,数值越大,优势越明显;TC<0,则表示产品或产业的贸易或出口竞争力较弱。

(2) 显示性比较优势指数(revealed comparative advantage,RCA)的公式为

$$RCA = (X_{ik}/X_i)/(X_{wk}/X_w)$$

式中,X_{ik}、X_i、X_{wk}、X_w 分别表示 i 国 k 产业或产品的出口值、i 国商品出口总值、世界 k 产业或产品的出口值、世界商品出口总值。这一指标反映了一个国家某一产业的出口与世界平均出口水平比较来看的相对优势。一般而论,若 RCA>1,则表示该国在该产业或产品上处于比较优势,取值越大,则优势越突出;若 RCA<1,则处于比较劣势。

(3) 显示性竞争优势指数(competitive advantage,CA)由 Vollrath 和 De Huu Vo(1988)设计,其计算公式为

$$CA = RCA - (M_{ik}/M_i)/(M_{wk}/M_w)$$

式中,M_{ik}、M_i、M_{wk}、M_w 分别表示 i 国 k 产业或产品的进口值、i 国商品进口总值、世界 k 产业或产品的进口值、世界商品进口总值。

(4) 国际市场占有率(market share,MS)的公式为

$$MS = E_j/W_j$$

式中,X_j 和 W_j 分别表示一国 j 产品的出口值和世界 j 产品的出口值,其值越高,说明该国商品的国际竞争力就越强。

(5) 产业内贸易指数(internal industry trade,IIT)的公式为

$$IIT = 1 - (X_i - M_i)/(X_i + M_i)$$

式中,X_i、M_i 分别表示 i 产业的出口额和进口额。其值越大,说明产业内贸易水平越高。

……

由于贸易竞争力是产业国际竞争力的主要表现形式,而反映贸易竞争力的指标就是贸易竞争力指数,再加上贸易竞争力的数据采集相对容易,因此,我们选择贸易竞争力指数作为评价长三角制造业国际竞争力的唯一指标。

7.3.2 数据收集与处理

根据长三角 1998~2005 年的工业制成品进出口数据,我们得到其 TC 指数,见表 7-11。

表 7-11　1998～2005 年长三角工业制成品的贸易竞争力指数

年份	江苏		浙江		上海		长三角	
	TC	ΔTC	TC	ΔTC	TC	ΔTC	TC	ΔTC
1998	0.225 4	—	0.522 1	0.042 0	0.064 9	—	0.212 2	—
1999	0.228 6	0.003 2	0.477 7	−0.044 4	0.019 6	−0.045 3	0.184 0	−0.028 3
2000	0.176 9	−0.051 7	0.466 7	−0.011 0	−0.027 3	−0.046 9	0.148 0	−0.036 0
2001	0.171 0	−0.005 9	0.449 3	−0.017 4	−0.049 0	−0.021 7	0.138 4	−0.009 6
2002	0.135 7	−0.035 3	0.453 2	0.003 9	−0.453 2	−0.033 7	0.119 0	−0.019 4
2003	0.074 1	−0.061 6	0.402 9	−0.050 3	−0.100 5	−0.018 2	0.074 0	−0.045 0
2004	0.064 8	−0.009 3	0.429 9	0.026 9	−0.045 4	0.055 5	0.094 6	0.020 7
2005	0.120 7	0.055 9	0.430 1	0.000 3	0.014 9	0.060 3	0.188 6	0.094 0

资料来源：根据江、浙、沪相关年份年鉴计算。

表 7-11 说明，从总体上看，长三角制造业的贸易竞争力指数大于 0，显示出较强的国际竞争力，不过，需要引起注意的是，这种优势有弱化的倾向，表现为贸易竞争力指数从 1998 年的 0.212 2 连续降到 2003 年的 0.074 0。结合同期在长三角的出口商品结构中，劳动密集型产品的比重不断下降，而技术密集型产品比重不断增加的趋势，说明长三角制造业竞争优势的取得主要依赖于拥有丰富而廉价的劳动力资源，其竞争优势主要体现在劳动密集型产业上。同时，由于技术落后、自主创新能力弱，长三角在技术密集型制造业领域的国际竞争力较弱，经济发展所需要的大量化工产品和机械设备不得不从国外进口，由此导致长三角制造业的国际竞争力随着出口结构中技术密集型产业的比重上升而下降。所以，在日益深化的新型国际分工格局中，那种单纯依靠劳动成本优势获取竞争优势的制造业发展战略已经受到了严峻挑战，发展的空间越来越小，长三角制造业要想获得并保持较强的国际竞争力，提高在国际产业价值链中的位置，就必须提高产品的技术含量，走自主创新之路。浙江、上海、江苏制造业的国际竞争力变动趋势也与它们各自的出口结构构成变化密切相关。从第 5 章对两省一市出口结构的分析可知，技术含量较高的机电产品在上海、江苏、浙江的出口商品结构中比重依次递减，而表 7-11 也显示出上海、江苏、浙江制造业的国际竞争力依次增强：浙江制造业国际竞争力相当强，贸易竞争力指数超过 0.4，这与浙江制造业较强的国内竞争力相一致；上海制造业竞争力最弱，进入新世纪以来其贸易竞争力指数一直小于 0；江苏制造业的贸易竞争力指数大于 0，也显示出较强的国际竞争力。

为了详细了解江、浙、沪制造业的国际竞争力状况，下面我们分别对三地工业制成品内部各个商品类别的国际竞争力进行考察。

1. 江苏制造业国际竞争力

1998～2005 年江苏工业制成品的贸易竞争力指数如表 7-12。

表 7-12 江苏工业制成品贸易竞争力指数

	1998	1999	2000	2001	2002	2003	2004	2005	增减
工业制成品	0.225 4	0.228 6	0.176 9	0.171 0	0.135 7	0.074 1	0.064 8	0.120 7	−0.104 7
化学成品及有关产品	0.079 5	−0.119 8	−0.225 0	−0.238 8	−0.274 7	−0.353 3	−0.396 8	−0.337 3	−0.416 8
按原料分类的制成品	0.199 8	0.144 0	0.151 1	0.189 6	0.234 3	0.196 5	0.234 8	0.300 3	0.100 6
机械及运输设备	−0.059 7	0.036 0	0.000 5	0.028 8	0.062 6	0.053 3	0.085 2	0.140 1	0.199 8
杂项制品	0.811 0	0.808 2	0.774 0	0.695 3	0.444 3	0.236 5	0.108 0	0.158 4	−0.652 6

资料来源：根据江苏相关年份统计年鉴计算。

在江苏工业制成品的四个出口商品种类中，除了化学成品及有关产品的国际竞争力较弱，贸易竞争力指数从 1999 年开始小于 0，其他 3 类商品的国际竞争力较强，贸易竞争力指数都大于 0。具体来看：化学成品及有关产品的贸易竞争力指数从 1998 年到 2004 年间逐年下降，并且从 1999 年开始 TC 值就小于 0，说明江苏在该产品类别的国际竞争力不容乐观，特别是江苏在沿江开发战略中把建设化工产业集群作为其沿江基础产业带的重要内容之一，因此，提高化工产业的竞争力对江苏来说尤其重要。在化学成品及有关产品的 9 个类别中（见表 7-13），国际竞争力较强的是无机化学品，精油、香料及盥洗、光洁制品，染料、鞣料及着色料，医药品，2004 年这 4 类商品的贸易竞争力指数都为正数，其中医药品、2003 年之前的制成肥料和 2002 年之前的无机化学品的贸易竞争力指数都超过了 0.5，说明江苏在这三类产品的国际竞争力非常强或曾经非常强。特别是制成肥料，其贸易竞争力指数最高时为 0.962 8，但 2005 年却降为 −0.470 9。国际竞争力较弱的是有机化学品、初级形状的塑料、非初级形状的塑料、其他化学原料及产品，这 4 类商品在 2000～2005 年期间贸易竞争力指数均为负值。与 2000 年相比，2005 年竞争力上升的有染料、鞣料及着色料，精油、香料及盥洗、光洁制品，初级形状的塑料，非初级形状的塑料，其他化学原料及产品等 5 类，其余 4 类商品的国际竞争力下降。

表 7-13 江苏成品及有关产品的贸易竞争力指数

	2000	2001	2002	2003	2004	2005	增减
化学成品及有关产品	−0.225 0	−0.238 8	−0.274 7	−0.353 3	−0.396 8	−0.337 3	−0.112 3
有机化学品	−0.354 1	−0.373 4	−0.390 5	−0.491 6	−0.549 2	−0.506 7	−0.152 6
无机化学品	0.520 9	0.531 1	0.424 8	0.394 8	0.229 2	0.316 4	−0.204 5

续表

	2000	2001	2002	2003	2004	2005	增减
染料、鞣料及着色料	0.068 8	0.028 1	0.011 0	−0.050 4	0.048 8	0.141 4	0.072 6
医药品	0.611 0	0.554 8	0.551 7	0.514 9	0.572 4	0.572 0	−0.038 9
精油、香料及盥洗、光洁制品	−0.004 3	0.164 2	0.266 0	0.330 3	0.198 2	0.204 5	0.208 9
制成肥料	0.962 8	0.969 8	0.738 2	0.824 1	0.336 8	−0.470 9	−1.433 7
初级形状的塑料	−0.789 1	−0.805 9	−0.718 7	−0.651 1	−0.640 8	−0.413 2	0.375 9
非初级形状的塑料	−0.569 6	−0.602 7	−0.644 8	−0.669 1	−0.567 2	−0.541 2	0.028 4
其他化学原料及产品	−0.181 3	−0.069 8	−0.125 0	−0.140 6	−0.028 2	−0.051 7	0.129 6

资料来源：根据江苏相关年份统计年鉴计算。

按原料分类的制成品的贸易竞争力指数在波动中上升，2005年比2000年提高0.149 2。在9类商品中（见表7-14），橡胶制品、软木及木制品、纺纱、织物制成品及有关产品的贸易竞争力指数都超过0.5，说明江苏这三类产品的国际竞争力相当强；纸及纸板，纸浆、纸及纸板制品，非金属矿物制品的国际竞争力也较强，它们的贸易竞争力指数也大于0；而皮革、皮革制品及已鞣毛皮，钢铁和有色金属的贸易竞争力指数都小于0，意味着江苏这三类产品的国际竞争力较弱。从变动趋势看，2000～2004年，纺纱、织物、制成品及有关产品，软木及木制品的贸易竞争力指数持续提高，钢铁和金属制品先降后升，其余5类产品的贸易竞争力指数上下波动。与2000年相比，2005年有8类产品的贸易竞争力指数都有所增加，其中软木及木制品增加了0.668 8点。总的来看，在按原料分类的制成品中，国际竞争力较高的劳动密集型的轻纺工业，而钢铁、金属制品等资金密集型的原材料重工业的竞争力较弱，说明江苏目前的优势仍然在于丰富而廉价的劳动力。

表7-14 按原料分类的制成品的贸易竞争力指数

	2000	2001	2002	2003	2004	2005	增减
按原料分类的制成品	0.151 1	0.189 6	0.234 3	0.196 5	0.234 8	0.300 3	0.149 2
皮革、皮革制品及已鞣毛皮	−0.223 7	−0.150 6	−0.225 3	−0.176 2	−0.193 1	−0.125 8	0.097 9
橡胶制品	0.504 5	0.515 4	0.487 8	0.414 5	0.504 3	0.539 6	0.035 1
软木及木制品	0.189 4	0.391 3	0.523 9	0.549 1	0.805 6	0.858 2	0.668 8
纸及纸板,纸浆、纸及纸板制品	0.144 2	0.225 6	0.183 2	0.310 7	0.242 2	0.378 1	0.233 9

续表

	2000	2001	2002	2003	2004	2005	增　减
纺纱、织物、制成品及有关产品	0.293 6	0.340 1	0.465 2	0.516 5	0.539 9	0.601 2	0.307 6
非金属矿物制品	0.174 8	0.230 3	0.238 8	0.217 7	0.150 9	0.261 6	0.086 8
钢铁	−0.645 0	−0.682 8	−0.686 8	−0.743 2	−0.345 8	−0.185 1	0.459 9
有色金属	−0.382 6	−0.476 1	−0.427 8	−0.455 0	−0.332 7	−0.320 6	0.062 0
金属制品	0.643 8	0.627 7	0.559 6	0.474 5	0.493 9	0.543 2	−0.100 6

资料来源：根据江苏相关年份统计年鉴计算。

机械及运输设备的国际竞争力发展势头较好，总体上升，从1998年的−0.059 7增加到2005年的0.140 1，提高了0.199 8点（见表7-15）。其中，办公用机械及自动数据处理设备、电信及声音的录制及重放装置设备、陆路车辆、其他运输设备的贸易竞争力指数都超过0.5，特别是其他运输设备的贸易竞争力指数最高时曾达到0.986 8，最低也超过0.93，说明江苏的这四类产品已经具备非常强的国际竞争力。但特种工业专用机械、金工机械、通用工业机械设备及零件和电力机械、器具及其电气零件的贸易竞争力指数6年来始终小于零，表现出较弱的国际竞争力。同时，我们还注意到，除其他运输设备和办公用机械及自动数据处理设备外，与2003年相比，其余7类产品的贸易竞争力指数都在增加。

表7-15　机械及运输设备的贸易竞争力

	2000	2001	2002	2003	2004	2005	增　减
机械及运输设备	0.000 5	0.028 8	0.062 6	0.053 3	0.085 2	0.140 1	0.139 6
动力机械及设备	0.036 4	−0.070 8	−0.105 6	−0.191 9	−0.139 3	0.014 6	−0.021 8
特种工业专用机械	−0.743 5	−0.782 1	−0.780 5	−0.783 3	−0.744 7	−0.588 3	0.155 2
金工机械	−0.426 7	−0.596 1	−0.672 6	−0.735 9	−0.707 4	−0.624 7	−0.198 0
通用工业机械设备及零件	−0.145 7	−0.236 3	−0.221 1	−0.292 9	−0.175 7	−0.070 1	0.075 6
办公用机械及自动数据处理设备	0.541 1	0.568 6	0.588 3	0.677 4	0.731 3	0.706 2	0.165 2
电信及声音的录制及重放装置设备	−0.029 2	0.342 1	0.487 1	0.485 1	0.542 3	0.616 2	0.645 3
电力机械、器具及其电气零件	−0.215 4	−0.261 6	−0.306 4	−0.451 7	−0.434 8	−0.400 1	−0.184 8
陆路车辆	0.753 5	0.750 4	0.660 1	0.614 8	0.647 2	0.697 6	−0.055 9
其他运输设备	0.980 4	0.986 8	0.965 7	0.979 3	0.934 3	0.914 5	−0.066 0

资料来源：根据江苏相关年份统计年鉴计算。

1998年,江苏杂项制品贸易竞争力指数高达0.8110,国际竞争力相当强,但之后随着劳动密集型产品出口额的下降,其国际竞争力逐渐弱化,2004年其TC指数已减少为0.1081,减少了0.7030,年均降低25.33个百分点(表7-16)。在其内部分8项,其中,①活动房屋;卫生、水道、供热及照明装置;②家具及其零件;褥垫及类似填充制品;③旅行用品、手提包及类似品;④服装及衣着附件;⑤鞋靴等5类产品的贸易竞争力指数5年间始终保持在0.7942以上,而且除②外这4项产品的贸易竞争力指数都超过0.94,说明江苏在这4类劳动密集型的轻工业产品上,具有世界一流的国际竞争力。与此同时,江苏在专业、科学及控制用仪器和装置,摄影器材、光学物品及钟表两类技术含量较高的产品类别上的国际竞争力却相当低,2005年贸易竞争力指数只有-0.3161和-0.4958,分别比2000年降低-0.4650和-0.4510点。

表7-16 杂项制品的贸易竞争力指数

	2000	2001	2002	2003	2004	2005	增减
杂项制品	0.7740	0.6953	0.4443	0.2363	0.1081	0.1584	-0.6156
活动房屋、卫生、水道、供热及照明装置	0.8941	0.8575	0.8680	0.7942	0.8318	0.8600	-0.0341
家具及其零件;褥垫及类似填充制品	0.9626	0.9453	0.9466	0.9563	0.9432	0.9569	-0.0057
旅行用品、手提包及类似品	0.9919	0.9936	0.9911	0.9847	0.9613	0.9742	-0.0177
服装及衣着附件	0.9746	0.9793	0.9778	0.9766	0.9803	0.9839	0.0092
鞋靴	0.9539	0.9692	0.9730	0.9695	0.9705	0.9710	0.0170
专业、科学及控制用仪器和装置	0.1489	-0.3873	-0.6008	-0.4663	-0.4169	-0.3161	-0.4650
摄影器材、光学物品及钟表	-0.0448	-0.2897	-0.2156	-0.3130	-0.4486	-0.4958	-0.4510
杂项制品	0.6624	0.6746	0.4963	0.4161	0.3718	0.3819	-0.2805

资料来源:根据江苏相关年份统计年鉴计算。

从以上对江苏工业制成品内部四大类贸易商品的TC指数分析来看,江苏制造业的国际竞争优势主要体现在服装、纺织等劳动密集型产业上,而在资本密集型及技术密集型的钢铁、石化等原材料重制造业和重加工制造业上,国际竞争力则相对较弱。从发展趋势看,江苏在劳动密集型产业上的国际竞争力仍能保持较长时间,但在机械及运输设备等资本、技术密集型产业的发展势头较好,甚至在某些技术密集型产业如办公用机械及自动数据处理设备、电信及声音的录制及重放装置设备等已经具备较强的国际竞争力。所以,随着机械及运输设备等技术密集度高的装备制造业在江苏出口结构中占据主导地位,提升江苏制造业国际分工地位的唯一途径就是尽快增强资本、技术密集型产业和资本、技术密集型环节的国际竞争力。

2. 上海制造业国际竞争力

运用贸易竞争力指数的计算公式,我们得到了1998～2005年上海工业制成品及其细分行业的贸易竞争力指数(见表7-17)。

表7-17 上海制造业的贸易竞争力指数

	1998	1999	2000	2001	2002	2003	2004	2005
工业制成品	0.0649	0.0196	−0.0272	−0.0490	−0.0827	−0.1009	−0.0454	0.0149
1. 化学成品及有关产品	−0.2834	−0.4891	−0.5609	−0.5712	−0.5940	−0.6260	−0.5904	−0.5126
医药品	0.2598	0.1081	−0.1163	−0.1948	−0.2077	−0.2015	−0.2645	−0.2850
2. 按原料分类的制成品	0.0287	−0.0505	−0.0961	−0.1055	−0.0867	−0.1653	−0.0622	0.0238
橡胶制品	0.4879	0.3990	0.3005	−0.0032	0.0885	−0.1062	−0.0767	0.0040
纺纱、织物、制成品及有关产品	0.0741	0.0523	0.0234	0.0480	0.1030	0.1757	0.2209	0.2999
钢铁	−0.0899	−0.1616	−0.1082	−0.3795	−0.5022	−0.6178	−0.3581	−0.2175
3. 机械及运输设备	−0.1939	−0.1446	−0.1459	−0.1544	−0.1869	−0.1282	−0.0459	0.0113
通用工业机械设备及零件	−0.3174	−0.3272	−0.2559	−0.2978	−0.2598	−0.2125	−0.1727	−0.0272
电力机械、器具及电气零件	−0.0887	−0.0070	−0.1215	−0.2152	−0.2245	−0.3071	−0.2934	−0.3239
4. 杂项制品	0.7078	0.6643	0.5757	0.5404	0.5038	0.3482	0.2672	0.3122
服装及衣着附件	0.9020	0.9124	0.9112	0.9194	0.9299	0.9448	0.9496	0.9365
5. 未分类的商品	−0.9971	−0.9396	0.2571	0.1034	0.0189	−0.2039	0.3400	0.3591

资料来源:根据上海相关年份统计年鉴计算。

上海在化学成品及有关产品方面的国际竞争力非常低,而且从1998年到2003年,其贸易竞争力指数逐年下降,从−0.2834一直降到−0.6260,2004年稍微有所回升,但仍低于−0.5。这说明虽然上海的石化产业在长三角两省一市中具有较强的竞争力,但在国际市场上却并不具备优势。医药品作为化学成品及有关产品的重要细分产品类别之一,贸易竞争力指数也是逐年下降。石油化工及精细化工制造业、生物医药制造业都在上海重点建设的6大支柱行业之列,而它们的国际竞争力状况却不容乐观。

上海在按原料分类的制成品方面的国际竞争力也较弱,其贸易竞争力指数从

1999年开始就低于0。在列出的三个细分产品类别中,橡胶制品的贸易竞争力指数波动较大;纺纱、织物、制成品及有关产品的贸易竞争力指数先降后升,2005年达到最高0.299 9;钢铁的贸易竞争力指数的波动性也较大,2003年达到最低-0.616 7,2004年开始回升,但小于零,而精品钢铁制造业也是上海的支柱产业。

上海的机械及运输设备国际竞争力也相当弱,其贸易竞争力指数普遍都小于零。从1998年到2005年,一方面是机械及运输设备逐渐成为上海出口商品的主体,另一方面其经济发展所需要的大量设备需要通过进口来解决,这说明上海机械及运输设备的技术含量急需提高,同时也意味着上海在机械及运输设备方面的发展潜力巨大。

上海在杂项制品方面的国际竞争力较强,但正在弱化,表现为其贸易竞争力指数从1998年的0.707 8持续下降到2004年的0.267 2(2005年有所上升)。在其内部,服装及衣着附件的国际竞争力相当强,其贸易竞争力指数超过0.9。

上海在未分类的商品方面的竞争力正在振荡中提升,相应地,其贸易竞争力指数也在波动中增加,从1998年的-0.997 1提高到2005年的0.359 1,增幅较大。

从以上的分析可以看出,上海制造业的国际竞争力相对较弱,除了其作为今后重点发展的都市型产业——服装及衣着附件类产品中尚具备较强的国际竞争力外,在其他的钢铁、石化、医药等支柱产业方面都不具备国际竞争力。联系前文分析的上海在长三角内部的竞争力现状,可以看出,推动技术密集型产业发展是上海制造业增强国内、国际竞争力的出路。

3. 浙江制造业国际竞争力

由于浙江统计年鉴中没有对工业制成品进行分类,进出口的具体产品好多无法对应,所以我们只考察浙江机电产品的国际竞争力情况。

从表7-11和图7-6可以看出,浙江不仅在工业制成品中具备较强的国际竞争力,而且在工业制成品中技术密集度较高的机电产品上也具有一定的国际竞争力,而且这种竞争力正在进一步加强。再加上浙江在纺织、服装等劳动密集型产业上的一贯优势,可以得出浙江制造业的国际竞争力整体较强。

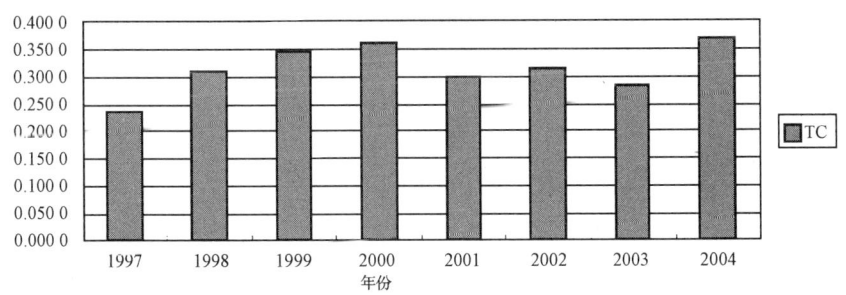

图7-6　1997～2004年浙江机电产品的贸易竞争力指数

7.3.3 结果分析

通过运用贸易竞争力指数对长三角工业制成品及其内部细分行业贸易竞争力指数的测度,可以看到长三角制造业的国际竞争力具有以下几个特点:

第一,劳动密集型制造业的国际竞争力较强,大部分资金、技术密集型制造业的国际竞争力较弱。从全球化产业链来看,长三角制造业尚未真正脱离劳动密集型产业的框架,其许多产业处于国际化生产的低端环节,靠的还是低廉的劳动力成本优势,自主创新能力偏弱。因此,其优势主要是劳动密集型产品,以及资本和技术密集型产品的加工装配环节,而在附加值较高且国际分工地位提升较快的研发设计和品牌营销环节,以及生产环节的高技术、关键零部件领域都不占优势,甚至处于劣势。

第二,化工、钢铁、机械及运输设备等资金、技术密集型制造业产品的需求旺盛,发展空间大。一方面,随着收入水平的提高,人们对住宅、通信、汽车等耐用消费品的需求不断扩大,带动了钢铁、机械、化工等提供中间产品的行业快速发展;另一方面,由于长三角制造业的技术创新水平相对较低,生产所需的高技术产品不得不依靠国外供给,而进口的增加无疑又抑制了国内产品的创新与生产。因此,面对如此大的需求空间,长三角制造业应该着力提高技术创新能力,增强资金技术密集型产品的竞争力,满足国内市场甚至国际市场的需求。

第三,江、浙、沪制造业的国际竞争力水平呈现出梯度差异。其中,浙江的竞争力水平较高,但劳动密集型产业比重大,产业层次低,升级压力大;上海的竞争力水平较弱,但资金、技术密集型产业比重大,产业结构层次较高;江苏具有较强的加工制造能力,产业结构层次居中。因此,要想提升长三角制造业整体的国内、国际竞争力,必须推动区域制造业进行分工合作。

恩格尔定律表明,随着收入增加,需求结构向有利于制造业的方向发生了强有力的转变,收入越高,对重化工业产品的需求数量越大。所以,随着人均收入水平的增加,社会需求结构高度化,需求收入弹性大的产业在整个工业中的份额将呈上升趋势,导致产业分化和产业之间的利益差别,从而促使资源由基本生存资料生产领域的农业,向加工度高的综合性生产领域转移。因此,需求变化是制造业发展的一种强大力量

从需求结构看,2004 年,长三角人均 GDP 4 025.47 美元,其中上海为 6 682.17 美元,江苏为 2 501.57 美元,浙江为 2 892.66 美元。随着收入水平的提高和恩格尔系数的下降,所以,当居民消费结构从追求吃、穿升级为住、行时,制造业产业结构也要从轻工业化阶段向重化工业化阶段发展。

7.4 本章小结

通过对江苏、浙江、上海制造业竞争力的对比,长三角与珠三角、京津地区制造业竞争力的对比,以及长三角制造业各行业国际竞争力的对比,可以得出以下结论:

(1) 江苏、浙江、上海的制造业竞争力具有较大的差异,其中,江苏制造业增长分量最高,对长三角制造业产值规模贡献最大,无论是产业结构层次,还是竞争力大小都介于浙江与上海之间;浙江制造业竞争力最强,具有比较优势的行业最多,但大多集中在劳动密集型行业上,推动产业结构升级的压力较大;上海制造业结构最优,但具有竞争优势的行业却不多,总体竞争力较弱。上海制造业竞争力相对于苏、浙的衰退意味着,随着商务成本不可逆转的上升,上海应该把更多的劳动密集型产业甚至部分资金、技术密集型产业的劳动密集型环节转移到苏、浙等地,同时集中优势资源打造在研发、销售等环节的优势,以在全国率先实现向全球价值链两端攀升的目标,从而获得更多的附加值,并强化在长三角都市圈乃至全国的龙头地位。

(2) 与珠三角、京津等地区相比,长三角制造业不但增长分量最高,对全国制造业总产值的贡献最大,而且竞争力也最强,但由于劳动密集型产业比重仍然较大,产业结构层次在三大区域中最低,成为长三角制造业的软肋和进一步发展的障碍。因此,为了使长三角的总体竞争力进一步增强,应当继续提高资金、技术密集型产业的比重,加大技术创新力度,依靠科技进步推动制造业跨越式发展。

(3) 长三角制造业的国际竞争力优势主要体现在劳动密集型产业上,而资金、技术密集型产业的国际竞争力较弱。从全球化产业链来看,长三角制造业仍处于国际化生产的低端环节,靠的还是低廉的劳动力成本优势,自主创新能力偏弱。在日益深化的新型国际分工格局中,这种单纯依靠劳动成本优势获取竞争优势的制造业发展战略已经受到了严峻挑战,发展的空间越来越小。长三角制造业要想获得并保持较强的国际竞争力,提高在国际产业价值链中的位置,就必须提高产品的技术含量,走自主创新之路。

(4) 无论从国内的比较看,还是从国际竞争力的分析看,江、浙、沪制造业竞争力水平都呈现出梯度差异,具有较强的互补性,合作空间大。其中,浙江的竞争力水平较高,但劳动密集型产业比重大,产业层次低,升级压力大;上海的竞争力水平较弱,但资金、技术密集型产业比重大,产业结构层次较高;江苏具有较强的加工制造能力,产业结构层次居中。因此,要想提升长三角制造业整体的国内、国际竞争力,必须推动区域制造业进行分工合作。

第8章 基于国际分工的长三角制造业价值链攀升研究

前面几章从新型国际分工的影响着手,分析了 FDI、国际贸易、技术创新与长三角制造业的关系,阐述了新型国际分工格局下长三角制造业的经济效益、产业竞争力等方面的现状,认为长三角制造业发展的方向是继续增加资金技术密集型产业的比重,逐步提升其经济效益和竞争力,在发挥动态比较优势基础上推动产业结构调整与升级。本章在前文所证实的影响长三角制造业发展因素的基础上,构建出长三角制造业在全球价值链上攀升的路径与模型,并按照规范的计量经济学方法对这些影响因素进行了详细的检验。

8.1 产业价值链攀升模型

长三角制造业国际分工地位提升、经济效益改善和竞争力增强的最直观表现就是从全球价值链的底端向高端移动,在本节,我们将借鉴曾铮、张亚斌的价值链分析方法[267],对制造业如何在影响因素制约下进行价值链攀升进行说明。

参照 Feenstra & Hanson(1995)及 Dixit & Grossman(1982)的研究,我们采取成本法来定义价值链,即价值增值表现为由各阶段投入生产要素所形成的产出(图 8-1),用纵轴 C 表示生产成本,横轴 z 表示生产工序,$z \in [0,1]$。一种产品的增值过程(成本投入过程)可以用一条 U 形曲线即 cc 曲线来表示:在产品生产周期中,首先是研发和试验以及进入生产阶段的过程是一个成本和附加值递减的过程;而从产品生产阶段到产品成型后进入流通阶段的过程是一个成本和附加值递增的过程。其中 0 点和 1 点分别代表 R&D 阶段和营销阶段。

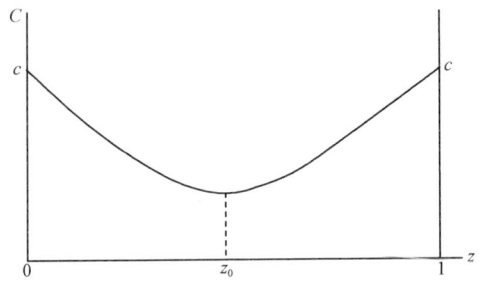

图 8-1 用成本法表示的全球价值链

假设生产该种产品需要三种要素：资本、非技术型劳动力以及技术型劳动力，各要素是可以相互替代的。以上三种要素在 i 国对应的要素报酬为 k_i、w_i 和 q_i。同时，该产品在工序 z 上需要非技术型劳动力 $\alpha_L(z)$，技术型劳动力 $\alpha_H(z)$，生产该产品的综合技术指数 A_i 内生于本区域的资源禀赋和要素价格：$A_i = A_i(r_i, w_i, q_i)$。则 i 国在工序 z 上的最低成本函数为：$C(k_i, w_i, q_i, z) = \theta^{-\theta}(1-\theta)^{(1-\theta)}A_i^{-1}[w_i\alpha_L(z)+q_i\alpha_H(z)]^\theta k_i^{1-\theta}$，该成本函数为 z 的连续函数。如图 8-1，我们定义 z_0 是价值链中的成本最低部位，有 $\frac{\partial c}{\partial z}\big|_{z=z_0}=0$，当 $0 \leqslant z \leqslant z_0$ 时，$\frac{\partial c}{\partial z} \leqslant 0$；当 $z_0 \leqslant z \leqslant 1$ 时，$\frac{\partial c}{\partial z} \geqslant 0$。根据全球价值链的特点，我们还可以得到，当 $0 \leqslant z \leqslant z_0$ 时，随工序推进即 z 的增加，使用的资本和技术型劳动力数量递减，而使用非技术型劳动力数量递增，即 $\frac{\partial \alpha_L(z)}{\partial z}>0$ 以及 $\frac{\partial \alpha_H(z)}{\partial z}<0$；当 $z_0 \leqslant z \leqslant 1$ 时，则相反。

如图 8-1 所示，cc 曲线与横轴之间的面积即为价值链的成本面（the facet of value chains' cost），它表示整个生产过程的价值增值情况，我们可以用以下代数式表示该产品如果完全在 i 国生产时的价值链成本面：

$$S_i = \int_0^1 \theta^{-\theta}(1-\theta)^{(1-\theta)}A_i^{-1}[w_i\alpha_L(z)+q_i\alpha_H(z)]^\theta k_i^{1-\theta}dz$$

显然，价值链成本面的大小和一国的要素结构、技术水平以及产品分工（国内、国际分工）等有关，价值链成本面越小越有利于竞争主体在竞争中取得优势，嵌入全球价值链中的某国（或区域）制造业只有把持住研发和营销渠道这样的价值链核心部位，才能在国际分工体系中占据优势。但在跨国公司主导的全球价值链条中，这些附加值较高的关键环节往往被发达国家所控制，而发展中国家或区域只是从生产组装环节中获取较低的加工费。假设发达国家 N 和发展中国家 S 在某产品上存在分工，它们在各自工序 z 上的单位成本函数（假定不存在要素密集度逆转）分别为

$$C_N(r_N, w_N, q_N, z) = \theta^{-\theta}(1-\theta)^{(1-\theta)}A_N^{-1}[w_N\alpha_L(z)+q_N\alpha_H(z)]^\theta r_N^{1-\theta}$$
$$C_S(r_S, w_S, q_S, z) = \theta^{-\theta}(1-\theta)^{(1-\theta)}A_S^{-1}[w_S\alpha_L(z)+q_S\alpha_H(z)]^\theta r_S^{1-\theta}$$

价值链的成本线分别用 C_NC_N 曲线和 C_SC_S 曲线表示（图 8-2）φ 点和 η 点分别是它们的分工临界点，即 $C_N(r_N, w_N, q_N, \varphi) = C_S(r_S, w_S, q_S, \varphi)$ 以及 $C_N(r_N, w_N, q_N, \eta) = C_S(r_S, w_S, q_S, \eta)$。此时，发达国家占据区段 Ⅰ 和区段 Ⅲ，而发展中国家从事的生产区段为 Ⅱ，它们各自的价值链成本面分别为

$$S_S = \int_\varphi^\eta C_S(r_S, w_S, q_S, z)dz$$
$$S_N = \int_0^\varphi C_N(r_N, w_N, q_N, z)dz + \int_\eta^1 C_N(r_N, w_N, q_N, z)dz$$

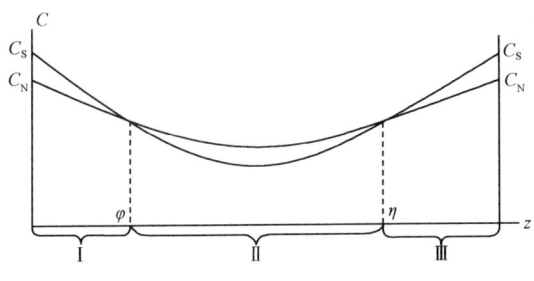

图 8-2 价值链的成本线

发展中国家 S 的目标是从生产区段 II 逐渐向 I、III 攀升。下面,我们将分析发展中国家在经济运行环境改变和产品内分工细化后如何实现在价值链上的升级和攀升。

8.1.1 基于 FDI 的价值链攀升

假设 N 国生产状况不变,而 S 国的资本存量由于 FDI 增加、政府制定倾向该产业发展的投融资政策等原因而上升,要素结构发生变化。由于资本存量一方面替代原有工序的劳动,为新工序的生产准备必要的劳动力供给,另一方面又参加新工序的生产;同时,充裕的资金还可以用来加大研发投入、增加对劳动力的技能培训、资助品牌建设及构筑营销网络,因此,在 FDI 增加后,S 国在价值链上实现了向高附加值阶段攀升的运动,$C_S C_S$ 曲线变动为 $C'_S C'_S$ 曲线,相应的分工临界点也由 η、φ 变为 ε、ρ 点(图 8-3),两国各自的价值链成本面分别为

$$S'_S = \int_\varepsilon^\rho C'_S(\cdot) dz = \int_\varepsilon^\rho \theta^{-\theta}(1-\theta)^{(1-\theta)} A'^{-1}_S [w'_S \alpha'_L(z) + q'_S \alpha'_H(z)]^\theta r'^{1-\theta}_S dz$$

$$S'_N = \int_0^\varepsilon C_N(\cdot) dz + \int_\rho^1 C_N(\cdot) dz$$

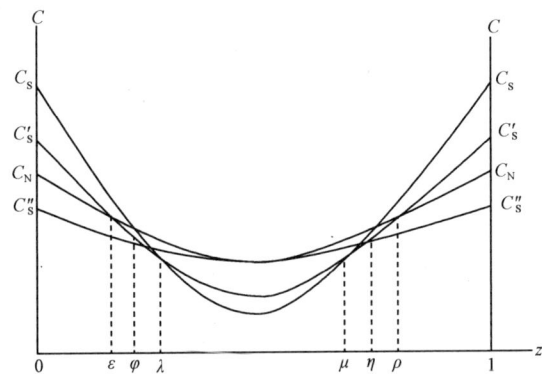

图 8-3 基于要素结构的价值链攀升[267]

当 C_SC_S 曲线沿以上趋势不断位移至 $C'_SC'_S$ 曲线时,S 国的价值链成本面小于 N 国,它在生产该种产品上具有垄断性的优势,而 N 国则被完全挤出了该产品生产的全球价值链。

8.1.2 基于国际贸易的价值链攀升

假设只有 N、S 两个可以进行自由贸易的国家,在经济全球化和科学技术发展等条件下,随着国内劳动力成本的提高,N 国将仅仅保留和控制全球价值链条的最核心环节,而把越来越多的生产工序甚至包括研发中心和地区总部转移到 S 国,然后通过贸易从 S 国进口劳动密集型和部分资金、技术密集型产品,其结果一方面使 N 国核心环节上的生产效率将随着专业化的增强、投入的增加等得到提高,价值链成本线发生由 C_NC_N 变动为 $C'_NC'_N$,另一方面也使 S 国获得更多的较高附加值工序,一定程度上实现了价值链攀升。此时,两国的分工临界点由 η、φ 变为 ε、ρ 点(图 8-4),它们各自的价值链成本面分别为

$$S'_S = \int_\varepsilon^\rho C_S(\cdot)dz$$

$$S'_N = \int_0^\varepsilon C'_N(\cdot)dz + \int_\rho^1 C'_N(\cdot)dz$$

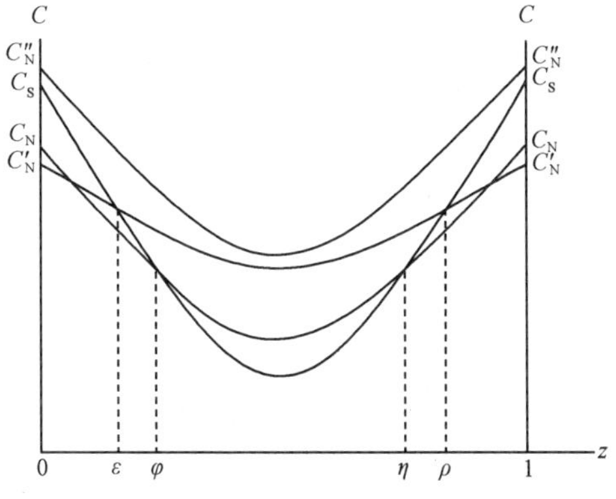

图 8-4 基于国际贸易的价值链攀升

当贸易使 S 国具备成本优势的工序环节扩展至研发和营销环节时,C_NC_N 曲线将沿以上趋势不断位移至 $C''_NC''_N$ 曲线。此时,意味着 S 国的价值链成本面小于 N 国,它在生产该种产品上具有垄断性的优势,N 国将完全退出该产品的全球价值链体系。

8.1.3 基于技术创新的价值链攀升

假设 S 国由于 R&D 增加、跨国公司的技术外溢等原因在生产该种产品上实

现了资本偏向型的技术进步,而 N 国生产状况不变。则 S 国成本线将下移至 $C'_SC'_S$,两国新的产品内分工点变为 ε 点和 ρ 点。此时,S 国从事 $z\in[\varepsilon,\rho]$ 工序段的产品生产,而 N 国则生产 $z\in[0,\varepsilon]$ 和 $z\in[\rho,1]$ 两个工序段的产品,S 国明显实现了价值链攀升(图 8-5)。两国的价值链成本面分别变为

$$S'_S = \int_\varepsilon^\rho C'_S(\cdot)\mathrm{d}z = \int_\varepsilon^\rho \theta^{-\theta}(1-\theta)^{(1-\theta)} A'^{-1}_S [w'_S\alpha'_L(z) + q'_S\alpha'_H(z)]^\theta r_S^{1-\theta}\mathrm{d}z$$

$$S'_N = \int_0^\varepsilon C_N(\cdot)\mathrm{d}z + \int_\rho^1 C_N(\cdot)\mathrm{d}z$$

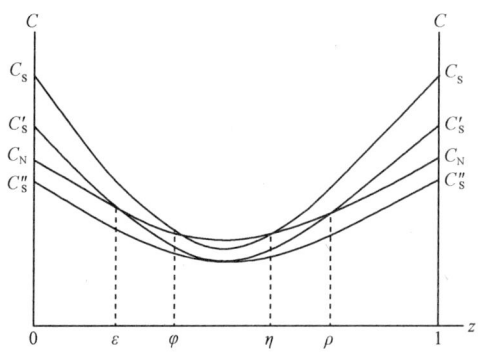

图 8-5 基于技术进步的价值链攀升[267]

当 C_SC_S 曲线随着技术进步的演化,沿着以上路径进一步变为 $C''_SC''_S$ 曲线时,S 国将 N 国家完全挤出了该产品全球生产的价值链分工体系,S 国完全垄断了该产品的生产和供给。

8.1.4 基于区域分工的价值链攀升

假设 N 国生产状况不变,而 S 国在已从事的工序内实现了分工细化,生产变得更为"迂回",表现为参数 z 取值范围增大,即从 $z\in[0,1]$ 扩展为 $z\in[-\varphi,1+\varphi]$(图 8-6)。由于各工序的专业化能有效提高生产效率,从而使得 S 国的单位成本曲线 CC 向下移动至 $C'C'$,与 C_NC_N 相交于 ε、ρ 两点。此时,S 国从事 $z\in[\varepsilon,\rho]$ 工序段的产品生产,而 N 国则生产 $z\in[0,\varepsilon]$ 和 $z\in[\rho,1]$ 两个工序段的产品,S 国明显实现了价值链的攀升。双方的价值链成本面分别为

$$S'_S = \int_\varepsilon^\rho C'_S(\cdot)\mathrm{d}z = \int_\varepsilon^\rho \theta^{-\theta}(1-\theta)^{(1-\theta)} A'^{-1}_S [w_S\alpha'_L(z) + q_S\alpha'_H(z)]^\theta r_S^{1-\theta}\mathrm{d}z$$

$$S'_N = \int_0^\varepsilon C_N(\cdot)\mathrm{d}z + \int_\rho^1 C_N(\cdot)\mathrm{d}z$$

当 C_SC_S 曲线随着该产品内分工迂回度的提高,沿着以上路径进一步移动至 $C''_SC''_S$ 位置时,S 国将 N 国完全挤出了该产品全球生产的价值链分工体系,从而完全垄断了该产品的生产和供给。

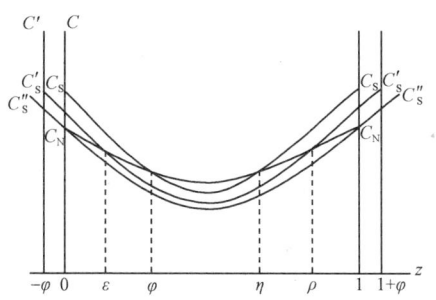

图 8-6 分工对价值链成本面的影响[267]

8.2 基于 Panel Data 的实证检验

价值链攀升模型直观地表明了一国(或地区)制造业的国际分工地位及竞争优势如何在相关因素影响下得到提升,在本节,我们将用具体数据对 1993～2005 年影响长三角制造业发展的关键驱动因素进行实证检验。

8.2.1 变量和数据说明

根据前文的论述,我们选用以下几个影响制造业发展的指标进行检验:

1. 区域的生产要素条件

无论是赫克歇尔-俄林的要素禀赋理论还是波特的竞争优势理论,都无一例外地强调了区域资源的丰裕程度及禀赋结构对产业竞争力及国际(区际)分工地位的影响。比如在长三角内部,上海相对于江苏、浙江而言,在资金、人力资本方面的优势较为突出,由此决定了上海制造业所处的发展阶段和产业层次也较江苏、浙江高,并奠定了上海在长三角龙头地位的确立。在国内,长三角、珠三角等东部沿海区域相对于中、西部来说,拥有更为丰富的资金、便利的交通运输条件和雄厚的科研实力,因此长三角等东部区域便成为制造业的主要聚集地。2004 年,东部制造业总产值达到 126 627.19 亿元,占全国制造业总产值的比重为 77%;创造利润 6 455.20 亿元,占全国制造业企业利润总额的 80%。但在国际上,长三角拥有的质优价廉劳动力使得该区域的比较优势体现在劳动密集型产业或环节上。由于目前制造业发展同自然资源的依存程度日益降低,所以不将自然资源纳入分析范畴,而资本要素和技术要素分别以 FDI 和 R&D 的形式探讨,本节对区域生产要素的关注主要集中于各省市的人力资本状况,特别是单位劳动成本,这里用全部职工的平均货币工资来衡量,记为 Labor。

2. 区域吸引外商直接投资的能力

第 2 章已经说明,外商直接投资(FDI)是区域(尤其是发展中国家)制造业发展过程中获得技术、知识和资本的重要途径,它通过改变区域生产要素的存量结构对产业发展施加影响。从市场结构来说,外商直接投资的进入增加了区域内相关产业的市场竞争激烈程度,从而对产业的发展带来重要影响。例如,改革开放以来,制造业一直是外商直接投资的主要领域,其吸纳的 FDI 比重占到全国吸纳 FDI 总和的 70% 以上,由此使得制造业成为推动包括长三角在内的全国大部分区域经济快速增长的加速器。再如,通信设备、计算机及其他电子设备制造业迅速发展成为江苏第一大产业的主要原因就在于外商直接投资在该行业大量聚集,2004 年,江苏通信设备、计算机及其他电子设备制造业吸纳的外商实际直接投资达 237 070 万美元,占到江苏制造业吸纳外商实际直接投资总量的 23.6%,远远高于排在第二位的化学原料及化学制品制造业 8.58% 的比重。为了反映两省一市在外商直接投资吸引能力上的差异并进一步验证外商直接投资对长三角制造业发展的影响,将外商直接投资引入 Panel Data 模型,记为 FDI。

3. 区域产业对外贸易

比较优势理论的一个核心观点就是:对外贸易有利于区域劳动生产率的提高和产业结构的调整,国际分工能够优化配置贸易双方的资源,增进双方的福利水平,实现双赢。例如,江苏通过积极开展对外贸易使制造业产业结构得到明显提升,2004 年,其通信设备、计算机及其他电子设备制造业的出口交货值占该产业销售产值的 66.71%,占全部制造业出口交货值的 46.62%,比排在第二位的纺织业的比重 9.25% 高出 37.37 个百分点,于是在对外贸易的带动下,通信设备、计算机及其他电子设备制造业超过纺织业成为江苏的第一大产业,从而使江苏制造业的产业结构得到明显优化,产业层次得到提升。同时,国际市场的需求结构及竞争状况也会影响区域产业竞争优势的形成。在这里,我们主要考察进出口对制造业的带动作用,记为 EX_IM。

4. 区域技术创新水平

人们对技术创新水平影响产业竞争力及国际分工地位的结论几乎没有异议:如果说在斯密、李嘉图及赫克歇尔-俄林的比较优势理论中,技术还是外生的话(尽管如此,也是将技术水平作为主要影响变量,只不过假定技术是外在给定的、静态的),那么到了波斯纳(Posner)的技术差距论,就已经将技术创新作为赢得竞争优势的关键因素来考虑,此后赫尔普曼和克鲁格曼(Helpman and Krugman,1985)、梯伯特(James R. Tybout,1993)的规模经济论也都认为技术创新对于促进产业发展和区域经济增长是不可或缺的。在杨小凯和博兰(Yang and Borland,1991)的分工和专业化理论中,认为技术及其外溢效应是作用于分工各个层面、各个环节的内存核心动力源。而斯蒂格利茨(2000)在系统回顾经济增长实现和产业竞争优势提升的国际发展历程后,提出了"绝对优势"的概念,认为具有优势的生产技术才具备了绝对优势,如中国和美国的纺织业,中国虽具有比较优势,但美国却拥有绝对优势,占据着高档纺织品的大部分市场份额,在特殊条件下,它可以生产任何纺织品,因此中国纺织品没有任何竞争力可言,从而说明了技术创新在产业竞争优势中的决定性作用。培育自己的核心技术是促进制造业发展的重要途径,而研究与开发(R&D)支出是衡量区域制造业技术努力的重要指标,为了更客观地反映江苏、浙江、上海的技术创新状况,在这里,我们用 R&D 投入强度(即 R&D 支出占区域生产总值的比重)来表示区域技术创新能力。

5. 区域产业分工

亚当·斯密的绝对比较优势理论和大卫·李嘉图的相对比较优势理论分别阐明:如果各地区都能按照绝对或相对比较优势的原则进行产业布局,那么区际分工的结果就有可能使各地区根据机会成本的高低选择适合自己的产业进行专业化生产。赫克歇尔-俄林模型揭示,生产要素的禀赋结构决定劳动分工和生产格局,进而形成产业的区际分工,其结果必然形成专业化生产,这种专业化生产又促进劳动生产率的提高,而劳动生产率的提高又促使区际分工与专业化的进一步发展。区际分工与专业化和劳动生产率提高的互动将会推动区域产业结构趋于合理化与高度化,并最终促进区域产业竞争力的增强。长三角两省一市在制造业领域的分工状况用相似系数来衡量,系数值越小,说明两个区域制造业产业结构差异越大,区域分工程度高,当系数等于零时,表示两个相比较区域的制造业结构完全不同,产业结构高度互补;反之,系数越大,说明两区域制造业同构程度越高,区域分工程度越低,当系数等于1时,表示两个相比较区域的制造业结构完全相同,不存在分工。由于区域分工与相似系数成反比,为了表述的方便,对相似系数指标进行处理,方法为 $y_i = \max x_i - x_i$,其中 x 为原数据,$\max x_i$ 为数据列最大值,y_i 为转向后数据,转向后相似系数与区域分工成正比,记为 RE_DI。

6. 其他驱动因素

政府影响区域产业发展的观点得到比较优势理论和竞争力优势理论的一致认同:克莱里达和芬德莱(Clarida and Findlay,1992)认为政府增加教育和科研、交通和通信以及其他经常性社会部门的投入将会显著提高私人公司的生产率,并无疑会使一些经济部门从中受益;波特认为,政府制定的产业政策通过影响要素条件、需求条件、相关和支持产业的表现、企业战略、结构和竞争对手等四个决定产业竞争优势的基本要素来改善或损害竞争优势。机遇也是竞争优势理论中影响产业发展的因素之一。但囿于数据的不可得性，这些因素只能在计量模型中以误差项 ε 来表示。

长三角制造业发展水平指标（即因变量）仍采用规模（Scale）、经济效益（Benefit）、国际竞争力（TC）、产业结构（Structure）和在此基础上构建的制造业发展指数（Dev）。

为消除经济时间序列数据的异方差影响，除变量 Dev 和 RE_DI 之外的所有解释变量和因变量均取自然对数。样本年限为 1993~2005 年。所有数据都取自于《中国统计年鉴》、《江苏统计年鉴》、《上海统计年鉴》、《浙江统计年鉴》和中经网，样本中各变量的统计特征如表 8-1 所示。

表 8-1 各变量统计特征

	Dev	lnScale	lnTC	lnBenefit	lnStructure	lnFDI	lnEX	lnR&D	RE_DI	lnLabor
平均值	0.459 6	8.587 4	0.175 1	10.575 6	−2.352 5	12.835 5	5.838 7	−0.204 1	0.131 6	9.374 6
最大值	0.930 8	10.318 9	0.463 0	11.808 6	−1.724 3	14.091 9	7.731 7	0.850 2	0.855 0	10.444 2
最小值	0.000 8	7.322 9	−0.137 3	9.397 4	−3.396 2	11.544 2	4.209 6	−1.139 4	0.000 0	8.192 3
标准差	0.213 3	0.823 4	0.175 4	0.589 9	0.391 8	0.675 3	0.936 8	0.651 2	0.243 2	0.583 0
观察值个数	39	39	39	39	39	39	39	39	39	39

8.2.2 计量方法说明

由于样本数据是包含地区截面和时间序列的面板数据集（panel data）或者综列数据（longitudinal data），因此，我们采用面板数据的计量模型进行实证研究。面板数据是用来描述一个总体中给定样本在一段时间的情况，并对样本中每一个样本单位都进行多重观察。这种多重观察既包括对样本单位在某一时期（时点）上多个特性进行观察，也包括对该样本单位的这些特性在一段时间的连续观察，连续观察将得到数据集称为面板数据集。面板数据可以显示样本个体之间存在差异，而单独的时间序列和横截面不能有效反映这种差异。如果只是简单使用时间序列和横截面分析就可能获得有偏结果。

根据截距项向量 a 和系数向量 b 中各分量的不同限制要求，可以将面板数据模型分为 3 种不同的类型：无个体影响的不变系数模型即联合回归模型、含个体影响的不变系数模型即变截距模型和含有个体影响的变系数模型即变系数模型[210]。

1. 联合回归模型(pooled regression model)

该模型是最基本的面板数据模型,在这个模型的基础上衍生出众多形式各异、内容复杂的高级面板模型。其数学表达式为

$$y_{it} = \alpha + x_{it}\beta + \mu_{it} \quad (i = 1,2,\cdots,N; t = 1,2,\cdots,T)$$

式中,i 表示截面单元,t 表示时间序列,α 为常数项,x 为解释变量向量,β 为参数向量,μ 为独立同分布的误差项,模型假设 μ 与 x 不相关。在该模型中,所有的截面单元都是序列无关的,并且所有的截面误差和时变误差都具有同方差的性质。该模型利用的普通最小二乘法(OLS)便可求出参数 α 和 β 的一致有效估计。

2. 变截距模型(individual-mean corrected regression model)

变截距模型是 panel data 模型中最常见的一种形式。它允许个体成员存在个体影响,并用截距项的不同来说明,模型的回归形式如下:

$$y_{it} = \alpha_i + x_{it}\beta + \mu_{it} \quad (i = 1,2,\cdots,N; t = 1,2,\cdots,T)$$

式中,x_{it} 是 $1\times k$ 维变量向量,β 是 $k\times 1$ 维系数向量,i 个个体方程间的截距项 α_i 不同,用来说明个体,即反映模型中忽略的反映个体差异的变量的影响;随机误差项 μ_{it} 反映模型中忽略的随个体成员和时间变化因素的影响。个体影响分为固定影响和随机影响两种情形,根据个体影响的不同形式,变截距模型又可分为固定效应模型和随机效应模型。

(1) 固定效应模型(fixed effect model)。该模型是在聚合模型基础上衍生而来的,考虑到截面单元之间的差异性,认为各截面单元之间的差异不随时间而变化,通过常数项参数来反映这种差异性。其数学表达式为

$$y_{it} = \alpha_i + x_{it}\beta + u_{it}$$

误差项满足假设条件:$E(u_{it}^2)=\sigma^2$,$E(u_{it}u_{js})=0$,$E(\alpha_i u_{jt})=0$,$E(\alpha_i\alpha_{j\neq i})=0$,$E(\alpha_i\alpha_i)=\sigma_\alpha^2$。其含义是假定各截面单元之间不仅是完全相互独立的,而且对应的误差项也不存在序列相关。在固定效应模型中,因为不包含常数项的参数 β 对各截面单元都相同,所以不同经济主体的差异完全体现在常数项参数 α_i 的不同取值上。固定效应模型也可以通过一系列截面单元的虚拟变量转化为最小二乘虚拟变量模型(LSDV model),以 OLS 方法得到参数 β 的估计量。当我们可以确信截面单元之间的差异可以被看做回归系数的参数变动时,固定影响模型是一个合理的方法。可以认为,该模型仅适用于研究横截面单位,而不是样本之外的其他单位。在其他的条件下,把个体的特定常数项看作跨横截面单元的随机分布可能更合适。

(2) 随机效应模型(random effect model)。当面板数据具有截面单元多而时

间序列短的情况时,将大量不同截面单元之间的差异都体现在常数项上就显得不再合适,需要对其作必要的修正。于是,将截面单元之间的差异体现在面板数据模型误差项的想法构成了随机效应模型。其数学表达式为

$$y_{it} = \alpha + x_{it}\beta + v_i + u_{it}$$

式中,v_i 为体现各截面单元之间差异的误差项,α 为常数项的固定部分。误差项满足假设条件:反映各截面单元之间差异的误差项 v 与整体误差项 u 相互独立,并且随机效应模型的误差项 v 和 u 的期望值等于零。误差项 u 的方差为 σ_u^2 且不存在序列相关。反映不同经济主体之间差异的误差项 v 相互独立,其方差为 σ_v^2。该模型的主要思想是利用面板数据模型的误差项表示各截面单元之间的差异。OLS方法虽然可以得到参数 β 的一致估计量,但却无法计算出对应的标准误差,参数 β 的估计值主要通过广义最小二乘法(GLS)或者最大似然估计法(MLE)得到。

在计量分析中常用 Hausman 检验来判定固定效应模型和随机效应模型谁更有效(Hausman,1978)[①]。检验形式如下:

$$H = \chi^2[K] = [b-\beta]'\hat{\sum}^{-1}[b-\beta]$$

式中,b 是固定效应模型的估计系数,β 是随机效应模型的估计系数,$\hat{\sum} = \text{Var}[b] - \text{Var}[\beta]$,$H$ 服从一定自由度的卡方分布(Chi-squared),若 $|H|$ 大于临界值,则接受固定效应模型,反之则接受随机效应模型。

3. 变系数模型(unrestricted model)

当允许个体影响由变化的截距项 α_i 来说明的同时还允许 $k \times 1$ 维系数向量 β 依个体成员的不同而变化,即在个体成员上既存在个体影响,又存在结构变化时,就要使用变系数模型。其基本形式如下:

$$y_{it} = \alpha_i + x_{it}\beta + \mu_{it} \quad (i=1,2,\cdots,N; t=1,2,\cdots,T)$$

式中,y_{it} 是因变量,x_{it} 是 $1 \times k$ 维解释变量向量,N 为截面成员个数,T 为每个截面成员的观测时期总数。参数 α_i 表示模型的常数项,β_i 为对应于解释变量向量 x_{it} 的系数向量,随机误差项 μ_{it} 相互独立,且满足零均值、等方差的假设。

8.2.3 计量结果

在回归之前,首先对解释变量之间分别进行了简单相关分析,结果显示:推动制造业发展的各解释变量之间相关性较高(表8-2),这一方面说明推动区域制造

[①] 固定效应模型假定各组之间的差别可以由常数项的差别来说明,在回归结果中直接体现为截距项的不同,而随机效应模型则把个体的特定常数项看做是跨截面随即分布的,回归结果中截距项由两部分组成,即 $\beta_i = \beta_0 + \mu_i$,各截面的差异体现在误差项 μ_i 上。

业发展的核心指标之间存在广泛的经济联系,另一方面也意味着各变量之间存在着多重共线性的可能,但 Panel Data 的重要特点就是不但能够更深入地利用数据的信息,而且能够有效减少多重共线性对模型结果带来的影响,因此,在分析时我们没有对变量进行筛选。

表 8-2　解释变量之间的简单相关矩阵

	lnFDI	lnIM_EX	lnR&D	RE_RI	lnLabor
lnFDI	1.000 0	0.957 4	0.899 3	−0.744 5	0.934 8
lnIM_EX	0.957 4	1.000 0	0.948 0	−0.759 2	0.980 8
lnR&D	0.899 3	0.948 0	1.000 0	−0.889 5	0.882 0
RE_DI	−0.744 5	−0.759 2	−0.889 5	1.000 0	−0.655 7
lnLabor	0.934 8	0.980 8	0.882 0	−0.655 7	1.000 0

根据前文设计的指标体系,我们分别用联合回归模型和固定效应模型具体估计了长三角制造业发展指数与各驱动因素之间的回归结果(表 8-3)。

表 8-3　影响因素与长三角制造业发展指数的回归结果

解释变量	联合回归模型				固定效应模型			
	系　数	Std. Error	t-Statistic	Prob.	系　数	Std. Error	t-Statistic	Prob.
lnFDI	0.004 614	0.040 487	0.113 975	0.909 9	0.094 459	0.062 963	1.500 216	0.143 7
lnIM_EX	0.142 213	0.057 274	2.483 029	0.018 3	0.103 189	0.080 509	1.281 706	0.209 4
lnR&D	−0.287 939	0.048 038	−5.993 994	0.000 0	−0.197 900	0.065 643	−3.014 797	0.005 1
RE_DI	0.353 332	0.102 050	3.462 329	0.001 5	0.305 805	0.100 762	3.034 934	0.004 8
lnLabor	0.365 991	0.070 997	5.155 011	0.000 0	0.289 238	0.130 298	2.219 818	0.033 9
常数项	−3.964 700	0.824 808	−4.806 815	0.000 0	—			
OBS	39				39			
主要指标	$R^2=0.922\ 4$				$R^2=0.935\ 3$			

从表 8-3 的回归结果看,联合回归模型和固定效应模型的系数符号完全一致。在各种影响因素中,①FDI、对外贸易系数估计值大于零,表示 1993～2005 年期间长三角通过吸纳 FDI、实施出口导向性战略有助于推动制造业发展;②代表人力资本的职工平均货币工资的符号也为正,这是由于从 20 世纪 90 年代以来,技术工人、管理人员、科研人员等具有较高人力资本优势的高级人才占职工总人数的比重迅速增加,他们工资上涨的幅度最大、速度最快,职工平均货币工资的增幅中很大比重是由这部分人员的工资上涨拉动的,他们推动经济增长、制造业升级发展中作用相对较大,他们占总人数的比重越高,制造业发展的动力就越足,而且,对普通职

工来说,工资的上涨也能激发他们工作的积极性和能动性,创造更多的价值;③区域分工的系数大于零,说明如果江苏、浙江、上海的制造业相似系数下降、区域分工合作加强,将会有力促进长三角制造业发展,而且 1993～2005 年期间,这种影响达到 0.353 3(联合回归模型),即制造业相似系数每提高(或者说区域合作程度降低)一个百分点,长三角制造业发展水平就会降低 0.424 7 个百分点;④技术创新符号为负,与理论分析和经济发展实践显然不符合,这可能是多重共线性造成的误差,说明 Panel Data 模型没有完全消除解释变量之间的多重共线性影响,下一节我们通过主成分回归、岭回归等有偏估计来进一步对长三角制造业发展指数与各因素之间的关系进行检验。

出于兴趣,我们又用 Panel Data 模型分别验证了长三角制造业规模、竞争力、经济效益、产业结构与影响因素之间的关系(见表 8-4～表 8-7)。

表 8-4 影响因素与长三角制造业规模的回归结果

解释变量	联合回归模型				固定效应模型			
	系 数	Std. Error	t-Statistic	Prob.	系 数	Std. Error	t-Statistic	Prob.
lnFDI	−0.037 274	0.058 180	−0.640 662	0.526 2	0.184 854	0.063 597	2.906 649	0.006 7
lnIM_EX	0.148 621	0.076 481	1.943 256	0.060 6	0.382 757	0.091 911	4.164 436	0.000 2
lnR&D	0.908 656	0.056 673	16.033 34	0.000 0	0.141 966	0.089 771	1.581 414	0.123 9
RE_DI	0.119 800	0.060 337	1.985 511	0.055 4	0.117 269	0.073 120	1.603 781	0.118 9
lnLabor	0.432 924	0.105 723	4.094 884	0.000 3	0.186 454	0.125 080	1.490 677	0.146 2
常数项	4.355 804	1.096 671	3.971 844	0.000 4	—	—	—	—
OBS	39				39			
主要指标	$R^2 = 0.999\ 4$				$R^2 = 0.931\ 5$			

表 8-5 影响因素与长三角制造业经济效益的回归结果

解释变量	联合回归模型				固定效应模型			
	系 数	Std. Error	t-Statistic	Prob.	系 数	Std. Error	t-Statistic	Prob.
lnFDI	−0.112 586	0.033 037	−3.407 917	0.001 7	−0.173 088	0.051 530	−3.358 957	0.002 1
lnIM_EX	0.051 366	0.032 177	1.596 352	0.119 9	0.364 759	0.074 028	4.927 286	0.000 0
lnR&D	0.204 005	0.034 029	5.995 002	0.000 0	−0.213 399	0.055 765	−3.826 765	0.000 6
RE_DI	−0.125 911	0.045 599	−2.761 268	0.009 3	−0.068 286	0.047 389	−1.440 963	0.159 6
lnLabor	0.891 590	0.052 409	17.012 31	0.000 0	0.585 291	0.126 508	4.626 518	0.000 1
常数项	3.556 078	0.690 226	5.152 047	0.000 0	—	—	—	—
OBS	39				39			
主要指标	$R^2 = 0.861\ 1$				$R^2 = 0.978\ 4$			

表 8-6　影响因素与长三角制造业竞争力的回归结果

解释变量	联合回归模型				固定效应模型			
	系　数	Std. Error	t-Statistic	Prob.	系　数	Std. Error	t-Statistic	Prob.
lnFDI	0.018 802	0.061 964	0.303 436	0.163 5	0.052 531	0.040 775	1.288 313	0.207 2
lnIM_EX	−0.076 724	0.096 627	−0.794 019	0.432 9	−0.288 196	0.086 939	−3.314 909	0.002 3
lnR&D	−0.251 544	0.073 725	−3.411 909	0.001 7	0.047 481	0.073 702	0.644 234	0.524 2
RE_DI	0.548 485	0.161 203	3.402 454	0.001 8	0.523 640	0.121 680	4.303 425	0.000 2
lnLabor	0.446 232	0.108 880	4.098 391	0.000 3	0.533 516	0.129 638	4.115 424	0.000 3
常数项	−3.908 639	1.233 671	−3.168 300	0.003 3	—	—	—	—
OBS	39				39			
主要指标	$R^2=0.595\ 2$				$R^2=0.620\ 9$			

表 8-7　影响因素与长三角制造业产业结构的回归结果

解释变量	联合回归模型				固定效应模型			
	系　数	Std. Error	t-Statistic	Prob.	系　数	Std. Error	t-Statistic	Prob.
lnFDI	0.188 870	0.084 751	2.228 529	0.032 8	−0.210 160	0.097 070	−2.165 028	0.038 2
lnIM_EX	0.139 888	0.105 200	1.329 730	0.192 7	0.225 584	0.137 513	1.640 452	0.111 0
lnR&D	0.214 382	0.069 746	3.073 752	0.004 2	−0.153 011	0.121 925	−1.254 962	0.218 9
RE_DI	0.142 203	0.099 147	1.434 265	0.160 9	0.252 636	0.100 849	2.505 079	0.017 7
lnLabor	0.113 300	0.146 313	0.774 362	0.444 2	0.464 767	0.225 338	2.062 534	0.047 6
常数项	−6.609 355	1.781 560	−3.709 870	0.000 8	—	—	—	—
OBS	39				39			
主要指标	$R^2=0.873\ 7$				$R^2=0.703\ 5$			

从表 8-4 可以看出,固定效应模型的回归结果更符合简单相关分析的结果和事实。固定效应模型显示:FDI、对外贸易、技术创新、区域分工和人力资本对长三角制造业发展都具有正向的影响,其中,①如果苏、浙、沪在制造业领域的合作程度提高(或者结构相似系数降低)一个百分点,长三角制造业的平均规模能扩大 0.117 3 个百分点,而制造业属于规模经济效应明显的产业,长三角制造业规模的提高必然会带来经济效益的改善和利润的增加;②对外贸易对长三角制造业的影响力达到 0.382 8,即对外贸易提高一个百分点,长三角制造业的规模将能扩大 0.382 8 倍,说明在 1993~2005 年期间,长三角制造业规模的扩大与本地实施出口导向型产业发展战略、积极开展对外贸易密不可分;③FDI、人力资本对长三角制造业规模的影响相差不多,而技术创新的影响相对较小。

从表 8-5 可以看出,两个模型的系数符号不完全一致,五个因素的显著性水平都较高。对外贸易、人力资本不仅影响长三角制造业经济效益,而且作用力也较大,这完全符合长三角制造业的实际情况。一般来说,由于管理、技术、营销等方面的优势,外商投资企业的经济效益普遍较好,于是吸纳的 FDI 越多,长三角制造业的经济效益应该越好,二者应该是正向相关,本回归结果中 FDI 的系数符号为负,显然与事实不符;根据上文的推论,区域合作能够通过规模效应提高长三角制造业的经济效益,即 RE_DI 的符合应该为正,但回归结果为负;研发投入越多,技术创新水平提高得越快,产业经济效益越好,技术创新应该是影响长三角制造业经济效益提升的重要因素,在两个模型中 R&D 的符号相反。这说明,可能受多重共线性的影响,虽然回归模型的系数检验、拟合优度等指标较好,但 FDI、区域合作的作用力方向不符合事实及理论推理。

从表 8-6 可以看出,在固定效应模型比较符合实际,各系数符号除了对外贸易之外,其他四个要素与长三角竞争力的关系符合实际经济情况或理论推理从回归结果看,区域合作、人力资本提高一个百分点,长三角制造业竞争力能分别提高 0.523 6、0.533 5 个百分点,FDI、研发投入的增多也都有助于长三角制造业竞争力的提升。

近年来,长三角进出口结构中,技术含量较高、加工度较高的产品比重越来越大,于是,进出口总额的增加必然会带来制造业产业结构的优化;发达国家转移出来的制造业的技术含量往往要高于东道国的原有产业,FDI 的增多显然有助于优化产业结构,如随着外商在电子及通信设备制造业领域投资的增加,该产业已经成为江苏的第一大产业,从而使江苏制造业的产业结构得到明显优化;技术创新会直接带来产业结构的升级优化;合作能够优化配置区域科技资源,有助于联合开发共性的、投资巨大的技术,促进区域产业结构高级化和合理化;而高技术人才和职工创新积极性的提高对提高高技术产业产值比重和推动长三角制造业产业结构向优化是有好处的。因此,从表 8-7 看,联合回归模型更符合经济实际及推理,拟合优度也较高。

8.3 基于有偏估计的实证检验

由于 FDI、对外贸易、技术创新、区域分工以及人力资本之间相关系数较高(表 8-2),并且 FDI 与对外贸易等因素之间存在明显的线性关系(如外资企业是长三角对外贸易的中坚力量),因此导致了在使用 Panel Data 模型对长三角制造业进行检验时,出现了某些因素与长三角制造业发展指数、规模等的关系不符合经济发展实际或理论推理的现象,为了消除多重共线性的影响,下面我们分别采取岭回归、主成分回归两种有偏估计方法来对长三角制造业与各驱动因素之间的关系进行检验。

8.3.1 岭回归检验

岭回归(ridge estimate)是由 Hoerl 和 Kennard 于 1970 年提出的、能有效消除 OLS 回归中多重共线性影响的一种有偏估计。岭回归的基本步骤是:根据岭迹图 (ridge trace)或方差膨胀因子(VIF)确定岭参数值 k;给定岭参数进行岭回归;获得估计结果[268]。

以岭参数步长为 0.05 得到 FDI、对外贸易、技术创新、区域分工、人力资本的岭迹图变化趋势如下(图 8-7):

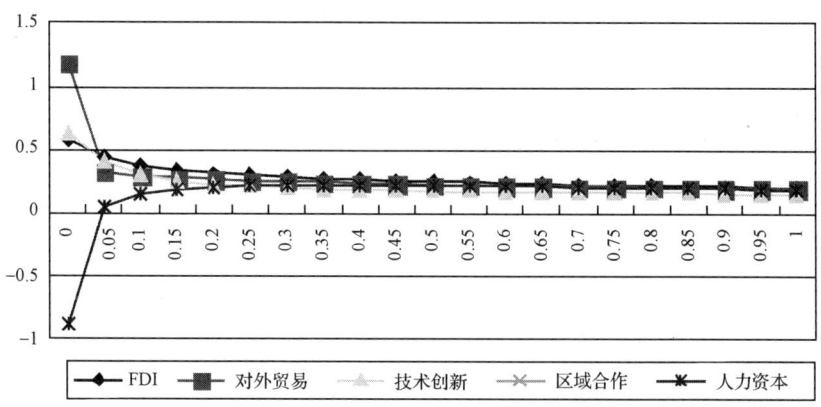

图 8-7 岭迹图

从岭迹图可以看出,FDI、对外贸易、技术创新的岭迹在 $k=0.05$ 时趋于稳定,人力资本在 $k=0.05$ 时,从负值变为正值,并在 $k=0.15$ 时趋于稳定,而区域分工一直到 $k=0.85$ 时由负值变为正值才稳定下来。综合起来,我们在岭参数值 $k=0.85$ 时,用 SPSS 软件包进行回归,结果如表 8-8 所示。

表 8-8 影响因素与长三角制造业发展水平的岭回归结果

解释变量	系 数	Std. Error	Beta	t-Statistic	Sig.
lnFDI	0.083 685	0.019 658	0.214 483	4.257 059	0.001 880
lnIM_EX	0.039 030	0.007 018	0.202 260	5.561 068	0.000 425
lnR&D	0.084 645	0.022 879	0.159 797	3.699 752	0.003 829
RE_DI	0.028 297	0.456 024	0.004 277	1.062 051	0.076 128
lnLabor	0.063 103	0.015 976	0.197 953	3.949 929	0.002 766
常数项	−0.844 020	0.241 669	0.000 000	−3.492 470	0.005 047
主要指标	R^2=0.834 178 203 5				
	校正 R^2=0.715 734 063 2				
	F 统计值=7.042 798 413(Sig. F=.011 718 681)				
	标准误差估计=0.095 017 960 5				

岭回归结果显示,五个影响因素的系数都大于零,说明在1993~2005年期间,长三角通过吸纳FDI、积极开展对外贸易、提高技术创新水平、推动区域分工合作、增加人力资本投资等有力地促进了本区域制造业的快速发展,从而证实了FDI、技术创新、对外贸易、区域分工等因素是长三角制造业发展的重要影响因素。

8.3.2 主成分回归检验

主成分估计是 W. F. Massy 于1965年提出的另一种有偏估计,它通过提取主成分,将解释变量集合转化为相互正交的少数几个主成分变量,试图通过降维消除解释变量之间的多重共线性,然后再实施最小二乘回归[268]。

运用 SPSS 软件对五个解释变量进行主成分分析,结果如表8-9所示。

表8-9 主成分分析结果

指标序号	初始特征值			提取的载荷因子			旋转后的载荷因子		
	特征值	方差贡献率	累积贡献率	特征值	方差贡献率	累积贡献率	特征值	方差贡献率	累积贡献率
1	4.472	89.433	89.433	4.472	89.433	89.433	2.996	59.916	59.916
2	.422	8.431	97.864	.422	8.431	97.864	1.897	37.948	97.864
3	.073	1.456	99.320						
4	.030	.607	99.926						
5	.004	.074	100.000						
6									
7									

Extraction Method: Principal Component Analysis.

从表8-9可以看出,前两个主成分对FDI等五个解释变量的方差贡献率达到97.864%,即能够代表原有变量97.864%的信息,而且用 Equamax 方法旋转后第二个主成分的特征值和方差贡献率都较大,因此,我们提取前两个主成分变量来代替原来的五个自变量与长三角制造业发展水平之间的进行回归。这两个主成分的因子载荷矩阵如下(表8-10):

表8-10 旋转后的因子载荷矩阵

	Component	
	1	2
lnFDI	0.859	0.460
lnIM_EX	0.876	0.476
lnR&D	0.697	0.698
RE_DI	0.365	0.927
lnLabor	0.934	0.334

Extraction Method: Principal Component Analysis. Rotation Method: Equamax with Kaiser Normalization. a Rotation converged in 3 iterations.

用 OLS 方法对提取的主成分变量与长三角制造业发展水平之间进行回归,结果如表 8-11 所示。

表 8-11 回归结果

解释变量	系　数	Std. Error	Beta	t-Statistic	Sig.
常数项	0.457	0.018	—	25.395	0.000
第一主成分变量	0.159	0.019	0.892	8.483	0.000
第二主成分变量	0.055	0.019	0.306	2.911	0.016
主要指标	$R^2=0.889$				
	校正 $R^2=0.867$				
	F 统计值=44.220(Sig. F=0.000)				
	标准误差估计=0.064 916 331				

还原到原始变量,得到回归方程如下:

$$Dev=0.457+0.162\ln FDI+0.165\ln IM\_EX+0.149\ln R\&D+0.109 RE\_DI+0.167\ln Labor$$

从主成分回归结果可以看出,FDI、对外贸易、技术创新、区域分工、人力资本等五个因素都能正向的促进长三角制造业发展,再次验证了这几个因素在推动长三角制造业扩大规模、改善经济效益、提高竞争力、优化产业结构、向全球产业价值链高端攀升时的重要作用。

8.3.2 岭回归与主成分回归结果的比较

岭回归和主成分回归都是处理多重共线性问题的有效估计方法,但由于岭回归估计中存在岭参数 k 值的确定问题,而主成分回归中又有主成分的选择问题,因此,两种方法都有一定的局限性。从本书看,两种方法同时证实了 FDI、对外贸易、技术创新、区域分工在推动长三角制造业发展方面具有重大作用,这一回归结果与简单相关分析的结果完全一致,与长三角制造业发展的实际情况相吻合,可信度较高。不过,由于在岭估计时,区域分工的岭迹直到 $k=0.85$ 时才稳定下来,从而导致方程的残差平方和相对较大。因此,从回归方程的各项检验来看,主成分估计得到的结果更理想,回归效果也更好。

8.4　本章小结

通过对影响制造业发展因素的理论分析和基于长三角制造业发展数据的实证检验,可以得到以下结论:

(1) 技术能力、要素结构等因素既决定了一国或地区嵌入全球生产体系时战略定位，又决定了它们实施价值链攀升时的着眼点、突破口和路径选择。改革开放之初，长三角一方面资本缺乏，技术落后，国外市场、资源利用不充分，区域分工又不完善，而另一方面劳动力数量较多、质量较高、价格较便宜，由此决定了该区域在嵌入全球生产体系时只能定位于劳动密集型产业或环节。20世纪90年代特别是进入21世纪以来，FDI流量的快速增长显著地扩充当地的资本存量，科教兴省等政策的实施使技术能力垂直提升，出口导向战略充分利用了国外市场和资源，而区域分工的发展有效地延伸了区域内部价值链网络的铺展范围，从而为长三角制造业在价值链上攀升准备了充分的条件。

(2) 用Panel Data模型对FDI、对外贸易、技术创新、区域分工等因素与长三角制造业之间的实证分析表明，尽管存在多重共线性的影响，但检验结果仍然证明了这些因素都是推动长三角制造业发展的重要力量。

(3) 岭回归和主成分回归的结果显示，在消除了多重共线性影响后，FDI、对外贸易、技术创新、区域分工等因素对长三角制造业有显著的正向促进作用，扩大吸引外资、积极开展对外贸易、增加研发投入、强化区域分工等都能推动长三角制造业进一步快速发展。

第 9 章 基于新型国际分工的长三角制造业发展思考

随着经济全球化的进程的加快和信息技术的发展,以跨国公司为重要载体的全球资源配置格局把越来越多的国家和地区纳入发达国家主导的、以产业价值链的纵向分工为主要形式的国际分工体系。这种新型分工体系一方面使发达国家的跨国公司能够把价值链中的每个环节放到最具比较优势、最易取得竞争优势的区域,并通过控制技术和市场获取高额利润;另一方面为在某些方面具有比较优势的发展中国家和地区提供了加入世界经济大循环的途径和机会,并通过为跨国公司代工赚取附加值较低的加工组装环节的利润。源于20世纪80年代初经济开放及市场化制度改革的两大契机,长三角逐步发展成为中国最具增长潜力、竞争力以及经济实力的地区之一,同时凭借相对发达的市场体系、雄厚的制造业基础以及价廉质高的劳动力资源等比较优势,成功承接发达国家转移过来的劳动、资本、技术密集型产业中的劳动密集型环节,并在纺织、服装等劳动密集型产业上形成较强的国际竞争力。面对新型国际分工给长三角制造业带来的影响和升级压力,面对经济效益转型滞后于产业结构转型的事实,面对国内竞争力较强、国际竞争力较弱,劳动密集型产业竞争力较强、资金技术密集型产业竞争力较弱的尴尬,推动长三角制造业进一步发展显得尤为迫切。

本章在前几章实证分析影响长三角制造业发展因素的基础上,全面分析了新型国际分工格局下长三角制造业发展面临的形势,并从波特的钻石体系入手,梳理了长三角制造业进一步发展所具备的条件,最后提出了促进长三角制造业发展的若干举措。

9.1 长三角制造业发展的形势分析

在具有形式多样、主体多元、边界细分等特征的新型国际分工格局下,处于全球价值链低端、从事非核心的加工装配环节、获取微薄加工费的长三角制造业无论是为了加强对国际产业转移的承接能力,还是为了建成先进制造业基地,或者为了增强区域核心竞争力,都必须推动制造业迅速发展。

第一,国际产业资本正加紧向包括中国在内的发展中国家转移。如果说改革开放以来,长三角制造业的迅速崛起主要得益于以制造业为主要内容的国际产业转移的话,那么抓住当前国际分工深化背景下以产业价值链的各个环节分工为基础的,以资金、技术密集型产业为部分内容的新一轮产业转移,将成为长三角制造业进一步扩大规模、提高经济效益、增强国际制造业和优化产业结构的又一重要"推手"。一般来说,发达国家向发展中国家进行产业转移时的区位选择,一方面取决于跨国公司的全球战略部署,另一方面则取决于东道国的产业配套能力、投资环境、要素禀赋等因素,同时后者又是前者决策的基础。根据受让国或地区生产技术条件、产业配套能力的不同,跨国公司转移产业的技术含量也不一样。如果东道国的技术创新能力较强、产业配套能力较强,那么技术含量相对较高的资金、技术密集型产业将被转移到当地;相反,如果东道国自身的科研实力较弱、仅仅拥有劳动力或自然资源优势,那么转移进来的将是劳动密集型或资源密集型产业。当前,长三角制造业已经进入了重化工业化阶段,产业结构已经从低加工度产业转向了高加工度产业、从劳动密集型产业占优势转向了资金、技术密集产业占优势,资本、技术等要素得到较好的积累,近年来承接的除了劳动密集型产业之外,还有部分资金技术密集型产业。不过,长三角在这些资金技术密集型产业中从事的也主要是成熟的中间型、非核心复杂技术工序和零部件生产,即资金、技术密集型产业中的劳动密集型环节。进入 21 世纪,世界各国都卷入了新一轮的世界经济结构大调整,发达国家为了进一步占据知识技术密集型产业的制高点和利润最丰厚的全球价值链的两端,正在把非核心的、从属地位的资金技术密集型产业或环节向外转移,而新兴工业化国家和地区也在占据劳动密集型产业的核心环节后向更高级的产业结构迈进。国际产业资本转移的速度在加快,产业结构层次在提高。因此,面临国际分工重新洗牌的绝好机遇,长三角如果能够采取适当措施,必将会促进国际分工地位的提升、经济效益的改善、国际竞争力的增强、产业结构的优化。

第二,新型工业化道路要求制造业的发展也要新型化。党的十六大报告提出中国要走一条"科技含量高、经济效益好、资源消耗低、环境污染少、人力资源优势得到充分发挥"的新型工业化道路。这就要求作为工业化主体的制造业必须走"依靠科技创新、降低能源消耗、减少环境污染、增加就业、提高经济效益、提升竞争能力,能够实现可持续发展"的新型化路径。但当前,长三角制造业仍面临着研发投入少,技术创新能力较弱,资金技术密集型产业经济效益较低、竞争力不强、转型滞后,增长方式粗放、环境污染严重等诸多问题,与新型化目标相比仍还有很大的差距。特别是在长三角进入重化工业化阶段后,化工、钢铁等产业的发展可能会加重环境的污染和资源的消耗,同时在资金、技术密集型产业甚至是劳动密集型产业全球价值链中承担加工制造业环节任务的国际分工地位,又注定了依靠贴牌定制的长三角制造业只能获取往往只有 1%～2% 的利润[269]。经济效益低下、国际竞争力较弱就在所难免。因此,从新型工业化的要求看,长三角制造业也要采取措施提高国际分工地位、改善经济效益、增强国际竞争力和优化产业结构。

第三,以都市圈为基本单位的区域竞争日益加剧。在经济全球化和区域经济一体化趋势下,资金、人才、技术、信息等生产要素一方面以空前的规模和速度在全球范围内流动与扩散,另一方面又选择合适的区域高度集聚。为了吸引更多的要素在本地区集中,以营造出具有强劲竞争力的区域性经济高地,由一个或多个核心城镇,以及与这个核心具有密切经济、社会联系的,具有一体化倾向的相邻城镇与地区组成的圈层式结构——"都市圈"相应而生。都市圈是客观联系与政府主观规划推动双向作用的产物,它的建立能够在一定程度上打破行政界限的束缚,从而在更加有效的空间范围内对地区经济、科技等资源进行重新整合。改革开放以来,在我国东部沿海逐渐形成了以上海为核心的长三角都市圈、以广州为核心的珠三角都市圈和以北京为核心的环渤海都市圈,此外,东北都市圈、以武汉为核心的中部都市圈、以重庆为核心的西南都市圈等等也渐渐发展成形,它们之间为争取资金、人才等有限的生产要素展开着激烈的竞争,特别是长三角、珠三角、环渤海都市圈之间,竞争尤为激烈。对三大都市圈制造业的比较分析显示,长三角制造业虽然有竞争优势的行业较多,整体竞争力较强,但产业结构却没有珠三角、京津地区合理,资源环境的保护能力也没有珠三角、京津地区高。因此,为了增强长三角的区域核心竞争力,巩固长三角制造业在全国的龙头地位,必须进一步推动长三角制造业又好又快地发展。

9.2 长三角制造业发展的钻石模型分析

从前文的分析得知,长三角制造业之所以国际分工地位较低、经济效益较差、竞争力较弱和产业结构不甚合理,基本上都可归因于资金技术密集型产业发展的不充分。因此,促进长三角制造业进一步发展的关键在于资金技术密集型产业。当前,从波特构筑的促进产业发展的钻石模型中的六大因素分析,长三角制造业已经具备了发展资金、技术密集型产业、提升国际分工地位、改善经济效益、增强国际竞争力和优化产业结构的条件。

第一,从要素条件看,长三角高校云集,科研院所众多,人力资本总体质量正在不断提高。2004年,长三角共有普通高等学校237所,占全国高校总数的13.69%,在校学生数1 983 628,毕业生数389 191,占全国在校学生数和毕业生的比重分别为14.87%和16.28%,其中江苏高校数量(112所),在校学生数、毕业生数和教职工数都位居全国第一。长三角城乡居民储蓄大幅度上升,2003年城乡居民储蓄总额已达19 193.5亿元,占全国比重达18.52%,再加上外资大量涌入,因此,从要素因素看,长三角已经具备了一定的发展资本、技术密集型制造业的条件,或者说,从生产可能性边界来看,长三角的生产可能性曲线可以更多地偏向资本与技术要素。

第二,从需求条件看,随着长三角人均可支配收入的提高和恩格尔系数的下降,居民的消费结构已经从追求吃、穿转向注重住、行,对通信设备、电子产品、汽车等耐用消费品的需求不断增加,这必然拉动资本密集型产业、技术密集型产业的投资增加,从而带动资本、技术密集型产业迅速发展。如在上海城市居民家庭人均消费支出构成中,食品、衣着支出分别从1980年的56.0%、14.3%降为2004年的36.4%、6.3%,而交通和通信、居住支出则分别从1980年的3.6%、4.8%提升到2004年的13.4%、10.5%,居民消费结构的升级为资本、技术密集型产业的发展提供了巨大的需求空间,需求驱动成为资本、技术密集型产业发展的重要诱因。

第三,从支持产业的表现看,装备制造业作为向国民经济各部门提供生产技术装备的战略性产业,既是技术密集型产业发展的核心,也是技术密集型产业发展的重要支撑。随着长三角进入重化工业阶段,装备制造业不仅在重化工业内部取得主导地位,而且其产品也成为工业制成品出口结构中的主体。尽管目前长三角装备制造业的整体实力还比较弱,企业规模普遍较小,但其良好的发展势头却显示出巨大的增长潜力,从而为融入国际产业链条、共享大型跨国公司快速发展的市场机会、寻求提升设备制造技术水平、跨入高端设备市场做好了准备。因此,装备制造业的发展也为长三角提升技术密集型制造业竞争力奠定了基础。

第四,从国内竞争情况看,随着发达国家和新兴工业化国家产业结构的调整,以及信息技术和模块化技术在制造业中的应用,跨国公司不但把低技术产业转移到长三角等地,而且把高技术产业中的部分环节也转移出来,因此长三角技术密集型产业在发展过程中不仅受到国内同行的竞争,而且也面临跨国公司的挤压。因此,激烈的市场竞争给长三角技术密集型产业的发展提供了最强有力的刺激,而获取高额附加值的愿望又给了企业加大研发投入力度、增强国际竞争力的动力。

第五,从政府因素看,由于清楚地意识到发展资本、技术密集型产业是推动长三角制造业持续快速发展的需要,是提高对转移进来的国际制造业的产业配套能力的需要,同时也是增进社会福利水平、进一步改善人们生活质量的需要,因此,江苏、浙江、上海三地政府都制定了一系列有利于资本、技术密集型产业发展的战略规划及政策措施,如江苏的沿江开发战略、上海的"173计划"、浙江的杭州湾产业带建设规划,都把建设先进制造业基地作为制造业发展的目标,并在基础设施建设、市场环境整治、人力资源开发等方面为资本、技术密集型产业的发展创造条件。

第六,从面临的机遇看,国际产业资本在长三角的集聚,不仅让长三角制造业嵌入了跨国公司主导的全球价值链分工体系,而且随着承接产业技术含量的提高和吸纳的跨国公司总部及研发中心数量的增多,长三角资本、技术密集型产业获取先进技术、提高创新能力的途径明显增加。

长三角制造业不仅具有发展的压力和动力,面临着发展的良好机遇,而且也已经具备了进一步发展的条件,如果采取适当的措施,必定能够健康、快速、持续地发展。

9.3 长三角制造业发展战略举措建议

无论是全球价值链攀升模型的理论分析,还是基于 Panel Data 模型、有偏估计的定量研究,都证实了 FDI、国际贸易、技术创新、区域分工是影响长三角制造业发展的重要因素。因此,下面我们就从这四个因素着手,阐述如何在新型国际分工格局下促进长三角制造业进一步发展。

9.3.1 练好内功,增强 FDI 正向溢出

对 FDI 的吸纳使长三角制造业在承接跨国公司产业转移的过程中规模不断扩大、经济效益不断改善、竞争力日益增强、结构趋于优化。但是,由于跨国公司进入长三角的一个主要目的是获取该区域在劳动力成本上的比较优势,因此,长三角在国际分工中从事的只是一般零部件加工及整件组装等生产环节的任务,而技术水平和附加价值较高的研究开发、关键零部件制作及营销管理等环节则仍由跨国公司控制。从"设计—加工—营销"这一制造过程的完整价值链来看,设计环节由于研究与开发的高技术、高风险和高投入,必然要求高回报;营销环节则由于广泛的行销网络,以及品牌的创建和维护所导致的高投入也有同样的要求;而加工组装环节却由于低成本劳动力在许多发展中国家几乎是无限供给,在缺乏技术创新能力和品牌创建能力的条件下,这一环节的价值增值部分也就只能压低到获取简单劳动报酬的水平,劳动密集的加工环节在全球制造业体系中成为价值增值链中最为薄弱的一环。因此,在制造业的价值增值链的"哑铃"型结构中,发达国家和新兴工业化国家占据了"哑铃"的两头,而包括长三角在内的大多数发展中国家或地区只能在中间环节获取极少的价值增值。进入 21 世纪,长三角制造业正越来越深入、广泛地融入国际分工体系,但却始终处于世界制造业价值增值"哑铃"型结构中的中间环节,增值效应十分薄弱。如果说改革开放之初,长三角通过大量承接发达国家转移过来的加工组装环节嵌入国际分工体系是根据当时的资源禀赋条件做出的最佳选择,那么,随着本区域经济实力、产业配套能力、自主创新能力等专业和高级生产要素的日益充裕,资本、技术密集型产业的发展和竞争力的不断提升,提高承接产业的档次和水平就成为自然选择。而且从发展阶段看,长三角当前已经处于以装备制造业为核心的重化工业化阶段,并同时具有向高加工度化和技术集约化阶段进一步发展的趋势,但能否实现进入技术集约化阶段的跨越式发展,则取决于资本、技术等生产要素的支撑,因此,吸引外资重点投向钢铁、石化等资本密集型制造业和机械及运输设备等技术密集型制造业,加快跨国公司的技术溢出是非常必要的、迫切的。同时,随着发达国家、新兴工业化国家产业升级进程的加快,国际产业向长三角转移也出现了新趋势:资本密集型和技术密集型制造业与劳动密集

型制造业一道成为转移的对象,且资本密集型和低技术密集型制造业的投资比重正在不断增加,如电子及通信设备制造业成为江苏的第一大产业就与跨国公司在该领域的投资分不开(2004年该行业外商直接投资比重高达92.09%)。这意味着长三角提高承接产业层次的意愿与跨国公司的长三角战略基本吻合,如果采取适当措施,增强技术溢出以推动制造业升级切实可行。因此,为了推动长三角制造业进一步发展,一方面要加大对外商直接投资的承接力度,另一方面更为重要的是要不断提升承接产业的层次,加大FDI的正向溢出。

第一,提高市场竞争程度,迫使跨国公司主动转让先进技术。由于跨国公司向发展中东道国的子公司进行技术转让时所产生的技术溢出通常是一种潜在的、非情愿的、无意识的外部效应,其强弱主要受当地市场竞争程度制约,所以,只要能够继续维持竞争优势地位,跨国公司就不会把最先进的技术向子公司转移,改善产品性能与质量的压力就较弱;相反,如果跨国公司之间、跨国公司与当地企业之间的竞争激烈,产品创新、工艺创新不断,跨国公司内部国际技术转让的速度也会加快。同时,在激烈竞争的外部环境下,各种渠道的技术溢出也就有了广阔的空间。比如,跨国公司对当地供应商提供的中间产品也就更加挑剔,并愿意向有潜力的供应商提供技术帮助与信息服务。在竞争的市场环境下,专业型技术人员才有可能在相互竞争的企业间进行流动。从长三角的实践看,由于20世纪80年代中期到90年代中期,跨国轿车生产的集中度很高,市场竞争很不充分,上海大众自1985年成立后的长达10多年的时间里,在中国轿车市场一直占据着垄断地位,上海大众的主导产品一直是第一代桑塔纳,车型几乎没有什么变化。而在这期间,上海大众的外方母公司德国大众汽车公司已经于80年代中期在全球市场上淘汰了第一代桑塔纳车型,但上海大众却并没有引进其母公司在全球市场上推出的换代型。而且,桑塔纳的市场价格也始终处于高位,在1998年年底之前,其在中国市场上的价格水平,高出其先前在国际市场上价格的近一倍。但是,当我国改变"一个行业中只引进少数跨国公司"政策取向,开始允许更多的跨国公司进入中国,从而使跨国轿车巨头在中国市场的竞争日趋激烈时,当浙江吉利等国内轿车企业的竞争力日益提升、市场份额逐渐扩大时,德国大众一改往日对华技术锁定战略,不仅于1999年底将其全球流行车型帕萨特引入上海大众,使B2级的桑塔纳直接跃升到B5级,而且1998年底到2001年底3年时间,第一代桑塔纳在汽车市场上的价格下降了近40%。上海大众的案例说明:在垄断性的市场中,企业开发新产品新技术的速度较慢,而且会将产品价格定在高位,以获得垄断利润;竞争性的市场结构能够引导企业的行为合理,加速新产品、新技术的开发和引进,不断降低成本和价格,以求在市场竞争中获胜[270]。因此,为了引导跨国公司转让更多的先进技术,并在技术、管理、观念等方面产生更多的外溢效应,长三角必须在本区域着力营造一种有利于竞争的环境,推行"以竞争求技术"战略。

第二,提高本土企业的技术吸纳与创新能力,形成与跨国公司的产业配套。对于长三角制造业企业而言,获得较为先进的技术固然重要,但如果不具备较强消化吸收与自主创新能力,先进的技术、设备就会过时,跨国公司的技术溢出效应也受到限制。经验论据证实,技术溢出的增加是与当地企业吸纳能力、产业配套能力相联系的[181,182]。如果当地企业的技术能力与管理水平达不到跨国公司的最低要求,就很难形成彼此间的配套合作关系,跨国公司在本地的子公司所需的绝大部分原材料和零部件都通过进口贸易或配套跟进的外资企业、而并非本土企业提供。而日益时尚的完整的产业链招商模式,也增加了本土企业加入由外资企业主导的产业链的难度。如1993年明基公司落户苏州时,鉴于当地企业的技术水平状况,就带来了台湾20多家配套厂商,形成了一个较为完整的产业链。而长三角引进的外资出口加工业的整体技术水平高于珠三角的原因是:前者的技术水平和人力资本素质高于后者。一般来说,人力资本是企业技术吸纳能力的关键,有学者指出先进国家能从跨国公司子公司获益,而落后国家却不能获益,其原因在于:东道国存在着人力资本的门槛[271]。受教育程度是一个重要的约束条件,其临界水平是成年男性受中学以上的教育年限大于1.91年,然而大多数发展中国家低于这一水平。因此,为了改善长三角制造业企业的技术吸收与产业配套能力,强化在跨国公司主导的内部化国际分工某个环节上无可替代的位置,迫使跨国公司动态地转让先进的生产技术和管理技术,加快技术扩散,就必须重视人力资源开发,推行人才战略,同时,增加消化吸收经费支出也是必要的。

第三,制定优惠政策,激励跨国公司转移先进技术。虽然许多学者对各地通过减免税收、低价出让土地等手段来吸引外资的做法持否定态度,但在实践中,当资源禀赋条件相差不多的地区为引入发达国家高新技术企业而展开激烈竞争时,引资措施优惠幅度大小往往便成为外商投资企业选址的重要依据。尽管外商投资企业是各地引资大战中的最大赢家,但最终的受资国也能借助FDI在短期内改善本地的产业技术水平,增强与全球经济运行的紧密联系,推动产业升级。因此,为了提高承接产业的层次,长三角政府可以用市场准入、优惠的税收等产业倾斜政策来激励有先进技术的跨国公司进入到计算机、电子及通信等技术密集型产业,并鼓励兴办合资企业,以便通过溢出效应使本地合资方能够学习跨国公司的经营管理经验与先进技术技能。同时,为了强化技术溢出,政府还应鼓励并推动企业与大学、研究机构的技术合作及员工培训方面的合作,促进高校科技工作服务地方经济发展,并对此类支出给予政策优惠;向当地企业提供金融支持,帮助其解决技术吸收过程中资金不足问题;加强教育投入,提高居民受教育程度;等等。

第四,促进资本、技术密集型产业融入跨国公司主导的全球产业价值链。在日益细化的新型国际分工中,跨国公司是研究开发活动的主要承担者,拥有全球研究开发能力的85%左右;同时,它们又都拥有大量技术成果与专利,成为国际技术转移的主要源泉,而且全球进出口贸易额的一半以上发生在跨国公司之间或内部。因此,跨国公司已经成为先进技术和国际市场的实际控制者,一国或地区只有切入跨国公司主导的全球生产体系,才能把自己的比较优势转化成现实的优势,并在与国外企业进行合资、合作或形成产业配套的过程中,通过跨国公司的技术溢出,不断获取新知识、新技术、新工艺,积累起管理技巧和营销经验,掌握国际市场的运作规律,推动产业不断升级,逐步从价值链的低端环节向高端环节跨越。20 世纪 90 年代开始,长三角劳动密集型产业利用跨国公司把劳动密集环节从公司内部分离出去的机会,凭借自己的资源禀赋优势融入了国际分工体系,提高了国际竞争力,取得了极大的成功。长三角的资本、技术密集型产业要提高国际竞争力,也要从嵌入国际分工体系开始。而且,当前长三角的资本、技术密集型产业也面临新的机遇:近年来尤其是中国加入世界贸易组织之后,随着市场竞争的不断加剧,跨国公司开始依据全球价值链,重新调整对华技术转让和研发投入的策略,不仅加快了技术转让的步伐,而且增设了研发机构。2002 年中国签订的技术引进合同数量和金额分别同比增长了 55.7% 和 91.3%。目前,约有 60% 的跨国公司投资企业在中国采用了最近 3 年内的创新技术,跨国公司在中国设立的各种形式的研发机构已达 400 多家。从研发机构的行业构成来看,电子信息业跨国公司在华设立研发机构的比例最高,达到了 41.3%,其他行业依次为交通运输设备、一般消费品和化工,研发机构的比例分别为 23.1%、10.3% 和 3.8%。因此,面临全球研发网络化的特点和研发活动国际化的新趋势,长三角资本、技术密集型产业完全可以借助高技术产业的国际分工来提高竞争力。

9.3.2 扩大开放,积极开展对外贸易

随着长三角制造业与国际市场联系的加强和外贸依存度的不断提高,其快速发展不仅依赖于国内需求的拉动,而且也需要国外需求的拉动,不仅依赖于国内生产要素的支撑,同时也需要国外先进技术设备的支持。因此,为了推动长三角制造业的持续快速发展,必须进一步扩大开放,积极开发对外贸易,以充分利用国内、国外两个市场,国内、国外两种资源。

第一,进一步完善鼓励出口的各项政策。充分利用好中央财政对企业因欠退税发生的银行贷款进行贴息的政策,缓解企业资金紧张的矛盾;充分发挥出口信用保险扶持发展资金的作用,促进出口增长;落实加工贸易深加工结转保税监管政策,鼓励一般贸易的发展;⋯⋯同时还要在实践在不断制定和完善有利于出口的其他各项政策,以激发企业出口的积极性。

第二,继续利用外商直接投资促进对外贸易的增长。外资企业(包括港、澳、台商投资企业和外商投资企业)是长三角对外贸易的中坚力量。2005 年,江苏外资企业出口交货值达到 6 034.65 亿元,占全部国有及规模以上非国有企业出口交货

总值的 76.58%;外资企业出口总额 942.28 亿美元,占全省出口总额的 76.62%;进口总额 905.16 亿美元,占进口总额的 86.64%。2005 年,上海外资企业出口交货值达到 4 415.29 亿元,占全部国有及规模以上非国有企业出口交货总值的 86.24%。浙江外资企业进出口额的比重也达到 30% 以上。因此,为了推动长三角制造业发展,应该进一步完善国内投资环境,承接国际产业转移,继续利用外商直接投资来促进对外贸易的增长。

第三,加大对私营企业开拓国际市场的支持力度。近年来,充满活力的私营企业逐渐成为长三角经济蓬勃发展的亮点,在对外贸易领域中的引擎作用日益凸现。2006 年 1 月,长三角地区私营企业进出两旺,贸易额突破 50 亿美元,达到 56.7 亿美元,较去年同期增长 54%,比长三角进出口平均增幅高出近 33 个百分点。其中,出口 42.2 亿美元,增长 53.3%;进口 14.5 亿美元,增长 56.2%。长三角私营企业以在发挥一般贸易主导优势的同时,综合运用租赁贸易、对外承包工程等其他贸易方式的能力得到加强;长三角私营企业与 202 个国家和地区开展了进出口贸易,与主要贸易伙伴实现全面快速增长;而且,长三角私营企业的出口结构进一步优化,在纺织服装、鞋类、家具和塑料制品等传统优势产品出口平稳增长的同时,以机械设备、金属制品和电器及电子产品为主导的机电产品稳步增长,进口也以机电产品和基础工业原料为主。因此,开展对外贸易,私营企业的作用必不可少。

第四,鼓励有条件的资本、技术密集型制造业实施走出去战略。长三角有实力的资本、技术密集型企业应该改变被动参与国际分工的局面,而是积极"走出去",充分利用国内国外两种资源、两种市场,在全球范围内优化布局生产环节,通过建立自己的全球生产体系来构筑起国际竞争优势,力求在高科技领域与发达国家的跨国公司进行水平型分工,实现由单方依赖向相互依赖的转变。长三角资本、技术密集型企业走出去的具体途径有两条:一是直接到科技资源密集的设立研究与开发机构或高技术企业,开发生产具有自主知识产权的新技术、新产品,力争在经济全球化的过程中得到更多的益处。不过,这种绿地型投资需要企业花费更多的时间和成本在东道国建立营销网络,Samarzynska(2002)对于立陶宛的经验研究就证实了这点。二是兼并收购国外的高新技术企业。如 2002 年上海电气集团印刷包装机械有限公司收购了日本知名企业秋山公司;2003~2004 年间,上海明精机床公司分别收购了生产电站、航空航天、造船用重型数控和数控专用机床的德国沃伦贝格公司,生产数控镗铣床、加工中心的日本池贝公司。通过跨国收购实施走出去战略,可以较快地、低成本地打开国际市场,直接拥有国外企业的销售品牌、销售网络及生产技术等。但在具体操作过程中,企业应综合考虑各种因素,选择适合自己的结网途径。

第五,加强对进出口商品的调控。根据经济发展和国内市场的需要,适当扩大对一些国内市场有需要,同时又不会对国内经济造成冲击的重要原材料、先进技术和装备的进口,以充分利用国际市场资源。但在组织进口的过程中,要注意把握好时机和节奏,避免集中进口,抬升国际市场价格,增加进口成本。同时,还要加强对资源性产品的出口进行适当调控,优化出口商品结构。

9.3.3 加大投入,提高技术创新能力

制造业的发展离不开技术创新的推动作用,而当前制约长三角制造业进一步发展的瓶颈就是研发投入少、技术创新水平低。所以,采取有效措施提高制造业的创新能力是长三角成为先进制造业基地的关键。

第一,加大研发投入,逐步推动创新模式由技术引进型向自主创新型转变。技术创新、技术研发能力直接影响产业的竞争力,并决定着区域在产业价值链上的位置。从世界工厂的发展规律看,长三角国要想在区域竞争中抓住国际产业资本加速向我国转移的有利时机,取得制造业发展制高点,在全国制造业的产业价值链中占据核心及战略地位,就必须改变目前的技术引进模式,提高企业的自主创新能力,努力掌握关键领域的核心技术。首先要加大自主创新的投入力度。虽然说近年来,长三角无论是研发投入总量还是研发投入强度(即 R&D/GDP)都在迅速增长,2005 年投入强度达到 0.9%,但这个比例与美、日、德、韩等国 3%左右的投入力度相比,仍有不小差距。所以,加大研发投入、拓宽创新经费的来源仍是未来科技工作的一个重点。其次,完善以企业为主体的制造业技术开发体系,切实把产业原创性技术、共性技术的研究开发落到实处。鼓励有实力的大型企业均应建立自己的技术开发中心,并与高校的研发力量相结合,从事技术创新和具有自主知识产权的新产品开发。还应鼓励行业内企业组成横向攻关小组,对本行业内的原创性技术、共性技术进行联合开发,从而提高各行业的整体抵御风险和应对市场竞争能力。再次,重视对引进技术的消化吸收。从技术引进型模式转向自主创新型模式,不可能一蹴而就,而是需要一定的条件,还要经历一个艰巨的转变过程。可能在今后的 10 年,甚至 20 年,仍要积极、大量地引进国外先进技术,这就必须做好引进技术的消化吸收工作。从长三角的实践看,其技术发展正处于跟踪研究开发为主向重点突破创新的阶段,大部分研究开发是在消化吸收引进技术的基础上,进行适应性改进、创新。在技术引进工作存在着低水平分散重复引进,重设备引进轻技术引进,重引进轻消化吸收和扩散的问题,造成技术资源的浪费。1990~2005 年,上海、江苏用于消化吸收的经费占技术引进支出总额的比重平均为 0.09,而韩国的这一比重达到 5,差距之大,可见一斑。因此,为了培育和发展长三角的技术能力,要结合长三角世界级制造基地形成,实施引进技术本土化战略,构筑若干应用研究开发平台,加强引进技术的利用和扩散工作,提高技术引进效率。

第二,加快培养具有创新意识和创新能力的人才队伍,增加人才投入。科技创

新的核心是拥有高素质的人才。科学技术的突飞猛进,为长三角制造业的振兴与发展在技术上提供了基础与机遇,但这些技术能否转化为现实的生产力,关键还在于是否拥有能够掌握和利用这些技术,并在此基础上进行创新的人才队伍。因此,面对职业技术人员的严重缺乏以及国外企业大举进入致使高技术、高素质人才外流的现状,加快培养具有创新意识和创新能力的人才队伍,对于振兴长三角制造业来说尤为迫切。只有在选人、用人和分配制度上进行更加彻底地改革,创造更加公平、公开的竞争环境,为各类人才最大限度地发挥聪明才智创造更好的舞台和环境,真正和体现人才的价值,才能从根本上占据拥有高素质人才的优势。一要制定优惠政策,营造良好创业环境,吸引在外留学工作人员到本区域聚集。在发达国家留学或工作的人员中,相当多的人在制造业或及其相关领域进行工作或从事研究。他们一般对制造业的国际发展趋势(包括技术、市场等)比较了解,掌握的知识与技术面也比较广,技术创新能力比较强,更重要的是他们有强烈的创业欲望。所以,相关部门应制定专门针对这批人的优惠政策并采取有效措施,努力为他们提供一个能够充分施展才华的创业环境与空间。二要加强在职培训和继续教育,实现技术更新与提高。一般来说,高等院校、研究院所了解新知识、新技术的机会多、渠道广,也具有一定的实验设备,因此,长三角应充分发挥长三角地区拥有大批国内一流研究型大学和国家级研究机构、国家级重点实验室、国家级工程技术研究中心的有利条件,努力建立起制造业在职培训与继续教育基地。三要加大对职业技术工人的培养。人事部发表的人才报告显示,技术人才是我国奇缺的四类关键型人才之一。职业技术工人严重缺乏影响长三角制造业的整体能力。据浙江省劳动力市场提供的资料显示:在浙江,机械设备装配工的供需缺口为1∶7;焊工、机修钳工的供需缺口是1∶8;数控铣工的供需缺口是1∶21。因此,加强人才培养,不仅要重视对各类高级专门人才的培养,也要关注对未来社会劳动者专门技能的培训;不仅要加强对科学研究与技术开发价值规律的培养,也要加强对创新创业人才的发掘与培养;不仅要注重在校学生的业务能力培训,也要注重各类技术人才的继续培训。

第三,加大对机械及运输设备制造业等技术密集产业的研发投入,提高自主开发和技术创新能力,增强对关键设备的进口替代。装备制造业是支持制造业科技创新的基础产业,任何创新活动的研究开展、创新成果的最终生产都需要装备制造提供基础的设备。理论上,一国(或地区)劳动密集型制造业的快速增长会形成对钢铁、化工和机器设备的巨大需求,从而推动技术密集型制造业的结构升级和规模扩大,但从长三角制造业发展的实践看,资本、技术密集型制造业并没有充分享受到经济高速增长带来的发展机遇,其发展水平落后于劳动密集型制造业部门的要求,国内供应不足或国内不能供应的产品只有通过进口来解决,由此一方面形成了对进口技术的依赖,另一方面减弱了对资本、技术密集型制造业的需求刺激,导致其进口替代能力相对较低。应该说改革开放之后,对技术的进口大大提高了长三角制造业的生产能力和技术水平,但随着经济实力的增强和科研水平的提高,长三角应逐渐超越依赖进口设备的阶段,强调"原创",逐步掌握核心技术,在工业化过程中建立起同工业化国家制造业技术逐渐接近的制造业体系,"逼近"工业化国家的技术从而最终处于同一水平线上。因此,通过对高技术产品的进口替代和技术密集型重化工产品对劳动密集型轻工产品出口替代,不断地提高技术产品的自给率和出口率,最终形成和增强长三角技术密集型制成品的国际竞争力。

第四,优化区域科技资源配置,加快区域创新体系建设。区域创新系统作为国家创新体系的重要组成部分,是区域内各企业、大学、科研机构、中介组织和地方政府等创新主体在一定的制度安排下形成的开放型网络体系。其目的在于通过区域内各创新要素的互动,实现创新要素的集聚,以有效利用区域科技创新资源,实现区域内科技创新资源(人才、知识、经费等)的高效配置与结构优化,促进区域科技创新活动的广泛开展和创新成果的普及推广,创造与发展区域的竞争优势,保证区域经济、社会、环境的协调发展。长三角地区科技、教育和人才资源不少,却始终处于分散状态,信息不能共享,重复立项、重复研究的现象还普遍存在,造成社会有限科技资源的浪费,制度安排不统一,出现地方保护,导致市场分割,科技资源难以优化配置,出现不少资源闲置、浪费。结合长三角区域创新系统的实际,我们认为长三角区域创新系统的重点在于构筑开放型的网络,以保证信息、资金、人才、成果、技术等创新要素的充分流动。为此,一是要建立区域内多层次的科技政策协调机制,加速区域内科技市场的成熟与完善,增强市场在科技资源配置中的作用。同时,各级政府应充分发挥主动性,积极创造条件为创新网络的形成提供良好的环境。二是要构筑一体化的人才开发与流动体系,实施人才的柔性开放战略,促进区域内人才的无障碍流动和区域外优秀人才向区域内的有序流动。三是要培育和发展社会中介组织,构筑网络型的创新服务体系。四是要形成区域内对科技投入的稳定增长机制。充分发挥长三角区域民间资本雄厚,民间创业投资强烈的优势,建立区域科技发展共同基金,促进科技投入稳定增长。

9.3.4 优势互补,推动产业区域合作

区域合作在范围上的不断扩大和内容上的不断深化是经济发展的重要规律。从世界范围来看,无论是国家与国家之间,还是同一国家不同地区之间,都在展开着不同规模和层次的区域合作,长三角也不例外。地缘相近、人缘相亲、资源相似的要素禀赋结构,推进经济社会发展的共同愿望和应对经济全球化挑战的一致诉求等因素促使长三角近年来不仅在区域交通建设、信息资源共享、基础设施联网、旅游资源整合、生态环境整治等政府主导的非竞争领域的合作逐步深入,而且在竞争性的制造业领域,江苏、浙江、上海三地的企业之间也一直在尝试着不同形式的

分工与合作(沈玉芳,2003;陈建军,2005):在20世纪80年代,随着"上海经济区"的成立,许多江浙的乡镇企业取得了同上海的国有企业进行多种形式合作的机会,当时上海的一些知名品牌,如"凤凰牌"自行车、"蝴蝶牌"缝纫机,都在江浙地区找到了零部件生产厂家和贴牌生产(OEM)的企业,当时约有50%的上海企业与江苏、浙江有经济技术合作关系;在20世纪90年代,随着开发开放浦东政策的实施,上海逐渐确立了长三角的"龙头"地位,并成为中国的经济中心城市,江苏和浙江两省借助上海高速发展的"溢出效应",在整个90年代也保持着较高的增长速度。为了扩大销售、吸引人才及利用上海完备的基础设施和雄厚的科研实力,一些规模较大的江浙企业将部分功能机构如研发部门和销售部门转移至上海,浙江的正泰集团、江苏的森达集团等纷纷在上海设立营销点和研发中心,有的干脆把企业总部迁移至上海。进入21世纪以来,随着经济全球化进程的加快,国际制造业加快了向中国内地特别是长三角地区转移的步伐,两省一市的一体化进程也大大加快,经济联系更为紧密。而且与前两阶段相比,这一阶段企业间的地域分工从原来江浙向上海扩张的单向形式转变为三地之间互相渗透,根据2004年11月浙江省企业调查队对196家浙江外迁企业和150家外迁至浙江的企业调查显示,浙江跨地区发展企业中有40.3%的企业选择进入上海,13.3%的企业选择进入江苏,其数量分别排在主要进入地区的第一和第二位;而外省市跨区域发展进入浙江的企业中,来源于上海的占16.7%,来源于江苏的占10.7%,其迁入的数量也分别排在外省市进入浙江的第一和第二位。从迁移类型看,上海是总部迁移企业和研发基地迁移企业的聚集地(分别占到总部迁移企业、研发基地迁移企业总数的88.9%和71.4%),而迁移至江苏的企业中89.3%为投资办厂。但也应注意到,长三角在制造业产业层次的相似系数仍在0.6以上,部分行业的相似系数高达0.931(如2004年江苏与上海在医药制造业),说明江苏、浙江与上海在制造业领域进一步合作的空间还非常大。

　　进入21世纪,面对国际分工新型化的影响、国际产业转移的机遇和提高国际分工地位的压力,为增强制造业的国际竞争力,争取更多的国际产业分工利益,两省一市应该抓住全球产业结构大调整这一契机,利用国家"十一五"战略规划对长三角发展的支持,在充分发挥各自比较优势的基础上,加强分工协作,促进地区制造业一体化,实现市场相通、体制相融、资源共享、交通共连、人才互通、产业互补,以推动制造业不断升级和进一步快速发展。

　　第一,培养区域产业价值链。随着全球经济一体化进程的加快,国际分工逐步从不同产业之间细化到同一产业内不同行业(或产品)之间、同一产品内不同工序、价值环节之间,其中全球价值链分工模式由于能通过在全球范围内整合资源的方式有效维持和提高跨国公司的竞争优势,从而成为新型国际分工的核心。类似地,随着区域经济一体化进程的加快,地区间产业分工也呈现出了新的特点,即由过去的部门间分工逐步向同一部门的产品间分工,进而向同一产品的产业链分工转变。这种新型的产业链分工,是经济全球化背景下产业空间组织的新形态,它有利于提高区域资源的配置效率,并在竞争合作中实现双赢甚至多赢的目标。在长三角,伴随一体化进程的是地区专业化水平的提高和部门内、产品内"错位发展"的新型分工格局的初步形成。如浙江宁波、杭州、温州和湖州都在大力发展纺织服装工业,但宁波以男装为特色,杭州以女装为特色,温州以男装、休闲服为主,湖州织里则以童装出名。上海的科研实力强大、资本充裕、市场交易活跃、制造业以"高、精、尖"见长,江苏和浙江商务成本较低、加工制造能力较强,于是,外商投资和民营企业日益把企业总部、研发和销售机构建在上海中心城区,而把加工制造环节扩散到近远郊、苏南乃至其他地区。这种新型产业分工不仅充分利用了各地的比较优势,实现了区域范围内的资源优化配置,而且有助于各专业化地区在做大、做强特色产业愿望的推动下,加大创新力度,提高产业的区际、国内甚至国际竞争力,成为全球价值链的嫁接枝点或者实现在全球价值链中的制造过程升级、产品升级和功能升级。因此,为了巩固和提升长三角制造业在国际分工体系中的地位,首要的和必须的就是要促进两省一市优势互补、分工合作、培养并延长区域产业价值链,形成区域内企业间的价值链分工网。例如,可以上海深水港为核心对周边地区港口资源的整合、以上海资本市场为核心对长三角资本市场的拓展和整合、以上海汽车产业为核心对周边地区汽车产业的整合、以上海宝钢为核心对周边地区乃至全国钢铁产业的整合、以上海石化产业为核心对区域内石化产业的整合等。在未来长三角制造业发展中,上海应采取"控制两头、甩掉中央"的"哑铃型"发展战略,强化公司总部管理、规划、研发、设计、集成、现代物流以及销售等环节,而将组装、加工、零配件生产等制造环节转移到周边地区,逐步形成一个以上海为"龙头"、一体化的现代产业链体系,提升制造业的整体竞争能力。

第二,推动区际产业转移。随着上海土地、劳动力、人才、环境等成本的上升,目前上海制造业成本不断攀升,除了石油加工及炼焦业等少数几个制造业行业在长三角尚具有较强竞争力外,其他绝大部分行业的竞争力远不及后来居上的江苏、浙江两地。但与此同时,上海的发展阶段却是长三角最高的,其制造业的技术水平和结构层次也是江、浙两地不能比及的。作为长三角的"龙头",上海的目标定位是要成为国际经济、金融、贸易和航运中心。当前,全球外商直接投资的结构层次不断提高,技术密集型产业在新型国际分工格局下也成为转移的对象,而且FDI的重点已经开始从制造业转向第三产业,以现代服务业为主要内容的第二次国际转移(相对于以制造业为主要内容的第一次转移)正在成为一个新的趋势,上海要想确立自己在全球范围内的服务中心地位,就必须一方面积极承接发达国家高技术制造业和现代服务业的转移,进一步提高技术创新能力和研发水平;另一方面,将一般制造业和成熟技术逐步转移扩散到周边地区,形成与江苏、浙江制造业的辐射与互补。这也是推动长三角制造业升级、提高长三角制造业整体国际竞争力和国际分工地位、促使长三角制造业向全球价值链高端攀升的需要。

第三，加快区域高新技术产业集群建设。建设高新技术产业集群是长三角接受国际先进制造业转移的有效方式，是促进长三角产业升级的"机会窗口"。产业集群在促进产业和区域经济增长方面的竞争优势几乎被所有学者所认同：一方面，通过集群内企业间的合作与竞争以及群体协同效应，可以获得诸多经济方面的竞争优势，如生产成本优势、基于质量基础的产品差别化优势、区域营销优势和市场竞争优势；另一方面，通过支撑机构和企业间的相互作用，可以形成一个区域创新系统，提升整个集群的创新能力。同时，发展态势良好的产业集群对外资也有巨大的引力，尤其是在新型分工格局下，跨国公司为了面对日益不确定性的复杂竞争环境，不得不专注自己核心竞争力的价值环节，并在全球范围内寻求合适的集群剥离自己的非核心价值环节，那些具有完整的产业体系、较为丰富的产品种类，以及相应完善的产业配套组织的产业集群无疑将成为跨国公司追逐的对象。长三角是我国重要的高新技术产业基地，各级各类高新区、开发区、科技园区众多，但布局分散、定位模糊，没有形成合力，不利于区域创新网络的形成和产业竞争力的提升。因此，为了形成对跨国公司技术密集型产业或环节的吸引力和配套能力，从总体上提升区域产业技术水平，长三角应整合园区布局，深化各园区之间的分工，促进园区从综合型向特色型转变，努力形成一批拥有自主知识产权的创新产品和高新技术支柱产业群，推进产业结构的快速升级。同时，在高新技术产业集群内部构建分工与合作的产品链和产业链配套体系，对于扩大集群规模效应、提高区域专业分工水平、增强集群的竞争优势是非常有效的，而且在产品价值链扩张成为跨国公司产业整体转移基本方式之一的情况下，产品链和产业链配套体系建设更为本土企业参与国际产业分工和国际竞争开拓了崭新的思路和途径。

参考文献

[1] 金芳. 国际分工的深化趋势及其对中国国际分工地位的影响[J]. 世界经济研究,2003(3):4～9.

[2] 吕文栋,张辉. 全球价值链下的地方产业集群战略研究[J]. 中国软科学,2005(2):119～124.

[3] Arndt S,Kierzkowski H. Fragmentation:New production patterns in the world economy [M]. Oxford:Oxford University Press,2001.

[4] Feenstra R. Integration of trade and disintegration of production in global economy[J]. Journal of Economic Per2 Spectives,1998,12(4):31～50.

[5] 黎继子,刘春玲,蔡根女. 全球价值链与中国地方产业集群的供应链式整合[J]. 中国工业经济,2005(2):118～125.

[6] 文嫮,曾刚. 嵌入全球价值链的地方产业集群发展——地方建筑陶瓷产业集群研究[J]. 中国工业经济,2004(6):36～42.

[7] 吴金明,张磐,赵曾琪. 产业链、产业配套半径与企业自生能力[J]. 中国工业经济,2005(2):44～50.

[8] 胡军,陶锋,陈建林. 珠三角OEM企业持续成长的路径选择——基于全球价值链外包体系的视角[J]. 中国工业经济,2005(8):42～50.

[9] 朱永. 长江三角洲次区域产业集聚形成的原因研究[D]. 万方博硕士全文数据库,2005,34～35.

[10] 李廉水,周彩红. 长三角都市圈联动发展的路径选择[J]. 中国科技论坛,2004(6):74～78.

[11] 张建华. 大上海都市圈经济发展研究[D]. 万方博硕士全文数据库,2004,25～26.

[12] 石忆邵. 沪苏浙经济发展的趋异性特征及区域经济一体化[J]. 中国工业经济,2002(9):23～31.

[13] 陈建军,姚先国. 上海建设国际经济中心与长江三角洲地区的产业经济关系研究——以浙沪关系为例[J]. 管理世界,2003(5):44～51.

[14] 陈建军,姚先国. 论上海和浙江的区域经济关系——一个关于"中心－边缘"理论和"极化—扩散"效应的实证研究[J]. 中国工业经济,2003(5):28～33.

[15] 崔大树. 长江三角洲地区高新技术产业一体化发展研究[J]. 中国工业经济,2003(3):64～71.

[16] 盛世豪. 长三角一体化中的政府与企业定位[J]. 浙江经济,2003(6):68～72.

[17] 徐长乐等. "十五"期间上海实施长江三角洲都市圈联动发展战略的思路与对策研究,21世纪初长江三角洲区域发展战略研究[M]. 上海:上海人民出版社,2001.

[18] 徐长乐. 联动发展:长三角的现实选择[J]. 浙江经济,2003(6):15～21.

[19] 洪银兴. 长江三角洲地区经济发展的模式和机制[M]. 北京:清华大学出版社,2003.

[20] 沈玉芳. 长江三角洲一体化发展态势、问题和方向[J]. 中国经贸,2004(2):51～55.

[21] 陆立军. 国外成熟都市圈和大上海都市圈的对比[J]. 统计与决策,2005(16):23～30.

[22] 陈建军. 区域经济一体化进程中的企业内地域分工——以长三角为例[J]. 商业经济与管

理,2005(4):18~28.
- [23] 景体华.中国区域经济发展报告(2003~2004)[R].北京:社会科学文献出版社,2004.
- [24] 王一鸣.长江三角洲区域经济整合的体制和机制问题[J].宏观经济研究,2004(3):19~21.
- [25] 陈建军.长江三角洲地区的产业同构及产业定位[J].中国工业经济,2004(2):19~26.
- [26] 范剑勇.长三角一体化、地区专业化与制造业空间转移[J].管理世界,2004(11):77~84.
- [27] 靖学青.长三角地区制造业结构趋同分析[J].改革,2004(2):52~57.
- [28] 赵丽.长江三角洲地区工业的区域分工协作现状及产业结构趋同现象浅析[J].苏州大学学报(哲社版),2004(4):35~41.
- [29] 刘志彪等.长三角托起的中国制造[M].北京:中国人民大学出版社,2005.
- [30] 史育龙,周一星.戈特曼关于大都市带的学术思想评价[J].经济地理,1996(9):52~57.
- [31] 王维工.长江三角洲经济区域发展结构及其系统学研究[D].万方博硕士全文数据库,2003,5~9.
- [32] Mori T. A Modeling of Megalopolis Formation: The Maturing of City systems. Journal of Urban Economic 1997,42:133~157.
- [33] William N G. Do cities and suburbs cluter? Cityscape: A Journal of Policy Development and Research,1998,Volume3,Number 3:193~203.
- [34] 谷人旭,殷为华.论长江三角洲都市经济圈的形成及其核心城市上海的功能定位[J].地域研究与开发,2001(1):27~31.
- [35] 施祖麟,白永平.长江三角洲大都市周边地区城市定位研究——以苏州、南通为例[J].城市经济、区域经济,2002(10):48~52.
- [36] 徐康宁,赵波,王绮.长三角城市群:形成、竞争与合作[J].南京社会科学,2005(5):1~9.
- [37] 黄勇.大都市区:长江三角洲区域城市化发展的必然选择[J].经济地理,2005(1):71~73.
- [38] 宁越敏,施倩,查志强.长江三角洲都市连绵区形成机制与跨区域规划研究[J].城市规划,1998(1):16~20.
- [39] 朱文明,陶康华.长江三角洲城镇空间格局与区域经济相关分析[J].城市研究,2000(1):12~15.
- [40] 张为付,吴进红.对长三角、珠三角、京津地区综合竞争力的比较研究[J].浙江社会科学,2002(6):24~28.
- [41] 闫浩.长江三角洲经济开放度比较与评价[J].上海经济研究,2002(5):3~8.
- [42] 陈耀.中国三大城市经济圈城市发展前景[N].中国经济时报,2003-9-1.
- [43] 王何.我国三大都市圈发展研究[J].软科学,2003(5):36~40.
- [44] 景体华.中国区域发展报告(2005~2006)[N].北京:社会科学文献出版社,2006.
- [45] 曾浠.我国二大经济区域竞争力的比较研究[J].广州市财贸管理干部学院学报,2001(3):1~6.
- [46] 伊琼,羽平.中国三大都市经济圈进入博弈时代[J].国际融资,2003(10):38~44.
- [47] 杨京英,王强,铁兵等.长江三角洲与珠江三角洲经济发展的比较[J].城市经济、区域经济,2004(4):13~16.
- [48] 陈维.长三角地区制造业结构趋同分析[EB/OL].中国网,2004-4-20.

[49] 方勇,张二震.长江三角洲地区外商直接投资与地区经济发展[J].中国工业经济,2002(5):55～61.

[50] 朱英明.长江三角洲地区外商投资企业空间集群与地区增长[J].中国工业经济,2002(1):66～71.

[51] 朱英明.外商投资企业空间集聚的路径选择研究[J].中国软科学,2004(11):118～123.

[52] 张海燕,沈玉芳.经济全球化对长江三角洲地区产业结构一体化和高级化的影响[J].世界经济研究,2004(6):14～23.

[53] 李庭辉.21世纪初长三角产业整合重点与对策[J].社会科学,2003(3):48～52.

[54] 魏后凯.长江三角洲地区制造业竞争力提升战略[J].上海经济研究,2003(4):3～12.

[55] 朱海就.长三角苏、浙、沪三地制造业竞争力比较分析[J].科学学与科学技术管理,2005(4):105～109.

[56] Brown W M. Renewing Canada's manufacturing economy: a regional comparison,1973—1996[J]. Growth and Change,2005,36 (2).

[57] Sun Chia-Hung,Kalliapa P K. The sources of growth of high-tech and low-tech industries: the case of korean manufacturing[J]. Australian Economic Papers,2005,44(2):170～185.

[58] Lonnie J H. A Study of organizational learning culture, strategic responsiveness and mass customization capabilities of US manufacturing enterprises[J]. The University of Toledo UMI,Number:3126107,2004.

[59] Kumar N,Aggarwal A. Liberalization, outward orientation and in-house R&D activity of multinational and local firms: a quantitative exploration for Indian manufacturing [J]. Research Policy,2005,34(4):441～460.

[60] Hofmann C,Orr S. Advanced manufacturing technology adoption-the German experience [J]. Technovation,2005,25(7):711～724.

[61] Karaoz M,Albeni M. Dynamic technological learning trends in turkish manufacturing industries [J]. Technological Forecasting & Social Change,2005,72(7):866～885.

[62] Perunovic Z,Christiansen T B. Exploring danish innovative manufacturing performance [J]. Technovation,2005,25(9):1051～1058.

[63] Yuan-Jye Tseng, Yu-Hua Lin. The grey relational evaluation of the manufacturing value chain. Consumer Marketing,2004,21(7):486～496.

[64] Vernyi B. A new day for manufacturing in america? [J]. American Merican Machinist,2006.

[65] Álvarez I,Molero J. Technology and the generation of international knowledge spillovers: an application to Spanish manufacturing firms [J]. Research Policy, 2005, 34 (9): 1440～1452.

[66] 迈克尔·德托佐斯.美国制造——如何从渐次衰落到重振雄风[M].北京:科学技术文献出版社,1998.

[67] 李寿生.21世纪的中国制造[J].中国工业经济,2001(9):5～14.

[68] 朱高峰.关于发展我国制造业的几点思考[J].中国工业经济,2001(7):5～16.

[69] 宋健.制造业——现代化的基石[J].中国工程科学,2002(10):1～10.

[70] 刘如海.制造业牵引中国经济增长[J].华东经济管理,2003(4):38~41.
[71] 李廉水,杜占元.中国制造业发展研究报告(2004)[M].北京:科学出版社,2004.
[72] 范剑勇,朱国林.中国地区差距演变及其结构分析[J].管理世界,2002(7):37~44.
[73] 李廉水,杜占元.中国制造业发展研究报告(2005)[M].北京:科学出版社,2005.
[74] 李廉水,杜占元.中国制造业发展研究报告(2006)[M].北京:科学出版社,2006.
[75] 吕铁.90年代我国制造业增长的来源分析[J].中国工业经济,2000(12):45~50.
[76] 杨大楷,范飞龙.我国制造业产业结构转型与经济效益提升的实证研究[J].经济学动态,2004(5):49~52.
[77] 张其仔.开放条件下我国制造业的国际竞争力[J].管理世界,2003(8):74~80.
[78] 何枫,冯宗宪,陈荣.国有企业与外资企业制造业竞争力的比较研究[J].中国软科学,1999(9):93~96.
[79] 吕政.中国能成为世界工厂吗?[M].北京:经济管理出版社,2003.
[80] 卢文鹏,黄艳艳.对中国成为世界制造业中心的思考[J].经济学家,2003(2):88~94.
[81] 赵文丁.新型国际分工格局下中国制造业的比较优势[J].中国工业经济,2003(8):32~37.
[82] 杨公朴,王玉.上海工业发展报告:开放背景下的制造业[M].上海:上海财经大学出版社,2005.
[83] 马月才.中、美、日制造业发展比较研究[J].中国工业经济,2003(5):22~27.
[84] 吴贵生.我国制造业与主要制造国家的差距与追赶战略[J].科研管理,2004(2):1~6.
[85] 刘志彪.制造业的产能过剩与产业升级战略[J].经济学家,2000(1):64~69.
[86] 殷醒民.论中国制造业技术结构升级的方向[J].经济学家,2001(4):31~37.
[87] 郭克莎.工业化新时期新兴主导产业的选择[J].中国工业经济,2003(2):5~14.
[88] 王燕梅.我国制造业的对外开放与国家经济安全[J].中国工业经济,2004(12):40~45.
[89] 潘建亭.对制造企业市场定位的思考[J].中国工业经济,2000(4):74~76.
[90] 王清容,李纪珍.从外商直接投资看中国制造业发展战略[J].软科学,2001(3):21~23.
[91] 李京文,黄鲁成.关于我国制造业创新战略的思考[J].中国软科学,2003(1):23~26.
[92] 李海舰.从外商直接投资看中国制造业发展战略[J].软科学,2001(3):21~23.
[93] 金培.世界分工体系中的中国制造业[J].中国工业经济,2003(5):5~14.
[94] 郑江淮,高春亮,张宗庆等.国际制造业资本转移:动因、技术学习与政策导向[J].管理世界,2004(11):29~38.
[95] 郑江淮,高春亮.国际制造业资本转移:最优产业选择与政策转变[J].中国工业经济,2005(2):29~36.
[96] 倪义芳,吴晓波.世界制造业全球化的现状与趋势及我国的对策[J].中国软科学,2001(10):24~28.
[97] 杜晓军.制造业变革和发展的国际经验及启示[J].科技进步管理,2002(2):77~79.
[98] 初玉岗.制造业与工业化中期的经济发展战略[J].经济学家,2003(5):4~10.
[99] 金碚.高技术在中国产业发展中的地位和作用[J].中国工业经济,2003(12):5~10.
[100] 李士梅.当前中国制造业发展面临的主要问题及对策研究[J].中央财经大学学报,2004(12):55~59.

[101] 李玉刚.非核心技术创新战略——当前中国企业的一种战略选择[J].中国工业经济,2001(11):18~21.

[102] 史丹,李晓斌.高技术产业发展的影响因素及其数据检验[J].中国工业经济,2004(12):32~39.

[103] 黄群慧.制造业企业管理模式:国际发展趋势与我国创新状况[J].中国工业经济,2003(4):11~17.

[104] 王洛林,魏后凯.我国西部开发的战略思路及发展前景[J].中国工业经济,2001,(3):5~19.

[105] 王能民,陈菊红.西部大开发中的制造业模式选择[J].中国人口·资源与环境,2002(1):107~111.

[106] 赵小惠.西部制造业及其发展战略[J].中国机械工程,2001(1):20~23.

[107] 高拴平.西部地区制造业结构变动实证分析[J].中国工业经济,2004(6):65~72.

[108] 姚慧琴.我国西部地区制造业发展的困境及其振兴路径探析[J].西北大学学报,2004(6):26~29.

[109] 贾若祥,刘毅.产业竞争力比较研究——以我国东部沿海省市制造业为例[J].地理科学进展,2003(2):195~202.

[110] 胡树华,周凡,石永军.中部五省制造业创新战略研究[J].区域经济与社会发展,2004(11):38~40.

[111] 张米尔,江诗松.创新互动与装备制造业结构升级[J].科学学与科学技术管理,2004(10):24~27.

[112] 毛艳华.珠江三角洲IT制造业的集聚机制与竞争优势[J].中山大学学报,2004(5):6~10.

[113] 赵海成.我国东部沿海地区制造业基地跟踪研究[J].理论学刊,2004(2):63~65.

[114] 于蕾.美国"新经济"中制造业的发展及其对上海的启示[J].世界经济研究,2003(8):11~15.

[115] 蔡建娜.上海制造业结构和竞争力分析[J].上海经济研究,2001(2):21~25.

[116] 胡春燕,刘平.上海外商独资制造业规模的扩张及其相关影响[J].上海综合经济,2004(10):12~14.

[117] 刘伟,李绍荣,黄桂田等.北京市发展现代制造业的经济分析[J].中国工业经济,2003(3):56~63.

[118] 王立军,周姬梅.基于创新能力的先进制造业科技创新体系研究[J].科技与经济,2004(6):20~25.

[119] 李群,蒋达华,原小能等.江苏制造业发展现状的实证分析[J].南京社会科学,2001(11):80~85.

[120] 顾为东.江苏沿江制造业发展的思路、对策与建议[J].上海综合经济,2003(7):15~24.

[121] 胡国良.江苏制造业的现状与对策分析[J].江苏经济,2003(10):47~49.

[122] 王当龄,单庆,赵小毛等.江苏制造业发展现状研究[J].江苏统计,2003(10):1~5.

[123] 周勤.纵向一体化趋势和市场竞争力关系研究——以江苏制造业的实证为例[J].中国工业经济,2003(7):40~45.

[124] 汪涛.价值链分析:PC制造业的竞争优势[J].中国工业经济,2000(6):31～36.
[125] 穆荣平,蔡长塔.中国医药制造业国际竞争力评价[J].科研管理,2001(2):127～135.
[126] 潘悦.在全球化产业链条中加速升级换代——我国加工贸易的产业升级状况分析[J].中国工业经济,2002(6):27～36.
[127] 王新玲.正在成为世界制造基地的中国家电制造业[J].中国工业经济,2003(4):25～29.
[128] 赵晓敏,冯之浚,黄培清.闭环供应链管理——我国电子制造业应对欧盟WEEE指令的管理变革[J].中国工业经济,2004(8):48～55.
[129] 郑吉昌,夏晴.现代服务业与制造业竞争力关系研究——以浙江先进制造业基地建设为例[J].财贸经济,2004(9):89～93.
[130] 朱瑞博.价值模块的虚拟再整合:以IC产业为例[J].中国工业经济,2004(1):28～35.
[131] 李天飞,孙林岩.国内烟草产业的供应链竞争战略[J].中国工业经济,2004(11):47～53.
[132] 张宏性.中国纺织服装业国际竞争力研究[J].统计研究,2005(1):30～34.
[133] 张威.中国装备制造业的产业集聚[J].中国工业经济,2002(3):55～63.
[134] 史丹.装备工业技术进步对我国经济发展的影响[J].中国工业经济,2000(8):43～49.
[135] 李凯,李世杰.装备制造业集群网络结构研究与实证[J].管理世界,2004(12):68～76.
[136] 李凯,李世杰.装备制造业集群耦合结构:一个产业集群研究的新视角[J].中国工业经济,2005(2):51～56.
[137] 安虎森.区域经济学通论[M].北京:经济科学出版社,2004.
[138] 郎永清.国际分工格局的形成及其意义——兼评林毅夫教授的比较优势战略理论.国际贸易问题,2004(8):8～11
[139] 张二震.国际贸易分工理论演变与发展述评[J].南京大学学报(哲学·人文科学·社会科学),2003(1):65～73.
[140] 崔浩.比较优势理论新进展[J].经济学动态,2003(12):23～30.
[141] 王佃凯.比较优势陷阱与中国贸易战略选择[J].经济评论,2002(2):28～31.
[142] Helpman E,Krugman P. Market Structure and Foreign Trade. Harverster Press,1985.
[143] James R T. Internal returns to scale as a source of comparative advantage: the evidence [J]. The American Economic Review, 83(2). Papers and Proceedings of the Hundred and Fifth Annual Meeting of the American Economic Association 1993: 440～444.
[144] Grossman G M, Helpman E. Product development and international trade[J]. Jounal of Political Economy,1989,97(6):1261～1283.
[145] Yang Xiaokai,Jeff B A. Microeconomic Mechanism for Economic Growth[J]. The Journal of Political Economy, 1991,99(3): 460～482.
[146] Markusen J R,Svenson L E O. Trade in foods and factors with international differences in technology. International Economic Review,1985(26):175～192.
[147] Davis D R. Intra-industry Trade: A Heckscher-Ohlin-Ricardo Approach,mimeo. Harvard University,1994.
[148] Grossman G M,Maggi G. Diversity and trade[J]. American Economic Review,2000,90(5):1255～1275.

[149] Clarida R H, Findlay R. Goverment, trade, and comparative advantage[J]. American Economic Review,1992, 82(2):122~127.

[150] Fisher E,Kakkar V. On the evolution of comparative advantage in matching models. Working Paper, 2002-2- 14.

[151] 迈克尔·波特. 国家竞争优势[M]. 北京:华夏出版社,1992.

[152] Dunning J H. Multinational Enterprises aha the Global Economy. Workingham: Addison-Wesley Publishing Co,1993.

[153] Poter M. Competitive Advantage:Creating and Sustaining Superior Performance[M]. New York:The Free Press,1985.

[154] Kogut B. Designing global strategies:comparative and competitive value-added chains[J]. Sloan Management Review,1985,26(4).

[155] 张辉. 全球价值链理念与我国产业发展研究[J]. 中国工业经济,2004(5):38~46.

[156] Kaplinsky R, Morris M. A handbook for value chain research [EB/OL]. IDRC 2000 at www.ids.ac.uk/ids/global/pdfs/vchnov01.pdf.

[157] Krugman P. Growing world trade[C]. Brookings Papers on Economic Activity 1,1995.

[158] UNIDO. Industrial development report 2002/2003[R]. Overview:Competing Through Innovation and Learning,2002.

[159] Dikiking. 纺织业现状:微笑曲线理论的中间地带[EB/OL]. http://www.tex123.com, 2006-1-06.

[160] Kaplinsky R. Spreading the Gains from Globalization:What can be learned from value chain analysis? [R]. 2000 IDS Working Paper 110 at www.ids.ac.uk/ids/bookshop/wp/wp110.pdf.

[161] Gereffi G. International trade and industrial upgrading in the apparel commodity chain [J]. Journal of International Economics,1999,48(1):37~70.

[162] Gereffi G. The organization of buyer-driven global commodity chains:how US retailers shape overseas production networks[A]. In Gereffi G,Korzeniewicz M(eds). Commodity chains and global capitalism[M]. Westport:Praeger,1994. 95~122.

[163] Gereffi G, Humphrey J, Sturgeon T. The governance of global value chains:an analytic framework[EB/OL]. http://www.ids.ac.uk/globalvaluechains/2003.

[164] Gereffi G, Memedovic O. The global apparel value chain:what prospects for upgrading by developing countries[R]. United Nations Industrial Development Organization, http://www.unido.org,2003.

[165] 张向阳,朱有为. 基于全球价值链视角的产业升级研究[J]. 外国经济与管理,2005(5):21~27.

[166] 杨峥萍. 全球价值链分工与发展中国家地方产业集群升级研究[D]. 万方硕博士全文数据库,2004.

[167] 国际分工及其类型[DB/OL]. www.textile-garment.net.

[168] 卢锋. 产品内分工:一个分析框架[R]. 北京大学中国经济中心讨论稿系列,No. C2004005.

[169] 陈建军.产业区域转移与东扩西进战略——理论和实证分析[M].北京:中华书局,2002.

[170] 任保平,洪银兴.新型工业化中经济效益提高的途径:一种产业链视角的分析[J].西北大学学报(哲学社会科学版),2005(1):47~54.

[171] 任家华,王成璋.基于全球价值链的高新技术产业集群转型升级[J].科学学与科学技术管理,2005(1):118~121.

[172] 李雷鸣,陈俊芳.理解企业外包决策的一个概念框架[J].中国工业经济,2004(4):94~99.

[173] 刘景江.网络时代的外包模式[J].中国工业经济,2003(11):21~26.

[174] Mac D G D A. The benefits and costs of private investment from abroad: a theoretical approach[J]. Economic Record,1960,(36):13~35.

[175] Gaves R. Multinational firms, competition and productivity in host-country markets[J]. Economical,1974,(41):176~193.

[176] Globerman S. Foreign direct investment and "Spillover" efficiency benefits in Canadian manufacturing industries[J]. Canadian Journal of Economics, Canadian Economics Association,1979,12(1):42~56.

[177] Blomstrom M, Persson H. Foreign investment and spillover efficiency in an underdeveloped economy: evidence from the Mexican manufacturing industries[J]. World Development,1983(11):493~501.

[178] Blomstrom M, Wolff E. Multinational Corporations and Productivity Convergence in Mexico[M]. Oxford University Press,1994.

[179] De Metto L R Jr. Foreign direct investment-led growth: evidence from time series and panel data[J]. Oxford Economic Papers,1990(51):133~151.

[180] De Gregorio J. Economic growth in Latin America [J]. Journal of Development Economics,1992(39):59~83.

[181] Kokko A. Technology, market characteristics and spillovers [J]. Journal of Development Economics,1994(43):279~293.

[182] Borensztein E, De Gregorio J, Lee J W. How does foreign direct investment affect economic growth [J]. Journal of International Economics,1998(45):115~135.

[183] Liu Xiaming, Pamela S, Wang Chengqi, et al. Pro-ductivity spillovers from foreign direct investment: evidence from UK industry level panel data[J]. Journal of International Business Studies,2000(31):407~425.

[184] Girma S, Wakelin K. Regional underdevelopment: Is FDI the solution? A semi-parametric analysis[R]. GEP Research Paper,2001,2001~2011.

[185] Driffield N, et al. Does the Motivation for Foreign Direct Investment Affect Productivity Spillovers to the Domestic Sector[Z]. http://research.abs.aston.ac.uk/working_papers/0202.pdf,2002.

[186] Harris R, Robinson C. Foreign ownership and productivity in the united kingdom. Estimates for UK Manufacturing Using the ARD,2001,34.

[187] Girma S, Wakelin K. Regional underdevelopment: Is FDI the solution? A semi-parametric

analysis[R]. GEP Research Paper,2001-11.

[188] Haddad M, Harrison A. Are There positive spillovers from direct foreign investment? evidencefrom panel data for morocco[J]. Journal of Development Economics,1993(42): 51~74.

[189] Djankov, Hoekan. Foreign investment and productivity growth in czech enterprises [J]. World Bank Economic Review,2000,14(1):49~64.

[190] Kinoshita Y. R&D and technology spillovers via FDI:Innovation and absorptive capacity [R]. CERGE-EI Working Papers,2000.

[191] Damijan J P, Knell M, Majcen B, et al. The role of FDI, R&D accumulational trade in transferring technology to transition countries: evidence from firm panel data for eight transition countries[J]. Economic Systems,2003(27):189~204.

[192] Aitken B J, Harrison A E. Do domestic firms benefit from direct foreign investment? evidence from venezuela[J]. The American Economic Review,1999, 89(3):605~618.

[193] 魏丽华.外商直接投资技术外溢正、负效应的探讨[J].价格月刊,2007(3):15~16.

[194] 何洁,许罗丹.中国工业部门引起外国直接投资外溢效应的实证研究[J].世界经济文汇, 1999(2):16~21.

[195] 陈国宏,郑兆濂,桑赓陶.外商直接投资与技术转移关系的实证研究[J].科研管理,2000 (2):23~28.

[196] 沈坤荣,耿强.外国直接投资、技术外溢与内生经济增长——中国数据的计量检验与实证分析[J].中国社会科学,2001(5):82~93.

[197] 萧政,沈艳.外国直接投资与经济增长的关系及影响[J].经济理论与经济管理,2002(1):11~16.

[198] 喻世友,史卫,林敏.外商直接投资对内资企业技术效率的溢出渠道研究[J].世界经济, 2005(6):44~52.

[199] 祖强,梁俊伟.跨国公司直接投资的行业技术溢出效应实证研究[J].世界经济研究,2005 (9):4~9.

[200] 潘镇.外商直接投资是否促进了中国的科技进步——来自各地区的经验证据[J].中国软科学,2005(10):66~72.

[201] 薄文广.FDI、国内投资与经济增长:基于中国数据的分析和检验[J].世界经济研究,2005 (9):63~69.

[202] 冼国明,严兵.FDI对中国创新能力的溢出效应[J].世界经济,2005(10):18~25.

[203] 潘文卿.外商投资对中国工业部门的外溢效应:基于面板数据的分析[J].世界经济,2003 (6):3~7.

[204] 蒋殿春,夏良科.外商直接投资对中国高技术产业技术创新的作用经验分析[J].世界经济,2005(8):3~10.

[205] 陈俊华.外商直接投资与区域经济可持续发展研究——以重庆市为例[D].万方硕博士论文数据库,2004.

[206] 李东阳.国际直接投资与经济发展[M].北京:经济科学出版社,2002.

[207] 钱纳里·H B,斯特罗特·A M. 外资与经济发展、现代国外经济学论文选(第八辑)[M]. 北京:商务印书馆,1984:206~207.

[208] 肖卫国. 跨国公司海外直接投资对东道国的经济效应分析[J]. 财经问题研究,1999(9):8~13.

[209] 联合国跨国公司与投资司. 世界投资报告(1995年)[M]. 北京:对外经济贸易大学出版社,1996.

[210] 高铁梅. 计量经济分析方法与建模 EVIEWS 应用及实例[M]. 北京:清华大学出版社,2006.

[211] 易丹辉. 数据分析与 EVIEWS 应用[M]. 北京:中国统计出版社,2002.

[212] UNCTAD. E-commerce and Development Report 2001 [EB/OL], http://www.unctad.org/ecommerce.

[213] 张二震. 国际贸易的发展利益及其实现机制[J]. 南京大学学报(哲学·人文科学社会科学),1995(4).

[214] 阮敏. 绍兴外贸与经济增长的关系研究[D]. 绍兴文理学院,2006.

[215] 胡兵. 对外贸易、全要素生产率与中国经济增长——基于 LA-VAR 模型的实证分析[Z]. FED Working Papers Series, No. FC20060101, www.fed.org.cn.

[216] 陈柳钦,张谊浩. 中国对外贸易和经济增长关系的实证研究[J]. 智识学术网.

[217] Coe D T, Helpman E H. North-south R&D spillovers. European Economic Review, 1997, 107:134~149.

[218] Sachs J, Warner A. Economic reform and the process of global integration. Brooking Papers on Economic Activity, 1995(1):1~118.

[219] Frankel J, Romer D. Deoes trade cause growth. American Economic Review, 1999(7):379~399.

[220] Coe D, Helpman E. International R&D spillovers. European Economic Review, 1995 39(5):859~887.

[221] Coe D T, Helpman E H. North-south R&D spillovers. European Economic Review, 1997(107):134~149.

[222] Bayoumi T, Coe D T, Helpman E. R&D spillovers and global growth. Journal of International Economics, 1999(47):399~428.

[223] Branstetter L. Are knowledge spillovers international or intra-national in scope? microeconomic evidence from Japan and United States. Journal of International Economics, 2001, 53(1):5~79.

[224] Keller W. Are International R&D spillovers trade related? analyzing spillovers among randomly matched trade partners. Europe Economic Review, 1998, 42:s 1469~1481.

[225] Keller W. Geographic localization of international technology diffusion. American Economic Review, 2002, 92(1):120~142.

[226] Lumenga-Neso O, Olarreaga M, Schiff M. On "indirect" trade-related R&D spillovers[R]. CEPR Discussion Papers, No. 2871, 2001:1~30.

[227] 殷德生.贸易与内生经济增长:一个理论综述[J].南开经济研究,2004(6):52~58.
[228] Francisco R,Dani R. Trade policy and economic growth:A Skeptic's guide to cross-national evidence[R]. NBER Working Papers 7081, National Bureau of Economic Research, Inc. 1999.
[229] Kravis I B. Trade as a handmaiden of growth:similarities between the nineteenth and twentieth centuries[J]. Economic Journal,1970,320:850~872.
[230] 李小平,朱钟棣.对外贸易与经济增长的协整及因果关系检验——对上海市1978~2001年数据的实证分析[J].上海财经大学学报,2004(2):38~44.
[231] Syron R F,Walsh B M. The relation of exports and economic growth:a note[J]. Kyklos, 1968,21(3),541~545.
[232] 中国机电产品进出口商会进口部.机电产品进口贸易对国民经济发展的作用[EB/OL]. www.mis.cccme.org.cn.
[233] Maizels A. Industrial Growth and World Trade. Cambridge:Cambridge University Press,1963.
[234] 许和连,赖明勇.出口导向经济增长(ELG)的经验研究:综述与评论[J].世界经济,2002(2):43~49.
[235] Jung S W,Marshall. Exports,Growth and Causality in Developing Countries[J]. Journal of Development Economics,1985(18):1~12.
[236] Chow P C Y. Causality between export growth and industrial development:empirical evidence from the nics[J]. Journal of Development Economics,1987(26):55~63.
[237] 李文.出口对我国经济增长贡献的定量分析[J].审记与经济研究,1997(5):49~51.
[238] 贾金思.论外贸进出口对经济增长的作用[J].财贸经济,1998(6):30~33.
[239] 陈家勤.我国外贸对经济增长的贡献与外贸扶持政策调整的基本趋向[J].财贸经济,1999(6):7~11.
[240] 董秘刚.我国对外贸易与经济增长相关性分析[J].西北大学学报(哲学社会科学版),2000(4):81~85.
[241] 许启发,蒋翠侠.对外贸易与经济增长的相关分析[J].预测,2002(2):14~18.
[242] 林毅夫,李勇军.必要的修正——对外贸易与经济增长关系的再考察[J].国际贸易,2001(9):22~26.
[243] 刘小鹏.协整分析与误差修正模型——我国对外贸易与经济增长的实证研究[J].南开经济研究,2001(9):53~56.
[244] 孙林,王启仿.对外贸易对中国经济增长影响:供给角度的分析[J].南京农业大学学报(社科版),2003(1):35~39.
[245] 沈坤荣,李剑.中国贸易发展与经济增长影响机制的经验研究[J].经济研究,2003(5):32~40.
[246] 沈利生,吴振宇.外贸对经济增长贡献的定量分析[J].吉林大学社会科学学报,2004(4):67~78.
[247] 范柏乃,王益兵.我国进口贸易与经济增长的互动关系研究[J].国际贸易问题,2004

(4):8~13.

[248] 张鹤,刘金全,顾洪梅.国外总需求和总供给对中国经济增长拉动作用的经验分析[J].世界经济,2005(4):52~59.

[249] 缪慧.出口扩展型总量生产函数的运用——中国对外贸易与经济增长关系的实证分析[J].北京市财贸管理干部学院学报,2005(2):45~49.

[250] 方希桦,包群,赖明勇.国际技术溢出:基于进口传导机制的实证研究[J].中国软科学,2004(7):58~64.

[251] 彭福伟.怎样看待目前对外贸易对国民经济经济增长的作用[J].国际贸易,1999(1):5~19.

[252] 张小济,胡江云.在自由贸易背后[J].国际贸易,1999(4):4~10.

[253] 赖明勇.中国出口贸易对经济增长作用的实证研究[J].预测,1999(4):7~12.

[254] 尹翔硕.中国出口制成品结构与制造业生产结构差异的分析[J].国际贸易问题,1997(4):6~12.

[255] 杨全发.中国地区出口贸易的产出效应分析[J].经济研究,1998(7):22~26.

[256] 孙焱林.我国出口与经济增长的实证分析[J].国际贸易问题,2000(2):38~42.

[257] 包群,许和连,赖明勇.贸易开放度与经济增长:理论及在中国的实证研究[J].世界经济,2003(2):10~18.

[258] 沈程翔.中国出口导向型经济增长的实证分析:1977~1998[J].世界经济,1999(12):26~30.

[259] 赵陵,宋少华,宋泓明.中国出口导向型经济增长的检验检验分析[J].世界经济,2001(8):14~20.

[260] 石传玉,王亚菲,王可.我国对外贸易与经济增长关系的实证分析[J].南开经济研究,2003(1):53~55.

[261] 何骏.技术创新的国际互动链研究[D].万方博硕士全文数据库,2005,50~62.

[262] 吴延兵.R&D与生产率——基于中国制造业的实证研究[J].经济研究,2006(11):60~70.

[263] Albert H Ownership,Government R&D,private R&D,and productivity in Chinese industry[J].Journal of Comparative Economics,2001,29(1):136~157.

[264] Jefferson G H,Bai H,Guan Xiaojing,et al. R & D performance in Chinese industry[J].Economics of Innovation and New Technology,2004,13(1/2).

[265] 张海洋.R&D两面性、外资活动与中国工业生产率增长[J].经济研究,2005(5).

[266] 殷醒民.制造业结构的转型与经济发展——中国1978~1998制造业内部结构的调整[M].上海:复旦大学出版社,1999.

[267] 曾铮,张亚斌.价值链的经济学分析及其政策借鉴[J].中国工业经济,2005(5):104~111.

[268] 陈希孺,王松桂.近代回归分析——原理方法及应用[M].合肥:安徽教育出版社,1987.

[269] 宋泓.国际产业转移新趋势[EB/OL].物流网(http://www.56abc.com/),2004-4-16.

[270] 江小娟,李蕊.FDI对中国工业增长和技术进步的贡献[J].中国工业经济,2002(7):18~23.

[271] Xu Bin. Multinational enterprises, technology diffusion, and host country productivity growth[J].Journal of Development Economics,2000,62.

后　　记

在书稿终将完成付印之际,心中除了欣喜,更多的则是感激。

首先要感谢我的恩师李廉水教授,是他渊博的知识、宽广的胸怀、严谨求实的科研精神、脚踏实地的工作作风以及勤奋不辍的进取态度,给我莫大鼓舞,为我树立标杆,催我不断前行,并将成为激励我在教学和学术道路上探索不止、勇攀高峰的宝贵财富和指路明灯。在书稿艰辛而漫长的写作过程中,李老师从选题、构思、写作以及到最后的完善都给予我悉心的指导和帮助,本书字里行间都倾注着导师的心血和汗水。导师授业解惑的同时,在工作和生活方面也给了我无微不至的关心和帮助,特别是李老师"低调做人,高调做事"的人生哲学给予我有力的指引和无限的启迪。

书稿的最终完成还得益于母校东南大学浓厚的学术氛围。"止于至善"时刻激荡在胸,追求卓越和不断创新的压力是如此之大,以至于其间体悟过多少焦虑、彷徨和挫折,更有取得阶段性成果后的喜悦和欢笑。如果说书稿内容还有所创新的话,则主要得益于恩师的无私指点与母校东南大学精益求精的学术氛围。袁建红老师、张宗庆老师、周敏倩老师等都对我有很大的帮助,他们的学术思想亦深深印入我的脑中,渗透到我的学术科研中。在东南大学经济管理学院的几年求学时间,聆听过许多教授学者的精彩课程,这也启发了我的思维。感谢经济管理学院所有指导并帮助过我的老师!攻读博士学位期间,周勇、郁明华、唐德才、周化举、张贤等同窗好友,陈抗、张昕、郑伟、曹鹏、陈迪、臧志鹏等师弟师妹们在学习和生活上也都给我提供了无私的帮助,在此一并向他们表示感谢。

有幸到南京信息工程大学工作,能够走上心仪的教学岗位、继续从事学术研究,专心于制造业相关领域的深入研究,是天之大爱。逐步感受到"明德,博学,笃行,创新"的八字校训所蕴涵的深意,校训给予我警醒与激励,引导我自觉遵守、潜心饯行。"观天地生物气象,学圣贤克己工夫。下手处是自强不息,成就处是至诚无息",努力使自己成为南京信息工程大学的合格一员。而能够与同事们携手作战、深入探讨、并肩研究,用汗水浇铸硕果,用辛劳兑换喜悦,更是吾之大幸。

最后要感谢我的爱人万益文,是他不断督促、鼓励与支持,操持家务任劳任怨,相妻教子堪称模范,才使我能够克服困难,追求学业,完成书稿,奋力前行;感谢我的母亲,不顾年迈帮我照顾小孩;感谢我的儿子万举坤,在捣乱中亦给了我写作的灵感和乐趣。

为学当如流水。在学术的道路上,我永远都只是个蹒跚学步的孩童,偶尔迷茫但仍睁大双眼,在实践中不断积累经验,在研究中持续改善实践,不断向前。

周彩红